应用型本科院校"十二五"规划教材/经济管理类

Supply Chain Management

供应链管理

主 编 马 翔 陈丽燕
副主编 钟桂娟 李立辉 夏盛盛

哈尔滨工业大学出版社
HARBIN INSTITUTE OF TECHNOLOGY PRESS

内 容 简 介

本书以供应链管理理论为基础,以供应链流程为核心,兼顾理论,突出技能。全书共分为14章,第1~5章阐述供应链管理的概念、供应链环境下的企业战略、供应链系统的设计、构建与优化、供应链战略合作伙伴的选择以及常用的供应链管理方法;第6~10章对供应链环境下的采购管理、物流管理、生产管理、库存管理、客户管理等进行了系统分析;第11~14章对供应链组织管理、绩效管理、风险管理以及信息技术进行阐述。各章附有阅读资料、知识链接、思考题、案例分析题和实训项目,便于读者理解供应链管理相关理论在实际中的应用,巩固所学知识。

本书坚持理论与实践相结合,突出理论够用、技能实用的特点,内容丰富,结构新颖,可用做普通高等院校物流管理、工商管理、电子商务、国际贸易、市场营销等专业的教材,特别适合应用型本科院校学生使用,也可作为企事业管理人员学习或培训的参考书。

图书在版编目(CIP)数据

供应链管理/马翔,陈丽燕主编. —哈尔滨:哈尔滨工业大学出版社,2012.8
应用型本科院校"十二五"规划教材
ISBN 978-7-5603-3692-3

Ⅰ.①供… Ⅱ.①马②陈… Ⅲ.①供应链管理-高等学校-教材 Ⅳ.①F252

中国版本图书馆 CIP 数据核字(2012)第 167433 号

策划编辑	杜 燕 赵文斌 李 岩
责任编辑	刘 瑶
出版发行	哈尔滨工业大学出版社
社 址	哈尔滨市南岗区复华四道街10号 邮编150006
传 真	0451-86414749
网 址	http://hitpress.hit.edu.cn
印 刷	黑龙江省委党校印刷厂
开 本	787mm×960mm 1/16 印张22.75 字数495千字
版 次	2012年8月第1版 2012年8月第1次印刷
书 号	ISBN 978-7-5603-3692-3
定 价	39.80元

(如因印装质量问题影响阅读,我社负责调换)

《应用型本科院校"十二五"规划教材》编委会

主　任　修朋月　竺培国

副主任　王玉文　吕其诚　线恒录　李敬来

委　员　（按姓氏笔画排序）

丁福庆　于长福　马志民　王庄严　王建华

王德章　刘金祺　刘宝华　刘通学　刘福荣

关晓冬　李云波　杨玉顺　吴知丰　张幸刚

陈江波　林　艳　林文华　周方圆　姜思政

庹　莉　韩毓洁　臧玉英

序

哈尔滨工业大学出版社策划的《应用型本科院校"十二五"规划教材》即将付梓,诚可贺也。

该系列教材卷帙浩繁,凡百余种,涉及众多学科门类,定位准确,内容新颖,体系完整,实用性强,突出实践能力培养。不仅便于教师教学和学生学习,而且满足就业市场对应用型人才的迫切需求。

应用型本科院校的人才培养目标是面对现代社会生产、建设、管理、服务等一线岗位,培养能直接从事实际工作、解决具体问题、维持工作有效运行的高等应用型人才。应用型本科与研究型本科和高职高专院校在人才培养上有着明显的区别,其培养的人才特征是:①就业导向与社会需求高度吻合;②扎实的理论基础和过硬的实践能力紧密结合;③具备良好的人文素质和科学技术素质;④富于面对职业应用的创新精神。因此,应用型本科院校只有着力培养"进入角色快、业务水平高、动手能力强、综合素质好"的人才,才能在激烈的就业市场竞争中站稳脚跟。

目前国内应用型本科院校所采用的教材往往只是对理论性较强的本科院校教材的简单删减,针对性、应用性不够突出,因材施教的目的难以达到。因此亟须既有一定的理论深度又注重实践能力培养的系列教材,以满足应用型本科院校教学目标、培养方向和办学特色的需要。

哈尔滨工业大学出版社出版的《应用型本科院校"十二五"规划教材》,在选题设计思路上认真贯彻教育部关于培养适应地方、区域经济和社会发展需要的"本科应用型高级专门人才"精神,根据黑龙江省委书记吉炳轩同志提出的关于加强应用型本科院校建设的意见,在应用型本科试点院校成功经验总结的基础上,特邀请黑龙江省9所知名的应用型本科院校的专家、学者联合编写。

本系列教材突出与办学定位、教学目标的一致性和适应性,既严格遵照学科体系的知识构成和教材编写的一般规律，又针对应用型本科人才培养目标及与之相适应的教学特点，精心设计写作体例，科学安排知识内容，围绕应用讲授理论，做到"基础知识够用、实践技能实用、专业理论管用"。同时注意适当融入新理论、新技术、新工艺、新成果，并且制作了与本书配套的PPT多媒体教学课件，形成立体化教材，供教师参考使用。

《应用型本科院校"十二五"规划教材》的编辑出版，是适应"科教兴国"战略对复合型、应用型人才的需求，是推动相对滞后的应用型本科院校教材建设的一种有益尝试，在应用型创新人才培养方面是一件具有开创意义的工作，为应用型人才的培养提供了及时、可靠、坚实的保证。

希望本系列教材在使用过程中，通过编者、作者和读者的共同努力，厚积薄发、推陈出新、细上加细、精益求精，不断丰富、不断完善、不断创新，力争成为同类教材中的精品。

黑龙江省教育厅厅长

前　言

　　进入21世纪,消费需求日益多样化和个性化,消费水平不断提高,同时伴随着全球经济一体化以及科学技术的进步和生产力的发展,企业之间的竞争更加激烈,导致整个市场需求的不确定性大大增加,企业面对的市场比以往任何时候都更加难以预测,每个企业都面临着巨大的外部压力和挑战。这迫使企业重新审视自身的发展战略和生产运作模式。

　　当今的市场竞争已由企业和企业之间的竞争逐渐转向供应链和供应链之间的竞争,传统的生产与经营模式的响应显得越来越迟缓和被动,单靠企业自身的改造无法从根本上解决问题,企业必须加强与其他优秀企业的紧密合作,必须从根本上转变经营思想,充分利用企业内、外的资源,增强企业的适应性、响应速度,必须采用先进的管理理念、工具和方法,于是便产生了供应链管理这一新的经营与运作模式。

　　供应链管理是指为了满足客户需求,在从原材料到最终产品的整个过程中,对物流、信息流、资金流、价值流以及工作流进行计划、组织、协调与控制,寻求建立供、产、销企业以及客户间的战略合作伙伴关系,实现供应链整体效率的最优化。供应链管理不是从链条上的每个成员企业追求自身利益最大化出发去实现渠道资源的最优配置,而是从追求整个供应链管理的最优化来实现链条上每个成员成本最小化和利益最大化。通过供应链节点上的各相关企业充分发挥各自核心能力,形成优势互补,从而更有效地实现最终客户价值。

　　企业供应链的再造和优化已经成为企业构建长期竞争优势不可或缺的战略管理内容。如何发挥供应链中不同节点企业的核心优势,整合不同资源、提高供应链响应用户需求的整体水平和能力,已成为企业界和学术界最为关心的问题。

　　本书由处于教学一线、富有丰富物流与供应链教学经验的教师编写,力求反映供应链管理最新研究的进展,做到理论与实务兼顾。全书内容充实,资料新颖翔实,叙述深入浅出。与同类教材相比,本书针对应用型本科院校学生的特点和培养目标,将理论性、科学性和实用性有机结合,体现出以下鲜明特色:

1. 体例多样,结构新颖

　　本书结构新颖,形式多样,图文并茂,直观清晰,有较强可读性。导入案例与课后案例均与教学内容相匹配,书中穿插的"知识链接"、"延伸阅读"补充和拓展了相关知识,使学生的知识能力结构紧密适应经济与社会发展的需要;"实训项目"有利于培养学生的独立思考、独立解决问题的能力。

2. 体系合理，内容精炼

本书依照供应链管理的内在逻辑关系构建知识体系，既注重内容的完整和系统性，又考虑到其在整个学科体系中的地位和作用，避免与其他课程内容产生过多重复，突出本课程中的核心理论和方法，注重实用性和教学效果，具有很强的实践价值。

3. 理论与实践相结合，具有可操作性

本书紧密结合当前物流领域的实践，从强化培养操作技能角度出发，充分展示了现代物流与供应链管理的新理论、新知识、新技术、新方法、新经验、新案例，内容先进、科学，具有实用性、简明性和操作性的特点。

本书由哈尔滨德强商务学院的马翔、黑龙江外国语学院的陈丽燕担任主编，具体分工如下：第一章、第二章、第六章和第十章由哈尔滨德强商务学院的马翔编写；第三章由哈尔滨德强商务学院的王旭编写；第四章和第八章由哈尔滨广厦学院的钟桂娟编写；第五章和第七章由哈尔滨华德学院的李立辉编写；第九章由哈尔滨德强商务学院的姜颖编写；第十一章和第十三章由黑河学院的夏盛盛编写；第十二章由黑龙江东方学院的段延梅编写；第十四章由黑龙江外国语学院的陈丽燕编写。全书由马翔负责统撰和定稿。

本书坚持理论与实践相结合，突出理论够用、技能实用的特点，内容丰富，案例新颖。本书可作为普通高等院校物流管理、工商管理、电子商务、国际贸易、市场营销等经管类专业的教材，特别适合应用型本科院校学生使用，也可作为企事业管理人员学习或培训的参考书。

在本书的编写过程中，编者翻阅、参考了大量国内外专家学者的论著和文献资料，引用、采纳了其中鲜明精辟的观点和见解，在此向各位专家学者表示诚挚的感谢。

由于编者水平有限，书中还存在不少缺点和错误，敬请各位专家学者以及广大读者批评指正。

编著

2012 年 6 月

目　　录

第一章　供应链管理导论 …………………………………………… 1
　第一节　供应链的基本概念 ……………………………………… 3
　第二节　供应链的类型 …………………………………………… 7
　第三节　供应链管理 ……………………………………………… 14
　第四节　供应链管理的运营与发展 ……………………………… 20

第二章　供应链环境下的企业战略 ………………………………… 29
　第一节　企业核心竞争力 ………………………………………… 30
　第二节　供应链管理下的业务外包 ……………………………… 38
　第三节　供应链管理战略 ………………………………………… 42

第三章　供应链设计、构建与优化 ………………………………… 48
　第一节　供应链设计概述 ………………………………………… 50
　第二节　供应链结构模型 ………………………………………… 53
　第三节　供应链结构中的企业角色 ……………………………… 56
　第四节　供应链系统构建策略 …………………………………… 62
　第五节　供应链系统构建及其他优化方法 ……………………… 70

第四章　供应链合作关系管理 ……………………………………… 76
　第一节　供应链合作关系管理概述 ……………………………… 77
　第二节　供应链合作伙伴的选择与评价 ………………………… 83
　第三节　供应商关系管理 ………………………………………… 90
　第四节　供应链战略联盟 ………………………………………… 93

第五章　供应链管理方法 …………………………………………… 102
　第一节　快速响应策略 …………………………………………… 103
　第二节　ECR 有效顾客反应 ……………………………………… 109
　第三节　电子订货系统 …………………………………………… 116
　第四节　价值链分析法 …………………………………………… 121

第六章　供应链环境下的采购与供应管理 …… 125
第一节　采购管理概述 …… 126
第二节　供应链管理环境下的采购模式 …… 132
第三节　供应链管理环境下的准时采购策略 …… 137
第四节　全球采购 …… 141
第五节　供应商开发、考核与选择 …… 145

第七章　供应链环境下的物流管理 …… 153
第一节　供应链环境下的物流管理 …… 154
第二节　供应链环境下的物流管理战略 …… 159
第三节　供应链环境下的物流决策 …… 164
第四节　供应链环境下的第三方物流与第四方物流 …… 169

第八章　供应链环境下的生产管理 …… 176
第一节　供应链生产计划管理 …… 177
第二节　供应链生产控制管理 …… 183
第三节　供应链管理环境下的生产计划与控制系统总体模型 …… 189
第四节　延迟制造 …… 198

第九章　供应链环境下的库存管理 …… 204
第一节　库存管理的基本原理和方法 …… 205
第二节　供应链环境下的库存管理 …… 209
第三节　供应链环境下的库存管理策略 …… 214

第十章　供应链环境下的客户关系管理 …… 227
第一节　客户关系管理概述 …… 230
第二节　供应链环境下的客户关系管理 …… 236
第三节　供应链一体化的 CRM …… 242

第十一章　供应链环境下的组织管理 …… 250
第一节　供应链管理对传统企业组织结构的挑战 …… 251
第二节　基于供应链管理的企业组织结构设计 …… 257
第三节　供应链管理下的企业流程重组 …… 266

第十二章　供应链管理的核心信息技术 …… 274
第一节　供应链信息流管理 …… 275
第二节　供应链管理中的信息技术 …… 280

第三节　信息系统在供应链管理中的应用 ·················· 291
　　第四节　电子商务与供应链 ·················· 294
第十三章　供应链管理的绩效评价与激励机制 ·················· 300
　　第一节　供应链绩效评价概述 ·················· 301
　　第二节　供应链绩效诗人指标体系 ·················· 304
　　第三节　供应链绩效评价模型与方法 ·················· 310
　　第四节　供应链激励机制 ·················· 316
第十四章　供应链风险管理 ·················· 323
　　第一节　供应链风险管理概述 ·················· 324
　　第二节　供应链风险管理的主要内容 ·················· 330
　　第三节　供应链应急管理 ·················· 336
　　第四节　构建弹性供应链 ·················· 339
参考文献 ·················· 348

第一章

Chapter 1

供应链管理导论

【学习要点】

通过本章学习,要求学生了解供应链管理的产生背景;掌握和理解供应链的概念、特征与结构;掌握供应链的类型及其特点;理解供应链管理的概念与核心思想;了解供应链管理的主要领域与流程;掌握集成化供应链管理的内涵与实施步骤;理解供应链管理的运营机制。

【案例导入】

揭秘苹果的供应链

10多年前,苹果创始人乔布斯的"一个人,一张桌子,一台电脑,就能改变世界"的偏执信念,使得苹果一度陷入死亡线。为挽救苹果,乔布斯所采取的关键行动之一就是解决供应链管理问题。苹果通过精简库存、外包非核心业务及构建供应链联盟等策略,开发了供应商、公司和顾客之间的快速连接,证实了不单纯依靠低成本策略的供应链也可以取得让人羡慕的成就。

1. 精简库存

1996年,苹果公司的库存成品价值高达7亿美元,使公司一度陷入存货危机,产品库存周转率还不到13次。为此,苹果采取了一系列措施来降低库存。

第一,减少供应商数量。苹果将原先庞大的供应商的数量减少至一个较小的核心群体,开始经常给供应商传送预测信息,共同应对因各种原因导致的库存剧增风险。但是,苹果对供应商也提出了一系列残忍的完美主义要求,无论何时,如果一个项目没有达到要求,苹果都会要求供应商在12小时内作出原因分析和解释。

第二,减少产品种类。这是整个改革中最基础的环节,苹果把原先的15种以上的产品样式消减到4种基本的产品样式,并尽可能使用更多标准化部件,从而大大地减少了产品生产的零部件的备用数量以及半成品的数量,能够将精力更集中于定制产品,而不是为搬运大量存货。譬如,iPod nano几乎使用了所有的通用IC,从而减少了在元件准备上的时间和库存。2007年,苹果获得了快速的存货周转水平(50.8)和高速的业绩增长(38.6%)。

第三,提供更多的无形产品。迄今为止,苹果公司的需求预测、库存管理仍非常糟糕,但是，苹果通过提供 iTunes 音乐商店服务，让消费者把钱大把地花费在一个近 20 亿美元销售额的零库存商品供应链上。目前，苹果的在线 iTunes 音乐商店已经成为世界上第三大音乐零售商，仅次于沃尔玛和百思买。

苹果的翻身仗说明，只有降低了企业的存货成本，才能直接地增加企业的盈利。

2. 外包非核心业务

第一，生产外包。虽然大部分的 iPod 用户总是津津乐道 iPod 是由苹果生产的一款极其成功的音乐和媒体播放机，但是他们并不在意它是由谁生产或者在哪里生产出来的，而这也正是苹果想要的。来自于台湾的鸿海精密、华硕和英华达公司利用各自在大陆的生产厂装配了数百万台 iPod，但是它们的名字却鲜为人知。同样的外包决策也发生在主板生产方面，苹果过去一直生产 PC 机的主板，但在 1998 年的调查中发现，一些生产厂家生产的主板已经好于苹果电脑自己生产的主板，于是在当年公司决定将这部分业务卖掉，并将以后的业务外包给供应商完成。

第二，设计外包。作为世界上最优秀的创新公司，苹果却不肯以自己拥有的资源来规划创新战略。据统计，在 2006 年高科技企业的研发投入排行中，苹果仅以 7.15 亿美元列第 15 位，约为排名榜首的微软的 1/9。比如，McIntosh 率先使用的鼠标、iPhone 所使用的 Mutli-Touch 技术都来自于其他公司，甚至 iPod 的最初开发工作也是由外包完成的。

3. 构建供应链联盟

最初，苹果有着制造全世界最精美电脑的声誉，却只有很少的软件或者硬件能与 Mac 配套。今天，苹果的生态系统已经从一个悲惨的小型高科技村落演变成一个全球帝国。

iPod + iTunes 模式把庞大的消费类电子厂商、芯片制造商、软件公司、音乐公司、电脑厂商和零售商的力量整合在一起，为客户打造了播放、下载和视频等客户供应链系统。与此同时，苹果还逐渐开展与便携话筒、音乐播放器外壳及其他小硬件的制造商一起合作。譬如，宝马首次在它 2004 年许多款车型的仪表板上的储物小格中加入 iPod 转接器，通用汽车的 2008 凯迪拉克 CTS 将拥有一个具有 iPod 旋转与点击界面的中心控制台，不仅能将 iPod 中的音乐播放出来，还能播放广播、CD 甚至卫星广播。苹果还与耐克合作，将运动与音乐结合起来，推出了创新的"Nike + iPod"系列产品。

同样的故事也在 iPhone 上演。iPhone 不仅仅是一部手机，而是苹果试图建立人们用来看网页、听音乐、看电视电影、打电话等方面的全新体验，同时也是对手机制造商、网络运营商、制造商、电影和电视节目发行商以及计算机公司间实力的重新划分。随着 iPhone 的热卖，势必将有更多的合作伙伴成为苹果供应链上的一环。

（资料来源：http://edu.21cn.com/caigou/g_66_775845-1.htm：2012-1-18）

第一节　供应链的基本概念

进入20世纪90年代以来,由于科学技术的不断进步和经济的不断发展、全球化信息网络和全球化市场形成及技术变革的加速,围绕新产品的市场竞争也日趋激烈。技术进步和需求多样化使得产品寿命周期不断缩短,企业面临着缩短交货期、提高产品质量、降低成本和改进服务的压力,所有这些都要求企业能对不断变化的市场作出快速的反应。

一、企业管理模式的转变

20世纪90年代以前,企业出于对制造资源的占有要求和对生产过程直接控制的需要,传统上常采用的策略是,或扩大自身规模,或参股到供应商企业,与为其提供原材料、半成品或零部件的企业是一种所有关系。这就是人们所说的"纵向一体化"(Vertical Integration)管理模式。这是一种基于单个企业的管理模式,当企业处于相对稳定的市场环境中,这种模式是有效的。但是随着科技迅速发展、世界竞争日益激烈,消费者的需求特征发生了前所未有的变化,这些变化对企业参与竞争的能力提出了更高的要求,原有的管理思想已不能完全满足新的竞争形势,"纵向一体化"模式也暴露出它固有的种种缺陷。

(1)增加企业投资负担。
(2)承担丧失市场时机的风险。
(3)迫使企业从事不擅长的业务活动。
(4)在每个业务领域都直接面临众多竞争对手。
(5)增大企业的行业风险。

鉴于"纵向一体化"管理模式的种种弊端,从20世纪80年代后期开始,国际上越来越多的企业放弃了这种经营模式,随之是"横向一体化"(Horizontal Integration)思想的兴起,即利用企业外部资源快速响应市场需求,本企业只抓最核心的东西——产品的方向和市场。至于生产,只抓关键零部件的制造,甚至全部委托其他企业加工。"横向一体化"形成了一条从供应商到制造商再到分销商的贯穿所有企业的"链"。由于相邻节点企业表现出一种需求与供应的关系,当把所有相邻企业依此连接起来,便形成了供应链(Supply Chain)。

这条链上的节点企业必须达到同步、协调运行,才有可能使链上的所有企业都能受益。于是便产生了供应链管理(Supply Chain Management,SCM)这一新的经营与运作模式。

【知识链接】

企业管理模式

企业管理模式是一种系统化的指导与控制方法,它把企业中的人、财、物和信息等资源,高质量、低成本、快速及时地转换为市场所需要的产品和服务。

质量、成本和时间（生产周期）一直是一个企业的三个核心活动，企业管理模式也是围绕着这三个方面不断发展的。企业的生存和发展依赖于对这三个核心活动过程的管理，因为质量是企业的立足之本，成本是生存之道，而时间则是发展之源。没有好的质量，就无法得到消费者的认可，企业所提供的产品或服务就无法在市场上立足；没有低的成本，企业就没有实力进行价格竞争，无法获得再生产所需要的资金而难以为继；而企业要适应不断发展的消费需求，就必须能在最短的时间内提供消费者所需要的产品或服务，因此生产周期（包括产品研制和生产时间）就成了能否适应企业发展要求的关键。为了做好这三个方面的工作，企业无时无刻不在寻找最有效的管理方法。

二、供应链的基本内涵

在今天，很少有单个企业能够在产品从原材料供应到产品送达消费者手中整个环节都能成为最有竞争力的胜者。在激烈的竞争环境之下，要求企业专注于自身的核心竞争力，把非核心的业务外包，联合其上、下游企业，建立一条具有经济利益同向性、紧密联系和优势互补的连续的供应链，充分利用这个链条上的资源以便快速适应新的多变的竞争环境，共同增强竞争力，这就构成了我们所说的供应链。那怎样准确定义和理解供应链的内涵呢？

1. 供应链的概念

美国的史迪文斯（Stevens）认为："通过增值过程和分销渠道控制从供应商的供应商到用户的用户的流就是供应链，它开始于供应的源点，结束于消费的终点。"伊文斯（Evens）认为："供应链管理是通过前馈的信息流和反馈的物料流及信息流，将供应商、制造商、分销商、零售商，直到最终用户连成一个整体的模。"哈理森（Harrison）认为："供应链是执行采购原材料、将它们转换为中间产品和成品，并且将成品销售到用户的功能网。"菲利浦（Phillip）和温德尔（Wendell）认为：供应链中战略伙伴的关系是很重要的，通过建立战略伙伴的关系，可以与重要的供应商和用户更有效地开展工作。

我国国家标准《物流术语》（GB/T18354—2001）对供应链的定义是："供应链是指在生产及流通过程中，涉及将产品或服务提供给最终用户活动的上游与下游企业，所形成的网链结构。"

本书认为：供应链是围绕核心企业，通过对信息流、物流、资金流的控制，从采购原材料开始，制成中间产品以及最终产品，最后由销售网络把产品送到消费者手中的将供应商、制造商、分销商、零售商直到最终用户连成一个整体的功能网链结构模式。它是一个范围更广的企业结构模式，它包含所有加盟的节点企业，从原材料的供应开始，经过链中不同企业的制造加工、组装、分销等过程直到最终用户。它不仅是一条连接供应商到用户的物料链、信息链、资金链，而且是一条增值链，物料在供应链上因加工、包装、运输等过程而增加其价值，给相关企业都带来收益。

2. 供应链的结构模型

供应链是围绕核心企业,通过对信息流、物流、资金流的控制,把供应商、制造商、分销商、零售商直到最终用户连成一个整体的功能网链结构模式。

从图1.1中可以看出,供应链由所有加盟的节点企业组成,其中一般有一个核心企业,可以是产品制造企业,也可以是大型零售企业。节点企业在需求信息的驱动下,通过供应链的职能分工与合作(如生产、分销、零售等),以资金流、物流或/和服务流为媒介实现整个供应链的不断增值。

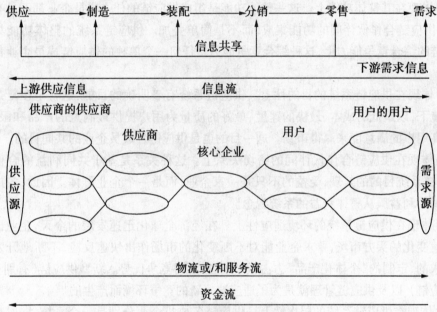

图1.1 供应链系统的结构模型

3. 供应链的特征

从供应链的结构模型可以看出,供应链是一个网链结构,由围绕核心企业的供应商、供应商的供应商和用户、用户的用户组成。一个企业是一个节点,节点企业和节点企业之间是一种需求与供应关系。供应链主要具有以下特征:

(1)复杂性。因为供应链节点企业组成的跨度(层次)不同,供应链往往由多个、多类型甚至多国企业构成,所以供应链的结构模式比一般单个企业的结构模式更为复杂。

(2)动态性。供应链管理因企业战略和适应市场需求变化的需要,其中节点企业需要动态地更新,这就使得供应链具有明显的动态性。

(3)面向用户需求。供应链的形成、存在、重构,都是基于一定的市场需求而发生,并且在供应链的运作过程中,用户的需求拉动是供应链中信息流、产品/服务流、资金流运作的驱动源。

(4)交叉性。节点企业是这个供应链的成员,同时又是另一个供应链的成员,众多的供应链形成交叉结构,增加协调管理的难度。

三、供应链系统

1. 供应链系统性的表现

供应链是一个系统,是由相互作用、相互依赖的若干个组成部分结合而成的具有特定功能的有机整体。

(1)体现在其整体功能上。这一整体功能是组成供应链的任一成员企业都不具有的特定功能,是供应链合作伙伴间的功能集成,而不是简单叠加。供应链系统的整体功能集中表现在供应链的综合竞争能力上,这种综合竞争能力是任何一个单独的供应链成员企业都不具有的。

(2)体现在供应链系统的目的性上。供应链系统有着明确的目的,这就是在复杂多变的竞争环境下,以最低的成本、最快的速度、最好的质量为用户提供最满意的产品和服务,通过不断提高用户的满意度来赢得市场。这一目的也是供应链各成员企业的共同目的。

(3)体现在供应链合作伙伴间的密切关系上。这种关系是基于共同利益的合作伙伴关系,供应链系统目的的实现,受益的不只是一家企业,而是一个企业群体。因此,各成员企业均具有局部利益服从整体利益的系统观念。

(4)体现在供应链系统的环境适应性上。在经济全球化迅速发展的今天,企业面对的是一个迅速变化的买方市场,要求企业能对不断变化的市场作出快速反应,不断地开发出符合用户需求的、定制的"个体化产品"去占领市场,以赢得竞争优势。新型供应链(有别于传统的局部供应链)以及供应链管理就是为了适应这一新的竞争环境而产生的。

(5)体现在供应链系统的层次性上。供应链各成员企业分别是一个系统,同时也是供应链系统的组成部分;供应链是一个系统,同时也是它所从属的更大系统的组成部分。

2. 供应链系统流程

供应链系统包含一系列流程,这些流程发生在一个组织内部或供应链中的不同组织之间,它们结合在一起共同实现客户对产品的需求。下面用两种不同的方式来观察发生在供应链中的流程:

第一种方式是从供应链系统中各流程主体的角度观察,它包括物流、商流、信息流、资金流四个流程。四个流程各有不同的功能以及不同的流通方向,如图1.2所示。

(1)物流。这个流程主要是物资(商品)的流通过程,是一个发送货物的程序。该流程的方向是由供货商经由厂家、批发与物流、零售商等指向消费者。由于长期以来企业管理都是围绕产品实物展开的,因此,物资流程被人们广泛重视。许多物流理论都涉及如何在物资流通过程中在短时间内以低成本将货物送出去。

(2)商流。这个流程主要是买卖的流通过程,这是接受订货、签订合同等的商业流程。该流程的方向是在供货商与消费者之间双向流动的。目前,商业流通形式趋于多元化,既有传统的店铺销售、上门销售、邮购的方式,又有通过互联网等新兴媒介进行购物的电子商务形式。

(3)信息流。这个流程是商品及交易信息的流程。该流程的方向也是在供货商与消费者之间双向流动的。过去人们往往把重点放在看得到的实物上,因而信息流通一直被忽视。甚至有人认为,国家的物流落后同他们把资金过分投入物质流程而延误对信息的把握不无关系。

(4)资金流。这个流程就是货币的流通,为了保障企业的正常运作,必须确保资金的及时回收,否则企业就无法建立完善的经营体系。该流程的方向是由消费者经由零售商、批发与物流、厂家等指向供货商。

第二种方式是从供应链系统中各流程周期的角度,考察每一个流程周期都发生在供应链中两个相邻组织的接口。对于一个由供应商、制造商、分销商、零售商和客户组成的典型供应链,整个供应链流程可分为如图1.2所示的四个流程周期:客户订单周期、补货周期、制造周期和采购周期。流程周期的观点在考虑供应链运营决策(Operational Decisions)时非常有用,因为它清楚地指明了供应链各成员组织的作用和责任。

图1.2 供应链流程周期

第二节 供应链的类型

一、推动式供应链、拉动式供应链和推拉混合式供应链

根据供应链驱动力的来源可以将供应链划分为推动式供应链、拉动式供应链和推拉混合式供应链。

1. 推动式供应链

推动式供应链是以制造商为核心企业,根据产品的生产和库存情况,有计划地把商品推销给客户,其驱动力源于供应链上游制造商的生产。在这种运作方式下,供应链上各节点比较松散,追求降低物理功能成本,属卖方市场下供应链的一种表现。由于不了解客户需求变化,这种运作方式的库存成本高,对市场变化反应迟钝。这种运作方式适用于供应链管理的初级阶段,或产品或市场变动较小的情况,如图1.3所示。

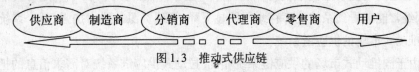

图1.3 推动式供应链

在一个推动式的供应链中,生产和分销的决策都是根据长期预测的结果做出的。准确地说,制造商是利用从零售商处获得的订单进行需求预测。事实上,企业从零售商和仓库那里获取订单的变动性要比顾客实际需求的变动大得多,这就是通常所说的"牛鞭效应",这种现象会使得企业的计划和管理工作变得很困难。例如,制造商不清楚应当如何确定它的生产能力,如果根据最大需求确定,就意味着在大多数时间里,制造商必须承担高昂的资源闲置成本;如果根据平均需求确定生产能力,在需求高峰时期需要寻找昂贵的补充资源。同样,对运输能力的确定也面临这样的问题:是以最高需求还是以平均需求为准呢?因此,在一个推动式的供应链中,经常会发生由于紧急的生产转换而引起的运输成本增加、库存水平变高或生产成本上升等情况。

推动式供应链对市场变化作出反应需要较长的时间,可能会导致一系列不良反应。比如在需求高峰时期,难以满足顾客需求,导致服务水平下降;当某些产品需求消失时,会使供应链产生大量的过时库存,甚至出现产品过时等现象。

2. 拉动式供应链

拉动式供应链系统是指根据实际顾客需求而不是预测需求组织生产的供应链系统。换句话说,在拉动式市场供应链系统中,生产是由需求驱动的。为此,拉动式市场的供应链系统使用快速的信息流机制把顾客需求信息传送给制造机制。

拉动式供应链的驱动力产生于最终用户,整个供应链的集成度较高,信息交换迅速,这样可有效降低库存,并可根据客户的需求实现定制化服务,为客户提供更大的价值。采取这种运作方式的供应链系统库存量低,响应市场的速度快,但这种模式对供应链上的企业要求较高,对供应链运作的技术需求也较高。拉动式供应链适用于客户需求不断变化、供大于求的市场环境,如图 1.4 所示。

图 1.4 拉动式供应链

拉动式供应链的优点集中表现在它缩短了生产的提前期。由于拉动式市场的供应链系统能够通过外部实际需求信息的采集,更准确地预测零售商的订单而缩短提前期。而随着生产提前期的缩短,零售商的库存水平将显著减少,制造商面对的变动性也随着提前期的缩短而变小,而制造商的变动性变小使得制造商库存能够降低。因此,在一个拉动式市场的供应链系统中,经常能够看到系统的库存水平明显下降,管理资源的能力加强,整个系统的成本低于相应的推动式市场的供应链系统。

正是由于同推动式市场的供应链系统相比,拉动式供应链系统对需求信息的把握更加准确与及时,因此,目前的供应链系统都正在朝着拉动式市场的方向进行改革。

对一个特定的产品而言,应当采用什么样的供应链战略呢?企业是应该采用推动战略还是拉动战略,前面主要从市场需求变化的角度出发,考虑的是供应链如何处理需求不确定的运作问题。在实际的供应链管理过程中,不仅要考虑来自需求端的不确定性问题,而且还要考虑来自企业自身生产和分销规模经济的重要性。在其他条件相同的情况下,需求不确定性越高,就越应当采用根据实际需求管理供应链的模式——拉动战略;相反,需求不确定性越低,就越应该采用根据长期预测管理供应链的模式——推动战略。同样,在其他条件相同的情况下,规模效益对降低成本起着重要的作用,如果组合需求的价值越高,就越应当采用推动战略,根据长期需求预测管理供应链;如果规模经济不那么重要,组合需求也不能降低成本,就应当采用拉动战略。

3. 推拉混合式供应链

由于推动式供应链和拉动式供应链各有其优缺点及不同的适应范围,在实际应用中,核心企业会根据需要将两种模式结合形成新的推拉混合模式,以求将两种模式的优点互补、缺点互避。

实践中可在产品分销计划实施前、后分别采取推、拉两种不同的运作模式,并将推动阶段和拉动阶段之间的分界点作为顾客需求切入点:在切入点之前,按推动式的大规模通用化方式和需求预测组织生产以形成规模经济;在切入点之后,首先将产品的后续分级、加工、包装和配送等过程延迟,待切入顾客的需求信息并接到订单后,根据实际订单信息,尽快将产品按客户的个性化或定制要求分级、加工及包装为最终产品,实现对顾客需求的快速而有效的反应。可见,切入点之后实施的是拉动式差异化整合模式。

当然,顾客需求切入点的位置是可调整的。当切入点向供应链上游方向移动时,顾客的需求信息会较早地被切入生产过程,产品同质化生产阶段会相应缩短,从而扩大按订单执行生产供给活动的范围;若将切入点向供应链下游方向移动,产品的个性化培育时间则会被推迟,相应延长规模化时段。在实践中,顾客需求切入点的位置一般根据产品生产的特征和市场需求的特点等情况进行调整。推拉混合式供应链如图1.5所示。

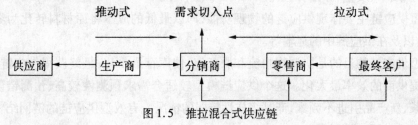

图1.5 推拉混合式供应链

二、有效性供应链和反应性供应链

根据供应链的功能模式(物理功能和市场中介功能)可以把供应链分为两种:有效型供应链(Efficient Supply Chain)和反应型供应链(Responsive Supply Chain)。

1. 反应性供应链

反应型供应链又称为响应型供应链,是指体现供应链的市场中介功能,即把产品分配到满足用户需要的市场,对未预知的需求作出快速反应的供应链。

反应型供应链以实现供应链的商流功能为主要目标,即对市场需求变化作出迅速的反应,这类供应链所提供的产品,其市场需求有很大的不确定性,或者产品生命周期较短,或者产品本身技术发展很快,或者产品需求的季节性波动很强。反应型供应链需要保持较高的市场应变能力,实现柔性生产,从而减少产品过时和失效的风险。

反应型供应链设计符合重视快速反应、开发速度、迅速交货、定制和产量柔性等特点。反应型供应链的设计特点包括:柔性和中间流程,根据需要设定库存,以便快速交货,大大缩短提前期。反应型供应链的链网结构、动力机制和运作方式如图1.6所示。

图1.6 反应型供应链的链网结构、动力机制和运作方式

2. 有效型供应链

有效型供应链也称为效率型供应链,是以最低的成本将原材料转化成零部件、半成品、产品,并以尽可能低的价格有效地实现以供应为基本目标的供应链管理系统。此类产品需求一般是可以预测的,在整个供应链各环节中总是力争存货最小化,并通过高效率的物流过程形成物资、商品的高周转率,从而在不增加成本的前提下尽可能缩短导入期。选择供应商时着重考虑服务、成本、质量和时间因素。

有效型供应链主要体现供应链的物理功能,即以最低的成本将原材料转化为零部件、产品、半成品以及在供应链中的运输等。

有效型供应链的目的是协调物料流和服务流,使库存最小化,最终获得供应链上的制造商和服务提供商的效率最大化。这个供应链模型较适合需求预测性较高、预测错误率较低、产品周期长、新产品引进不频繁、产品多样性较弱的情况。有效型供应链的链网结构、动力机制和运作方式如图1.7所示。

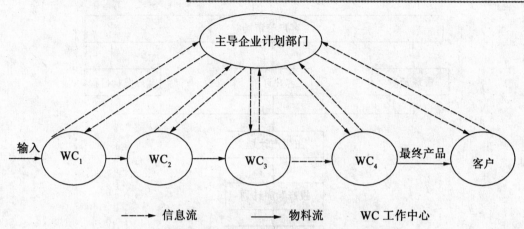

图 1.7 有效型供应链的链网结构、动力机制和运作方式

反应型供应链和有效型供应链的比较见表 1.1。

表 1.1 反应型供应链和有效型供应链的比较

比较项目	反应型供应链	有效型供应链
追求目标	快速响应顾客需求	低成本满足需求
管理核心	配置多余的缓冲库存	保持高的平均利用率
供应链战略	在速度、弹性和质量的基础上进行选择	在成本与质量上进行权衡
产品设计	创建调节系统,允许产品差异化发生	以最低生产成本取得最大销售业绩
库存战略	部署缓冲库存,应付不稳定的需求	降低整个供应链的库存
生产战略	维持边际生产能力弹性,满足非预期需求	提高设备利用率,形成规模效益,降低成本
定价战略	边际收益较高,价格不是吸引顾客的主要驱动因素	边际收益较低,价格是吸引顾客的驱动因素
提前期	大量投资以缩短提前期	保持稳定的情况下尽可能缩短提前期
供应商选择	速度、柔性、质量为核心	成本和质量为核心

三、精益化供应链和敏捷化供应链

1. 精益化供应链

精益化供应链(Lean Supply Chains)简称精益供应链,它来源于精益管理,将从产品设计到顾客得到产品,整个过程所必需的步骤和合作伙伴整合起来,快速响应顾客多变的需求,其核心是减少、消除企业中的浪费,用尽可能少的资源最大程度地满足客户需求。

精益管理的基本原理是:不断改进,消除对资源的浪费,协力工作,柔性生产。精益生产的主要支柱是及时生产制(Just in Time, JIT)、成组技术(Group Technology, GT)、全面质量管理(Total Quality Management, TQM)和并行工程(Concurrent Engineering, CE)。

精益供应链在 ERP 系统中实现的流程如图 1.8 所示。

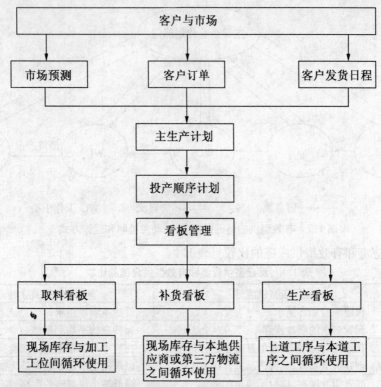

图 1.8 精益供应链在 ERP 系统中实现的流程(简化)

精益供应链具有以下特点：

(1)结构体系简洁。这是供应链建模的重要原则。简洁的供应链能减少不确定性对供应链的负面影响,且可使:①生产和经营过程更加透明;②非创造价值的活动减少到最低限度;③订单处理周期和生产周期缩短。

(2)面向对象的供应链模式。面向对象的供应链是以订单为驱动,以订单为对象,实现"一个流供应,一个流生产,一个流分销"。

(3)非线性系统集成模式。集成是先进制造系统实现再造工程的重要方法和手段,供应链的集成不是简单的企业兼并式集团化,而是一种松散的耦合集成——凝聚与扩散有机结合:由不同形式的企业组织的联合式的集成;由企业间的技术交流与扩散,以融合形式的集成;由不同学科间的交叉形式的集成。这是一种非线性、协同方式的集成,使系统实现"1 + 1 > 2"的总体效果。

(4)采购与供销一体化的物流系统。精细生产如果没有精细的供应与分销系统与之相配合,整个供应链就达不到精细运作,因此,精细的供应链应实行 JIT 采购法使之与 JIT 生产相适应。

(5)基于因特网/EDI 的电子业务模式。现代信息技术改变了商务通信与交易方式,因特网、EDI等技术的日益成熟使供应链企业间的业务往来速度更快,大大降低了交易成本和其他业务往来投资。

(6)动态联盟的组织形式。动态联盟建立在"强－强"联合思想之上,使企业从"公司制"变为"联邦制",使企业以最小的组织实现最大的权能。从精细的思想来看,它能获得较好的成本效率,其成本效率来自优化的成本结构和虚拟结构冗余的减少。

(7)开放式的企业信息系统。集成化的供应链模式,企业之间要求有较好的信息透明度,供应商、制造商、分销商之间应保持较好的沟通和联系,达到信息共享,使供应链达到并行化、同步化。要实现这种运营模式,企业的信息系统不再是封闭孤岛式的企业信息系统,而是建立在互联网之上的开放式的信息系统,也称为合作式信息系统。

2. 敏捷化供应链

敏捷性是美国学者于20世纪90年代初提出的一种新型战略思想,当时提出这种战略思想主要是针对制造技术领域,目标是提高制造系统对外部环境变化的应变能力。所谓敏捷化供应链,是指在不确定性、持续变化的环境下,为了在特定的某一市场机会中获得价值最大化而形成的基于一体化的动态联盟和协同运作的供应链,以核心企业为中心,通过对资金流、物流、信息流的控制,将供应商、制造商、分销商、零售商及最终消费者用户整合到一个统一的、无缝化程度较高的功能网络链条,以形成一个极具竞争力的战略联盟。

敏捷供应链以增强企业对市场需求的适应能力为导向,以动态联盟的快速重构为基本着眼点,致力于支持供应链的迅速结盟、优化联盟运行和联盟平稳解体。强调从整个供应链的角度考虑、决策和效绩评价,使企业与合作者共同降低产品价格,并追求快速反应市场需求,提高供应链各环节边际效益,实现利益共享的双赢目标。

敏捷供应链是一种全新理念,它突破传统的管理思想,为企业带来全新竞争优势,使企业能够在未来经济生活中大展宏图。

(1)速度优势。网络经济时代,企业实行敏捷供应链战略的一个重要竞争优势就在于速度。企业如果按敏捷供应链观念组织生产,其独特的订单驱动生产组织方式,在敏捷制造技术支持下,可以最快速度地响应客户需求。

(2)顾客资源优势。企业在实行敏捷供应链战略的过程中,会通过对客户的电子商务环节开办个性化订购服务,客户可在网页上根据公司对产品组件和功能介绍,自己选择零部件,自己设计产品的款式、颜色、尺寸,顾客的需求信息直接反映到产品设计和规划阶段上,成为企业最直接也是最有价值的信息资源。通过尽量迅速、准确地满足顾客的个性化、多样化的需求,不断地培养并提高顾客的忠诚度,从而拥有较为稳定的顾客资源。

(3)个性化产品优势。依靠敏捷制造技术、动态组织结构和柔性管理技术三个方面的支持,敏捷供应链解决了流水线生产方式难以解决的品种单一问题,实现了多产品、少批量的个性化生产,使个性化产品生产成为现实。

(4)成本优势。在通常情况下,产品的个性化生产和产品成本是一对负相关目标,从事传统产业经营的人员对这一点体会更为深刻。然而在敏捷供应链战略的实行中,这一对矛盾却得以成功解决,在获得多样化产品的同时,敏捷供应链在敏捷制造技术、信息技术(IT)及并行工程技术(OE)的支持下,成功地实现了客户需要什么就生产什么的订单驱动生产组织方式,降低了整条供应链的库存量,使企业获得了低廉的成本优势。

(5)组织优势。新战略依赖新型组织机构,敏捷供应链的成功实施依赖于虚拟组织的构建,即若干相互关联的厂商,基于战略一致性而构成的动态联盟。与传统的实体组织相比,虚拟组织具有如下几个特点:①超组织性,它不一定是一个独立的法人实体,而是为了特定目标或项目由相关结点企业形成的联盟;②动态性,虚拟组织不是一成不变的,当市场需求或组织目标发生变化时,原先的组织立刻解体;③网状组织,它改变了传统的等级分明的金字塔结构,允许信息横向传递与交流,使信息利用更为充分、及时。

【延伸阅读】

惠普五种优化的供应链

惠普设计了独一无二的供应链,能够帮助每一种产品进行优化,同时进入不同的市场。目前,惠普有五个不同的供应链,每一个都足以超越最强大的竞争对手:第一个是直接供应链;第二个是打印机业务独一无二的低接触率模式;第三个是所有简单配置的供应方式;第四个是供应链涉及高附加值的复杂系统和解决方案;第五个是供应链管理服务业务。

惠普生产40余种不同的产品类型及其衍生产品,包括从照相机、打印机、游戏柄、打印纸、打印墨盒、传真墨盒、PC机、服务器和商业系统等,产品类型广泛。惠普的这五条供应链能使其提高运营效率,可以对主要的四种顾客类型进行运输。它先对终端顾客服务,然后再对销售渠道中的顾客和合作伙伴服务。

比如,惠普提供给零售商客户的运输,零售商不关心产品是打印机或个人电脑,还是笔记本或游戏手柄,他们关心的是能否及时运输,能否顺利经营促销,是否有存货可见性。他们关心惠普怎样运货到他们的物流中心,而不管产品是在哪里生产的。在供应链中,接近客户的那一端,供应链的特点是服务高度统一,但在供应链的上游,也就是惠普与不同供应商、合同制造商或自己的工厂连接的这一端,供应链就有很多分化。

这五种优化的供应链,满足了产品的领先要求,同时实现了库存优化,降低了总拥有成本,成为惠普的制胜之道。

(资料来源:http://www.tianya.cn/techforum/content/494/1/28681.shtml,2011-11-24)

第三节 供应链管理

对供应链这一复杂系统,要想取得良好的绩效,必须找到有效的协调管理方法,供应链管理的思想就是在这种环境下提出的。

一、供应链管理的内涵

1. 供应链管理的概念

供应链的概念和传统的销售链是不同的,它已跨越了企业界限,从建立合作制造或战略伙伴关系的新思维出发,从产品生命线的源头开始到产品消费市场,从全局和整体的角度考虑产品的竞争力,使供应链从一种运作性的竞争工具上升为一种管理性的方法体系。

供应链管理是一种集成的管理思想和方法,它执行供应链中从供应商到最终用户的物流的计划和控制等职能。伊文斯(Evens)认为:供应链管理是通过前馈的信息流和反馈的物料流及信息流,将供应商、制造商、分销商、零售商,直到最终用户连成一个整体的管理模式。菲利浦(Phillip)则认为:供应链管理不是供应商管理的别称,而是一种新的管理策略,它把不同企业集成起来以增加整个供应链的效率,注重企业之间的合作。

我国国家标准《物流术语》(GB/T18354—2001)对供应链管理的定义是:"供应链管理,即利用计算机网络技术全面规划供应链中的商流、物流、信息流、资金流等,并进行计划、组织、协调与控制。"

本书认为:供应链管理是以市场和客户需求为导向,在核心企业协调下,本着共赢原则,以提高竞争力、市场占有率、客户满意度、获取最大利润为目标,以协同商务、协同竞争为商业运作模式,通过运用现代企业管理技术、信息技术和集成技术,达到对整个供应链上的信息流、物流、资金流、业务流和价值流的有效规划和控制,从而将客户、供应商、制造商、销售商、服务商等合作伙伴连成一个完整的网状结构,形成一个极具竞争力的战略联盟。

2. 供应链管理的基本思想

供应链管理就是优化和改进供应链活动,其对象是供应链组织和它们之间的"流",应用的方法是集成和协同;目标是满足客户的需求,最终提高供应链的整体竞争能力。供应链管理的实质是深入供应链的各个增值环节,将顾客所需的正确产品(Right Product)能够在正确的时间(Right Time),按照正确的数量(Right Quantity)、正确的质量(Right Quality)和正确的状态(Right Status)送到正确的地点(Right Place),即"6R",并使总成本最小。

供应链管理是一种先进的管理理念,它的先进性体现在是以顾客和最终消费者为经营导向的,以满足顾客和消费者的最终期望来生产和供应的。供应链管理具有以下基本思想:

(1)供应链管理把所有节点企业看作是一个整体,实现全过程的战略管理。供应链是由供应商、制造商、分销商、销售商、客户和服务商组成的网状结构。链中各环节不是彼此分割的,而是环环相扣的一个有机整体。供应链管理把物流、信息流、资金流、业务流和价值流的管理贯穿于供应链的全过程。它覆盖了整个物流,从原材料和零部件的采购与供应、产品制造、运输与仓储到销售各种职能领域。它要求各节点企业之间实现信息共享、风险共担、利益共存,并从战略的高度来认识供应链管理的重要性和必要性,从而真正实现整体的有效管理。

(2)供应链管理是一种集成化的管理模式。供应链管理的关键是采用集成的思想和方法。它是一种从供应商开始,经由制造商、分销商、零售商直到最终客户的全要素、全过程的集成化管理模式,是一种新的管理策略,它把不同的企业集成起来以增加整个供应链的效率,注重的是企业之间的合作,以达到全局最优。

(3)供应链管理提出了全新的库存观念。传统的库存思想认为:库存是维系生产与销售的必要措施,是一种必要的成本。因此,供应链管理使企业与其上、下游企业之间在不同的市场环境下实现了库存的转移,降低了企业的库存成本。这也要求供应链上的各个企业成员建立战略合作关系,通过快速反应来降低库存总成本。

(4)供应链管理以最终客户为中心,这也是供应链管理的经营导向。无论构成供应链的节点的企业数量是多少,也无论供应链节点企业的类型、层次有多少,供应链的形成都是以客户和最终消费者的需求为导向的。正是有了客户和最终消费者的需求,才有了供应链的存在。而且,也只有让客户和最终消费者的需求得到满足,才能有供应链的更大发展。

3. 供应链管理的目标

供应链管理的目标是通过协调总成本最低化,客户服务最优化,总库存最少化,总周期时间最短化以及物流质量最优化等目标之间的冲突,实现供应链绩效最大化。

(1)总成本最低化。总成本最低化的目标并不是指运输费用或库存成本,或其他任何供应链物流运作与管理活动的成本最小,而是整个供应链运作与管理的所有成本的总和最低化。

(2)客户服务最优化。供应链管理的实施目标之一,就是通过上、下游企业协调一致地运作,保证达到客户满意的服务水平,吸引并保留客户,最终实现企业的价值最大化。

(3)总库存成本最小化。按照 JIT 的管理思想,库存是不确定性的产物,任何库存都是浪费。因此,在实现供应链管理目标的同时,要使整个供应链的库存控制在最低的程度。

(4)总周期时间最短化。供应链之间的竞争实质上是时间竞争,即必须实现快速、有效的客户反应,最大限度地缩短从客户发出订单到获取满意交货的整个供应链的总时间周期。

(5)物流质量最优化。达到与保持物流服务质量的水平,也是供应链管理的重要目标。而这一目标的实现,必须从原材料、零部件供应的零缺陷开始,直至供应链管理全过程、全方位质量的最优化。

二、供应链管理的主要领域与运作流程

供应链管理主要涉及四个主要领域:供应、生产、物流和需求。在这四个领域的基础上,供应链管理又可细分为职能领域和辅助领域。职能领域主要包括产品工程、产品技术保证、采购、生产控制、库存控制、仓储管理和分销管理。而辅助领域主要包括客户服务、制造、设计工程、会计核算、人力资源和市场营销。

成功的供应链管理需要我们改变以前只对单个过程管理的模式,需要对一系列整合的过程进行管理。供应链管理实施涉及八大核心过程。供应链管理实施流程如图 1.9 所示。

第一章 供应链管理导论

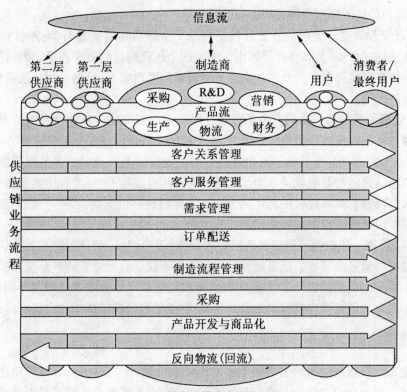

图1.9 供应链管理实施流程图

（1）客户关系管理。客户关系管理过程提供了如何发展和维护与客户关系的方法。通过这个步骤，管理者能辨认关键客户和客户群，并把它们作为公司商业计划的一部分。其目的是根据客户价值将它们分类，并通过为客户提供专门针对不同客户的个性化服务来提升顾客的忠诚度。

（2）客户服务管理。客户服务管理表示公司对客户的态度。这是在客户关系管理步骤中由客户小组开发产品服务包的关键步骤。客户服务通过与职能部门如制造和物流部门的联系，为客户提供他们想了解的关于运输日期和产品实用性等方面的实时信息。客户服务过程还包括帮助客户了解产品的应用。

（3）需求管理。需求管理是一个平衡客户需求和供应能力的过程。通过在正确的地方使用正确的程序，这种管理能有预见性地使需求和供给相匹配，并能使计划更有效地执行。这个过程不仅仅是指预测，还包括协调供给和需求，增强弹性，减少波动。一个优良的需求管理系统，使用点对点的销售并了解关键客户的数据以减少不确定性，并对整个供应链提供有效支持，它也有效地协调市场需求和生产计划。

（4）订单管理。供应链的这个过程不仅仅指下达订单指令，还包括定义客户需求、设计网络、在最小化配送成本的基础上满足客户需求等一系列活动。它的目的是建立一个从供应商

17

到公司,再从公司到不同客户的无缝衔接的系统。

（5）生产流程管理。生产流程管理包括与以下生产活动有关的行为:原材料的取得、生产、管理供应链的生产环节和将产品运出工厂。这个过程的目的就是在既定的时间内以尽可能低的成本生产出尽可能多的产品。为了达到预期的生产要求,计划和执行就需要寻求与供应链参与者的合作。

（6）供应商关系管理。供应商关系管理过程是指如何与供应商建立和维持友好关系,这个过程与客户关系管理过程类似。简言之,供应商关系管理就是定义和管理产品服务包。

（7）产品开发和产品商业化。这个过程是指企业要和客户及供应商共同开发产品,并把产品投放市场。负责产品的设计和商业化过程的团队应该和 CRM 过程中的团队合作以确认客户和需求,应该和 SRM 过程中的团队合作来选择材料和供应商,和生产流程管理过程中的团队合作根据市场的需求来发展新产品及新技术。

（8）回收管理。回收管理过程包括与管理回收、逆向物流、闸口控制有关的活动,包括管理供应链过程尽量避免回收。适当地执行回收管理不仅能有效地管理产品流中的次品,而且还能减少不期望出现的回收产品数量,并能重复利用诸如包装盒之类的可循环利用的产品部分。有效的回收管理是供应链管理的重要步骤,它能使公司获得持续的竞争力。

三、集成化供应链管理

集成是人们按照某种目的把若干个单元集合在一起,使之成为具有某种功能的系统,供应链是以核心企业为中心包括上游企业和下游企业在内的多个企业组成的系统,系统具有集合性和相关性。

1. 集成化供应链管理的内涵

要成功地实施供应链管理,使供应链管理真正成为有竞争力的武器,就要抛弃传统的管理思想,把企业内部以及节点企业之间的各种业务看做一个整体功能过程,形成集成化供应链管理体系。通过信息、制造和现代管理技术,将企业在生产经营过程中有关的人、技术、经营管理三要素有机地集成并优化运行。通过对生产经营过程的物料流、管理过程的信息流和决策过程的决策流进行有效的控制和协调,将企业内部的供应链与企业外部的供应链有机地集成起来进行管理,达到全局动态最优的目标,以适应在新的竞争环境下市场对生产和管理过程提出的高质量、高柔性和低成本的要求。

供应链集成化管理的目的在于通过合作伙伴之间的有效合作与支持,提高整个供应链中物流、工作流、信息流和资金流的通畅性和快速响应性,提高价值流的增值性,使所有与企业经营活动相关的人、技术、组织、信息以及其他资源有效地集成,形成整体竞争优势。在市场竞争中,各成员把主要精力用在凝聚自身的核心竞争能力上,达到强强联合的效果。从这个方面,供应链管理是一种基于核心能力集成的竞争手段。在竞争中,各成员都可以从整体的竞争优势中获得风险分担、利益共享的好处。集成供应链的流程如图 1.10 所示。

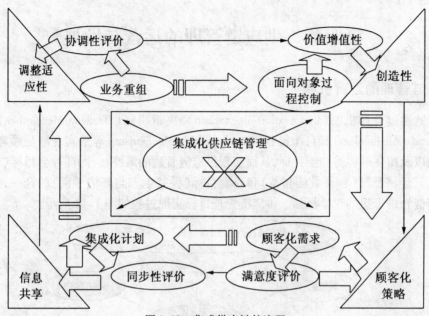

图1.10 集成供应链的流程

2. 集成化供应链管理的实现

根据马士华、林勇等人的研究,集成化供应链管理的实现一般要经过五个阶段,包括从最低层次的基础建设到最高层次的集成化供应链动态联盟,各阶段的不同之处主要体现在组织结构、管理核心、计划与控制系统和应用的信息技术等方面。

阶段1:基础建设。这一阶段在原有企业供应链的基础上分析、总结企业现状,发现问题并对出现的问题逐个解决,来初步完善企业的供应链。

阶段2:职能集成。职能集成阶段集中于企业内部的物流,企业围绕核心职能对物流实施集成化管理,对组织实行业务流程重构(BPR),实现职能部门的优化集成。

阶段3:内部供应链管理集成。这一阶段要实现企业直接控制的领域的管理集成,同时要实现企业内部供应链与外部供应链中供应商和用户的管理部门的集成,形成内部集成化供应链管理。集成的输出是集成化的计划和控制系统。

阶段4:外部供应链管理集成。在此阶段,将企业内部供应链与外部的供应商和用户集成起来,形成一个集成化供应网链,而与主要供应商和用户建立良好的合作伙伴关系,这是集成化供应链管理的关键。

阶段5:集成化供应链动态联盟。随着市场竞争的加剧,供应链共同体必将成为一个能快速重构的动态组织结构,即集成化供应链动态联盟。企业通过Internet网络和商务软件等技术集成在一起以满足用户的需求,同时提高自己在市场竞争中的实力与优势。

第四节 供应链管理的运营与发展

一、供应链管理的运营机制

供应链通过合作机制(Cooperation Mechanism)、决策机制(Decision Mechanism)、激励机制(Encourage Mechanism)和自律机制(Benchmarking Mechanism)等来实现满足顾客需求、使顾客满意以及留住顾客等功能目标,从而实现供应链管理的最终目标,即社会目标(满足社会就业需求)、经济目标(创造最佳利益)和环境目标(保持生态与环境平衡)的合一,这可以说是对供应链管理思想的哲学概括。供应链管理目标实现过程如图 1.11 所示。

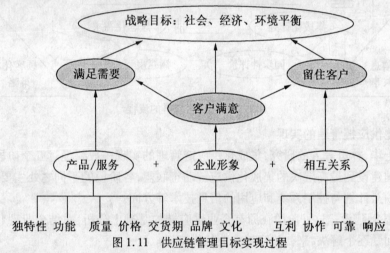

图 1.11 供应链管理目标实现过程

1. 合作机制

供应链合作机制体现了战略伙伴关系和企业内外资源的集成与优化利用。基于这种企业环境的产品制造过程,从产品的研究开发到投放市场,周期大大地缩短,而且顾客导向化(Customization)程度更高,模块化、简单化产品、标准化组件,使企业在多变的市场中柔性和敏捷性显著增强,虚拟制造与动态联盟提高了业务外包(Outsourcing)策略的利用程度。企业集成的范围扩展了,从原来的中低层次的内部业务流程重组上升到企业间的协作,这是一种更高级别的企业集成模式。在这种企业关系中,市场竞争的策略最明显的变化就是基于时间的竞争(Time-based)和价值链(Value Chain)及价值让渡系统管理或基于价值的供应链管理。

2. 决策机制

由于供应链企业决策信息的来源不再仅限于一个企业的内部,而是在开放的信息网络环境下,不断进行信息交换和共享,达到供应链企业同步化、集成化计划与控制的目的,而且随着 Internet/Intranet 发展成为新的企业决策支持系统,企业的决策模式将会产生很大的变化,因此,处于供应链中的任何企业决策模式应该是基于 Internet/Intranet 的开放性信息环境下的群体决策模式。

3. 激励机制

归根到底,供应链管理和任何其他的管理思想一样都是要使企业在 21 世纪的竞争中在"TQCSF"(其中,T 为时间,指反应快,如提前期短、交货迅速等;Q 为质量,控制产品、工作及服务质量高;C 为成本,企业要以更少的成本获取更大的收益;S 为服务,企业要不断提高用户的服务水平,提高用户的满意度;F 为柔性,企业要有较好的应变能力)上有上佳表现。缺乏均衡一致的供应链管理业绩评价指标和评价方法是目前供应链管理研究的弱点和导致供应链管理实践效率不高的一个主要问题。为了掌握供应链管理的技术,必须建立、健全业绩评价和激励机制,使我们知道供应链管理思想在哪些方面、多大程度上给予企业改进和提高,以推动企业管理工作不断完善和提高,也使得供应链管理能够沿着正确的轨道与方向发展,真正成为能为企业管理者乐于接受和实践的新的管理模式。

4. 自律机制

自律机制要求供应链企业向行业的领头企业或最具竞争力的竞争对手看齐,不断对产品、服务和供应链业绩进行评价,并不断地改进,以使企业能保持自己的竞争力和持续发展。自律机制主要包括企业内部的自律、对比竞争对手的自律、对比同行企业的自律和比较领头企业的自律。企业通过推行自律机制,可以降低成本,增加利润和销售量,更好地了解竞争对手,提高客户满意度,增加信誉,企业内部部门之间的业绩差距也可以得到缩小,提高企业的整体竞争力。

二、供应链管理的演进与发展

1. 企业内部供应链管理

企业内部供应链管理是将企业内部所有的生产经营活动单元,如订单、计划、采购、生产、库存、销售、运输、服务等,企业内部所有能够利用的资源,如人、财、物、信息、无形资产等,以及相应的财务活动、人事管理、管理制度体系等纳入到一条业务链内进行综合管理。

这种供应链管理(图 1.12)关注企业内部资源的调配、业务流程的调整、组织结构的改造、绩效考核的建立;去除企业内部业务流程中无效的工作环节,消除影响业务流程运行的不利因素,减少安全库存量;将企业决策的切入点建立在业务流程执行的每个地方,由此实现企业内部各种业务和信息的高度集成、共享、控制、管理和协调运营,从而提升企业的整体绩效,提高企业的竞争力。

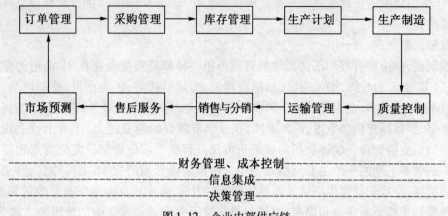

图1.12 企业内部供应链

2. 产业供应链或动态联盟供应链管理

随着全球经济的一体化发展,人们发现在全球化大市场竞争环境下任何一个企业都不可能在所有业务上成为最杰出者,必须联合行业中其他上、下游企业,建立一条经济利益相连、业务关系紧密的行业供应链实现优势互补,充分利用一切可利用的资源来适应社会化大生产的竞争环境,共同增强市场竞争实力。因此,企业内部供应链管理延伸和发展为面向全行业的产业链管理,管理的资源从企业内部扩展到了外部。在这种供应链的管理过程中,首先,在整个行业中建立一个环环相扣的供应链,使多个企业能在一个整体的管理下实现协作经营和协调运作。把这些企业的分散计划纳入到整个供应链的计划中,实现资源和信息共享,从而大大增强该供应链在大市场环境中的整体优势,同时也使每个企业均可实现以最小的个别成本和转换成本来获得成本优势。例如,在供应链统一的计划下,上、下游企业可最大限度地减少库存,使所有上游企业的产品能够准确、及时地到达下游企业,这样既加快了供应链上的物流速度,又减少了各企业的库存量和资金占用,还可及时获得最终消费市场的需求信息,使整个供应链能紧跟市场的变化。

其次,在市场、加工/组装、制造环节与流通环节之间,建立一个业务相关的动态企业联盟(或虚拟公司)。它是指为完成向市场提供商品或服务等任务而由多个企业相互联合所形成的一种合作组织形式,通过信息技术把这些企业连成一个网络,以更有效地向市场提供商品和服务来完成单个企业不能承担的市场功能。这不仅使每一个企业保持了自己的个体优势,也扩大了其资源利用的范围,使每个企业可以享用联盟中的其他资源。例如,配送环节是连接生产制造与流通领域的桥梁,起到重要的纽带作用,以它为核心可使供需连接更为紧密。在市场经济发达国家,为了加速产品流通,往往是以一个配送中心为核心,上与生产加工领域相连,下与批发商、零售商、连锁超市相接,建立一个企业联盟,把它们均纳入自己的供应链来进行管理,起到一个承上启下的作用来最有效地规划和调用整体资源,以此实现其业务跨行业、跨地区甚至是跨国的经营,对大市场的需求作出快速的响应。在它的作用下,供应链上的产品可实现及时生产、及时交付、及时配送、及时地交到最终消费者手中,快速实现资本循环和价值链增值。

【知识链接】

虚拟企业

虚拟企业(Virtual Enterprise)一词是由肯尼思·普瑞斯、史蒂文·戈德曼、罗杰·N·内格尔三人在1991年编写的一份重要报告——《21世纪的生产企业研究:工业决定未来》中首先提出的。它是当市场出现新机遇时,具有不同资源与优势的企业为了共同开拓市场,共同对付其他的竞争者而组织的、建立在信息网络基础上的共享技术与信息,分担费用,联合开发的、互利的企业联盟体。虚拟企业的出现常常是参与联盟的企业追求一种完全靠自身能力达不到的超常目标,即这种目标要高于企业运用自身资源可以达到的限度。因此,企业自发的要求突破自身的组织界限,必须与其他对此目标有共识的企业实现全方位的战略联盟,共建虚拟企业,才有可能实现这一目标。

信息网络、知识网络、物流网络、契约网络四个平台构成了虚拟企业运作的整体平台。知识网络、物流网络的建立以信息网络、契约网络为基础;物流网络、知识网络又使信息网络、契约网络本身具有实际的运用价值;契约网络的形成也须借助信息网络。四个网络具有一定的重叠关系,知识网络与信息网络有重叠,契约网络内含在物流网络与知识网络之中。

(资料来源:百度百科)

这种广义供应链管理拆除了企业的围墙,将各个企业独立的信息孤岛连接在一起,建立起一种跨企业的协作,以此来追求和分享市场机会,通过Internet、电子商务把过去分离的业务过程集成起来,覆盖了从供应商到客户的全部过程,包括原材料供应商、外协加工和组装、生产制造、销售分销与运输、批发商、零售商、仓储和客户服务等,实现了从生产领域到流通领域一步到位的全业务过程(图1.13)。

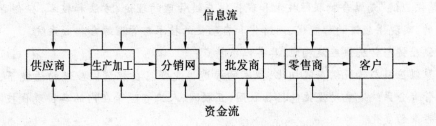

图1.13　广义供应链

3.全球网络供应链管理

Internet、交互式Web应用以及电子商务的出现,彻底改变了我们的商业方式,也改变了现有供应链的结构,传统意义的经销商将消失,其功能被全球网络电子商务所取代。传统多层的供应链将转变为基于 Internet 的开放式的全球网络供应链,其结构如图 1.14 所示。

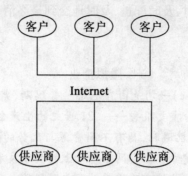

图 1.14 基于 Internet 的全球网络供应链

全球网络供应链是基于互联网的开放式的供应链,在全球网络供应链中,企业的形态和边界将产生根本的改变,全球资源随着市场的需求可以动态组合,它将供应链的系统延伸至整个世界范围,在全面、迅速地了解世界各地消费者需求偏好的同时,就其进行计划、协调、操作、控制和优化,依靠现代网络信息技术支撑,实现供应链的一体化和快速反应运作,达到物流、价值流和信息流的协调通畅。全球化供应链管理是以全球范围内的消费者来驱动供应链运作,是从全球市场的角度对供应链全面协调性的合作式管理。

全球化供应链管理包括:市场与行销策略、价格策略、全球采购策略、产品与制造管理、虚拟制造、就地组装、全球补货策略与体系、快速反应系统、电子商务、策略联盟、合同管理、配送策略等,包含物流运转中心、物流系统设计与综合性服务、共同配送系统、顾客需求支援系统等,范畴较宽,是一种综合性的、跨国跨企业集成化的管理模式,也是适应全球化下企业跨国经营的管理模式。

【延伸阅读】

智慧供应链

"智慧供应链"是结合物联网技术和现代供应链管理的理论、方法和技术,在企业中和企业间构建的,实现供应链的智能化、网络化和自动化的技术与管理综合集成系统。

智慧供应链与传统供应链相比,具备以下特点:

1. 智慧供应链与传统供应链相比,技术的渗透性更强。在智慧供应链的语境下,供应链管理和运营者会系统地主动吸收包括物联网、互联网、人工智能等在内的各种现代技术,以适应新技术带来的变化。

2. 智慧供应链与传统供应链相比,可视化、移动化特征更加明显。智慧供应链更倾向于使用可视化的手段来表现数据,采用移动化的手段来访问数据。

3. 智慧供应链与传统供应链相比,更加人性化。在主动吸收物联网、互联网、人工智能等技术的同时,智慧供应链更加系统地考虑问题,考虑人机系统的协调性,实现人性化的技术和管理系统。

新型智慧供应链的远景：

1. 对制造地点和供应商的选择，已不再由单个成本元素（如劳动力）决定。智慧化的供应链具有分析能力，可根据供应、制造和分销情况评估各种替代供应链，而且可以根据情况的变化重新灵活配置。

2. 风险管理问题。风险的形式千变万化。随着供应链变得更加复杂且紧密相连，风险管理也应当全面展开，扩展到企业所能控制的范围之外。智慧化的供应链将风险视为一个系统问题，其风险规避策略是通过利用数百万个智慧对象来报告诸如温度波动、偷窃或篡改等信息。它还可以在共同的风险规避策略和战略中与供应链合作伙伴进行协作。

3. 可视性问题。管理者都希望了解供应链的各个环节，包括即将离港的货物情况，签约制造商组装线上正在生产的每个部件，销售中心或客户库房中正在卸载的每个货盘等。但是，这种无所不在的可视性，并不需要供应链合作伙伴付出任何额外的努力。简单来说，有了这种可视性后，共享就会变得更加容易。这就意味在智慧化的供应链中，对象（而不是人员）将承担更多的信息报告和共享工作。

4. 客户亲密度问题。普通供应链主要与客户互动，进而提供及时、准确的交付品；而智慧化的供应链则在整个产品生命周期（从产品研发、日常使用到产品寿命结束）都与客户紧密联系。

5. 通过大量使用智慧化的供应链，可以从源头获取需求信息，而且还使用其智慧来洞察与众不同之处。经过深入分析，它们可以进行详细的客户分类，并为客户量身定做产品，比如，通过客户手机进行产品认证和客户忠诚度转型调查；针对自动化产品缺陷和服务警报的嵌入式软件和分析；在整个供应链过程中与客户开展合作等。

6. 成本控制问题。智慧化的供应链具有与生俱来的灵活性。这种供应链由一个互联网络组成，连接了供应商、签约制造商和服务提供商，可随条件的变化作出适当的调整。为实现资源的最佳配置，未来的供应链将具备智慧建模功能。通过模拟功能，供应链管理者可以了解各种选择的成本、服务级别、所用时间和质量影响。比如，基于传感器的解决方案，可通过提高可视性来降低库存成本；通过先进的决策支持技术，实现需求和供应管理的集成等。另外就是依靠供应链上合作伙伴的合作来减少总体的采购成本。

建立面向未来的智慧供应链是我们当前面临的挑战与机遇。如何让供应链更加高效、更加灵活地适应不断变化的市场是企业应该关注的。

（资料来源：中国物流产业网，http://www.xd56b.com:8080/zgwlcyw/mainnews/szyw_zw.jsp? NewsID=97634&Classid=23）

【本章关键词】

供应链 Supply Chain

供应链管理 Supply Chain Management,SCM

横向一体化 Horizontal Integration

虚拟企业 Virtual Enterprise

集成化供应链 Integrated Supply Chain

思 考 题

1. 什么是供应链？试给出供应链的结构模型。
2. 反应型供应链和有效型供应链有何区别？
3. 什么是精益化供应链？它有哪些优点？
4. 什么是敏捷化供应链？它有哪些优点？
5. 简述供应链管理的含义和基本思想。
6. 简述供应链管理的运作流程。
7. 什么是集成化供应链？如何实现集成化？
8. 简述供应链的运营机制。
9. 什么是虚拟企业？它是如何运作的？
10. 什么是全球化供应链？它的主要管理内容有哪些？

【实训项目】

选择市场上某品牌计算机，调查其供应链成员的组成和相互之间的关系，绘制供应链体系结构图，并分析该产品供应链的类型及优缺点。

【案例分析】

沪士电子借供应链协同管理平台实现"极速"采购

沪士电子是目前中国最大的 PCB 生产制造商之一，主要生产 2～28 层贯孔的印制电路板，应用于折叠式移动电话、通信用背板、计算机主机板、计算机周边及汽车等产品中。该公司自从 1992 年在江苏昆山成立以来，沪士电子在十年之间经历了快速的成长过程：昆山厂房面积达 8.8 万平方米，产能高达 60 万平方英尺/月。然而，快速发展的同时，沪士电子的供应链也出现了巨大的裂痕：销售、生产管理、采购和供应商之间的流程紊乱，信息不透明。采购部门对于供应商的管理，缺乏有效的协同机制，全靠手工作业，费时且常出错误，生产计划和采购备料之间形成严重脱节。元器件库存积压或断料现象时有发生，生产线的运作极不稳定。采购的紊乱使沪士电子疲于应对各种各样突发的问题，客户的出货受到严重影响，同时抱怨也随之增加。

1. 发现和分析问题

为了解决日益恶化的问题，沪士电子开始着手构建极速供应链管理系统。首先，它分别对销售、生产管理、采购的工作流程进行细致的分析。在分析中发现，销售团队的人员对客户的预测管理全部是手工操作，且信息完全保留在个人的计算机中，生产管理和采购部门无法实时了解。这样一来，对于一些特殊材料或采购期较长的物料，采购部门无法提前了解需求进行准备，从而造成断料的发生。

其次，通过对每项业务流程和生产周期的追踪发现，公司的整体生产计划性不强，有很多生产都是临时安排的。这给采购部门安排采购造成了很大的困难，他们根本无法知道什么时候应该买什么样的材料回来。为此，采购部门自行选择了"三天采购原则"，即不管生产部门何时安排生产，在客户下单后的三天内，要求供应商把物料送到公司。结果，公司的库存积压相当严重，供应商的怨言也非常多。

最后，沪士电子对与供应商之间的采购流程进行了详细分析。目前，沪士电子主要通过MRP系统产生物料需求和采购订单，然后将采购订单传给供应商。接下来，供应商根据订单进行回复，并安排自己的生产计划，在取得原材料后进行生产并包装出货。沪士电子收到货后，进行收料和检验并放入仓库里。当生产正式开始时，则进行领料，并开始使用。日复一日，这两个循环就这样不停地进行着。经过分析后，沪士电子发现在这个传统的过程中，MRP的运行、传送和接收采购订单、回复、检验、收料等流程都是无价值的环节，应该从供应链中省略。

2. 解决问题

找到问题的症结所在之后，沪士电子开始从内、外两方面改造供应链系统：一方面，对内搭建一个供应链协同管理平台。将客户预测、订单、生产计划和采购备料等信息在公司内部所有部门进行及时分享。另一方面，对外彻底改革与供应商的采购流程，经由分析、评估和流程再造等方法将供应链中毫无价值的环节尽量减少，与供应商共同推行"电子送货排程"方式，以缩短交货期，减少库存。

为了解决信息共享的问题，沪士电子首先在内部建构了一个协同管理的平台。将销售端的预测统一起来，并实时公布在这个平台上，保证生产管理和采购部门可以第一时间看到相关信息。同时，这个平台会自动将变化的信息以手机短信或电子邮件的方式发给生管部门的负责人，以便及时进行计划的协调处理。生管部门更新之后的计划也会很快发布在平台上，销售和采购可以及时了解，并作出相应调整。调整后，销售、生管和采购三个部门由独立变为协同。

其次，沪士电子改革了与供应商之间的采购流程。在分析采购流程中的无价值环节之后，沪士电子在供应商之间推行"电子送货排程"方式。该方式的目标是实现供应商与沪士电子的实时互动。从订单预测、生产计划排程到采购订单分配，系统会自动计算出每家供应商的需求量及交货时间表。为提高效率，沪士电子改变了以往频繁下订单和来回确认的烦琐过程，而是将频繁交货的小订单合并成大订单，每隔几周发送一次，仅作为事后财务对账时使用。而供应商不必像以前那样，等到繁杂的订单确认完成后才开始进行生产，而是根据整体沪士电子的实时生产计划来进行生产。

为实现供应商与沪士电子的实时变动，沪士电子还将供应链协同管理平台开放给所有的供应商。让供应商可以很清楚地知道自己在沪士电子的库存有多少，具体物料的数量，以及什么时候需要进行补货等。把供应商需要知道的相关信息全放在这个平台上，并且随时更新，这样供应商就可以24小时查询相关信息，沪士电子与供应商的距离也由此拉近。

借由极速供应链的管理思想，沪士电子不仅达到供应链的集成与信息的共享，同时也大大简化了和供应商之间的采购环节。一方面，内部的信息可以快速循环、分享，让销售、生管和采购之间充分协作，提升作业效率；另一方面，同供应商之间的信息也能实现快速传递。供应商能够实时知道沪士电子的需求状况并进行生产调整和及时交付；即使不能满足，也能提前通知沪士电子，及早进行相应的采购或生产变更。以前，沪士电子的交货期通常是八周，经过新流程的改善之后，大幅缩短为三周以内（包含两周的按单定制生产和2~3天采购）。

（资料来源：http://www.benqguru.com/products/eSCM/srm/case_hushi.asp）

案例思考题

沪士电子原有供应链存在哪些问题？沪士电子是如何改进供应链管理系统的？改进后的供应链管理系统具有哪些优势？

第二章
Chapter 2

供应链环境下的企业战略

【学习要点】

通过本章学习，要求学生理解核心竞争力理论、业务外包理论以及供应链战略理论的基本概念与原理；了解业务外包的主要形式和供应链管理战略的主要内容；掌握核心竞争力的识别与构建；掌握供应链下业务外包决策；掌握供应链战略与企业竞争战略吻合的步骤与类型。

【引导案例】

宜家的供应链外包战略

目前，瑞典宜家的产品面向世界100多个国家销售，在40个国家建立了243家宜家超市，每年营业额达数百亿美元。"生产外包战略是宜家迅速发展壮大的一大法宝。"中国外商投资企业协会管理专家程豪说。

20世纪80年代流行在西方发达国家的外包管理是一个战略管理模型，指将非核心业务下放给专门从事该项运作的外部第三方，原因是为了节省成本、集中精力于核心业务、优化资源配置、获得独立及专业人士的服务等。

据中国驻瑞典大使馆经商参处提供的一份调研报告显示，除了服装、家具等传统产业外，瑞典的汽车、IT、生命科学等资本密集型和高新技术型产业都越来越倾向于外包。瑞典业内普遍认为，快速变化的市场和迅猛发展的全球经济给企业带来日渐沉重的竞争压力，消费者对企业产品和服务的需求也更加专业化，这迫使企业必须把资源和精力专注于核心业务上，通过外包达成战略目标。

举例来说，一个生产企业，如果为了原材料及产品运输而组织一个车队，那么将增加两方面管理风险：一是用于它在运输领域不具备管理经验，将导致物流运输不畅，难以和专业物流公司竞争；二是欠佳的运输环节将会影响生产和销售环节的工作，从而导致整体管理成本和时间增加。解决方案就是把运输业务外包给专业的运输企业，自己只做核心业务。

生产成本高也是目前国际化企业进行外包的因素之一。在国际分工不断深化的当代，标准化的生产制造环节的附加值越来越低,处于产品价值链的"鸡肋"部分,许多发达国家的跨国公司就把这块"鸡肋"剥离,外包到生产成本低廉的国家和地区。

另外,受法律限制,许多企业为了避免在劳工问题上翻船,就选择了尽可能减少固定员工数量的管理模式,把生产、行政、后勤、物流等部门外包给其他专业企业,不仅可以优化各部门的生产效率,而且在市场行情出现衰退时可以轻而易举地收缩战线,避免陷入棘手的裁员困境。另一方面,当经济繁荣时,可以及时和外包企业签约,不必自己重新招募、培训员工,从而节约资金和时间,达到人力资源的优化配置和风险转移。

"最主要的是,外包可以实现资源共享,增加企业整体优势。"程豪介绍,如今,瑞典许多公司不仅仅把生产进行外包,而且还把研发项目进行外包。一种是外包给专门承担特定研发项目的专业公司;另一种外包形式是与大专院校和科研机构合作,将商业化前期的基础研发项目外包给科研院所,即产、学、研相结合的方式。这两类外包有助于消除企业的科技研发瓶颈和风险,加快产品更新换代,增加企业的整体优势。

时至今日,在世界范围内,外包已不仅仅是一种业务选择,它已成为战略成功的关键因素,是经济全球化发展的必然趋势。世界级的管理大师迈克波特认为,在这诡谲多变的数字经济时代,企业已无法对各项事务面面俱到地照顾周全,而加强供应链上、下游的整合关系与适度地将服务性事务外包,将会是企业面对变化、保持领先地位的关键所在。

把生产或研发任务外包给他人,如何保证产品的质量?以宜家为例,从建店伊始,宜家就开始境外采购,后来发展为国际生产外包。如今,宜家在全球五个最大的外包来源地分别是中国、波兰、瑞典、意大利和德国。为保证生产质量,宜家把核心的产品设计部门放在瑞典,每年设计1 000种不同类别的家居用品。家具制造都采用外包,供应商必须按照图纸来生产,无论是在中国、波兰还是瑞典,制造商都必须保证是遵循宜家的设计和宜家的质量标准。为了协调外包地和销售市场在空间上的矛盾,保证宜家全球业务的正常运作和发展,宜家通过分布在32个国家的44家贸易公司,以及分布在全球55个不同国家的1 300个供应商,实现了高效、敏捷、低成本的供应链管理。而供应链管理与降低成本的外包业务正是宜家迈向成功的两个车轮。

(资料来源:CIO时代网,http://www.ciotimes.com/application/scm/40803.html,2010-11-29)

第一节　企业核心竞争力

竞争优势是指企业处于比竞争对手更有利的位置上,产生了比竞争对手更强的竞争能力,使企业在竞争中保持长期的主动性。企业可持续竞争优势的"根源"是企业核心竞争力。

一、企业核心竞争力的概念

1. 核心竞争力的概念

1990年,美国密西根大学商学院教授普拉哈拉德(C. K. Prahalad)和伦敦商学院教授哈默尔(G. Hamel),在哈佛商业评论上发表的论文《企业核心竞争力》(The Core Competence of the Corporation)中,正式提出了企业核心竞争力的概念。他们认为:"核心竞争力是在一组织内部经过整合了的知识和技能,尤其是关于怎样协调多种生产技能和整合不同技术的知识和技能。"麦肯锡咨询公司认为:核心竞争力可表述为,某一组织内部一系列互补的技能和知识的结合,它具有使一项或多项业务达到竞争领域一流水平的能力。

本书认为:核心竞争力是指企业(或企业集团)在竞争中获取、配置关键资源,使企业形成并保持长期稳定的可持续竞争优势及稳定的超额利润的能力。比如,快递业是一种普通的服务业,但美国联邦快递却能长期独占鳌头。联邦快递的三项技术并不神秘,即数学规划、条码技术、小型邮件包裹,但它们组合在一起就难以模仿了。

核心竞争力的主要观点如下:在本质上,企业是一个能力集合体;企业拥有的核心能力是企业长期竞争优势的源泉;积极培育和运用核心能力是企业的长期根本性战略。在信息经济时代,任何企业单是依靠某一项或某几项职能战略(如企业的市场战略、产品战略、技术战略等),最多只能获得一时的优势,唯有追求核心能力才是企业永久立于不败之地的根本性战略。培育企业的核心能力,需要企业不断地进行知识技能的学习和积累、技术体系的完善、组织管理体系的建设等。

【知识链接】

波特竞争力模型

波特五力分析模型(Michael Porter's Five Forces Model),又称波特竞争力模型(图2.1),是哈佛大学商学院的Michael E. Porter于1979年创立的用于行业分析和商业战略研究的理论模型。该模型在产业组织经济学的基础上推导出决定行业竞争强度和市场吸引力的五种力量,对企业战略制定产生全球性的深远影响。

五种力量模型将大量不同的因素汇集在一个简便的模型中,以此分析一个行业的基本竞争态势。五种力量模型确定了竞争的五种主要来源,即供应商和购买者的议价能力,潜在进入者的威胁,替代品的威胁,以及来自目前在同一行业的公司间的竞争。一种可行战略的提出首先应该包括确认并评价这五种力量,不同力量的特性和重要性因行业和公司的不同而变化。

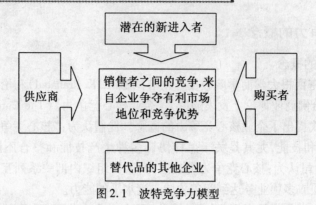

图 2.1 波特竞争力模型

2. 核心竞争力的特征

能力要想成为核心竞争力,必须是"从客户的角度出发,是有价值并不可替代的;从竞争者的角度出发,是独特并不可模仿的",核心竞争力必须具备以下特性。

(1)独特性。核心竞争力与企业的组织结构高度融合,是建立在企业内部长期学习、经验积累的基础上的专长,稳定性较强,是独一无二的。

(2)整体性。核心竞争力是一个系统不可分割的整体,只有构成核心竞争力的所有基本要素协同动作,相互配合,才有可能形成核心竞争力。

(3)持久性。核心竞争力是企业在长期生产经营实践活动过程中,以特定方式、沿着特定的技术轨迹由小到大,通过学习、消化、吸收、合成逐步积累整合形成能维护企业竞争优势的持续性,且能不断开发和维护。

(4)延展性。在企业能力体系中,核心竞争力是母体,是核心,有溢出效应,可围绕核心能力进行相关市场的拓展,通过创新获取该市场领域的持续竞争优势。

(5)价值性。企业核心竞争力在提高企业效率、降低成本和创造价值方面能比竞争对手做得更好,同时也应给企业的目标顾客带来独特的价值和利益。

(6)难以模仿性。核心竞争力难以与企业分离,是企业技术特性与组织特性的复合体,难以被当前或潜在的竞争对手所了解、冒牌、仿制或获取。

3. 发展核心竞争力的意义

(1)核心竞争力决定产业发展的深度。关注核心竞争力比局限于具体产品和业务单元的职能发展战略,更能准确地反映企业长远发展的客观需要,使企业免于为求短期利益而导致陷入战略性误区。

(2)核心竞争力可以增强企业在相关产品市场上的竞争地位。其意义远远超过单一产品在市场上的胜败,对企业的长远持久发展具有更为深远的战略意义。

(3)核心竞争力的培育是建立在企业内部长期知识、经验积累的基础上形成的独特专长,因此,它不像某项具体技术或产品那样很容易被对手模仿、仿冒,对企业来说,具有较强的持久性,而且会对其他企业造成较高的进入壁垒或门槛。

(4) 核心竞争力对目前全球持续的企业再造、兼并、合并浪潮及动态联盟(包括虚拟企业)具有特殊、关键的意义。企业只有在重组、联盟过程中积极优化组合各自的关键资源和核心能力,并将其综合集成为企业的整体核心竞争力,才能使双方或多方盈利获得可持续竞争优势,实现可持续发展。

(5) 核心竞争力是 21 世纪企业经济可持续发展的有力武器。企业一旦拥有了核心竞争力,就能够建立长期可持续竞争优势,为企业可持续发展奠定坚实的基础,在未来激烈的竞争中立于不败之地。

二、核心竞争力的结构

企业核心能力是由多种能力复合而成的,共分成四个维度。

1. 第一维度——核心价值观

它包括企业理念、企业文化、企业行为规范、企业价值标准等。IBM 公司前总裁沃森说过:"就企业相关业绩来说,企业的经营思想、企业精神和企业目标远比技术资源、企业结构、发明创造及随机决策重要得多。"

2. 第二维度——组织与管理

组织的灵活性越强,核心能力发挥作用的范围就越广,企业效率就越高;反之,则会制约企业的核心能力。组织和管理既是核心价值观的执行者,又是知识和技能、软件和硬件的运作环节。

3. 第三维度——知识与技能

现代企业是一个知识性的组织,对于企业来说,要创新就须不断地丰富知识,企业的知识和技能对打造企业的核心能力是至关重要的。企业要拥有某一项技术专长,就需要不断地学习、消化、吸收新知识,建立企业特定的知识体系。

4. 第四维度——软件与硬件

良好的软、硬件系统不但有助于核心技术的专长开发,而且是核心能力的表现。"工欲善其事,必先利其器。"要完成一个工作,做出好的产品,就必须拥有先进的设备。

三、核心竞争力的识别

寻找识别核心能力的途径应是从企业的成长历程出发。即从"事前"和"事中"的角度,而不仅仅是事后分析。现代企业核心能力更多地表现在专用性资产、组织结构、企业文化、积累知识等隐性和动态要素方面。因此,核心能力的识别应该从有形(资产)和无形(知识)、静态(技能)和动态(活动)、内部(企业)和外部(顾客和竞争对手)等多角度、多层次着手,这样才能更好地理解和识别,进而培育和保持核心能力。

【阅读资料】

普拉哈拉德的"企业树"

企业的核心竞争力是一个复杂的综合体,包括资产、技能、管理等各个方面。普拉哈拉德用了一个很形象的比喻:企业就好比一棵大树,树干和几个主要枝杈是核心产品,较纤细的树枝则是业务单元,叶、花与果实则属于最终产品,为大树提供养分和起支撑固定作用的根系就是公司的核心竞争力。要结出与众不同的果实,必须有与众不同的树枝、树干乃至树根。树叶再茂盛,也不能说明它是否强壮;反过来,树根和树干必须能生长出繁茂的枝叶,才能真正壮大,否则只会枯死。真正对核心竞争力起形成作用的,是把树枝、树干和树根整合成一棵大树的能力。

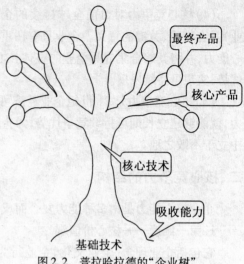

图2.2 普拉哈拉德的"企业树"

1. 核心竞争力的内部识别

(1)价值链分析。核心能力的价值链分析实际上是以活动为基础的。企业是一个由一系列活动组成的体系,而不是个别产品或服务的简单组合。有些活动的经营业绩好于竞争者,并对最终产品或服务是至关重要的,这些活动就可以被称作核心能力。核心能力与活动的一个细微但却重要的差别是:活动是企业所从事的,而核心能力则是组织所拥有的。

价值链分析是一个很有用的工具,它能有效地分析在企业从事的所有活动中哪些活动对企业赢得竞争优势起关键作用,并说明如何将一系列活动组成体系以建立竞争优势。价值链分析可以用来识别对企业产品的价值增值起核心作用的活动。真正的核心能力是关键的价值增值活动,这些价值增值活动能以比竞争者更低的成本进行,正是这些独特的持续性活动构成了公司真正的核心能力。

【知识链接】

波特价值链分析模型简介

由美国哈佛商学院著名战略学家迈克尔·波特提出的"价值链分析法"(图2.3),把企业内、外价值增加的活动分为基本活动和支持性活动。基本活动涉及企业生产、销售、进料后勤、发货后勤、售后服务。支持性活动涉及人事、财务、计划、研究与开发、采购等。基本活动和支持性活动构成了企业的价值链。在不同的企业参与的价值活动中,并不是每个环节都创造价值,实际上,只有某些特定的价值活动才真正地创造价值,这些真正创造价值的经营活动,就是价值链上的"战略环节"。企业要保持的竞争优势,实际上就是企业在价值链某些特定的战略环节上的优势。

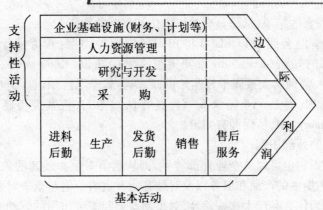

图2.3 波特价值链分析模型

运用价值链的分析方法来确定核心竞争力,就是要求企业密切关注组织的资源状态,要求企业特别关注和培养在价值链的关键环节上获得重要的核心竞争力,以形成和巩固企业在行业内的竞争优势。企业的优势既可以来源于价值活动所涉及的市场范围的调整,也可源于企业间协调或合用价值链所带来的最优化效益。

价值链列示了总价值,并且包括价值活动和利润。价值活动是企业所从事的物质上和技术上的界限分明的各项活动,这些活动是企业创造对买方有价值的产品的基石。利润是总价值与从事各种价值活动的总成本之差。

(2)技能分析。大多数的竞争优势源于出众的技能:业务单位制造出更高质量的产品,有更好的销售人员,并且对顾客更体贴、更周到,原因在于具有某些与众不同的诀窍。没有一个业务单位在各种职能上都有出众的技能,但成功的业务是因为在对某些业务单位战略很重要的职能上具有一定技能优势。如果这种战略是关于质量的,该单位可能在制造技能方面或全面质量管理上具有优势;如果该战略是关于服务的,那么该业务单位将需要放在服务技能上,通过设计更优秀的系统或更简易的服务产品来拥有某些优势。

业务单位想成功地施展一种关键业务技能,就必须成功地实施其战略活动,大多数战略活动包括一组关键业务技能。这种关键技能使公司具有能够开发某些自己特有的诀窍,以及不能被竞争对手广泛使用的出众能力或知识。通过界定"关键业务技能",精确抓住"关键部件或子部件",可以识别和培育企业核心能力,从而获得竞争优势。

(3)资产分析。企业优势并不是体现在现代化的厂房和先进的机器设备上,而是蕴藏在下列诸多的无形资产中:市场资产、知识产权资产、人力资产和基础结构资产。

人力资产是整个企业运行的基础,市场资产和基础结构资产是企业赢得竞争优势的核心,知识产权资产只能取得暂时的相对优势。与其说可口可乐公司的核心能力是其可口可乐配方,还不如说是可口可乐公司成功地使消费者相信其具有秘密配方的能力,这个能力建立在市场资产和基础结构资产等无形资产的基础之上。因此,识别企业的核心能力可以从审计企业的无形资产着手,特别是品牌、渠道、文化、结构和程序等方面,因为这些因素是企业自身长期投资、学习和积累的结果,从而具有难以模仿和复制的特征。

(4)知识分析。经合组织(OECD)将知识分为四种类型:知道是什么的知识(Know-what);知道为什么的知识(Know-why);知道怎么做的知识(Know-how);知道是谁的知识(Know-who)。其中,前两类大致属于显性知识,后两类属于隐性知识。企业知识并不是企业个体所有知识的总和,而是企业能像人一样具有认知能力,把其经历储存于"组织记忆"(Organizational Memory)中,从而拥有知识。

2. 核心竞争力的外部识别

核心竞争力的识别也可以从企业外部着手,即从竞争对手和顾客的角度分析,企业之所以具有核心能力,它提供的产品和服务以及对顾客所看重的价值与竞争对手相比有多大程度的差异;然后,分析为什么会产生这些差异,对重要差异起关键作用的驱动力有哪些。核心能力的外部识别方法有两种:

(1)核心能力的顾客贡献分析。顾客贡献分析与价值链分析的主要区别在于顾客贡献分析是从企业的外部出发,分析在带给顾客价值中哪些是顾客所看重的价值,那么带给顾客核心价值的能力便是核心能力,而不是从企业内部价值创造的全过程分析。要识别核心能力就必须弄清楚:顾客愿意付钱购买的究竟是什么;顾客为什么愿意为某些产品或服务支付更多的钱;哪些价值因素对顾客最为重要,也因此对实际售价最有贡献。经过如此分析,便可以初步识别哪些才是能真正打动顾客的核心能力。

(2)核心能力的竞争差异分析。企业要取得竞争优势,一方面,要有能够进入具有吸引力的产业的资源和能力,即战略产业要素(Strategic Industrial Factors);另一方面,拥有不同于竞争对手且能形成竞争优势的特殊资产,即战略性资产(Strategic Assets)。因此,从与竞争对手的差异性角度分析核心能力有两个步骤:首先分析企业与竞争对手拥有哪些战略产业要素,各自拥有的战略产业要素有何异同,造成差异的原因何在;其次分析企业与竞争对手的市场和资产表现差异,特别是企业不同于竞争对手的外在表现,如技术开发和创新速度、产品形象、品牌、声誉、售后服务、顾客忠诚等,识别哪些是企业具有的战略性资产,根植于战略性资产之中的便是核心能力。

四、企业核心竞争力的构建、维护与创新

1. 构建企业核心竞争力

构建企业核心竞争力,就是要将潜在的核心能力转化成现实的核心能力。核心竞争力作为企业能力中最根本的能量,是企业成长最有力、最主要的驱动力,它提供竞争优势的源泉。因此,开发核心竞争力首先要明确战略意图。核心竞争力突出体现着企业的战略意图,企业在全面、深入地分析市场未来发展趋势的基础上,通过特定的发展战略形式的拟定,确定企业的战略目标,明确企业核心能力的技术内涵,如何将核心竞争力实现为核心产品。其次,建立合理的战略结构。企业根据既定的战略意图,协调管理人员的工作,优化配置企业的各种资源,设立相应的协作组织,平衡内部资源的分配,同时更有效地吸收企业外部的可用资源。再

次,实行战略实施。企业根据既定的战略意图和战略结构,具体组织开发核心竞争力,对开发进行实时控制。

2. 维护和巩固企业核心竞争力

核心竞争力是通过长期的发展和强化建立起来的,核心能力的丧失将给企业带来无法估量的损失。企业必须通过持续、稳定的支持、维护和巩固企业的核心竞争力,确保企业核心竞争力的健康成长。

(1)实施企业战略管理。企业通过本行业的专注和持续投入、精心培育核心竞争力,把它作为企业保持长期充分的根本战略任务,从时间角度看,培育核心竞争力不是一日之功,它必须不断提炼升华才能形成。

(2)加强组织管理体系的建设。在客观上,随着时间的推移,企业核心能力可能会演化为一般能力。这就要求企业安排专职管理队伍全面负责,加强各部门沟通。将各种分散的人力和技术资源组织起来,协同工作,形成整体优势。定期召开企业核心竞争力评价会,保持企业核心竞争力的均衡性。

(3)信息体系的培育。企业在整个生产经营过程中,不断收到来自企业内外的各种信息。信息作为重要的战略资源,其开发与利用已成为企业竞争力的关键标志。企业更多、更早地获取信息,并在组织内部准确、迅速地传递和处理,是巩固企业核心竞争力的基本条件。

(4)知识技能的学习和积累。要让企业核心竞争力永不削弱,企业员工的个人知识技能,整体素质与知识技能结构尤为重要。通过各渠道培训员工技能,积累企业的技术和管理经验,是企业在市场竞争中能够凭借的优势之一。

3. 再创新的核心竞争力

(1)通过技术创新构建企业核心竞争力。技术创新对提高企业核心竞争力有三大效应。一是自我催化效应。随着一项技术创新成果成为企业的核心技术,企业也将逐渐形成自己新的核心竞争力和技术模式,能使企业在较长时期获得高额垄断利润和规模经济效益。二是低成本扩张与收益效应。新技术在企业中的应用,使企业以同样的成本得到收益倍增效应,可以运用同一技术在不同产品市场上获得巨大的创新收益。三是增强企业整体实力效应。技术创新可以提高企业在相关产品市场上的竞争地位,其意义远远超过在单一产品市场上的胜利,对企业的发展具有深远的意义。

(2)通过管理创新构建企业核心竞争力。管理创新可以从以下几个方面进行:一是管理理念创新。注重做好全面管理,更注重做好关键环节的管理;从垂直多元化发展转向对价值链关键环节的把握;从横向多元化扩张转向业务核心化发展;从产品组合管理转向技术组合管理;既追求规模经济效益,又注重培育持续竞争优势。二是组织创新。建立现代企业制度,完善公司法人治理结构,并根据企业实际进行组织结构设计。三是控制工作创新。确立全新的控制标准,推进企业信息化,研究和使用新型控制原理与技术。四是战略创新。由竞争战略向合作竞争战略转化。五是人力资源管理创新,如引入柔性管理等。

(3)通过文化创新构建企业核心竞争力。企业文化在构建核心竞争力上的独特作用,主要是整合企业内、外部的资源。企业文化对企业内部资源的整合,最关键的是对人力资源的整合,对企业员工精神的塑造。同时,通过企业文化创新,可以发现、选择、利用外部资源。企业文化创新应从建设开放合作的文化、学习型文化、适应性和能动性叠加的文化等入手。

第二节　供应链管理下的业务外包

一、业务外包的内涵

1990年,美国学者普拉哈拉德(C. K. Prahalad)和哈默尔(Gary Hamel)在其《企业核心能力》一文中正式提出业务外包(Outsourcing)的概念。具体而言,所谓业务外包,是指企业基于契约,将一些非核心的、辅助性的功能或业务外包给外部的专业化服务机构,利用它们的专长和优势来提高企业的整体效率和竞争力,而自身仅专注于企业具有核心竞争力的功能和业务。

也就是说,首先确定企业的核心竞争力,并把企业内部的智能和资源集中在那些有核心竞争优势的活动上,然后将剩余的其他业务外包给最好的专业企业去做。供应链环境下的资源配置决策是一个增值的决策过程,如果企业能以更低的成本获得比自制更高价值的资源,那么则应该选择业务外包。

从本质上讲,外包是企业的一种经营战略,是企业经营管理的一种新理念。

在当今的时代,企业之间的竞争将不再是单个企业与单个企业之间的竞争,而是供应链与供应链之间的竞争,这就要求提高供应链的整体竞争优势,而这种竞争优势又是来源于供应链中各个企业的核心竞争力的提高。因此,供应链中的企业实施业务外包是提高企业核心竞争能力的有效手段。企业正确运用外包战略,可以起到事半功倍的效果。企业业务外包结构模型如图2.4作示。

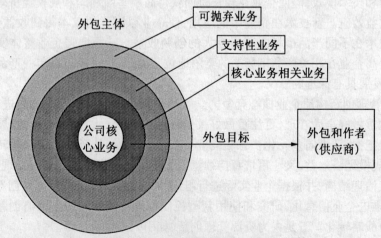

图2.4　企业业务外包结构模型

二、业务外包的优越性

业务外包作为企业的一种经营战略,并不是将自己的蛋糕分一块给别人,而是与别人分享一块更大的蛋糕。与传统的管理模式相比,实行业务外包的企业集中资源与经过认真挑选的少数具有竞争力的核心业务,也就是集中在那些使它们真正区别于竞争对手的技能和知识上,而把其他一些虽然重要但不是核心的业务职能外包给世界范围内的"专家"企业,并与这些企业保持紧密的合作关系。

1. 企业可以获得并行运作模式

由于企业把非特长的经营活动交给其他企业完成,使得传统企业的运作方式在时间和流程上处于先后关系的有关职能和环节上得到了改变。企业的各项活动在空间上是分布的,但在时间上却可以并行。这种并行的运作模式可提高企业的反应速度,有利于企业形成先动优势。

2. 在组织和结构上具有更大的应变性和灵活性

对实行外包的企业来说,由于大量的非特长的业务都由合作伙伴来完成,企业可以精简机构而变得更加精干。纵向一体化的组织结构形式让位于横向型组织结构模式,扁平化的组织结构对信息的反应更加敏捷,这种组织结构将随着网络经济的发展越来越具有生命力。

3. 外包可以使企业专注于核心竞争力的发展

外包的目的在于巩固和扩张自己的核心能力,以建立自己的竞争优势。外包明显区别于兼并,后者聚焦于市场的外部扩张行为,而外包有时甚至是规模的缩减过程。这种内部化过程不需要核心竞争力要素的长期积累,直接把原有的资源应用于巩固、发展核心竞争力上,从这个意义上说,外包是建立竞争力的最有效的途径。

4. 规避经营风险

企业本身资源和能力是有限的,由于自然和社会环境的不确定性、经营者自身业务活动的复杂性以及自身能力的有限性等方面的因素,企业在经营过程中不可避免地要承担生产、营销、投资、技术以及财务等方面的风险,而经营风险具有复杂性、潜在性、破坏性等特征。通过资源外向配置和业务外包,企业与外部合作伙伴共同承担风险,使企业变得更加柔性,更加能适应外部环境的变化。

5. 降低经营成本

源于专业化分工带来的职能效率的提高,许多承包商都拥有比本企业更有效的资源和组织,尤其是专业化的知识和经验。通过承揽较多的外包服务,它们可以通过规模经营的实现而获得比单个企业生产高得多的经营效率和效益。在资源配置日趋全球化的背景下,业务外包避免了因重复投资或由于承担不擅长的业务而使资源利用率低下的问题,使整个社会资源得到优化配置,提高了社会的专业化协作程度,从而提高了整个社会资源的利用率,既节约了大量的社会资源,又直接降低了企业的加工成本和制造成本。

【阅读资料】

"木桶理论"

"木桶理论",即"木桶定律",又称短板理论,由美国管理学家劳伦斯·彼得(Lorens Peter)提出。其核心内容为:一只木桶盛水的多少,并不取决于桶壁上最高的那块木块,而恰恰取决于桶壁上最短的那块。根据这一核心内容,"木桶理论"还有两个推论:只有桶壁上的所有木板都足够高,木桶才能盛满水;只要这个木桶里有一块木板不够高度,木桶里的水就不可能是满的。根据木桶原理,企业若想在激烈的市场竞争中立于不败之地,就必须使各环节和谐发展,不能存在瓶颈,任何一个环节的薄弱与落后都会导致整个企业整体竞争力的下降。因此,企业应采取外包的方式将最短的木板交给其他企业来制造,提高木板的高度,从而提升木桶容量,增强企业实力。

三、业务外包的主要形式

根据业务活动的完整性,可以将业务外包分为整体外包和部分外包。所谓部分外包,指企业根据需要将业务各组成部分分别外包给该领域的优秀的服务供应商。如企业的人力资源部分外包,企业根据需要将劳资关系、员工聘用、培训和解聘等分别外包给不同的外部供应商。一般来说,部分外包的主要是与核心业务无关的辅助性活动,如临时性服务等。当企业的业务量突然增大,现有流程和资源不能完全满足业务的快速扩张时,可以通过部分外包,利用外部资源,不仅获得规模经济优势,提高工作效率,而且可以尽快解决企业业务活动的弹性需求。而整体外包时企业将业务的所有流程,从计划、安排、执行以及业务分析全部外包,由外部供应商管理整个业务流程,并根据企业的需要进行调整。在这种外包模式下,企业必须与承包商签订合同,合约内容应包括产品质量、交货期、技术变动以及相关设备性能指标的要求。整体外包强调企业之间的长期合作,长期合作关系将在很大程度上抑制机会主义行为的产生,因为一次性的背叛和欺诈在长期合作中将导致针锋相对的报复和惩罚,外包伙伴可能会失去相关业务,因此,这种合作关系会使因机会主义而产生的交易费用降到最低限度。

根据业务职能可以将业务外包划分为生产外包、销售外包、供应外包、人力资源外包、信息技术服务外包以及研发外包。

不同的外包方式由于所外包的业务对象不同,其针对性也不同,各有其特点,互相之间并无优劣之分。企业应根据自己的实际情况和业务特点,充分考虑收益和风险来选择适合自己的一种或多种外包模式。

四、供应链环境下业务外包的影响因素

尽管业务外包有很多优势,然而由于制定和实施业务外包过程中会面临许多不确定因素,从而给企业经营带来风险。因此,充分考虑和分析影响业务外包的因素对利用外包优势,规避外包风险至关重要。总的来说,影响业务外包的因素主要有以下几个方面:

1. 企业的总体战略

企业的业务外包策略必须与其总体战略相匹配,总体战略是企业制定业务外包的基础,而业务外包是在总体战略安排下的具体战略举措。企业的总体战略不仅决定企业的自制/外包决策,还影响外包对象、外包模式以及供应商的选择。哈佛商学院的波特教授认为,企业在市场竞争中有三类基本的战略可以采用,即成本领先、差异化和集中战略。追求成本领先战略的企业总是尽力实现行业成本最低,为此,要求通过规模经济以降低成本;而差异化战略通过向用户提供独特产品和服务,由此获得溢价报酬。一般说来,业务外包时,成本领先厂商可能更注重供应商的成本节约优势,而差异化战略厂商更看重供应商资源与企业资源的匹配程度和整合的难易。显而易见,企业的总体战略不同,外包策略也相应有所区别。与企业总体战略不匹配的外包策略不仅会使外包收益大打折扣,相反,可能使企业陷于外包风险之中,从而损害其核心竞争力。

2. 业务性质

企业要成功实施业务外包,必须选择正确的外包对象,即要确定哪些业务适合外包,哪些业务必须自制。由于不同业务活动所需投入的资源不同,对企业竞争优势的重要程度也不同,因此,可以据此将企业从事的业务分为核心业务与非核心业务。核心业务(如软件企业的研发、制造企业的生产制造等)是企业投入资源最多,对企业存亡具有关键性作用的业务,往往也是企业擅长的、能创造高收益的、有发展潜力的和市场前景的业务活动。而非核心业务围绕核心业务,对企业的战略重要性相对较低。比如,制造企业的财务活动、人力资源业务以及后勤等业务,就属于非核心业务。

从理论上讲,业务的性质越复杂,对企业的竞争战略越重要,出现信息不对称的可能性也就越大,因此,企业更加倾向于将其内部化,而不是外包。例如,在飞机制造行业,越复杂的零部件,其内部化生产的可能性越大。

3. 资产专用性程度

不仅业务的性质影响外包决策,业务所需投入的资产的性质也制约着外包策略的选择。交易成本理论认为资产专用性程度越高,市场交易费用也越高,因此投资风险也越大。所谓专用资产指投资于支持某项特定交易的资产,它们一旦形成就很难另做他用,因此,交易双方具有很强的依赖性,一方违约将使另一方产生巨大的交易风险。专用性程度低的资产使用面较广,使用难度不大而且易于获得,对于这类资产,市场交易是理想的选择。对于资产专用性程度中等的产品或业务来说,可以实行外包,利用外部供应商实现规模经济效应。

4. 外包供应商的选择

在业务外包中,厂商和外部供应商间实际上形成一种合作伙伴关系,外包供应商的表现在很大程度上影响制造商对市场的服务水平。而外包供应商的选择相当困难,一旦决策失误,企业就会面临更大的管理问题。一般来说,选择外包供应商时首先要有明确的目的——是获取资源,还是降低成本?目的不同,对外包供应商的选择依据也不同。其次还要有科学的评价体系来评价潜在的外包供应商，如可以从产品质量、成交价格、交货期限、技术能力、服务水平以及满足程度等方面对潜在的外包供应商进行考核。显然，外包供应商能力是企业评价和选择供应商的关键，一味追求低价可能会损害外包业务的质量，并最终影响企业的市场表现。

5. 外包过程的管理

由于业务外包是一种界于市场交易和纵向一体化的中间形式，厂商和外包供应商之间实际上形成了一种委托-代理关系，外包供应商比厂商拥有更多关于产品和服务的质量、成本等信息，从而导致信息不对称。另外，合作双方理念和文化的差异、无效的沟通机制等因素都可能导致外包的失败。因此，强化对外包过程的管理非常必要，为此可以通过建立相应的管理协调机构，构建畅通的沟通渠道，解决业务外包过程中的问题和矛盾，防止意外的发生。此外，还可以通过细化外包合同、建立质量保证体系等管理控制手段，强化对外包过程的监督，减少外包过程中因信息不对称造成的风险。

第三节 供应链管理战略

供应链管理经过几年的发展，现已在发达国家的企业中得到了较为成功的应用，而且随着人们对供应链管理认识的不断深入，供应链管理本身也得到了发展。人们逐渐感到，要想进一步发挥供应链管理的潜在作用，应该将供应链管理作为企业的战略性问题来考虑，而不能仅仅将其看做是一种操作方法。

一、供应链战略

供应链战略是企业高层通过关注整个供应链并实施供应链管理，从成本、质量、时间、服务、柔性等方面建立企业与企业之间的有效合作及低成本、高效率、响应性好、具有敏捷性的企业经营机制，加快企业产品进入市场的速度，实现产品或服务在企业内部和整个供应链活动的过程增值，从而提升企业乃至整个供应链在产业中的竞争优势。

供应链战略突破了一般战略规划，即仅仅关注企业本身的局限，通过在整个供应链上进行规划，进而实现为企业获取竞争优势的目的。供应链战略管理所关注的重点不是企业向顾客提供的产品或服务本身给企业增加的竞争优势，而是产品或服务在企业内部和整个供应链中运用的流程所创造的市场价值给企业增加的竞争优势。

供应链管理不是一种单纯地对生产和供应进行优化的方法，而是需要从战略层上来考虑的一个重要问题。供应链管理是对传统的企业内部各业务部门间以及企业之间的职能从整个供应链进行系统的、战略性的协调，目的是提高供应链以及每个企业的长期绩效。企业必须从战略上重视供应链管理，并对其进行战略上长远的规划。

供应链管理需要解决的关键问题有:供应链网络结构的构造;运输通道的选择;采购与库存控制的策略;仓储与配送策略;信息技术的支持;客户价值的增值;供应商及供应链运作策略管理。

二、供应链决策

1. 供应链决策框架

供应链战略的目的是寻找效率和响应的平衡,以便取得与竞争战略的吻合。要达到这一目的,公司要利用四个主要的供应链驱动(Drivers):库存、运输、设施和信息。对每个驱动,供应链必须在效率和响应之间作出取舍,四个驱动的联合作用决定了整个供应链的响应和效率。图 2.5 给出了供应链决策框架。

2. 供应链决策的三个阶段

成功的供应链管理需要制定与信息、物料和资金流动相关的各种决策,这些决策根据其频度和影响的时间跨度可分为三个阶段。

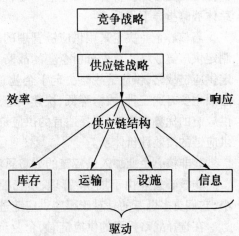

图 2.5 供应链决策框架

(1)供应链战略(或设计)。在这个阶段,公司决定如何构造供应链,决定供应链的配置,以及供应链的每个环节(组织)执行什么样的流程。这些决策通常也称为战略供应链决策。公司的战略决策包括生产和仓储设施的位置和能力,在各个地点制造或存放的产品,根据不同交货行程采用不同的运输模式,以及将要使用的信息系统的类型。公司必须保证供应链配置支持其在这一阶段的战略目标。

(2)供应链计划。在供应链配置确定之后,公司需要有相应的供应链计划,即要制定一整套控制短期运作的运营政策,这一阶段的决策必须满足既定战略供应链配置的约束。计划从预测来年(或时间跨度为三个月到一年)的市场需求开始,包括决定哪个地点供应哪些市场、计划库存多少、是否外协制造、补货和库存政策、备货点设定(以防缺货)以及促销时间和规模等有关政策。

(3)供应链运作。这一阶段的决策时间是周或天,公司根据既定的供应链计划作出具体实现客户订单的有关决策,其目的是以尽可能好的方式实施供应链计划。在这一阶段,公司分派订单给库存或生产部门、设定订单完成日期、生成仓库提货清单、指定订单交付模式、设定交货时间表和发出补货订单。由于供应链运作是短期决策,通常具有更小的需求不确定性。因此,运作决策的目的就是要利用这种不确定因素的减少,使供应链在配置和计划政策的约束下取得最优性能。

供应链的设计、计划和运作对整个供应链盈利和成功有着重大影响。

三、供应链管理的战略定位

1. 核心企业制定供应链战略

企业供应链的构建必须符合核心企业战略的要求,供应链管理强调合作企业整体最优,整体最优的标准由核心企业制定,所以供应链应该选择核心企业的战略要求。链内企业的选择标准就是看是否符合核心企业的战略,链内的信息控制、物流规划、资金流动要在核心企业总体战略指导下设计。

当核心企业决定采用供应链管理的思想、方法进行管理再造时,应根据自身的核心能力制定供应链战略。首先分析企业的战略自由度,然后分析企业的核心能力,并以此为基础制定供应链战略,供应链战略决定于企业总体战略与核心能力分析。一般而言,供应链的战略意图主要有这三种:成本降低、快速响应及柔性生产。企业应根据内、外部的环境分析,把握供应链的优势和劣势,选择适宜的供应链战略。然后,以此为基础制定长期和短期目标,建立供应链的绩效评价体系。

2. 非核心企业加入供应链的战略思考

非核心企业由于规模、管理、市场控制能力等劣势,以自身为主建设供应链的可能性很小,它们更多思考的是对于哪些供应链进行更多的沉没投资,战略性地参与其中。

在选择战略投资的供应链时,企业至少应考虑下列问题:供应链战略是否与本企业品牌战略一致;最终产品处于产品生命周期哪个阶段,企业实施供应链战略的进入与退出成本;供应链内的信用机制是否建立,合理的支付方式与货物运输方式能否确立;信息如何沟通,采用怎样的电子订货系统,可否获得最终产品的销售信息等;物流与配送特别是柔性化生产的产品配送能否满足要求,是否有效和经济;供应链的稳定性。稳定的供应链能激励非核心企业进行专用资产的投资。

四、供应链管理的主要战略

1. 竞争战略

市场经济的本质是竞争,核心竞争力是持续竞争优势的源泉。对供应链管理来说,加强企业特别是核心企业的核心竞争力的培养。要培养企业的核心竞争力,就要集中企业资源从事某一领域的专业化经营,在这一过程中逐步形成自己在经营管理、技术、产品、销售、服务等诸多方面与同行的差异,就可能逐步形成自己独特的可以提高消费者特殊效用的技术、方式、方法等,而这些有可能构成今后企业核心竞争力的要素。

一方面,随着 IT(Information Technology)技术的发展,企业面临的竞争是以全球企业为平台的市场竞争。而且,现在信息传递无障碍、无时滞,使响应时间成为十分重要的竞争要素。另一方面,企业面临资源获取难度加大,社会利益的压力。例如,环保要求,客户在产品的个性化、及时化和便利化等方面的消费需求变化等一系列问题,这对企业供应链管理提出了更高的要求。供应链管理必须建立一个具有快速反应能力和以客户需求为基础的系统,能充分体现信息技术在供应链各环节中的作用,提高供应链的效率,从而降低整个供应链的物资储备、产品库存等方面的成本,满足客户的各种需求。

2. 协调战略

(1)关系协调战略。其目的是建立互信互利的伙伴关系。为了建立这种关系,供应链上各企业在合作的不同阶段,应采取必要的措施实现彼此关系的协调。在最初合作阶段,要增进互惠互利的基础。这时,双方交易应该是清晰的、现实的;双方都有能力完成这一交易;交易对双方都必须是有利的。另外,双方达成的协议应该形成比较详细的书面合同。在深化合作阶段,要增强相互认同。供应链上各企业由于制度、规模、所在地域不同等原因,会导致经营思想、价值观念、工作风格、管理方式等方面的差异。因此,供应链上各企业需要相互认同,以增强彼此之间的亲和度,有效地消除各种摩擦。

(2)利益协调战略。供应链上的企业是利益共同创造和合理分配,但企业间也存在着利益冲突,有意或无意地损害供应链整体价值的创造。协调供应链管理,能够有针对性地解决供应链管理的上述难题,以供应链整体价值的创造和合理分配为核心,构建供应链的利益共同体。实施这一战略,要以效率优先兼顾公平为原则。

(3)信息协调战略。电子数据交换技术与国际互联网的应用,使供应链效率的提高更多地取决于信息管理技术水平。信息技术不仅改变着企业内部的业务流程和组织管理流程,而且改变着企业间的联系。因此,应当建立基于供应链管理的信息共享系统。通过共享信息,使供应链上的企业及时做出或调整它们的生产经营策略,实现链上企业现有资源的高效整合、优化配置,实现其价值最大化。

(4)运作协调战略。为了增强了解、加强合作,应该在供应链企业之间进行定期集中交流。其交流的重要方式可以是建立供需协调小组并开展活动。供需协调小组在必要时做一些组织协调工作,这在日本企业中是很常见的。欧美的一些企业也非常重视这种跨企业的协调小组活动。但是据调查,目前我国企业供需双方对建立这种小组的热情并不高。

3. 文化战略

供应链中成员合作的顺畅与否需要以共同的文化理念为支撑。供应链文化是指供应链企业在长期交往中逐渐形成的共同信念,包括价值观、经营哲学、道德准则、管理制度、员工心态以及由此表现出来的企业共同的风范和精神。它所倡导的信任与合作精神、商业理念和行为规范、积极创新和奋发向上的事业态度,是供应链运行机制的文化基础。因此,要对供应链中各节点企业的文化进行系统整合,增强它们之间的亲和度,以便有效地消除供应链中各种文化的摩擦以及由此导致的系统内耗。制定和实施文化战略特别要做好以下几方面的工作:

(1)培养合作共赢意识。在供应链中企业之间的经营关系不再是零和博弈关系,而是一种正和博弈的双赢关系。因此,供应链上的每个企业都应当培养共赢意识。在合作中,既要考虑自身利益,还必须考虑供应链上其他企业的利益。

(2)确立整体优化思想。在供应链中,客观上存在着企业个体利益之间、个体利益与整体利益之间的冲突。要解决这些冲突,必须有相应的制度与办法。但是,这些制度办法的实施,需要一定的思想基础即供应链上的企业都要有整体优化思想。所以,确立整体优化思想对供应链管理是十分必要的。

(3)提倡相互信任精神。美国学者戴明曾经指出:"一个系统要想实现效率最大化,信任是必不可少的。如果没有信任,人员、团队、部门以及分公司之间就不可能合作。如果没有信任,每一个成员都将致力于保护自己的眼前利益,这将会对自身以及整个系统造成长期的损害。"在供应链管理中,要把提倡供应链成员的彼此信任,作为实施管理的重要环节。

(4)培育风险共担理念。在供应链运作过程中,存在着预测不准、需求不明、供给不稳定等现象,甚至形成"牛鞭效应"。这一效应会增加供应链上一些企业的生产经营控制难度,导致生产过剩危机。而且,链上企业对自身利益的本能追求,使合作自始至终都存在着道德风险。因此,在供应链管理中要培育利益共享、风险共担的理念并把它变为现实。

【本章关键词】

业务外包 Outsourcing

价值链 Value Chain

核心竞争力 Core Competence

供应链战略 Supply Chain Strategy

思 考 题

1. 什么是企业核心竞争力?它有哪些特征?
2. 如何识别和构建企业核心竞争力?
3. 什么是业务外包?它有哪些主要方式?
4. 供应链环境下业务外包的影响因素有哪些?
5. 什么是供应链战略?它要解决的关键问题有哪些?
6. 简述供应链决策的三个阶段。
7. 如何进行供应链战略的定位?

【实训项目】

1. 选择某大型制造企业为调查对象,分析其核心竞争力,提出外包方案。
2. 查找有关供应链战略实施的成功案例,总结其可借鉴之处。

【案例分析】

李宁供应链:集中化有效提高企业核心竞争力

良好的供应链管理已经成为企业经营中重要的一个环节。李宁公司是一家以品牌取胜的公司,在国内,因品牌取胜的公司不在少数,同样因供应链的卓越而成功的公司也不在少数,ZRAR 就是其中的代表。目前,李宁在运动鞋服行业取得了一些阶段性的成功,然而要走得更远,实现更多"可能"还需要进一步打造快速的供应链系统,提升企业的运营效率,让李宁由"轻公司"变成"快公司"。

2008年8月10日,李宁公司与湖北荆门市政府签订建立李宁(荆门)工业园的协议,该工业园由李宁及携手李宁的核心供应商共同打造,其中李宁公司负责物流基地和研发中心的建设,而由李宁公司的拉链、面料和服装供应商合资成立的湖北动能体育用品有限公司为李宁提供运动服装,由李宁公司的两家成品鞋和一家鞋底厂合资成立的湖北福力德鞋业有限公司,为李宁提供慢跑鞋、足球鞋、篮球鞋、休闲鞋等各类运动鞋。据李宁公司营运副总董俊介绍,李宁(荆门)工业园投产后,将占到李宁公司整体供应链40%~50%的规模。

此外,设在太仓的裕盛工厂(裕元集团子公司)供应的运动鞋占到李宁运动鞋的30%左右。一只运动鞋的零部件有七八十个,需要300多个生产流程才能把物料变成成品鞋,目前裕盛能在1小时内能完成一双鞋的生成,与之前相比,效率提高了整整一倍。裕盛工厂协理熊新民将效率变快的原因概括为"快速的跟踪,中间没有仓库,而以前制造的东西都是到一定环节就储存"。此外,据裕元内部资料《裕元之声》提到,"公司积极开展网上订单业务,客户在网上下订单,公司帮助设计,3~5天就可以拿到货"。这也是裕元能占据世界80%左右的运动鞋产量的原因,这也是李宁看重裕元的重要因素。供应链的集中化,将缩短李宁的平均库存天数,资金的利用率得到有效的提高。在2003年,李宁公司的平均库存天数为160多天,而当时的耐克的平均库存天为80多天。改造后的李宁供应链,平均库存天数约为70天,供应链的效率大为改观,这也成为李宁公司的高毛利率一个有力的支撑因素。同时,配套的物流环境将方便李宁的物流直发项目运作。之前,李宁在全国设立了多个大仓,用来储存和流转供应工厂与经销商的货品,供应链集中之后,取消大仓就成为一种趋势,这将有效地减少物流环节,并减少仓储的费用,提高供应链的效率。供应链环节是将物料变成产品的一个接力过程,如果用木桶理论来阐述李宁的经营环节,那么品牌是桶底,销售渠道和供应链则是决定这个桶能装多少水的木板。谁忽略了供应链,就意味着在商业竞争中处于劣势。"

(资料来源:IT商业新闻网,http://www.itxinwen.com/view/new/html/2009-07/2009-07-23-629951.html,2009.07.23)

案例思考题
1. 李宁公司为什么选择裕元公司作为自己的合作伙伴?
2. 供应链的集中化为李宁公司带来了哪些好处?它是如何做到的?

Chapter 3

供应链设计、构建与优化

【学习要点】

通过本章的学习,要求学生理解供应链设计的原则;掌握供应链的结构模型;了解供应链中企业的角色;熟悉供应链系统的构建策略;了解供应链设计的步骤与构建方法;熟悉供应链优化的方法及流程。

【引导案例】

惠普台式打印机供应链的构建

1. 惠普公司及台式打印机概况

惠普公司成立于1939年。惠普台式机于1988年开始进入市场,并成为惠普公司的主要成功产品之一。但随着台式机销售量的稳步上升(1990年达到600 000台,销售额达四亿美元),库存的增长也紧随其后。在实施供应链管理之后,这种情况得到改善。

DeskJet打印机是惠普的主要产品之一。该公司有五个位于不同地点的分支机构负责该种打印机的生产、装配和运输。从原材料到最终产品,生产周期为六个月。在以往的生产和管理方式下,各成品厂装配好通用打印机之后直接进行客户化包装,为了保证顾客订单98%的即时满足率,各成品配送中心需要保证大量的安全库存(一般需要七周的库存量)。产品将分别销往美洲、欧洲和亚洲。

2. 存在的问题

惠普打印机的生产、研究开发节点分布16个国家,销售服务部门节点分布110个国家,而其总产品超过22 000类。欧洲和亚洲地区对于台式打印机的电源供应(电压110 V和220 V的区别,以及插件的不同)、语言(操作手册)等有不同的要求。以前这些都由驻温哥华的公司完成,北美、欧洲和亚太地区是它的三个分销中心。这样一种生产组织策略,我们称之为工厂本地化(Factory Localization)。惠普的分销商都希望尽可能降低库存,同时尽可能快地满足客户的需求。这样导致惠普公司感到保证供货及时性的压力很大,从而不得不采用备货生产(Make-To-Stock)的模式以保证对分销商供货准时的高可靠性,因而分销中心成为有大量安全库存的库存点。制造中心是一种拉动式的,计划的生成是为了通过JIT模式满足分销中心的目标安全库存,同时它本身也必须拥有一定的零部件、原材料安全库存。

零部件原材料的交货质量(到货时间推迟、错误到货等问题是否存在)、内部业务流程、需求等的不确定性是影响供应链运作的主要因素。这些因素导致不能及时补充分销中心的库存,需求的不确定性导致库存堆积或者分销中心的重复订货。

需要用大约一个月的时间将产品海运到欧洲和亚太分销中心,这么长的提前期导致分销中心没有足够的时间去对快速变化的市场需求作出反应,而且欧洲和亚太地区就只能以大量的安全库存来保证对用户需求的满足。

流动资金占用比较大。若某一地区产品缺货,为了应急,可能会将原来为其他地区准备的产品拆开重新包装,造成更大浪费。但是提高产品需求预测的准确性也是一个主要难点。

3. 任务

减少库存,同时提供高质量的服务成为温哥华惠普公司管理的重点,它们并着重于供应商管理以降低供应的不确定性,减少机器的闲置时间。

企业管理者希望在不牺牲顾客服务水平的前提下改善这一状况。

4. 解决方案

供应商、制造点(温哥华)、分销中心、经销商和消费者组成惠普台式打印机供应链的各个节点。供应链是一个由采购原材料,把它们转化为中间产品和最终产品,最后交到用户手中的过程所组成的网络。

在这个新的供应链中,主要的生产制造过程由在温哥华的惠普公司完成,包括印刷电路板组装与测试(Printed Circuit Board Assembly and Test, PCAT)和总机装配(Final Assembly And Test, FAT)。

在 PCAT 过程中,电子组件(如 ASICs、ROM 和粗印刷电路板等)组装成打印头驱动板,并进行相关的测试;在 FAT 过程中,电动机、电缆、塑料底盘和外壳、齿轮、印刷电路板总装成打印机,并进行测试。其中各种零部件原材料由惠普的子公司或分布在世界各地的供应商供应。在温哥华生产通用打印机,通用打印机运输到欧洲和亚洲后,再由当地分销中心或代理商加上与地区需求一致的变压器、电源插头和用当地语言写成说明书,完成整机包装后由当地经销商送到消费者手中,通过将定制化工作推迟到分销中心进行(延迟策略),实现了根据不同用户需求生产不同型号产品目的。这样一种生产组织策略,称之为分销中心本地化(DC-Localization)。并且在产品设计上做出了一定变化,电源等客户化需求的部件设计成了即插即用的组件,从而改变了以前由温哥华的总机装配厂生产不同型号的产品,保持大量的库存以满足不同需求的情况。为了达到98%的订货服务目标,原来需要七周的成品库存量现在只需要五周的库存量,一年大约可以节约3 000万美元,电路板组装与总装厂之间也基本实现无库存生产。同时,打印机总装厂对分销中心实施JIT供应,以使分销中心保持目标库存量(预测销售量+安全库存量)。通过供应链管理,惠普公司实现了降低打印机库存量的目标及服务水平。通过改进供应商管理,减少了因原材料供应而导致的生产不确定性和停工等待时间。

5. 效果

安全库存周期减少为五周,从而减少了库存总投资的18%,仅这一项改进便可以每年节省3 000万美元的存储费用。由于通用打印机的价格低于同类客户化产品,从而又进一步节省了运输、关税等项费用。除了降低成本,客户化延迟使得产品在企业内的生命周期缩短,从而对需求预测不准确性或是外界的需求变化都具有很好的适应性,一旦发现决策错误,可以在不影响顾客利益的情况下以较小的损失较快地加以纠正。

(资料来源:http://wenku.baidu.com/view/a2240b76a417866fb84a8e09.html?from=rec&pos=1&weight=12&lastweight=7&count(经删改)新酷数码)

第一节　供应链设计概述

一、供应链设计的简要说明

1. 供应链设计与企业流程再造

供应链的设计不是要推翻现有的企业模型,而是要从管理思想革新的角度,用创新的观念武装企业(如虚拟企业与动态联盟、精细生产),这种基于系统进化的企业再造思想符合人类演进式的思维逻辑,尽管"业务流程重组(BPR)教父"钱贝和哈默一再强调其剧变式的、彻底的企业重构思想,但实践证明,实施业务流程重组的企业最终还是走向改良道路,所谓无本之木、无源之水的企业再造是不存在的。因此在实施供应链的重建与设计时,并不在于是否"打碎那个瓷娃娃"(M.C.杰克逊,《透过新潮管理法看系统管理学》),而是需要新的观念、新的手段和新的思维,这是在实施供应链管理时需要明确的。

2. 考虑环境因素的供应链设计

一个设计精良的供应链在实际运行中并不一定能按照预想的那样,甚至无法达到预想的要求,这是主观设想与实际效果的差距,其原因并不一定是构想或设计的不完美,而是环境因素在起作用,因此设计和构建一个供应链,一方面要考虑供应链的运行环境(政治、地区、经济、文化等因素),同时还应考虑未来环境的改化对实施供应链的影响。因此,我们要用变化的、发展的眼光来设计供应链,不仅是信息系统的构建还是物流通道设计,都应具有较高的柔性,以提高供应链对环境的适应能力。

3. 供应链设计与物流系统设计

物流系统是供应链的物流通道,是供应链管理中的重要内容。物流系统设计是指外购件和原材料所经历的采购进厂、存储、投料、加工制造、装配、包装、运输、分销、零售等一系列物流过程的设计。物流系统设计也称为通道设计(Channel Designing),是供应链系统设计中最主要的工作之一。设计一个结构合理的物流通道对于减少成本、降低库存、缩短提前期、实施

JIT供销与生产、提高供应链的整体运作效率都是非常重要的。但是供应链设计却不等同于物流系统设计,供应链设计是企业模型的设计,它是从更广泛的思维空间——企业整体角度去勾画企业蓝图,是扩展的企业模型。它既包括物流系统,还包括组织、信息、相应的服务和价值流体系建设。在供应链的设计(建设)中创新性的管理观念和思维极为重要,要把供应链的整体思维观点融入供应链的建设和构思中,企业之间有并行的设计才能在企业之间实现并行的运作模式,这是供应链设计中最为重要的思想。

4. 供应链设计与先进制造模式的关系

供应链设计既是从管理新思维的角度去改造企业,也是先进制造模式的推动和客观要求的结果。如果没有虚拟制造、全球制造这些先进的制造模式的出现,集成化供应链的管理思想是很难实现的。正是先进制造模式的资源配置沿着"劳动密集→设备密集→信息密集→知识密集"的方向发展,才使得企业的管理模式和组织模式发生相应的变化,从制造技术集成演变为信息和组织等相关资源的集成。

二、供应链设计前期考虑的因素

1. 定位明确

供应链的构成是由原料供应商、制造商、分销商、零售商、配送商与物流及最终用户组成。一条具有竞争力的供应链要求组成供应链的各成员都具有较强的竞争力,不管每个成员为整个供应链做些什么,都应该是专业化的,而专业化就是优势。在供应链中总会有处于从属地位的企业。任何企业都不可能包括供应链的所有环节,但它必须明确自己在供应链中的定位优势,根据自己的优势来确定自己的位置,并制定相关的发展战略,例如,对自己的业务活动进行取舍和调整,并着重培养自己的业务优势等。

2. 客户优先

客户是供应链中真正唯一的资金流入点,任何供应链都只有唯一的一个收入来源——客户。因此,供应链的设计要考虑客户优先的原则。客户服务由客户开始,并以客户终止,客户最能感受到供应链中复杂的相互影响的全部效应。供应链的设计必须具有快速响应能力和高度柔性,能够满足客户的潜在需求和现实需求。

3. 风险防范

由于受到各种因素的影响,供应链的运作实际上也存在着不确定性因素,存在风险。供应链中的库存控制就是一例。持有库存的道理是显而易见的,为了达到客户服务要求,必须持有一定的库存量(也就是安全库存),这样就可以有效地避免因上游供应商供应过程出现问题,从而影响到客户服务。因此,在供应链的构设计中应对各种风险因素进行说明和量化,清楚各种不确定性因素对系统所产生的影响,并制定相应的防范措施。

三、供应链设计的原则

1. 协调性原则

供应链业绩好坏取决于供应链合作伙伴的关系是否和谐,因此,建立战略伙伴关系的合作企业关系模型是实现供应链最佳效能的保证。和谐是描述系统是否形成了充分发挥子系统和系统成员的能动性、创造性及环境与系统的总体协调性,只有协调而和谐的系统才能发挥出最佳的效能。

2. 简洁性原则

简洁性是供应链的一个重要原则,为了能使供应链具有快速灵活响应市场的能力,供应链的每个节点都应具有活力的、简洁的、能实现业务流程的快速组合。比如,供应商的选择就应以以少而精的原则,通过和少数的供应商建立战略伙伴关系,推动实施准时生产和JIT采购法,这有利于减少采购成本。生产系统的设计更是应以精细思想为指导思想,努力实现从精细的制造模式到精细的供应链这一目标。

3. 集优原则

供应链的各个节点的选择应遵循强-强联合的原则,达到实现资源能够外用的目的。每个企业只需集中精力致力于各自核心的业务过程,就像一个独立的制造单元,这些所谓单元化企业具有自我优化、自我组织、面向目标、充满活力和动态运行的特点,能够实现供应链业务的快速重组。

4. 自下向上和自上向下相结合的设计原则

系统建模有两种设计方法,即自下向上和自上向下。自上向下的方法是从全局走向局部的方法,而自下向上的方法是从局部走向全局的方法;自上而下是系统分解的过程,自下而上则是一种集成的过程。在设计一个供应链系统时,往往是先有主管高层作出战略决策与规划,决策与规划的依据来自企业发展规划和市场需求,然后由下层部门实施决策,因此供应链的设计是自下向上和自上向下的综合。

5. 动态性(不确定性)原则

不确定性在供应链中随处可见,并会导致需求信息的扭曲。因此,要预见各种不确定因素对供应链运作的影响,减少信息传递过程中的信息失真和延迟。服务水平的提高总是和降低安全库存相矛盾。增加透明性,减少不必要的中间环节,提高预测的时效性和精度对降低不确定性的影响都是极为重要的。

6. 创新性原则

创新设计是系统设计的重要原则,如果没有创新性思维,就不可能有创新的管理模式,因此在供应链的设计过程中,创新性是非常重要的一个原则。要产生一个创新的系统,就要敢于打破各种陈旧的思维框框,用新的视野、新的角度审视原有的体系和管理模式,进行大胆的创新设计。

7. 战略性原则

供应链建模时,通过战略性的思考来减少对不确定的影响。从供应链的战略管理的角度来考虑,供应链建模的战略性原则还体现在供应链发展的预见性和长远规划上,供应链的企业的战略规划应和系统结构发展保持一致,并在企业战略指导下进行。

第二节 供应链结构模型

在介绍供应链结构模型之前,有必要先对供应链体系结构中的成员进行介绍,也就是说,在设计供应链之前,必须先找出都谁是供应链的成员。将所有类型的成员包括进来,可能会导致整个网络变得高度复杂,增加管理难度。构建供应链模型的关键在于制定一些基本原则,以此决定哪些成员对公司的成功最为重要,从而在管理上给予更多的关注和支持,并为其分配资源。

一、供应链成员

供应链成员包括从原产地到消费地,通过客户或供应商间接或直接地与核心公司相互作用的所有组织和公司。不过,为了使非常复杂的网络更加容易管理,有必要区分辅助成员和主要成员。

供应链的主要成员是指所有那些自主管理的企业或战略业务单位,在为特定的市场或客户产生特定输出的业务流程中,这些企业实际上执行着管理和运营活动。供应链的辅助成员是指那些仅仅只为供应链主要成员提供资源的企业,例如,出租卡车给制造商的代理商,贷款给零售商的银行,提供仓库空间的房屋业主以及打印营销宣传册、供应生产设备或提供临时秘书工作的企业。对供应链核心企业来说,知识、资源、资产或公共设施的提供者有重要的贡献,但是在为最终用户将输入转变为输出的增值过程中,它们并不直接执行或参与活动。

但是,在某些情况下,同一家企业可以同时执行辅助和主要的活动,即同一家企业可以执行与一个过程相关的辅助活动以及和另一个过程相关的主要活动。例如,原始设备制造商(OEM)从供应商那里购买一些复杂和关键的生产设备。当OEM开发新产品时,设备供应商和它紧密合作,因而,该供应商是OEM产品开发过程的主要成员。而当考察制造商的管理过程时,该供应商是辅助成员而不是主要成员,因为供应设备本身并没有为过程的输入增加价值。

所以,辅助成员和主要成员之间的区别并不是在所有情况下都很明显。不过,这一区别提供了合理的管理简化方法,并且抓住了谁应该被认为是供应链的关键成员这一点本质。

掌握和了解供应链的结构模型是有效指导供应链设计的必要工作。从节点企业与节点企业之间关系的角度来考察,供应链网络结构主要包括网状结构和链状结构两种。

二、链状模型

供应链的各成员企业构成链条结构的各个节点,信息流、资金流、物流构成供应链的连线,如图3.1所示。供应链管理通过前馈的信息流(需方向供方流动,如加工单、订货合同、采购单等)和反馈的物流及信息流(供方向需方的物料流及伴随的供给信息流,如提货单、入库单等)将供应商、制造商、分销商、零售商及最终用户连成一个整体,对整个供应链系统进行计划、操作、协调、控制和优化的各种活动。

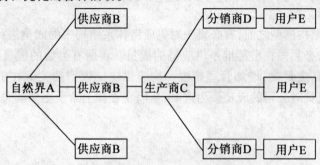

图3.1 链状结构的供应链模型

静态的链状供应链结构模型可以进一步地简化成如图3.2所示的串行链状供应链结构模型。串行的链状供应链结构模型是对链状供应链结构模型的进一步抽象,它是把供应链上的一个个企业都抽象成一个个的点,称之为节点,并用字母或数字表示,这些节点以一定的次序和方式连接,构成一条供应链。在串行的链状供应链结构模型中,例如,C为制造商——核心企业,则B为供应商,D为分销商;若假设B为制造商——核心企业,则A为供应商,C为分销商。在这个模型中,产品的最初来源——自然界,最终去向——用户,以及产品的物质循环过程都被隐含掉了。从供应链研究的一般化角度来看,把用户和自然界融在供应链模型中通常没有太大的作用。串行的链状供应链结构模型着重对供应链的中间过程进行研究。

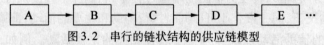

图3.2 串行的链状结构的供应链模型

1. 供应链的方向

供应链上的五类资源流是指物流、信息流、资金流、作业流和价值流,它们流动的方向可以表示出供应链增值运动的方向。一般来说,物流的方向都是从供应商流向生产制造商,再流向分销商,最后到达消费者手中。虽然在特殊情况下,如损坏赔偿、销售退货等物流在供应链上的流向与一般情况下的方向相反,但由于这类情况属于非正常情况,例如退货产品,通常不被看作是本书里严格定义下的物品。所以,本书中所指的供应链的物流不包含这类非正常情况下物品的流动方向。在图3.2所示串行的链状结构的供应链模型中,箭头的方向表示供应链物流的方向,即供应链的方向。

2. 供应链的级

在串行的链状结构的供应链模型中,例如,定义 C 为供应链的核心企业——生产制造商,从其上游企业来看,那么就可以相应的认为 B 为一级供应商,A 为二级供应商,依次地可递推定义三级供应商、四级供应商……那么,从核心企业的下游企业来看,可以认为 D 为一级分销商,E 为二级分销商,依次地定义三级分销商、四级分销商……一般来说,一个企业如果想要从整体上了解其所在行业供应链的运行状态,应尽可能深入地考虑多级分销商或供应商。

三、网状模型

图 3.2 所示的应链结构模型代表一种特殊抽象的供应链,但并不具有代表性。因为在现实社会生活中的供应链上,核心企业 C 的供应商可能不是只有一家,而是有 $B_1, B_2, \cdots, B_n$ 等 n 家,分销商也可能有 $D_1, D_2, \cdots, D_m$ 等 m 家。进一步地考虑,假设 C 是一个含有多个企业的集团公司,那么 C 也可能有 $C_1, C_2, \cdots, C_k$ 等 k 家。那么,图 3.2 所示供应链模型就转变为图 3.3 所示的网状结构模型。网状结构的供应链模型更能说明现实社会中企业间复杂的供应关系。从广义的角度来看,网状模型在理论上可以涵盖世界上所有的企业组织,那么每一个企业都可看作是它上面的一个节点,同时可以认为这些节点之间存在着供需之间的联系。当然,这些联系有强也有弱,并且在不断地变化着。从狭义的角度来讲,通常一个企业仅与有限的企业发生联系,但这些不会影响我们对供应链模型的理论设定。网状结构的供应链模型对企业供应关系的描述很直观,适合宏观地把握企业间的供应关系。

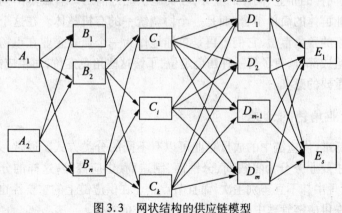

图 3.3 网状结构的供应链模型

1. 入点和出点

在网状结构的供应链模型中,物流具有方向性,它是从上游的一个节点企业流向下游另一个节点企业。这些物流补充流入某些节点,分流流出某些节点。把这些物流进入的节点称为入点,而把物流流出的节点称为出点。在图 3.3 所示的供应链中,入点相当于原始材料提供商,如 A_1 和 A_2,出点相当于用户,如 E_1 和 E_s,对于有些厂家既是出点又是入点的情况,出于对网表达的简化,将代表这个厂家的节点一分为二,变成两个节点:一个是入点,一个为出点,如图 3.3 中的 C_i。

2. 供应链子网

有些集团公司虽然内部结构非常复杂，但与其他企业发生业务往来的只是其中的一些分公司或部门；同时，在集团内部有些部门或分公司之间存在着产品供应关系。很显然，这时候用一个节点来表示集团内部这些复杂的关系是不可以的，这就需要将表示这个集团的节点分解成很多相互联系的子节点，这些子节点之间存在着关联关系，由此构成了一个网，称之为子网。

3. 虚拟企业

通过对供应链子网模型概念的扩展，可以把供应链子网上为了实现各自目标和利益、通常合作的这样一些企业形象地看成是一个大的企业，这就是虚拟企业。虚拟企业是市场经济中存在的企业的动态联合体，它们为了共同的目标和利益，在一定的时间内结成相互协作的利益共同体。虚拟企业存在和组建的目的就是为了获取相互协作而产生的效益，一旦利益关系不再存在或这个目的已完成，虚拟企业即不存在，新的动态企业联盟将伴随另一个利益目标而产生。

第三节 供应链结构中的企业角色

同样的设施、同样的企业、同样的业务，在实施供应链前后却有截然不同的效果，这说明供应链绝不是企业群体的简单组合，而是一个协调统一的有机整体。在这个有机整体中，每一个企业都有着新的角色重塑，它们不再是单纯地作为一个孤立企业在市场中运作，而是作为供应链的一个组成部分，有了另一种角色定位，了解这些角色定位，对供应链构建的管理及其设计有着十分重要的意义。

一、供应链中企业角色的分类

依据不同的标准，供应链中的成员企业可以有不同的分类方式。通常，人们将供应链中的成员企业按其主要业务分为零售商、分销商、制造商、供应商等，这样的分类虽然直观、简单，但在供应链管理中却不宜辨别主次，而且节点企业在供应链上的重要性也不明确，于是就出现了依据企业在供应链管理中的重要程度进行分类的方式。

1. 主体企业与客体企业

根据节点企业在供应链中的重要程度、地位，可将企业分为供应链管理的客体企业和主体企业。主体企业是指在供应链管理中占有主动地位，对供应链的业务起到主导作用，退出或参与都会使供应链产生明显改变，在本行业中也具有较强的行业地位和实力，或者是拥有决定性资源的节点企业；而客体企业是指在供应链中起到协作者的作用，处于被动响应角色的企业。

通常,客体企业又可分为两种:外围企业与内围企业。内围企业是指主体企业虽无法完全控制,但可以对其施加间接或直接影响的企业,这里企业主要指的是与主体企业直接打交道的企业。这些企业通常是位于主体企业的上、下游节点,它们拥有独立的法人地位,而且与主体企业没有任何行政隶属关系,通常是以各种契约形式与主体企业深度关联。内围企业相对较稳定,主体企业对它们的选择十分严格,一旦确定合作关系,就不轻易解除。这类企业对供应链虽不起主导作用,但影响也是不可忽略的,它们的业务进展情况直接影响到主体企业的业务状况,而且对供应链的整体效率的影响不可小觑。外围企业则是指主体企业无法控制且对其影响力也比较小的企业。主体企业虽然是整个供应链的主导,但对它们的运作却也并不能完全掌控,只能间接影响到它们。这类企业对供应链的影响也非常重要,它们的退出和参与有时会明显影响到供应链的整体运营效果,可见,对这类合作伙伴也不能轻视。

在供应链中,主体企业可以有多个,也可能只有一个,形成主体企业群。当只有一个主体企业时,供应链的表现形式则是以主体企业为核心的卫星式企业群体,如图3.4所示;而当供应链中有不止一个主体企业时,供应链的表现形式就是以其他客体企业为旁支、以主体企业为主线的团队式合作群体,如图3.5所示。

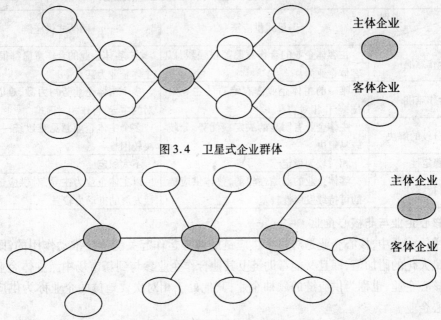

图3.4 卫星式企业群体

图3.5 团队式合作群体

卫星式企业群体组成的供应链形式比较稳定,因为各节点企业的合作意愿都很强烈。主体企业不但对供应链在最终产品市场上竞争力的提高起到关键作用,而且还能够帮助客体企业参与到新的市场中去,因此,与相对强势的主体企业合作,对于客体企业来说吸引力是非常大的。正因为客体企业的合作意愿十分诚恳,所以在利益、权力的分配上,通常都会向主体企业偏重,这就会更进一步激发主体企业的合作意愿。而且,唯一的主体企业具有明显的决定权优势,还会在供应链决策中产生严重分歧的可能性较小,这也更利于供应链的管理。但在供应链可持续性发展方面,通常只有具有市场前瞻性的主体企业,才会在供应链的技术改造、结构调整、流程重组等方面投入大量精力,同时也会兼顾客体企业的利益。而客体企业对供应链改进的意愿并不强烈,并且还需要主体企业的推动才能同步。

至于团队式企业群体组成的供应链,"强-强"联合的同时会兼顾供应链整体优势加强,双赢带来的巨大收益使得主体企业的合作意愿都很强烈。但是由于主体企业都势均力敌,合作时难免有摩擦、碰撞,合作难度较大。在决策方面,由于每个主体企业的影响都不可忽略,在决策时产生的分歧也相对较难解决。由于合作难度大,再加上矛盾调和的困难,使得整个供应链的稳定性不强,在供应链中任何两个主体企业的合作破裂都会影响到整个企业群体的稳定,甚至还会导致整个供应链合作的失败。但是,在推动供应链持续发展方面,作为主干的主体企业的前瞻性意识都是比较强烈的,可以群策群力,对供应链整体的带动性也更强。

以团队式企业群体组成的供应链和以卫星式企业群体为基础的供应链的比较见表3.1。

表3.1 卫星式供应链和团队式供应链的比较

比较 \ 类别	卫星式供应链	团队式供应链
合作意愿	主客体企业的合作意愿都很强烈,以客体企业为甚	主、客体企业的合作意愿都很强烈,以主体企业为甚
合作难度	唯一的主体企业占有绝对的主导地位,合作相对容易	多个主体企业势均力敌,难以形成绝对的主导,合作相对困难
决策分歧的解决	主体企业有明显的决定权优势,分歧较易解决	多个主体企业意见难以统一,分歧解决较困难
稳定性	相对较为稳定	不太稳定
可持续性	客体企业的前瞻性较弱,整体供应链的可持续发展性较差	以主体企业为主导,对供应链可持续性发展的推动力较强

2. 核心企业与非核心企业

在主体企业中,核心企业是对整个供应链的业务运作起关键主导推动作用的,既能为客户提供最大化的附加值,而且又能帮助链上其他合作企业参与到新市场中。主体企业就是供应链的核心企业,也称为供应链的领袖企业;其他处于相对次要地位的企业称为供应链管理的非核心企业。

在卫星式供应链中,唯一的主体企业就是供应链的核心企业。在团队式供应链中,核心企业也是唯一的,但它是动态的,不是固定不变的,核心企业会随着供应链主要业务的变化、市场环境的演变、稀缺资源的转移等因素而变化,它根据核心企业在供应链中所处的位置和所起的作用,可将核心企业分为:作为分销商的核心企业、作为制造商的核心企业、作为供应商的核心企业三类。

3. 潜在企业

在供应链管理的环境下,还有一类企业,它们虽不是供应链内部的节点企业,却具备供应链所要求的各种条件,而且自身也有参与供应链合作的意愿。一旦有机会,就会替代供应链上其他节点企业,或是成为供应链上的新成员,特别是替代没有特殊性的外围企业,这类企业被称为供应链的潜在企业。从微观的角度讲,潜在企业也是供应链节点企业的竞争对手。从宏观角度讲,潜在企业是供应链的后备力量。

4. 企业角色模型图

供应链上,各种不同角色企业之间的关系可以用"橄榄球"模型图来表示,如图3.6所示。

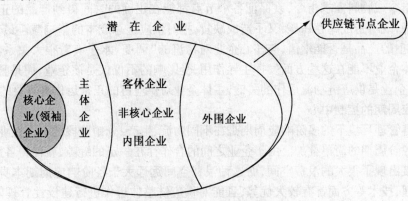

图3.6 供应链节点企业角色分类

二、不同角色企业在供应链运作中的影响

在供应链上,不同角色的节点企业起不同的作用,具有不同的特征,对整个供应链的运作也有程度不同的影响。

(一)主体企业对供应链运作的影响

核心企业,或者说是主体企业,在供应链中担任协调主体的角色,在供应链中扮演了"中心"的角色,它对整个供应链的运作起着推动性的作用,在促进节点企业保持良好的商业信誉、实力提升、知识积累等方面都有重要的影响,同时还担负着客体企业选择、系统构建等责任。

1. 组织结构调整中心

主体企业对供应链运作的一个重要影响就是进行组织结构调整。供应链的可持续发展,单单依靠长期合同建立的合作关系是不够的,应把供应链成员纳入统一的管理体系中去,根据自身发展和环境的变化的要求,对整个供应链的组织结构进行实时调整。这就要求主体企业在其他节点企业的协助下,对整个供应链的组织结构和业务流程进行调整、优化,使得供应链的构建更趋于合理化。

2. 信息交换中心

信息化是现代供应链的必经之路。要提供最佳的服务,实现最低的成本,保证供应链高效、流畅地运行,供应链体系必须要有良好的传输系统和信息处理。

主体企业作为供应链的信息中心起着重要的统一集成信息的作用,主体企业不仅推动供应链上传输系统和信息处理的构建,而且还要在整个供应链中倡导一种信息共享的氛围。当然,信息共享的前提是企业间信任的建立。

3. 物流集散的"调度中心"

在供应链上,主体企业扮演了对配送物流、集散进行"调度"的角色:向相关节点企业适时发出供货指令或物料需求指令,以保证各个节点都能在正确的时间得到产品的正确的数量、正确的品种,既不造成库存积压,又不造成缺货,把对供应链总成本的影响减至最低限度。因此,供应链上的产品是否能增值,与核心企业对物流的"调度"水平有着很大关系。如果供应链上的主体企业不能在这些方面发挥主导作用,受影响的不仅仅是该企业,而是整个供应链。因此,主体企业是供应链物流运作的关键,主体企业对供应链的正常运作有重要的影响。

4. 响应周期的控制中心

供应链管理环境下的多阶响应周期是在不同物流、生产、分销阶段的不同企业上形成的,但并不是各阶周期的简单叠加。由于企业之间的合作存在一定的缝隙,就使得各阶响应周期之间的衔接出现了很大的浪费空间,而这种浪费空间远远大于各阶响应周期本身,这就需要一个在管理、技术等方面都有较大优势,且能对供应链整体运作进行建设性管理的企业对多阶响应周期进行整合处理,而事实上,主体企业正是多阶响应周期的控制中心。

主体企业在其他节点企业的协助下,对整个供应链的运作进度、运作节奏进行监督、调整,并提供给客体企业进行相应改进措施,使供应链上的节点企业都能在同一节奏下运行,从本质上缩短多阶响应周期,以提高响应市场的质量。

5. 文化中心

共同文化的凝聚力在供应链运作中起到举足轻重的作用。在供应链上,主体企业常常将企业文化看作为连接节点企业的纽带进行倡导并推而广之。一个具有优秀企业文化的主体企业,可以通过自己的影响力,把企业的价值观辐射到其他企业中,形成供应链节点企业共同的价值观念。在此基础上,把企业的供应链本身的特点与价值观念相结合,进而形成整个供应链的文化。供应链文化一旦形成,便比企业文化具有更广的影响力和辐射力,成为节点企业之间的黏合剂,使得供应链的凝聚力和向心力进一步加强。

6. 系统构建

在供应链系统构建的运作中,主体企业起着非常重要的影响作用。主体企业构建供应链的过程可以分为理念构建和结构构建两个层次。

供应链结构构建的运作主要包括建模及合作伙伴的选择、目标的确立、方案实施、组织设计四个显性的逻辑阶段。在目标确立的过程中,主体企业基于创新意识,寻求新的市场机遇,并对确定的机遇进行评估、分析以决定是否响应该机遇;在合作伙伴的选择及建模过程中,主体企业要在核心企业的组织下设计供应链节点企业模型和供应链运作过程模型,供开始节点企业的评价与评估;在组织设计过程中,主体企业依据合作伙伴的参与方式和已建立的模型、供应链的业务性质等因素,设计供应链的节点企业的具体组织形式,即各节点企业在供应链上的具体定位;方案实施过程是在主体企业的引导下,并依照前述设计结果,实际组建供应链体系。

供应链理念构建过程包括节点企业内部冲突、企业文化冲击以及企业重新社会化三个隐性的逻辑阶段。供应链理念的构建是观念上的重组和解冻,伴随着供应链结构构建的实施,在节点企业中必然会引起原有价值观念的震荡,还会使企业的文化受到冲击。在这一过程中,主体企业充分引导新观念的趋向,而且还会从思想上整合供应链;企业文化冲击孕育了节点企业内部冲突(由创新思想导致的企业内部观念的对立所导致)。在处理企业内部冲突时,主体企业首先是调整自身的价值取向,使之更适应供应链的体系运作,然后再协助客体企业,特别是与主体企业关系紧密的内围企业更新观念;企业社会化过程是员工对新环境的适应过程,主体企业在这一过程中,从自身的调整做起,并通过辐射作用影响其他客体企业的重新社会化。

供应链的构建过程可以用图 3.7 表示。

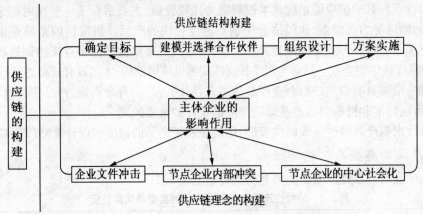

图 3.7　主体企业在供应链构建中的影响

(二)客体企业对供应链运作的影响

供应链中的客体企业通常都处于协作者的位置,它们在供应链上一般不具有主导性。尽管如此,由于供应链是一个整体,假设一个节点出问题就会影响到其他节点的运作,进而影响到整个供应链的运行质量。因此,不能忽视客体企业对供应链运作的影响。

1. 优势的补充

供应链上的主体企业虽然具有相对优势,但是毕竟不可能在任何方面都处于领先地位,而客体企业则在主体企业不足的地方对其进行补充,主体企业只需要在最擅长的领域从事业务,而不擅长的业务或是次要的就由客体企业完成,这样,供应链整体优势就得以完善,竞争力将进一步提高。

2. 人才互动

由于供应链节点企业的业务的侧重点不同,人才的知识结构也有所不同,假如能够整合这些人力资源,则可以提高企业的创新能力。从不同领域集中到一起的客体企业为供应链"人才库"提供各类人才,弥补主体企业人力资源单一的不足,从而还会形成合理的知识结构。

3. 技术创新的协助

在技术创新过程中,存在许多重要程度不同的技术环节。企业可以将核心技术之外的相关技术,分配给供应链客体企业来承担,这不仅会有利于加快技术创新的速度,而且会有利于综合各方面的技术优势,还会带来更具竞争力的创新成果。

第四节 供应链系统构建策略

一、基于产品的供应链设计策略

基于产品的供应链设计策略就是根据产品特点来设计供应链结构。不同的供应链系统有着不同的特点。有的供应链系统成本控制能力比较较强,主要适合于一些相对稳定的产品结构;而有的响应能力比较强,比较适合于创新速度较快的产品。供应链的差异是由供应链内部的企业关系、企业特点、资源配置等所决定的,因此需要根据产品特点来协调这些企业的关系和选择供应链中的企业。只有与产品特点匹配的供应链结构,才能具有较高的运行效率。

设计供应链需要明白用户对企业产品的需求是什么,产品寿命周期、产品多样性、需求预测、服务的市场标准和提前期等都是影响供应链设计的重要问题。

所谓设计出与产品特性一致的供应链,也就是基于产品的供应链设计策略(PBSCD)。

(一)产品的类型与功能特征

功能性产品与创新性产品的类型与功能特征见表3.2。

表3.2 功能性产品与创新性产品的类型与功能特征

需求特性	功能性产品	创新性产品
产品周期/年	>2	2~3
边际贡献率/%	6~20	20~62
产品多样性	低	高
预测的平均边际错误率/%	10	40~100
平均缺货率/%	1~2	10~40
季末降价率/%	0	10~26
按订单生产的提前期	6个月~1年	1~2天

(二)基于产品的供应链设计策略

根据供应链特点设计产品,供应链中产品的流通成本和生产与产品本身的特点密切相关,因此,在产品开发初期就要考虑相关的供应链的特点,使得产品能更好地与供应链匹配运行。

1. 供应链策略的选择

可利用表3.3的供应链设计与产品类型策略矩阵为企业选择理想的供应链策略。

表3.3 供应链设计与产品类型策略矩阵

	功能性产品	创新性产品
有效性供应链	匹配	不匹配
反应性供应链	不匹配	匹配

2. 有效性供应链

用有效性供应链来提供功能型产品,可采取如下措施:

(1)削减企业内部成本。

(2)不断加强企业与分销商、供应商之间的协作,从而有效地降低整条链上的成本。

(3)低销售价格是建立在有效控制成本的基础之上的。但一般不轻易采用,需要根据市场竞争情况而确定。

3. 反应性供应链

用反应性供应链来提供创新型产品时,应采用如下措施:

(1)通过对不同产品拥有尽可能多的通用件来增强某些模块的可预测性,从而减少需求的不确定性。

(2)通过增加供应链的柔性与缩短提前期,企业就能按照订单生产,及时响应市场需求,在尽可能短的时间内提供顾客所需要的个性化的产品。

(3)当需求的不确定性已被尽可能地避免或降低后,可以用充足的生产能力或安全库存来规避其剩余的不确定性,这样,当市场需求旺盛时,企业就能尽快地提供创新型产品,从而减少缺货损失。

(三)基于产品的供应链设计步骤

根据系统生命周期法的一般原理,供应链的构建过程一般要经过八个步骤。其步骤模型图如图3.8所示。下面简要论述供应链构建的一般步骤。

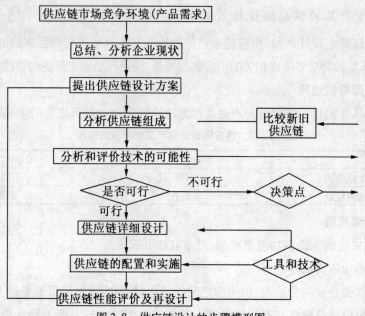

图 3.8 供应链设计的步骤模型图

1. 分析市场竞争环境

针对企业所处的市场竞争环境分析,即分析服务的市场竞争环境和企业特定产品,了解市场需求什么样的产品;市场的各类主体,如零售商、用户、竞争对手和生产商的状况如何。其目的在于找到针对哪些产品市场开发供应链才有效,分析市场特征的过程要向用户、卖主和竞争者进行调查,提出诸如用户想要什么,用户在市场中的分量有多大类的问题,以确认用户的需求和因用户、卖主、竞争者产生的压力。这一步骤的输出是每一产品的按重要性排列的市场特征。同时对于市场的不确定性要有评价和分析。

2. 分析、总结企业现状

这一个步骤主要分析企业供需管理的现状(如果企业已经有供应链管理,则分析供应链的现状),其目的不在于评价供应链设计策略的合适性和重要性,而是着重于研究供应链开发的方向,分析、找到、总结企业影响供应链设计的阻力及存在的问题等因素。

3. 供应链的战略设计

从战略上定义供应链的作用、范围和内容,确定供应链的功能、任务和目标。主要目标在于获得低库存投资和高用户服务水平,低单位成本两个目标之间的平衡,同时还应包括以下目标:

(1)降低成本。

(2)进入新市场。

(3)开发新产品。

(4)改善售后服务水平。

(5)提高用户满意程度。
(6)开发新的分销渠道。
(7)通过降低库存提高工作效率等。

此外,供应链的战略设计还应包括确定供应链的核心竞争力,找出供应链的设计有哪些竞争优势。

4. 分析供应链的组成及其基本框架

供应链中的成员分析主要包括制造设备、工厂、供应商和工艺、分销商、制造商、零售商及用户的选择及其定位,以及确定评价与选择的标准。并对供应链上的各类资源,如供应商、原材料、用户、产品市场、合作伙伴与竞争对手的作用发展趋势、使用情况等进行分析。在这个过程中要把握可能对供应链设计产生影响的主要因素,同时对每一类因素产生的风险进行分析研究,并给出风险规避的各种方案,然后将这些方案按照所产生作用的大小进行排序。

5. 评价和分析供应链设计的技术可能性

供应链框架建立之后,需要对供应链设计的技术可行性、运营可行性、功能可行性、管理可行性进行评价和分析。这不仅仅是改善技术或某种策略的推荐清单,而且也是实现和开发供应链管理的第一步,它在可行性分析的基础上,结合本企业的实际情况为开发供应链提出技术选择支持和建议。这也是一个决策的过程,假如认为方案可行,就可进行下面的设计;假如不可行,就要重新进行设计。

6. 设计供应链

根据总体规划要求,企业要考虑如何决定供应链的配置,构建供应链,详细设计每一个功能单元,要考虑到每一个具体细节,以及供应链的每一个环节执行怎样的流程。因而,这一过程需要解决以下关键问题:

(1)信息管理系统设计。
(2)原材料的来源问题(包括供应商、价格、流量、运输等问题)。
(3)生产设计(需求预测、生产能力、供应给哪些分销中心、生产什么产品、价格、生产计划、库存管理、生产作业计划和跟踪控制等问题)。
(4)能力设计与分销任务(产品服务于哪些市场、价格、运输等问题)。
(5)供应链的成员组成(供应商、分销中心的选择与定位、工厂、设备、计划与控制)。
(6)物流管理系统设计等。

在供应链设计中,广泛地应用到许多工具和技术,其中包括:模拟和设计软件、归纳法集体解决问题、流程图等。

7. 检验供应链

规划和设计的最终目标是付诸实施。实施阶段要进行供应链的硬、软件系统实施配置,包括办公环境、技术、人员、信息系统、资金的配置等,并实际运行供应链。

8. 供应链性能评价及再设计

供应链构建完成以后，应通过一定的技术、方法进行试运行或测试检验，假如不行，返回第3步重新进行设计，使供应链不断地适应经常变化的业务环境；假如没有问题，就可实施供应链管理了。

二、基于产品生命周期各阶段的供应链设计策略

（一）产品生命周期的概念

自从著名营销思想家西奥多·列维特（Theodeoer Levitt）于1965年首次提出"产品生命周期"的概念后，经过众多学者的完善总结，产品生命周期理论成为现代市场经济学和营销学中的重要理论。它是指产品进入市场直至退出市场的过程，完整的产品生命周期过程包括衰退期、成熟期、成长期、引入期四个阶段。

在产品生命周期不同阶段，产品的利润和销售量都会随时间的推移而改变，通常是呈现由少到多由多到少的S形曲线过程，就好比人的生命周期一样，由出生、成长到成熟，最终走向死亡，这也就是产品的生命周期现象。在产品生命周期的不同阶段，需要不同的营销、制造、人力资源、财务等相关战略来支持。

（二）产品生命周期的具体内容

1. 引入期

新产品投入市场，便进入引入期。在此阶段，由于顾客对产品还不是很了解，只有少数追求新奇的顾客可能购买，销售量很低。为了扩展销路，需要大量的促销费用对产品进行宣传，以吸引"填满销货渠道"和分销商。另外，由于技术方面的原因，产品不能大批量生产，因而造成成本高，销售量极为有限，销售额增长缓慢。

2. 成长期

产品在引入期销售成功之后，便进入了成长期。销售额和市场需求量迅速上升，市场逐步扩大，虽然企业为了维持市场的继续成长或适应竞争稍微或保持增加促销费用，但销售的高速上升使单位产品的促销费用大幅度下降。产品的大批量生产，促使生产成本大幅度下降，利润也迅速增长。竞争者看到有利可图，将纷纷进入市场参与竞争，使同类产品供给量增加，产品价格此时略有下降或维持不变，企业利润增长速度逐步减慢，最后达到生命周期利润的最高点。

3. 成熟期

经过成长期之后，市场需求趋向于饱和，潜在的顾客已经很少，替代品、仿制品不断出现，销售额增长缓慢甚至转而下降，标志着产品进入了成熟期。在这一阶段中，竞争逐渐加剧，产品售价降低，为了保持市场份额，促销费用再度增加，虽然由于规模效应，单位产品的生产成本已经下降到最低水平，但是市场竞争的激烈会使边际利润不断下降，企业利润随之也下降。

4. 衰退期

随着科学技术的发展，替代品或新产品的出现，将使顾客的消费习惯发生改变，转向持币待购或其他产品，从而使利润额和原来产品的销售额迅速下降，并且价格竞争尤为突出，使产品降到微利甚至负利。于是，产品又进入衰退期。此时成本较高的企业就会由于无利可图而陆续放弃生产，随后该类产品的生命周期也就陆续结束，以至会出现最后完全撤出市场。

产品生命周期各阶段的供应链设计策略见表3.4。

表3.4 产品生命周期各阶段的供应链设计策略

产品生命周期	特 点	供应链策略
引入期	无法精确预测需求量； 促销活动较多； 产品未被市场认同而夭折的比例较高	零部件、原材料的小批量采购； 避免缺货发生； 避免供应链末端和生产环节的大量储存； 供应链各环节信息共享
成长期	市场需求稳定增加； 竞争性产品进入市场	确定主要顾客并提供高水平的服务； 通过供应链各方的协作增强竞争力； 投入成本与服务的比例合理
成熟期	竞争加剧； 销售增加缓慢； 市场需求相对稳定，市场预测较准确	配送中心开始建立； 通过延期制造来改善服务； 减少成品库存量
衰退期	市场需求急剧下降； 价格下降	对是否提供配送支持及支持力度进行评价

三、基于成本核算的供应链设计策略

设计供应链、选择供应商是供应链控制的基础。下面提出成本优化算法来进行供应链的设计。为了便于分析供应链成本，对有关供应链成本核算作如下假定：

(1)合作企业以 $i=1,2,3,\cdots,n$ 表示(其中，供应链层次以 $a=1,2,3,\cdots,A$ 表示；一个层次上合作企业的序号以 $b=1,2,3,\cdots,B$ 来表示，所以一个节点 i 可以表示为 $A*B$)，如图3.9所示。

图3.9 节点示意图

(2)物料单位成本随着经验曲线的作用而降低，累积单位产量增加。成品、产品设计、零部件、质量工程的改善都可能会导致单位物料成本的降低。

(3)假定从一个节点企业到另一个节点企业的生产转化时间在下一个节点企业的年初。

(4)当一个节点企业在年初开始生产时，上一节点企业的原材料成本和工时根据一定的技术指数转化为此节点企业的初值。

(5)在全球供应链控制中,围绕核心企业核算成本、通货膨胀率、汇率等均以核心企业所在国家为标准。

供应链成本主要包括:设备成本、劳动成本、物料成本、运输成本和其他变动成本等。其成本函数分别构造如下。

1. 物料成本函数(Materials Cost Function)

从假设(2)可知,物料成本随累积产量的增加而降低,供应链的总物料成本函数为

$$M_n = m_i(im_{it})\int_0^{n_t} n^{f_i} dn$$

式中 M_{it}——i 节点企业在第 t 年生产 n 产品的总物料成本(时间转化为当地时间);

m_i——i 节点企业的第一个部件的物料成本(时间坐标轴的开始点);

im_{it}——i 节点企业 t 年的物料成本的通货膨胀率;

n_t——第 t 年内的累计产量;

f_i——$f_i = \lg F_i / \lg 2$;

F_i——物料成本经验曲线指数,$0 \leq F_i \leq 1$;

n——累计单位产量,$n = 1, 2, 3, \cdots, n_t$。

2. 劳动力成本函数(Labor Cost Function)

供应链的节点企业可能分布在本国的不同地方,也可能分布在世界各地,各地的劳动力价值、成本无法统一衡量,这里直接以工时为基础计算供应链的劳动力成本。供应链的劳动力成本函数为

$$L_{it} = l_i(il_{it})\int_0^{n_t} n^{g_i} dn$$

式中 L_{it}——i 节点企业在第 t 年(时间转化为当地时间)生产 n_t 产品的总劳动成本;

l_i——i 节点企业的单位时间劳动成本;

il_{it}——i 节点企业 t 年的单位小时的通货膨胀率;

n_t——第 t 年内的累计产量;

f_i——$g_i = \lg G_i / \lg 2$

G_i——劳动力学习经验曲线指数,$0 \leq G_i \leq 1$;

n——累计单位产量,$n = 1, 2, 3, \cdots, n_t$。

3. 运输成本函数(Transportation Cost Function)

运输成本是影响供应链总成本的重要因素之一,交货频率和经济运输批量都决定着运输成本的大小。供应链的总运输成本函数为

$$T_{it} = \sum_{t=1}^{T} S_{im} is_{it} d_{mt}$$

式中 T_{it}——i 节点企业在第 t 年生产 n_i 产品的总运输成本;

S_{im}——i 节点企业到 m 节点企业的单位成本;

is_{it}——i 节点企业年运输的通货膨胀率;

d_{mt}——m 节点企业在第 t 年的累计需求;

M——节点企业的总数量。

4. 设备和其他变动成本函数

供应链的设备和其他变动成本函数为

$$U_{it} = [u_i(iu_{it}) + v_i(iv_{it})]n_t$$

式中　U_{it}——i 节点企业在第 t 年生产 n_i 单位产品的总设备成本和变动成本;

u_i——i 节点企业一个单位的设备成本;

v_i——i 节点企业一个单位的其他变动成本;

iu_{it}——i 节点企业一个单位的设备成本的通货膨胀率;

iv_{it}——i 节点企业的一个单位的其他变动成本的通货膨胀率。

5. 供应链的总成本函数

以上成本都是针对一定时间上可能的节点组合。在时间 T 内相关的节点组成一个节点企业组合序列,用 k 表示,所有可能的节点企业组合序列用 K 表示。

$$TC(k) = \sum_{t=1}^{T} \left[\sum_{i \in K} (M_{it} + L_{it} + T_{it} + U_{it}) e_{it}(pv_{it}) \right]$$

式中　e_{it}——i 节点企业对核心企业的汇率;

pv_{it}——i 节点企业在 t 年的现值折扣率;

k——一个节点企业组合序列;

$M_{it}, L_{it}, T_{it}, U_{it}$——意义同上面公式。

而一个节点组合序列的平均单位成本为

$$CAU(k) = TC(k)/N_T$$

式中　N_T——节点企业总的数量。

6. 供应链设计的优化成本算法

从节点企业组合序列中可以选出多个节点企业组合。例如,分布在 4 个层次的各 2 个 ($B=2$) 工厂,在 5 年 ($T=5$) 的时间轴上,总共有 $k = (2 \times 4)^5$ 个节点企业组合序列。可以通过对供应链总成本的优化核算来找出最优的合作企业组合,设计低成本的供应链。供应链的设计要评估所有可能的组合序列,以达到最优化的设计。

具体的方法是将多时段问题转化为网络设计,网络设计层次定义为 $t = 1, 2, 3, \cdots, T$,在第 t 层次,可能的组合序列是 $i = (A \times B)^t$,在每一个层次 t,每个节点企业的总累积成本为

$$C_{it} = \left\{ \begin{array}{l} m_i(im_{it}) \dfrac{n_i^{1+f_i}}{1+f_i} + l_i(il_{it}) y_{it} \dfrac{n_t^{1+g_i}}{1+g_i} \\ \sum\limits_{m=1}^{M} S_{im}(is_{it}) d_{mt} + [u_i(iu_{it}) + v_i(iv_{it})]n_t \end{array} \right\} e_{it} PV_{it} + c_{it-1}$$

式中，$i=1,2,3,\cdots;i=(A\times B)^t;t=1,2,3,\cdots,T$。

此公式表示从第 1 年到第 t 年(包括第 t 年)节点的总累积成本。

可以编制程序来进行计算。在输入初始数据以后，计算第 1 年第 i 个节点的成本，当累加成本的节点数不超过 $(A\times B)^T$，程序要判断是否达到时间段的末年，如果 $t<T$，j 节点第 $t+1$ 年的第一个单位的物料成本和劳动工时取决于从 i 节点到 j 节点的所有可能的生产转换；如果 $t=T$，那只有最后一个节点的成本要计算。当所有的节点第 t 年的累积成本计算完以后，程序需重新设置和计算第 $t+1$ 年的累积成本。当 $t=T$ 时，最后对节点组合的累积成本进行排序，优化的供应链节点组合序列就是排序后的选择。

第五节 供应链系统构建及其他优化方法

一、供应链分析诊断技术

在进行供应链构建的重建与设计过程中，必须先对现有的企业供应链模式进行诊断分析，然后在此基础上进行供应链的创新设计。通过系统诊断分析后，找到企业目前存在的主要问题，为新系统设计提供依据。

1. 供应链的性能定位分析

供应链的性能定位是对现有的供应链作一个全面评价，如预测精度、订货周期、供货率等管理水平、库存占用资金以及用户满意度、供应链企业间的协调性等。如果用一个综合指数来对评价供应链的性能进行定位，可以用这样一个公式表示：

$$供应链综合性能指数 = 价值增值率 \times 用户满意度$$

我们可以通过对用户满意度的测定结合供应链的价值增值率来确定供应链管理水平，为供应链的重构提供参考。

2. 供应链的诊断方法

诊断方法是一个值得研究的课题，至今为止还没有一个普遍、适用的企业诊断方法。随着企业改革发展的需要，企业诊断已经成为许多企业策划必不可少的内容，国外许多企业都高薪聘请企业咨询专家为企业作诊断，国内对企业诊断问题的研究也逐渐热起来。企业诊断不同于传统的可行性研究报告，它是企业从需要出发，为自身的改革或改造提供实际与科学的理论相结合的分析，提供战略性的改进措施和建议。

目前诊断方法主要有：

(1) 定位分析法。定位分析是比较好的系统化比较分析方法。

(2) AHP 法。AHP 是广泛采用的多目标综合评价方法，它结合模糊数学，定量和定性相结合地进行分析。

另外还包括物元模型法、神经网络/专家系统法、熵模型法等。

【知识链接】

层次分析法介绍

层次分析法(Analytic Hierarchy Process,AHP)是美国运筹学家 T. L. Saaty 教授于 20 世纪 70 年代初期提出的。AHP 是对定性问题进行定量分析的一种简便、灵活而又实用的多准则决策方法。它的特点是把复杂问题中的各种因素通过划分为相互联系的有序层次,使之条理化,根据对一定客观现实的主观判断结构(主要是两两比较)把专家意见和分析者的客观判断结果直接而有效地结合起来,将一层次元素两两比较的重要性进行定量描述。而后,利用数学方法计算反映每一层次元素的相对重要性次序的权值,通过所有层次之间的总排序计算所有元素的相对权重并进行排序。该方法自 1982 年被介绍到我国以来,以其定性与定量相结合地处理各种决策因素的特点,以及其系统灵活简洁的优点,迅速地应用到我国社会经济的各个领域,如能源系统分析、城市规划、经济管理、科研评价等,得到了广泛的重视和应用。

例如,某人准备选购一台电冰箱,他对市场上的六种不同类型的电冰箱进行了解后,在决定买那一款式时,往往不是直接进行比较,因为存在许多不可比的因素,而是选取一些中间指标进行考察。例如,电冰箱的容量、制冷级别、价格、形式、耗电量、外界信誉、售后服务等。然后再考虑各种型号冰箱在上述各中间标准下的优劣排序。借助这种排序,最终作出选购决策。在决策时,由于六种电冰箱对于每个中间标准的优劣排序一般是不一致的,因此,决策者首先要对这七个标准的重要度作一个估计,给出一种排序,然后把六种冰箱分别对每一个标准的排序权重找出来,最后把这些信息数据综合,得到针对总目标即购买电冰箱的排序权重。有了这个权重向量,决策就很容易了。

(资料来源:http://baike.baidu.com/view/70659.htm)

二、供应链构建的设计方法与工具

1. 网络图形法

供应链设计问题有几种考虑方式:一是从供应链选址(Supply Chain Location)的角度选择在哪个地方的供应商;二是单纯从物流通道建设的角度设计供应链在哪个地方建设,加工厂在哪,在哪个地方要有一个分销点等。设计所采用的工具主要是图形法(如用网络图表示),直观地反映供应链的结构特征。在具体的设计中可以借助计算机辅助设计等手段进行网络图的绘制。

2. 数学模型法

数学模型法是研究经济问题普遍采用的方法。把供应链作为一个经济系统问题来描述,我们可以通过建立其数学模型来描述其经济数量特征。最常用的数学模型是经济控制论模型和系统动力学模型,特别是系统动力学模型更适合供应链问题的描述。系统动力学最初的应用也是从工业企业管理问题开始的,它是基于控制理论、系统理论、信息论、组织理论和计算机仿真技术的模拟方法与系统分析。系统动力学模型能很好地反映供应链的经济特征。

3. 计算机仿真分析法

利用计算机仿真技术,将实际供应链构建问题按照不同的仿真软件要求,先进行模型化,然后再按照仿真软件的要求进行仿真运行,最后对结果进行分析处理。计算机仿真技术已经非常成熟,这里就不多作介绍。

4. CIMS – OSA 框架法

CIMS – OSA 是由欧共体 ESPRIT 研制的 CIM 开放体系结构,它的建模框架基于一个继承模型的四个建模视图:信息视图、功能视图、组织视图和资源视图。CIMS – OSA 标准委员会建立了关于企业业务过程的框架,这个框架将企业的业务过程划分为三个方面:管理过程、支持过程和生产过程。我们可以利用这个框架建立基于供应链管理的企业参考模型,特别是信息视图和组织视图,对供应链的优化和设计都很有帮助。

三、供应链设计的一般过程

1. 螺旋循环设计模型

Lawson(1980 年)研究设计及设计过程的特征时,认为设计行为有如下特征:①设计要求及设计目标是很难清楚描述的;②设计总有缺陷;③设计是一个无止境的过程;④设计问题的解决与问题的出现同时存在;⑤设计与人的判断价值有关;⑥设计的目的是为了实施;⑦不存在最优设计方案。从设计的行为特征来看,系统设计过程是一个开放性的过程,而且也是一个螺旋上升的过程。在软件开发过程中,Gane 和 Sarson(1979 年)就建立了一个螺旋设计模型,Boehm(1988 年)将其发展为螺旋设计模型,Kidd(1994 年)将它移植到敏捷企业设计。同样,供应链的设计过程其实也是一个螺旋设计过程,也可以采用相关的理论。

2. 组织元模型

供应链的每一个节点都是以计算机网络为工具的人、以信息处理为中心、以信息和组织的集成体,我们用 Agent 来描述。Agent 有广义和狭义的定义。从广义上讲,Agent 是指"分布的、独立的、相互合作的网络中的成员"。从宏观上讲,它就像我们指的加盟供应链的"代理商";基于多 Agent 集成的供需合作机制指的也是基于这层意义上的代理机制。但从狭义来讲,Agent 是指一个智能体(或代理),一般是一个软件或信息系统,我们称之为软件世界的智能体组织元模型,也就是 Agent 模型。

供应链设计或建模最为重要的就是组织元的确定。在供应链结构中要区分下游组织元和上游组织元,因为这两种组织元的功能不同,因而其评价的标准也不同。

我们可以用 AHP 法对组织元进行评价,基本框架如图 3.10 所示。通过评价模型对组织元的评价,优选出满意的 Agent 组织元。

3. 流程的合理性配置

在选定组织元后,生产组织方式上采用团队的工作方式,业务流程的重构也是必需的工作。为实现时间最短的单元组合及最简捷的流程,需要建立一个流程分析模型对流程中涉及的要素进行合理配置。

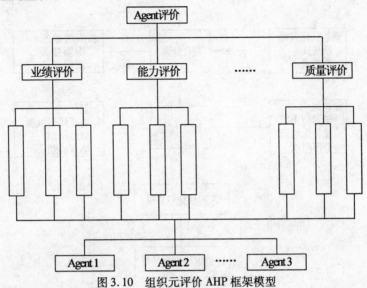

图 3.10　组织元评价 AHP 框架模型

4. 任务协调与匹配

选定流程和组织元之后,就要对企业的资源从供应链的整体进行合理配置,特别是保持企业之间和企业内部的综合平衡。首先是委托实现机制的建立,然后是采用面向对象的制造决策和 QFD(产品质量功能配置)、MRPII 及作业计划的制订等。

四、供应链的重构与优化

为了提高现有供应链运行的绩效,增加市场的竞争力,适应市场的变化,需要对企业的供应链进行重构与优化。通过供应链的重构获得更加敏捷的、精细的、柔性的企业竞争优势。Hau Lee 等人对供应链的重构偏重于销售链(下游供应链)的重构研究,提出了一些重构的策略,如延迟制造、供应商管理库存等,Towill 也对供应链的重构进行了研究,提出了关于供应链重构的方法模型。我们这里提出如图 3.11 所示的供应链重构优化模型。

供应链的重构优化,首先应明确重构优化的目标,如提高服务水平、缩短订货周期、降低运费、增加生产透明性、降低库存水平等。明确了重构的目标后进行重构策略和企业的诊断的研究,需要强调的是重构策略的选择。必须根据企业诊断的结果来选择重构策略,是激进的还是渐进的。但是无论如何,重构的结果都应使用户满意度和价值增值得到显著提高,这是我们实施供应链管理始终坚持的一条原则和主体约束条件。

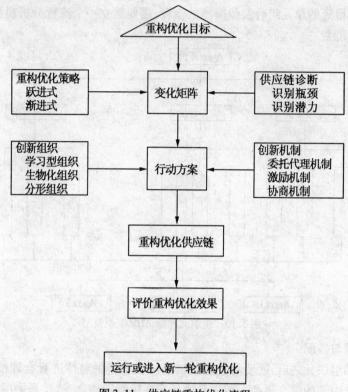

图 3.11 供应链重构优化流程

【本章关键词】

供应链设计 Supply Chain Design

供应链构建 Supply Chain Configuration

基于产品的供应链设计策略 Product – based Supply Chain Design

核心企业 Core Company

思 考 题

1. 供应链的结构模型有哪些？
2. 简述供应链构建的原则。
3. 简述基于产品的供应链设计的步骤。
4. 供应链构建应该注意哪些问题？
5. 有效性供应链和反应性供应链有何区别？并说明与产品类型的关系。
6. 供应链构建前应该考虑的因素有哪些？

【实训项目】

1. 了解某个大型企业所在供应链结构，并画出结构图。

2. 虚拟构建一条以某一类产品为主的供应链,说明供应链是如何运作的和供应链中每个企业的角色的作用。

【案例分析】

盖特韦电脑公司:一个直销的制造商

盖特韦(Gateway)是一家 PC 机制造商,建立于 1985 年,是一家一开始就没有零售点的直销企业。1996 年,盖特韦是第一在线销售 PC 机的最大制造商之一。经过多年经营,盖特韦已经将其销售和制造扩大到欧洲和亚太地区。1999 年,该公司在美国有三家工厂,在爱尔兰有一家工厂,在马来西亚有一家工厂。

20 世纪 90 年代末期,盖特韦在全美推出了开设盖特韦零售店这样极具挑战性的战略。到 2002 年 1 月,盖特韦在全美国已经拥有大约 280 家零售店。盖特韦的战略是避免在零售店维持成品库存,而只是将这些店铺作为消费者试用 PC 机和在决定购买某种配置时获取帮助的场所。当消费者决定购买时,PC 机才按订货要求制造,并由配送中心来运送。

开始时,投资方非常支持盖特韦的战略,而且在 1999 年末股票价格涨至超过每股 80 美元。但是良好势头并没有维持下去,到 2002 年 11 月,盖特韦的股票价格跌到不足 4 美元,这使盖特韦的损失非常大。在盐湖城、爱尔兰和马来西亚的工厂都关闭了。到 2004 年 4 月,盖特韦不得不关闭所有零售终端并减少了可提供给顾客的配置。公司正试图通过电子零售商像百思买、电路城(Circuit City)来销售 PC 机。如你所料,这对该公司来说是一个巨大的转变。

案例思考题

1. 为什么在美国盖特韦可以拥有多家制造工厂?最近几年,戴尔同样将在美国的工厂数量增至四个,增加工厂有什么优缺点?盖特韦如何来决定某个客户订单由哪家工厂来生产和发货?
2. 当盖特韦要决定哪家工厂需要关闭时,要考虑到哪些因素?
3. 为什么盖特韦在其零售店不设成品库存?
4. 一个要投资零售商店的企业是否应该设立成品存货?最适合设立成品存货的商品需要有什么样的特征?哪类特征的产品可以依据订单来制造?
5. 戴尔的无零售商直销是不是总是比有零售商的供应链要节省成本呢?为什么?
6. 盖特韦提出减少配置对供应链有哪些影响?

第四章
Chapter 4

供应链合作关系管理

【学习要点】

通过本章学习,要求学生熟悉供应链合作关系的定义;了解供应链合作关系与传统关系的区别;理解合作伙伴选择应该考虑的因素;掌握合作伙伴选择的程序和方法;掌握建立合理的合作伙伴评价指标体系的方法;熟悉合作伙伴评价的过程;理解供应链战略联盟的含义、特点和类型;熟悉建立供应链联盟的作用。

【引导案例】

丰田与供应商的供应链合作

位于俄亥俄州的本田美国公司,强调与供应商之间的长期战略合作伙伴关系。本田公司总成本的大约80%都是用在向供应商的采购上,这在全球范围是最高的。因为它选择离制造厂近的供应源,所以与供应商能建立更加紧密的合作关系,能更好地保证JIT供货。制造厂库存的平均周转周期不到3小时。1982年,27个美国供应商为本田美国公司提供价值1 400万美元的零部件,而到了1990年,有175个美国的供应商为它提供超过22亿美元的零部件。在俄亥俄州生产的汽车的零部件本地率达到90%(1997年),只有少数的零部件来自日本。强有力的本地化供应商的支持是本田公司成功的原因之一。

在本田公司与供应商之间是一种长期相互信赖的合作关系。如果供应商达到本田公司的业绩标准就可以成为它的终身供应商。本田公司也在以下几个方面提供支持帮助,使供应商成为世界一流的供应商:

① 2名员工协助供应商改善员工管理;
② 40名工程师在采购部门协助供应商提高生产率和质量;
③ 质量控制部门配备120名工程师解决进厂产品和供应商的质量问题;
④ 在塑造技术、焊接、模铸等领域为供应商提供技术支持;
⑤ 成立特殊小组帮助供应商解决特定的难题;
⑥ 直接与供应商上层沟通,确保供应商的高质量;
⑦ 定期检查供应商的运作情况,包括财务和商业计划等;

⑧外派高层领导人到供应商所在地工作,以加深本田公司与供应商相互之间的了解及沟通。

本田美国公司从1986年开始选择Donnelly为它生产全部的内玻璃,当时Donnelly的核心能力就是生产车内玻璃,随着合作的加深,相互的关系越来越密切(部分原因是相同的企业文化和价值观),本田公司开始建议Donnelly生产外玻璃(这不是Donnelly的强项)。在本田公司的帮助下,Donnelly建立了一个新厂生产本田的外玻璃。它们之间的交易额在第一年为500万美元,到1997年就达到6 000万美元。

在俄亥俄州生产的汽车是本田公司在美国销量最好、品牌忠诚度最高的汽车。事实上,它在美国生产的汽车已经部分返销日本。本田公司与供应商之间的合作关系无疑是它成功的关键因素之一。

(资料来源:百度文库)

第一节 供应链合作关系管理概述

一、供应链合作关系的定义

供应链合作关系(Supply Chain Partnership,SCP),也就是供应商 - 制造商(Supplier - Manufacturer)关系,或者称为卖主/供应商 - 买主关系、供应商关系(Supplier Partnership)。供应链合作关系可以定义为供应商与制造商之间,在一定时期内的共享信息、共担风险、共同获利的协议关系。这样一种战略合作关系形成于集成化供应链管理环境下及供应链中为了特定的目标和利益的企业之间。形成的原因通常是为了降低供应链的总成本、降低库存水平、增强信息共享、改善相互之间的交流、保持战略伙伴相互之间操作的一贯性、产生更大的竞争优势,以实现供应链节点企业的财务状况、质量、产量、交货期、用户满意度和业绩的改善和提高。显然,战略合作关系必然要求强调合作和信任。实施供应链合作关系就意味着新产品/技术的共同开发、数据和信息的交换、市场机会共享和风险共担。在供应链合作关系环境下,制造商选择供应商不再是只考虑价格,而是更注重选择能在优质服务、技术革新、产品设计等方面进行良好合作的供应商。供应商为制造企业的生产和经营供应各种生产要素(如原材料、能源、机器设备、零部件、工具、技术和劳务服务等)。供应者所提供要素的数量、价格,直接影响到制造企业生产的好坏、成本的高低和产品质量的优劣。因此,制造商与供应商的合作关系应着眼于以下几个方面:

(1)让供应商了解企业的生产程序和生产能力,使供应商能够清楚地知道企业需要产品或原材料的期限、质量和数量。

(2)向供应商提供自己的经营计划、经营策略及其相应的措施,使供应商明确企业的希望,以使自己能随时达到企业要求的目标。

（3）企业与供应商要明确双方的责任,并各自向对方负责,使双方明确共同的利益所在,并为此而团结一致,以达到双赢的目的。供应链合作关系发展的主要特征就是从以产品/物流为核心转向以集成/合作为核心。在集成/合作逻辑思想指导下,供应商和制造商把它们相互的需求和技术集成在一起,以实现为制造商提供最有用产品的共同目标。因此,供应商与制造商的交换不仅仅是物质上的交换,还包括一系列可见和不可见的服务(如 R&D、设计、信息、物流等)。供应商要具备创新和良好的设计能力,以保证交货的可靠性和时间的准确性。这就要求供应商采用先进的管理技术(如 JIT、TQM 等),管理和控制中间供应商网络。而对制造商来说,要提供的活动和服务包括:控制供应市场、管理和控制供应网络、提供培训和技术支持、为供应商提供财务服务等。

二、供应链战略合作伙伴关系的发展与演变

从国内外学者研究文献中,我们可以清楚地看到,对供应链管理模式的认识,人们强调得最多的就是企业间的"战略伙伴关系",把基于这种新型企业关系的和传统的企业关系的管理模式区别开来,就形成了供应链管理模式,这是近年来企业关系发展的新动向。从历史上看,企业关系大致经历了三个发展阶段,如图4.1所示。

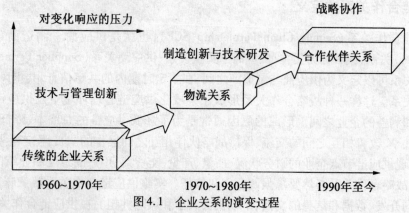

图4.1　企业关系的演变过程

1. 传统的企业关系阶段

在传统的观念中,供应管理就是物流管理,企业关系主要是"买－卖"关系。基于这种企业关系,企业的管理理念是以生产为中心的,供销处于次要的、附属的地位。企业间很少沟通与合作,更谈不上企业间的战略联盟与协作。

2. 物流关系阶段

从传统的以生产为中心的企业关系模式向物流关系模式转化,JIT 和 TQM 等管理思想起着催化剂的作用。这种合作关系可以认为是一种处于作业层和技术层的合作,强调的是物流的顺畅和生产的协调。但在信息共享(透明性)、服务支持(协作性)、并行工程(同步性)、群

体决策(集智性)、柔性与敏捷性等方面都不能很好地适应越来越剧烈的市场竞争的需要。

3. 供应链合作关系阶段

为了达到生产的均衡化和物流同步化,必须加强部门间、企业间的合作与沟通。企业与其合作伙伴在信息共享(透明性)、服务支持(协作性)、并行工程(同步性)、群体决策(集智性)、柔性与敏捷性等方面,需要更高层次地合作与集成,于是产生了基于战略伙伴关系的企业模型。具有战略合作伙伴关系的企业体现了企业内外资源集成与优化利用的思想。基于这种企业运作环境的产品制造过程,从产品的研究开发到投放市场,周期大大地缩短了,而且顾客导向化(Customization)程度更高,模块化、简单化产品、标准化组件的生产模式使企业在多变的市场中柔性和敏捷性显著增强,虚拟制造与动态联盟加强了业务外包这种策略的利用。企业集成即从原来的中低层次的内部业务流程重组(BPR)上升到企业间的协作,这是一种最高级别的企业集成模式。在这种企业关系中,市场竞争的策略最明显的变化就是基于时间的竞争(Time-Based)和价值链(Value Chain)的价值让渡系统管理,或基于价值的供应链管理。

基于战略合作伙伴关系的企业集成模式如图 4.2 所示。由图 4.2 可知,企业在宏观、中观和微观上都实现相互作用的集成。宏观层面上主要是实现企业之间的资源优化配置、企业合作以及委托实现;而在中观层面上主要在一定的信息技术的支持和联合开发的基础上实现信息的共享;微观层面上则是实现同步化、集成化的生产计划与控制,并实现后勤保障和服务协作等业务职能。

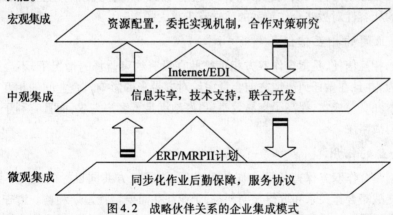

图 4.2　战略伙伴关系的企业集成模式

三、供应链合作关系的制约因素

由于供应链具有动态和复杂性的特点,因此影响供应链间合作的因素也因合作双方所处的独特环境的不同而不同,但在众多供应链企业中,有一些共同因素影响了供应链合作伙伴的选择。

(一)合作企业间的冲突

合作企业之间的冲突是指其中任何一方的经营行为、经营目标阻碍了另一方战略目标实现的程度。通过对存在冲突的企业进行研究发现,相互间紧张的关系和重重矛盾是阻碍合作双方建立合作团队、进行建设性对话的主要原因。例如,美国许多大型零售商的供应商就曾抱怨这些零售商提出的苛刻的采购目标,阻碍了供应商利润目标的实现,导致两者长期目标的冲突,使得供应商不愿和这些大型零售商建立长期的战略合作伙伴关系。

(二)企业间的相互依赖程度

由于资源的有限性和客户需求的多样性,企业为了更有效地运作,就必须寻求相互之间的协作,因而逐渐形成了对彼此的依赖,具体地说就是供应商、制造商、分销商和零售商对彼此的技术、信息和知识的依赖。在不同的合作关系中,彼此间的依赖程度不同,可分为对称性依赖和非对称性依赖。研究表明,合作关系越对称,合作各方对彼此的依赖性越强,越容易建立长期的战略合作关系,也越容易提高合作的绩效。而在非对称的合作关系中,则很难建立战略合作伙伴关系。

(三)合作双方的组织相容性

研究表明,合作的企业在声誉、稳定性、战略导向、管理控制系统和目标方面的不相容性将不利于建立战略合作关系,因为这些方面的不相容性意味着合作双方会存在很多冲突,而这些方面不会在短期内得到改变,所以就会严重阻碍战略合作关系的建立。因此,合作双方组织和文化的相容性对战略合作关系的建立有着重大的影响。

(四)企业间的相互信任

企业间的相互信任,是指合作双方相信彼此在没有约束监督的情况下,不会采取利己的机会主义行为,并且在做任何事情之前会考虑给对方带来的影响。企业间的相互信任不仅节约了监督成本和交易成本,提高了交易效率,更好地满足了客户需求,而且有利于合作关系从操作层面转向战略层。

(五)企业的信用

信守承诺是合作双方保持长期合作关系,以及为了双方共同目标的实现不断投资的关键。为了建立战略合作关系和取得长期利益,企业往往需要牺牲短期利益。遵守承诺表明了合作方通过进行风险性投资建立战略合作伙伴关系的诚意,同时也表明了战略合作关系对合作伙伴的重要性。而一次的失信会使合作双方对未来失去信心,对战略合作伙伴关系的建立造成负面影响。

(六)企业高层管理者远景目标的一致性

企业高层管理者的远景目标对形成企业价值观和确定合作导向起着重要的作用。如果合作双方高层管理者的远景目标一致或偏差不大,则高层管理者就积极促进战略合作关系的建立,不断进行高层间的建设性对话;反之,高层管理者就会满足与传统的操作层面的合作关系。因此,高层管理者必须采取新的领导方法培训与合作伙伴进行战略合作的能力,并充分理解和利用合作所带来的市场机遇,建立与伙伴一致的远景目标。

四、供应链合作关系与传统关系的区别

在新的竞争环境下,供应链合作关系研究强调直接的、长期的合作,强调共同努力实现共有的计划和解决共同问题,强调相互之间的信任与合作。这与传统的关系模式有着很大的区别(表4.1)。

表4.1 供应链合作关系与传统供应商关系的比较

	传统供应商关系	供应链合作关系
相互交换的主体	物料	物料、服务
供应商选择标准	强调价格	多标准并行考虑(交货的质量和可靠性等)
稳定性	变化频繁	长期、稳定、紧密合作
合同性质	单一	开放合同(长期)
供应批量	小	大
供应商数量	大量	少(少而精,可以长期紧密的合作)
供应商规模	小	大
供应商的定位	当地	国内和国外
信息交流	信息专有	信息共享(电子化连接、共享各种信息)
技术支持	提供	不提供
质量控制	输入检查控制	质量保证(供应商对产品质量负全部责任)
选择范围	投标评估	广泛评估可增值的供应商

五、供应链合作关系的重要意义

我们从供应链合作关系在缩短供应链总周期时间中的地位可以看出它对于供应链管理企业的重要意义图4.3。

速度是企业赢得竞争的关键所在,供应链中制造商要求供应商加快生产运作速度,通过缩短供应链总周期时间,达到降低成本和提高质量的目的。从图4.3中可以看出,要缩短总周期,主要依靠缩短采购时间、内向(Inbound)运输时间、外向(Outbound)运输时间和设计制造时间(制造商与供应商共同参与),这对加强供应链合作关系运作具有重大意义。通过建立供应商与制造商之间的战略合作关系,可以达到以下目标。

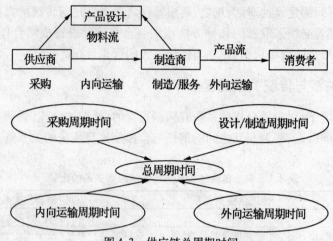

图4.3 供应链总周期时间

1. 对于制造商/买主

(1) 降低成本(降低合同成本);
(2) 实现数量折扣、稳定而有竞争力的价格;
(3) 提高产品质量和降低库存水平;
(4) 改善时间管理;
(5) 交货提前期的缩短和可靠性的提高;
(6) 提高面向工艺的企业规划;
(7) 更好的产品设计和对产品变化更快的反应速度;
(8) 强化数据信息的获取和管理控制。

2. 对于供应商/卖主

(1) 保证有稳定的市场需求;
(2) 对用户需求更好地了解/理解;
(3) 提高运作质量;
(4) 提高零部件生产质量;
(5) 降低生产成本;
(6) 提高对买主交货期改变的反应速度和柔性;
(7) 获得更高的(比非战略合作关系的供应商)利润。

3. 对于双方

(1) 改善相互之间的交流;
(2) 实现共同的期望和目标;
(3) 共担风险和共享利益;
(4) 共同参与产品和工艺开发,实现相互之间的工艺集成、技术和物理集成;

(5)减少外在因素的影响及其造成的风险;
(6)降低投机思想和投机概率;
(7)增强矛盾冲突解决能力;
(8)订单、生产、运输上实现规模效益以降低成本;
(9)减少管理成本;
(10)提高资产利用率。

虽然有这些利益的存在,但仍然存在许多潜在的风险会影响供应链战略合作关系的参与者。最重要的是,过分地依赖一个合作伙伴可能在合作伙伴不能满足其期望要求时造成惨重损失。同时,企业可能因为对战略合作关系的失控、过于自信、合作伙伴的过于专业化等原因降低竞争力。而且,企业可能过高地估计供应链战略合作关系的利益而忽视了潜在的缺陷。所以,企业必须对传统合作关系和战略合作关系策略作出正确对比,最后再作出决策。

【知识链接】

海尔的供应链管理

海尔在供应链的优化整合过程中,一直很重视战略合作伙伴关系的问题,注重与重要供应商、经销商、客户进行有效衔接。海尔认为,公平、互动、双赢的合作伙伴关系绝不是空洞的口号,战略合作伙伴关系实质上体现的是企业双方或多方为共同规避风险达成的一种合作策略,海尔与诸多核心供应商、经销商和客户之间建立的正是这样一种战略合作关系。

(资料来源:百度文库)

第二节 供应链合作伙伴的选择与评价

一、集成化供应链管理环境下合作伙伴的类型

在集成化供应链管理环境下,供应链合作关系的运作需要减少供应源的数量(短期成本最小化的需要,但是供应链合作关系并不意味着单一的供应源),相互的连接变得更专有(紧密合作的需要),并且制造商会在全球市场范围内寻找最杰出的合作伙伴。这样可以把合作伙伴分为两个层次:重要合作伙伴和次要合作伙伴。重要合作伙伴是少而精的、与制造商关系密切的合作伙伴,而次要合作伙伴是相对多的、与制造商关系不很密切的合作伙伴。供应链合作关系的变化主要影响重要合作伙伴,而对次要合作伙伴的影响较小。根据合作伙伴在供应链中的增值作用和它的竞争实力,可将合作伙伴分成不同的类别,分类矩阵如图4.4所示。

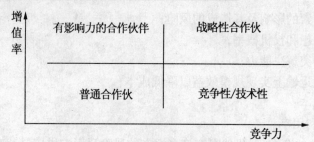

图 4.4 合作伙伴的分类矩阵

图 4.4 中纵轴代表的是合作伙伴在供应链中增值的作用,对于一个合作伙伴来说,如果它不能对增值作出贡献,它对供应链的其他企业就没有吸引力。横轴代表某个合作伙伴与其他合作伙伴之间的区别,主要是设计能力、特殊工艺能力、柔性、项目管理能力等方面的竞争力的区别。在实际运作中,应根据不同的目标选择不同类型的合作伙伴。对于长期需求而言,要求合作伙伴能保持较高的竞争力和增值率,因此最好选择战略性合作伙伴;对于短期或某一短暂市场需求而言,只需选择普通合作伙伴满足需求则可,以保证成本最小化;对于中期需求而言,可根据竞争力和增值率对供应链的重要程度的不同,选择不同类型的合作伙伴(有影响力的或竞争性/技术性的合作伙伴)。

二、供应链合作伙伴的选择步骤

供应链合作伙伴关系的风险在于:一个供应链的失败或不合作可能导致整个供应链处于非有效运作状态,形成巨大的损失。所以对合作伙伴的选择,应该是分步骤、综合地考虑多种因素的综合评价过程,企业必须确定各个步骤的起始时间,每一个步骤对企业来说都是动态的,并且每一个步骤对于企业来说都是一次改善业务的过程。

(一)分析市场需求和竞争环境以及合作关系建立的必要性

市场需求是企业一切活动的驱动力。分析市场需求的目的在找到哪些产品市场开发供应链合作关系才有效,必须知道现在的产品需求是什么、产品的类型和特征是什么,确认用户的需求,从而确认建立供应链合作关系的必要性。如果已建立供应链合作关系,则根据需求的变化确认合作关系变化的必要性,从而确认合作伙伴评价选择的必要性。同时,分析现有合作伙伴的状况、分析、总结企业存在的问题。

(二)确立合作伙伴选择目标

企业必须明确需要什么样的合作伙伴,合作伙伴程序如何实施、信息流程如何运作、谁负责等问题,必须建立实质性的主要目标之一,合作伙伴评价、选择不仅仅只是一个简单的评价、选择过程,它本身就是企业自身及企业与企业之间的一次业务流程重构过程,实施得好,它本身就可以带来一系列的利益。

(三) 制定合作伙伴评价标准

合作伙伴综合评价的指标体系是企业对合作伙伴进行综合评价的依据和标准,是反映企业本身和环境所构成的复杂系统不同属性的指标,是按隶属关系、层次结构有序组成的集合。我们可以根据系统全面性、简明科学性、稳定可比性、灵活可操作性原则,建立集成化供应链环境下合作伙伴的综合评价指标体系。不同行业、企业、产品需求、环境下的合作伙伴评价应是不一样的,但都涉及合作伙伴的业绩、设备管理、人力资源开发、质量控制、成本控制、技术开发、用户满意度、交货协议等可能影响供应链合作关系的方面。

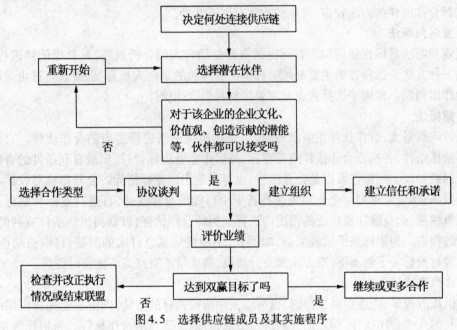

图4.5 选择供应链成员及其实施程序

(四) 建立评价小组

企业必须建立一个小组以控制和实施合作伙伴评价。组员以来自采购、质量、生产、工程等与供应链合作关系密切的部门为主,组员必须有团队合作精神,具有一定的专业技能。评价小组必须同时得到制造商企业和合作伙伴企业最高领导层的支持。

(五) 合作伙伴参与

一旦企业决定进行合作伙伴评价,评价小组必须与选定的合作伙伴取得联系,以确认它们愿意与企业建立供应链合作关系,并尽可能早地让合作伙伴参与到评价设计的过程中。

(六) 评价合作伙伴

评价合作伙伴的一个主要工作是调查、收集有关合作伙伴生产运作等全方位的信息。在收集合作伙伴信息的基础上,确定和应用一定的工具和技术方法进行合作伙伴评价。

（七）实施和加强战略合作关系或解除无益的合作关系

在实施供应链合作的过程中，市场需求将不断变化，可以根据实际情况的需要及时修改合作伙伴的评价标准，或在一定的周期内评价合作伙伴，引入竞争机制，提高合作伙伴的市场竞争力。但是再重新选择合作伙伴的时候，应该给予原来合作伙伴足够的时间适应变化，有足够的空间以方便未来可能的再次合作。

三、供应链合作伙伴选择的方法

选择合作伙伴的方法较多，常见的方法有以下几种。

1. 直观判断法

直观判断法是根据征询和调查所得的资料并结合人的分析判断，对合作伙伴进行分析、评价的一种方法。这种方法主要是倾听和采纳有经验的采购人员意见，或者直接由采购人员凭经验作出判断。常用于选择企业非主要原材料的合作伙伴。

2. 招标法

当订购数量大、合作伙伴竞争激烈时，可采用招标法来选择适当的合作伙伴。它是由企业提出招标条件，各招标合作伙伴进行竞标，然后由企业决标，与提出最有利条件的合作伙伴签订合同或协议。招标法可以是公开招标，也可以是指定竞标招标。公开招标对投标者的资格不予限制；指定竞标则由企业预先选择若干个可能的合作伙伴，再进行竞标和决标。招标方法竞争性强，企业能在更广泛的范围内选择适当的合作伙伴，以获得供应条件有利的、便宜而适用的物资。但招标法手续较繁杂，时间长，不能适应紧急订购的需要；订购机动性差，有时订购者对投标者了解不够，双方未能充分协商，造成货不对路或不能按时到货。

3. 协商选择法

在供货方较多、企业难以抉择时，也可以采用协商选择的方法，即由企业先选出供应条件较为有利的几个合作伙伴，同它们分别进行协商，再确定适当的合作伙伴。与招标法相比，协商方法由于供需双方能充分协商，在物资质量、交货日期和售后服务等方面较有保证。但由于选择范围有限，不一定能得到价格最合理、供应条件最有利的供应来源。当采购时间紧迫、投标单位少、竞争程度小、订购物资规格和技术条件复杂时，协商选择方法比招标法更为合适。

4. 采购成本比较法

对质量和交货期都能满足要求的合作伙伴，则需要通过计算采购成本来进行比较分析。采购成本一般包括售价、采购费用、运输费用等各项支出的总和。采购成本比较法是通过计算分析针对各个不同合作伙伴的采购成本，选择采购成本较低的合作伙伴的一种方法。

5. 层次分析法（AHP）

层次分析法是美国运筹学家沙旦提出的一种定性与定量分析相结合的多目标的分析方法。层次分析法的基本步骤是：

①构造指标重要性判断矩阵。
②计算指标权重。
③对合作伙伴进行简单的指标排序。
④进行合作伙伴总排序。

供应商选择问题是一个由相互关联、相互制约的众多因素构成的复杂系统,而且涉及的因素多属于定性因素。层次分析法能把复杂的问题分解成若干层次,使决策者在比原来问题简单得多的若干层次上对因素进行两两比较判断,并将判断结果表达和处理,实现决策方案对于目标相对重要性的总排序。由于 AHP 法让评价者对照相对重要性函数表,给出因素两两比较的重要性等级,因而可靠性高、误差小。同时,AHP 法还能指出决策者对问题的前后判断是否矛盾,提示决策者及时进行修改。

为了使合作伙伴选择决策科学合理,使选择评价更具科学性和易于操作,本文假设供货商选择评价指标为品质、服务、价格和交货期,并有 4 个供货商 S_1,S_2,S_3 和 S_4,并根据各因素之间的隶属关系,把它们分为 3 个层次,把上述重点考虑评价指标作为准则层的 4 个因素,参选的 4 个供应商作为方案层的 4 个因素,建立起递阶层次结构模型,如图 4.6 所示。

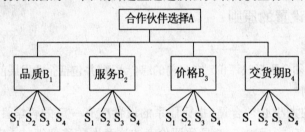

图 4.6 合作伙伴的选择

根据判断矩阵,计算对上层某因素而言本层次与之有联系的因素的权重值,即计算判断矩阵的最大特征值及对应的特征向量,将特征向量归一化就得到权重各量。实践中可以采用求和法或求根法来计算特征值的近似值。

设 m 阶判断矩阵为

$$\frac{B}{e} = (a^{ij})^{m \times n}$$

方法为求和法,将矩阵按列归一化:$c_{ij} = \dfrac{a_i}{\sum a_{ij}}$ 按行求和为 $v_i = \sum\limits_{j}^{i} b_{ij}$,归一化 $w_1 = \dfrac{v_i}{\sum v_i}$。

(所得到的 w_1 为权重系数)

层次分析法的优点就在于可以合乎逻辑的方式运用经验、洞察力和直觉。这种方法存在不确定性和主观信息的情况。

6. ABC 成本法

鲁德霍夫(Roodhooft)和科林斯(Jozef Konings)在 1996 年提出基于活动的成本(Activity Based Costing Approach)分析法,通过计算合作伙伴的总成本来选择合作伙伴,他们提出的总成本模型为

$$S_i^B = (p_i - p_{\min}) \times q + \sum_j c_j^B \times D_{ij}^B$$

式中 S_i^B——第 i 个合作伙伴的成本值;

p_i——第 i 个合作伙伴的单位销售价格;

$p_{\min}$——合作伙伴中单位销售价格的最小值;

q——采购量;

c_j^B——因企业采购相关活动导致的成本因子 j 的单位成本;

D_{ij}^B——因合作伙伴 i 导致在采购企业内部的成本因子 j 的单位成本。

这个成本模型用于分析企业因采购活动而产生的直接和间接的成本的大小。企业将选择 S^B 值最小的合作伙伴。

四、评价指标体系设置的原则

1. 系统全面原则

评价指标体系必须全面反映评价对象目前的综合水平,并包括企业发展前景的各方面指标。

2. 简明科学原则

评价指标体系的大小必须合适,指标体系的设置应有一定的科学性。如果指标体系过大、指标体系层次过多、指标过细,会导致评价者的注意力转移到细枝末节上去,影响评价的客观、公正。如果指标体系过小、指标体系层次过少、指标过粗,又不能反映评价对象的真实水平。

3. 稳定可比性原则

评价指标的设置还应考虑到易于与国内其他指标体系相比较。

4. 灵活可操作原则

评价指标体系应具有足够的灵活性,以使评价主体能够根据自己的特点和实际情况加以应用。

五、供应链战略合作伙伴的评价指标体系的一般结构

根据企业调查研究,影响合作伙伴选择的主要因素可以归纳为四类:企业业绩、业务结构与生产能力、质量系统和企业环境。为了有效地评价合作伙伴,我们可以框架性地构建三个层次的综合评价指标体系:第一层次是目标层,包含以上四个主要因素,影响合作伙伴选择的具体因素建立在指标体系的第二层,与其相关的细分因素建立在第三层。合作伙伴综合评价指标体系结构图如图 4.7 所示。

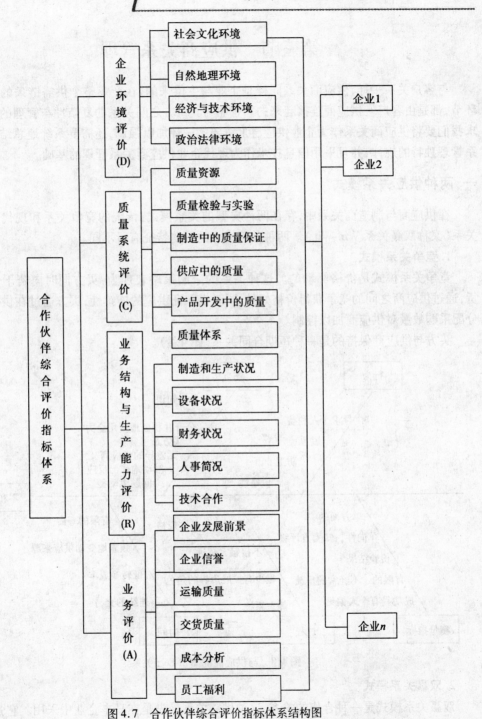

图4.7 合作伙伴综合评价指标体系结构图

第三节 供应商关系管理

与客户关系一样,供应商关系同样是企业与生俱来的,在产业整个供需链条的每个中间环节,都是由客户-供应商连接起来的。企业与其供方之间关系的复杂性与管理的艰巨性要求我们要将供应商关系作为企业供应链上重要的一环加以强调,还需要系统地总结供应商关系管理独特的规律,并且采用信息技术作为现代企业供应商关系管理的基础。

一、两种供应关系模式

在供应商与制造商关系中,存在两种典型的关系模式:传统的竞争关系和现代的合作性关系(又称双赢关系 Win-Win)。两种关系模式的采购特征有所不同。

1. 竞争关系模式

竞争关系模式是价格驱动的。这种关系的采购策略表现为:买方同时向若干供应商购货,通过供应商之间的竞争获得价格好处,同时也保证供应的连续性;买方通过在供应商之间分配采购数量对供应商加以控制。

买方与供应商保持的是一种短期合同关系(图 4.8)。

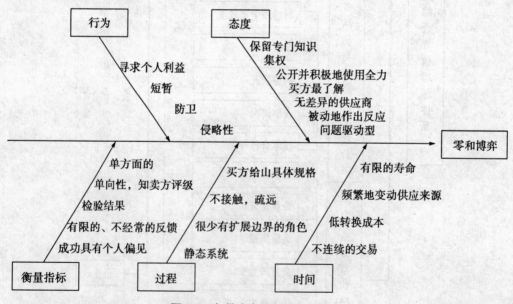

图 4.8 与供应商的 Win-Lost 关系

2. 双赢关系模式

双赢关系模式是一种合作的关系,这种供需关系最先是在日本企业中采用。它强调在合作的供应商和生产商之间共同分享信息,通过合作和协商协调相互的行为。

这种关系的采购策略表现为:制造商对供应商给予协助,帮助供应商降低成本、改进质量、加快产品开发进度;通过建立相互信任的关系提高效率,减少交易/管理成本;通过长期的信任合作取代短期的合同;比较多的信息交流。

准时化采购采用的模式就是合作性的关系模式,供应链管理思想的集中表现就是合作与协调。因此,建立一种双赢的合作关系对于实施准时化采购是很重要的。双赢关系对实施准时化采购的意义表现在:

(1)供应商方面。增加对整个供应链业务活动的共同责任感和利益的分享;增加对未来需求的可预见性和可控能力,长期的合同关系使供应计划更加稳定;成功的客户有助于供应商的成功;高质量的产品增强了供应商的竞争力。

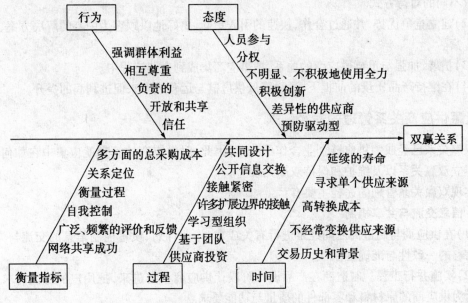

图4.9 与供应商的合作关系

(2)制造商方面。增加对采购业务的控制能力;通过长期的、有信任保证的订货合同,保证了满足采购的要求;减少和消除了不必要的进购产品的检查活动。

二、供应商关系管理

供应商关系管理(Supplier Relationship Management,SRM)是企业供应链(Supply Chain)上的一个基本环节,用来改善与供应链上游供应商的关系的,它是一种致力于实现与供应商建立和维持长久、紧密伙伴关系的管理思想和软件技术解决方案,旨在改善企业与供应商之间关系的新型管理机制。它通过对双方资源和竞争优势的整合来共同开拓市场,扩大市场需求和份额,降低产品前期的高额成本,实现双赢;同时它又是以多种信息技术为支持和手段的一套先进的管理软件和技术,它将先进的电子商务、数据挖掘、协同技术等信息技术紧密集成在一起,为企业产品的策略性设计、资源的策略性获取、合同的有效洽谈、产品内容的统一管理等过程提供了一个优化的解决方案。实际上,它是一种以"扩展协作互助的伙伴关系、共同开拓和扩大市场份额、实现双赢"为导向的企业资源获取管理的系统工程。

著名咨询公司 Gartner 对供应商关系管理的定义是:供应商关系管理是用于建立商业规则的行为,以及企业为实现盈利而对于和不同重要性的产品/服务供应商进行沟通的必要性的理解。

企业采用供应商关系管理能带来如下好处:

(1)优化供应商关系,企业可以依据供应商的性质以及其对企业的战略价值,对不同供应商采取不同的对待方式。

(2)建立竞争优势,并通过合作,快速的引入更新、更好地以顾客为中心的解决方案,来增加营业额。

(3)扩展、加强与重要供应商的关系,把供应商集成到企业流程中。

(4)在维持产品质量的前提下,通过降低供应链与运营成本来促进利润的提升。

三、双赢供应商关系管理的途径

双赢关系已经成为供应链企业合作的典范,因此,对供应商的管理就应集中在如何和供应商建立双赢关系以及维护和保持双赢关系上。

实现双赢关系管理的途径主要有:

1. 信息交流与共享机制

(1)在供应商与制造商之间经常进行有关成本、作业计划、质量控制信息的交流与沟通,保持信息的一致性与准确性。

(2)实施并行工程。制造商在产品设计阶段让供应商参与进来,把用户的价值需求及时地转化为供应商的原材料和零部件的质量与功能要求。

(3)建立联合的任务小组解决共同关心的问题。

(4)供应商和制造商工厂互访。

(5)使用 EDI 和 Internet 技术进行快速的数据传输。

2. 供应商的激励机制

要保持长期的双赢关系,对供应商的激励是非常重要的,没有有效的激励机制,就不可能维持良好的供应关系。在激励机制的设计上,要体现公平、一致的原则。

3. 合理的供应商评价方法和手段

要进行供应商的激励,就必须对供应商的业绩进行评价,使供应商工作不断改进。没有合理的评价方法,就不可能对供应商的合作效果进行评价,这将大大挫伤供应商的合作积极性和合作的稳定性。对供应商的评价要抓住主要指标或问题,比如交货质量是否改善了,提前期是否缩短了,交货的准时率是否提高了等。通过评价,把结果反馈给供应商,和供应商一起共同探讨问题产生的根源,并采取相应的措施予以改进。

【阅读资料】

波音公司供应商关系

我们可以通过考察波音公司商用飞机的业务情况来分析客户关系在其全盘业务中的重要性。该公司多年来一直把重点放在性能卓越的喷气机系列747、757、767、777机型上,尽管每一架飞机都是由波音公司设计和制造的,但实际上全球的供应商们都为之作出了重要的贡献。长期以来,波音公司与日本的4家飞机制造公司:Mitsubishi 重工业公司、Kawasaki 重工业公司、Ishikawajima-Harima 重工业公司和富士重工业公司建立了良好的供应商关系。当时,波音公司在日本第一次试飞,为了成功地向日本航空公司推销自己的产品附加条件是波音公司必须把某些有关的零件制造业务承包给日本的公司。为了打开和占领日本市场,波音公司的管理者接受了这种条件。

这就使双方开始了一个动态的策略变化过程,最终导致了二者目前重大的相互依赖关系。到20世纪90年代末,部件外购的成分占了一架飞机总价值的50%。事实上,日本这4家公司在宽体喷气式飞机的机体中已贡献了将近40%的价值,使用的专业技术和工具在许多方面都是全球最领先的。

这是一种双赢的伙伴关系,双方都是大赢家,日本人购买了大量的飞机,帮助波音公司成为全球主导的商用机公司;同时,与波音的关系也使日本的制造厂家改进了它们的技术能力,从而增加了它们对波音和世界范围内其他生产商的吸引力。尽管波音公司对其供应商有很大的依赖性,公司的管理层相信,它们的系统设计能力和整合技术将防止任何供应商或若干供应商联合起来从它们手里夺走行业的控制权。

第四节 供应链战略联盟

一、供应链战略联盟的含义

供应链战略联盟是指由供应链上企业组成的战略联盟,由供应商、制造商、分销商、零售商等一些互相独立的实体为实现快速响应市场、共同拥有市场、共同使用资源等战略目标而组成的动态联盟,每个企业在各自的优势领域为联盟贡献自己的核心能力,相互联合起来实现优势互补、风险共担和利益共享。

供应链战略联盟包括以下几点:

(1)供应链战略联盟由供应链上的企业组成。它包括的企业是互相独立的实体,当处于同一条供应链中,又结成战略联盟。

（2）忠诚供应链战略联盟的企业具有互补的资产和技术，任何一方都无法依靠自身资源完成只有整体才能完成的事情。企业之间依靠合作，使整体的资产、技术等资源力量大大加强。

（3）供应链战略联盟的根本目的是为实现快速响应市场、共同拥有等市场、统一使用资源等战略目的。

（4）供应链战略联盟是一种动态联盟。当共同的能力和利益相对变化所导致的战略目的调整超过一定程度时，会使联盟企业寻找替代伙伴以结束旧联盟，建立新联盟。

（5）供应链战略联盟的企业之间是竞争性合作伙伴关系。企业在开放的信息网络环境下实现整条供应链上信息的交换和共享，建立群体决策模式，最终达到企业同步化、集成化的目的。

二、供应链战略联盟的特点

1. 需求导向性

需求导向性正是新型供应链联盟与传统供应商联盟的最大区别。在今天，由于买方市场的特征如此明显，最终客户实际上已经从原来处于供应链之外的旁观者变成了供应链中必不可少的一员。另外，在新型的供应链联盟中，重要客户的战略调整会直接影响到整个供应链的运作。

【知识链接】

日立和 IBM 的战略联盟

日立和 IBM 在计算机的主机市场上，一直是两大竞争对手，但现在却成了战略联盟，日立买进 IBM 结构的主机，然后打上日立的牌子进行销售。在技术上，主要体现在供应链企业之间的网络互联上，最为典型的就是思科公司。在为思科生产产品的 34 家工厂中，它自己的工厂只有 24 家，其他的都是独立供应商。从供应方面来看，外部承包商可以通过思科内部网，对客户订单的完成直接进行监控，并在同一天的晚些时候将组装完毕的硬件送至客户手中。

（资料来源：http://www.china.com.cn/chinese/kuaixun/134451.htm）

2. 复杂性

供应链战略联盟是由不同行业、不同性质和不同地区的多个企业共同组成的企业间既竞争又合作，它们在某些领域和环节间实行合作，而在另一些领域或环节间又相互竞争，因而相互间的关系十分复杂。同时，不同类型的企业，由于业务上的产业，在合作方式上也各不相同，因此，供应链的合作模式通常表现出一定的复杂性。

3. 风险性

参与供应链的企业在双赢的基础上，谋取各自的利益，但由于供应链存在不稳定性和合作伙伴之间的竞争，因而每个成员企业同时又都必须面对供应链管理与合作的风险、因合作而投资的风险以及核心能力丧失的风险。尤其是核心能力丧失的风险，它对企业的打击可能是致命的。由于企业参与供应链就必须进行一定程度的开放,这就容易使企业的核心技术外泄和知识严权流失,从而造成核心能力丧失。

4. 统一协调性

供应链战略联盟是建立在整体利益一致性的基础上,因此,它必须在行动上实行统一协调,克服局部利益和整体利益之间的矛盾,协同一致,共同提高整体价值,提高整体供应链的市场竞争力,真正达到优势互补、资源共享和"互利共赢"。

三、供应链战略联盟的类型

作为企业的主要合作扩张路径,企业通过供应链战略联盟对各自的内部资源能力进行整合以追求战略性互惠利益,其动机从以往的降低成本发展为组织学习。依据不同标准,可以把供应链联盟分成不同的类型。

(一)依据联盟中能力开发和深化的重点不同分类

1. 知识联盟

知识联盟着重于能力开发,其首要的战略目的是降低供应链上信息的不对称性,增加对供应链上合作伙伴的了解。它通过综合利用联盟各方的资金、设备、技术和人才的要素,帮助企业对市场有更深刻的理解,强化企业获取对本地竞争情况、规章制度、消费者偏好和习惯、市场结构等新信息的能力。因此,知识联盟能扩展和改善成员企业的核心竞争力,使其持续发展,其关键是联盟企业吸收新知识的实际能力满足联盟战略目标的进一步发展,因而联盟中各企业必须确保开发目的的实现,联盟通过流程控制和行为控制,设计科学的合作机构,设定明确的阶段性目标,并对发展方向有一致的看法。

2. 商业联盟

商业联盟注重能力深化而非能力开发,其目的是拓展新的地理市场、产品市场和细分市场。这类联盟是抢占市场的有效手段,能够较好地适应多样化的市场需求。由于该联盟不注重提高成员的核心竞争能力,不能带来持久的竞争力,因此该联盟的一种典型模式是建立独立的合资企业来实现联盟的目标。另一种是供应商网络模式,这种联盟由在供应链上多个专业化分工的企业合作建立,每一个企业凭借独特的技能或市场渠道能为整个网络带来价值增值,在网络内各企业联合运作以互补性资源和能力构成最终产品价值的一部分,在其他方面保持各自的独立。

3. 综合联盟

综合联盟内企业对能力开发和能力深化同等重视,在整合现有的能力、资产获取价值增值的同时,通过共同学习机制创造新的价值,因此,该联盟是上述两种联盟的结合物,通过分享商业合作带来市场利益,以促进联盟中的组织学习,其关键在于能由商业联盟演进为知识联盟,并提高联盟企业共同学习的能力。

（二）依据供应链联盟成员的不同分类

依据供应链联盟成员的不同，可以分为第三方物流、分销商一体化联盟以及零售商与供应商联盟，这里只对后两种作详细介绍。

1. 分销商一体化联盟

分销商一体化联盟战略可以用来解决与库存、服务相关的问题。在库存方面，经销商一体化可以用来创造一个覆盖整个经销商网络的库存池，这样可以使总成本降低的同时获得服务水平的提高。同样，经销商一体化可以通过将相关需求引导到最适合解决问题的经销商那里，从而满足客户的特殊技术服务要求。

在经销商一体化过程中，每个经销商可以查看其他经销商的库存，来确定所需产品或零部件。经销商们有契约性的义务，在一定条件交换零部件并支付一致认可的报酬，这种安排改善了每个经销商的服务水平，降低了整个系统所需库存的总成本。

2. 零售商与供应商联盟

零售商与供应商之间建立战略联盟在许多行业中十分普遍。在传统的零售商与供应商的合作关系中，零售商对供应商需求的变动远远大于零售所能看到的需求的变动，此外，供应商比零售商更了解自身的提前期和生产能力。因此，当客户满意度变得越来越重要时，在供应商和零售商之间展开合作来统一双方的认知是有意义的。

零售商与供应伙伴关系的联盟战略可以被看作是一个连续体：一是信息共享，零售商帮助供应商更有效地作计划；二是寄售方式，供应商完全管理和拥有库存直到零售商将其售出为止。在快速反应条件下，供应商从零售商处获得销售点数据，并使用该信息来协调其生产、库存活动与零售商的实际销售情况。根据这一战略，零售商依旧准备单个订单，而供应商则使用销售点数据改善预测和计划。

四、建立供应链战略联盟的作用

供应链战略联盟的建立具有比较明显的目的性，使供应链上的企业为了实现共同的战略目标而努力，其重要作用主要体现在以下几个方面：

1. 更加快速、有效地响应市场

这是供应链战略联盟作用的最主要体现。无论是供应链还是战略联盟，各种合作组织形式的存在，其最终目的都是应对快速变化的市场环境。

2. 实现优势互补

联盟伙伴互通有无，既实现了内外资源的优势互补，又实现了资源的合理利用。这种互补突出表现在企业的核心能力方面，供应链企业间建立一种合作竞争的战略伙伴关系，最大限度地培育和发挥各自的核心能力，通过优势互补获得集体的竞争优势，提高整条供应链的竞争力。

【知识链接】

美国 Alters 公司和英特尔公司的供应链合作

美国 Alters 公司是一个高密 CMOS 逻辑设备的领头企业，当时它有一个新的产品设想，但是它没有其中硅片的生产能力，而作为其竞争者的英特尔公司能生产。因此，两家公司达成一个协议：英特尔为 Alters 公司生产这种硅片，而 Alter 公司授权英特尔生产和出售 Alters 公司的新产品。这样两家都通过合作获得了单独不可能获得的竞争优势。

（资料来源：吴登丰.供应链管理.北京：电子工业出版社，2007）

3. 促进企业之间的相互学习

企业通过信息共享以及其他的交流方式互相学习，在每个企业拥有自己的核心竞争优势的同时，尽可能地掌握更多的信息和技术。

4. 促进企业达到规模经济

联盟企业相互利用优势力量，在整体上形成了规模较大的利益共同体，从而，在柔性化生产的同时，实现了规模经济，能够在行业内占据较强的竞争地位。

5. 有效分散经营风险

任何企业在市场中都要面临许多经营风险，同样整个供应链也会面临许多风险，但是，通过建立供应链战略联盟能够有效地将风险分散，使各个企业承担的风险降到最低。

五、供应链战略联盟的实施对策

为了成功实施供应链的战略联盟，企业应实现下述四个转变：

1. 从交易管理到关系管理

传统的上、下游企业关系是交易导向的，企业间缺少应有的信任，存在大量的短期行为。企业间交易风险的预防成本和交易成本都很高，上、下游之间的利益主要是对立的关系。交易管理和关系管理的主要区别见表 4.2。

表 4.2 交易管理和关系管理的主要区别

交易管理下的供需关系	关系管理下的供需关系
短期的	长期的
注重单次交易	关注保持供应商/零售商
商品导向	利润导向
赢－输关系	双赢关系
有限参与	高度融合

2. 从利润管理到盈利管理

传统的供应链管理缺乏系统的思想，眼光局限于企业内部，注重利润指标，而在一定程度上忽视了资产利用的效率。而盈利管理的思想更注重资产的使用效率，将资产集中在企业的核心能力，而将其他非核心的职能外包给联盟内的其他成员。利润管理和盈利管理的主要区别见表 4.3。

表4.3 利润管理和盈利管理的主要区别

利润管理导向	盈利管理导向
绝对量指标	相对量指标
竞争关系	竞合关系
注重资源利用效果	注重资源利用效率
封闭	开放

3. 从库存管理到信息管理

"虚拟库存"是供应链管理中的一个重要概念。其核心思想就是借助现代信息技术手段，通过信息实时共享实现快速反应以尽可能地降低库存，用信息库存代替商品库存。在没有实现信息共享的前提下，传统的供应链管理模式不可避免地出现"牛鞭效应"。由于供应链的成员都是根据前一订单预测需求，导致需求预测逐级放大，整个供应链的库存成本很高。库存管理和信息管理的主要区别见表4.4。

表4.4 库存管理和信息管理的主要区别

库存管理	信息管理
实物库存	信息库存
各环节库存分别最优	供应链整体库存最优
市场反应慢	市场反应快
风险高	风险低
需求导向	需求、生产双重导向

4. 从产品管理到顾客管理

有很多传统企业由于过度关注产品而患了"营销近视症"，而现代供应链管理理论是以顾客为导向，需求驱动的供应链网。这种企业关注焦点的改变是供应链变革的根本。产品管理与顾客管理的主要区别见表4.5。

表4.5 产品管理与顾客管理的主要区别

产品管理	顾客管理
注重产品	注重顾客
推动型供应链	拉动型供应链
供应链起点为产品	供应链起点为顾客
环形供应链	单向供应链

战略联盟作为供应链管理的一种形式在近十年得到了飞速发展。以前是单个企业在自己的行业里与同行业企业展开竞争，而当前的竞争已不再是在单个企业和单个企业之间展开，而是以供应链为纽带的企业联盟之间的竞争。为了适应这一日益明显的竞争趋势，企业在做好内部管理流程、信息系统建设等方面工作的同时，还应积极寻求合适的战略联盟合作伙伴，探索实施供应链合作方式。同时，在组建战略联盟的过程中企业一方面要结合实际情况，在保持自身核心能力的基础上发展不同层次的战略联盟；另一方面应坚持价值导向、经济

导向,使战略联盟能够切实提升企业的竞争力。

【本章关键词】

供应链合作关系 Supply Chain Partnership
合作伙伴选择 Partnership Seletion
合作伙伴评价 Partnership Evaluation
战略联盟 Strategic Alliances
供应商关系管理 Supplier Relatimship Management,SRM

思 考 题

1. 简述供应链合作关系与传统关系的区别。
2. 简述选择供应链合作伙伴应考虑的主要因素。
3. 供应链合作伙伴选择的方法有哪些?
4. 简述合作伙伴评价指标体系设置的原则。
5. 简述供应链战略联盟的特点。
6. 供应链战略联盟有哪些类型?
7. 建立供应链战略联盟有哪些作用?
8. 什么是供应商关系管理?
9. 实现双赢供应商关系管理的途径有哪些?

【实训项目】

学生自愿组成小组,选择一个熟悉的企业,为该企业选择供应链合作伙伴,要求形成完整的报告,内容包括考虑因素分析、指标体系、选择方法和明确结论。

【案例分析】

雀巢与家乐福的供应链合作

雀巢公司为世界最大的食品公司,建立于1867年,总部位于瑞士威伟市,行销全球超过81国,200多家子公司,超过500座工厂,员工总数全球约有22万名,主要产品涵盖婴幼儿食品、营养品类、饮料类、冷冻食品及厨房调理食品类、糖果类、宠物食品类等。

台湾雀巢成立于1983年,为岛内最大的外商食品公司,产品种类包括奶粉乳制品、咖啡、即溶饮品、巧克力及糖果与宠物食品等。台湾雀巢的销售渠道主要包括零售商店、专业经销商以及非专业经销商(如餐饮业者)等。家乐福公司为世界第二大的连锁零售集团,成立于1959年,全球有9 061家店,24万名员工。台湾家乐福拥有23家连锁店。雀巢与家乐福公司在全球均为流通业的龙头企业,积极致力于ECR方面的推动工作。

台湾雀巢在2000年10月积极开始与家乐福公司合作,制定建立供应商管理库存系统的计划,目标是要提高商品的供货率,降低家乐福库存持有天数,缩短订货前置期以及降低双方物流作业的成本。就雀巢与家乐福既有的关系而言,只是单纯的买卖关系,唯一特别的是家乐福对雀巢来说是一个重要的客户,所以专有对应的业务人员。买卖方式是家乐福具有决定权，决定向雀巢订货的产品与数量。雀巢具备自身的竞争优势，主要包括以下几点：

1. 准确地把握并满足市场的需求

市场的变化主要体现在市场的划分越来越细和越来越个性化两个方面。雀巢公司将其总市场分成各模块市场，每一模块市场由相应模块来负责，从而可以更准确地把握市场动态，提高市场需求的准确把握和满足。

2. 反应灵活

在激烈的市场竞争中，取得信息和利用信息的状况是企业能否完成营销任务的重要条件。雀巢公司的模块组合营销使得各模块具有独立运作于市场的能力，根据其模块市场的变化，在不影响企业总战略的条件下，有权进行适当的调整，采取恰当的策略。

3. 较强抗风险能力

雀巢的模块组合战略是从企业组织角度考虑抗风险能力的一条可选途径。模块组合强调各模块相对独立的运作于各自的市场，根据各自市场来自竞争者、顾客等方面的变化进行调整，而企业其他各部分可以无须调整，从而具有灵活、应变、抗风险性。

4. 网络型组织结构

雀巢公司的模块组合营销，造就了网络型组织结构，也使雀巢公司具有网络化的特点：一是用特殊的市场手段代替行政手段来联络各个经营单位之间及其与公司总部之间的关系；二是在组织结构网络的基础上形成了强大的虚拟功能。

雀巢与家乐福计划在一年内建立一套 VMI 系统并运行。具体而言，分为系统与合作模式建立阶段以及实际实施与提高阶段，第一个阶段约占半年的时间，包括确立双方投入资源、建立评估指标、分析并讨论系统的要求、确立系统运作方式以及系统设置。第二个阶段为后续的半年，以先导测试方式不断修正使系统与运作方式趋于稳定，并根据评估指标不断发现并解决问题，直至不需人工介入为止。

VMI(Vendor Managed Inventory)是一种以用户和供应商双方都获得最低成本为目的，在一个共同的协议下由供应商管理库存，并不断监督协议执行情况和修正协议内容，使库存管理得到持续地改进的合作性策略。这种库存管理策略打破了传统的各自为政的库存管理模式。体现了供应链的集成化管理思想，适应市场变化的要求，是一种新的、有代表性的库存管理思想。

实施结果：

1. 建立了一套 VMI 运作系统与方式。
2. 提高了商品的供货率，降低了家乐福库存持有天数，缩短了订货前置期，降低了双方物流作业的成本。
3. 建立了良好的战略伙伴关系，有利于供应链效率的根本改进。
4. 推广了 VMI 系统在雀巢其他销售领域的实施，促进双方合作关系的稳固。

雀巢与家乐福供应商管理库存中体现了双方高度的合作意愿及行动，由此才能建立战略合作伙伴关系。雀巢与家乐福供应商管理库存系统追求总成本最低,供应商管理库存不是关于成本如何分配或由谁支付的问题,而是共同协作减少总成本的问题。实施供应商管理库存系统,雀巢与家乐福达到目标一致。精心设计与开发,供应商管理库存系统,与供应商共享需求的透明性和获得更高的客户信任度。

(资料来源:百度文库)

案例思考题

试分析家乐福与供应商建立合作伙伴关系的目的?

Chapter 5

第五章

供应链管理方法

【学习要点】

通过本章的学习,要求学生了解和掌握快速响应(QR)的背景、优点及实施步骤;掌握有效客户响应(ECR)的含义及系统构建;熟悉电子订货系统(EOS)和价值链分析(VCA)的含义、特点与实施等知识。

【引导案例】

"沃尔玛-宝洁协同商务模式"给中国的启示

1980年,美国快速消费品行业屡屡发生渠道冲突事件,这其中影响最大的是沃尔玛与宝洁的渠道纷争。当时,沃尔玛是美国最大的连锁零售企业,宝洁是全球最大的日化用品制造商,两强相争,使这个起因于进货折扣的冲突成为美国历史上最著名的渠道事件。

众所周知,沃尔玛的成功得益于它的经营策略:降低毛利率、低价、再低价,以尽可能低的价格大量销售商品。这一策略促成了沃尔玛的飞速发展,但同时也制造了供应商们挥之不去的梦魇,因为沃尔玛的低价是建立在不断压低进货折扣基础上的。在同供应商的价格谈判中,凭借所占有的市场份额,沃尔玛咄咄逼人、不依不饶,甚至经常蛮不讲理地以下架退货相威胁,这种强势策略引发了制造商、批发商和其他零售企业的强烈不满,可忌惮于沃尔玛庞大的实力,谁也不愿意真正开罪于它,数次联合性的抵制行动最终也因抵制联盟内部的利益分歧而不了了之,直到沃尔玛把宝洁视为最重要的谈判对手,并强硬要求宝洁降低折扣时,冲突开始激化了。

沃尔玛声称,任何一个企业都必须接受它的价格政策,宝洁也不能例外。围绕着进货折扣及零售价格,沃尔玛与宝洁展开了数轮控制与反控制的交锋。20世纪80年代,清退下架的威胁、停止供货的反击、口水战以及笔墨官司,两强的争斗进入白热化阶段,然而争执并没有给任何一方带来利益,这促成了各自的反思,事情也由此发生戏剧性的转机。1987年,在本顿维尔,沃尔玛与宝洁的高层管理人员进行了为期两天的坦诚交流,最终确定建立一种全新的供应商-零售商关系,把产销从一种根本的敌对关系转变成双方均能获利的合作伙伴关系。这种合作关系被称之为"宝洁-沃尔玛协同商务模式"。

最初,双方共同开发了一套"持续补货系统",该系统使得宝洁可以通过计算机监控其产品在沃尔玛各分店的销售及存货情况,然后据此来调整自己的生产和补货计划,防止滞销商品库存过多或畅销商品断货。该系统的运用迅速提升了宝洁和沃尔玛的客户服务水平,同时大大降低了双方库存准备的成本。在持续补货的基础上,宝洁又和沃尔玛合力启动了 CPFR(协作、计划、预测与补货)流程。这是一个有九个步骤的流程,它从双方共同制定的商业计划开始,到市场推广、销售预测、订单预测,再到最后对市场活动的评估总结,构成了一个可持续提高的循环。流程实施的结果是双方的经营成本和库存水平都大大降低,沃尔玛销售宝洁产品的利润增长了 48%、存货接近于"零",而宝洁在沃尔玛的销售收入和利润也大幅增长了 50% 以上。基于以上成功的尝试,宝洁和沃尔玛相继在信息管理系统、需求预测与加货系统、客户关系管理、物流供应链系统以及人员培训等方面进行了深入的合作,宝洁公司甚至为此专门设置了客户业务发展部,以项目管理的方式运作与沃尔玛的合作事宜,以期最大限度地降低成本、提高效率。协同商务模式的运营大大降低了整条供应链的成本,提高了满足顾客需求的反应速度,为双方带来了丰厚的回报。根据贝恩公司的一项研究,2004 年宝洁 514 亿美元的销售额中的 8% 来自沃尔玛,而沃尔玛 2 560 亿美元销售额中就有 3.5% 归功于宝洁。"宝洁-沃尔玛协同商务模式"的形成和实施,取得了产销双赢的成果。

(资料来源:万方数据,2010 - 12 - 17)

第一节 快速响应策略

一、快速响应策略产生的背景和含义

从 20 世纪 70 年代后期开始,美国纺织服装的进口急剧增加,到了 20 世纪 80 年代初期,进口商品大约占到纺织服装行业总销售量的 40%。针对这种情况,美国纺织服装企业一方面要求政府和国会采取措施阻止纺织品的大量进口;另一方面进行设备投资来提高企业的生产率。但是,即使这样,价廉进口纺织品的市场占有率仍在不断上升,而本地生产的纺织品市场占有率却在连续下降。为此,一些主要的经销商成立了"用国货为荣委员会"。一方面通过媒体宣传国产纺织品的优点,采取共同的销售促进活动;另一方面,委托零售业咨询公司 Kurt salmon 从事提高竞争力的调查。Kurt salmon 公司在经过了大量充分的调查后指出,虽然纺织品产业供应链全体的效率却并不高。为此,Kurt salmon 公司建议零售业者和纺织服装生产厂家合作,共享信息资源,建立一个快速反应系统(Quick Response,QR)来实现销售额增长。

QR 要求零售商和供应商一起工作,通过共享 POS 信息来预测商品的未来捕获需求,以及不断地预测未来发展趋势以探索新产品的机会,以便对消费者的需求能更快地作出反应。在运作方面,双方利用 EDI 来加速信息流,并通过共同组织活动来使得前置时间和费用最小。QR 的着重点是对消费者需求作出快速反应,QR 的具体策略有待上架商品准备服务(Floor

Ready Merchandise)、自动物料搬运(Automatic Material Handling)等。

因此,快速反应系统是指通过零售商和生产厂家建立良好的伙伴关系,利用EDI等信息技术,进行销售时点以及订货补充等经营信息的交换,用多频度、小数量配送方式连续补充商品,以此来实现销售额增长、客户服务的最佳化以及库存量、商品缺货、商品风险和减价最小化的目标的一个物流管理系统模式。

二、QR的优点

(一)QR对厂商的优点

1. 更好的顾客服务

快速反应零售商可为店铺提供更好的服务,最终为顾客提供更好的店内服务水平。由于厂商送来的货物与承诺的货物是相符的,厂商能够很好地协调与零售商间的关系。长期的良好顾客服务会增加市场份额。

2. 降低了流通费用

由于集成了对顾客消费水平的预测和生产规划,从而可以提高库存周转速度,需要处理的采购订单和盘点的库存量减少了,从而降低了流通费用。

3. 降低了管理费用

因为不需要手工输入订单,所以采购订单的准确率提高了。额外发货的减少也降低了管理费用。货物发出之前,仓库对运输标签进行扫描并向零售商发出提前运输通知,这些措施都降低了管理费用。

4. 更好的生产计划

由于可以对销售进行预测并能得到准确的销售信息,厂商可以准确地安排生产计划。

(二)QR对零售商的优点

QR对零售商的优点如图5.1所示。

图5.1 QR对零售商的优点

三、QR 成功的条件

QR 成功必须具备五个条件,见表 5.1。

表 5.1　QR 成功的条件

QR	条件	说明
成功条件	改变传统的经营方式,革新企业经营意识和组织	(1)企业必须改变只依靠独自的力量来提高经营效率的传统经营意识,要树立通过与供应链各方建立合作伙伴关系,努力利用各方资源来提高经营效率的现代经营意识 (2)零售商在垂直型 QR 系统中起主导作用,零售店铺是垂直型 QR 系统的起始点 (3)通过 POS 数据等销售信息和成本信息的相互公开和交换来提高各个企业的经营效率 (4)明确垂直型 QR 系统内各个企业之间的分工协作范围和形式,消除重复作业,建立有效的分工协作框架 (5)通过利用信息技术实现事务作业的无纸化和自动化,改变传统的事务作业方式
	开发和应用现代处理技术	这些信息技术有商品条形码技术、物流条形码(SCM)技术、电子订货系统(EOS)、POS 数据读取系统、EDI 系统、预先发货清单(ASN)技术、电子资金支付(EFT)系统、生产厂家管理的库存方式(VMI)、连续库存补充方式(CRP)等
	与供应链相关方建立战略伙伴关系	具体内容包括以下两个方面:一是积极寻找和发现战略合作伙伴;二是在合作伙伴之间建立分工和协作关系。合作的目标既要削减库存,又要避免缺货现象的发生,降低商品风险,避免大幅度降价现象发生,减少作业人员和简化事务性作业等
	改变传统的对企业商业信息保密的做法	将销售信息、库存信息、生产信息、成本信息等与合作伙伴交流分享,在此基础上,要求各方在一起发现问题、分析问题和解决问题
	供应方必须缩短生产周期和商品库存	缩短商品的生产周期,进行多品种少批量生产和多频度小数量配送,降低零售商的库存水平,提高顾客服务水平,在商品实际需要将要发生时采用 JIT 生产方式组织生产,减少供应商库存

四、QR 的实施步骤

QR 的实施步骤见表 5.2。

表 5.2 QR 的实施步骤

	步骤	说明
1	条形码和 EDI	UPC 和 EDI
2	固定周期补货	自动补货
3	先进的补货联盟	共享预测和 POS 数据
4	零售空间管理	店铺品种补货和购销
5	联合产品开发	跟踪新产品开发和试销
6	快速响应的集成	公司业务重组和系统集成

1. 步骤一:条形码和 EDI

零售商首先必须安装通用产品代码(UPC 码)、POS 扫描和 EDI 等技术设备,以加快 POS 机收款速度、获得更准确的销售数据并使信息沟通更加通畅。POS 扫描用于数据输入和数据采集,即在收款检查时用光学方式阅读条形码,获取信息,然后将条形码转换成相应的商品代码。

EDI 要求公司将其业务单证转换成行业标准格式,并传输到某个增值网(VAN),贸易伙伴在 VAN 上接收到这些单证,然后将其从标准格式转到自己系统可识别的格式。电子资金支付系统 EFT 可传输的单证包括订单、发票、订单确认、销售和存货数据及事先运输通知等。

2. 步骤二:固定周期补货

QR 的自动补货要求供应商更快、更频繁地运输重新订购的商品,以保证店铺不缺货,从而提高销售额。通过对商品实施快速反应并保证这些商品能敞开供应,使零售商的商品周转速度更快,消费者可以选择更多的花色品种。

某些基本商品每年的销售模式实际上都是一样的,一般不会受流行趋势的影响。这些商品的销售量是可以预测的,所以不需要通过对商品进行考察来确定重新订货的数量。自动补货是指基本商品销售预测的自动化。自动补货使用基于过去和目前销售数据及其可能变化的软件进行定期预测,同时考虑目前的存货情况和其他一些因素,以确定订货量。自动补货是由零售商、批发商在仓库或店内进行的。

3. 步骤三:先进的补货联盟

这是为了保证补货业务的流畅,零售商和消费品制造商联合起来检查销售数据,制定关于未来需求的计划和预测,在保证有货和减少缺货的情况下降低库存水平。还可以进一步由消费品制造商管理零售商的存货和补货,以加快库存周转速度,提高投资毛利率。

4. 步骤四:零售空间管理

这是指根据每个店铺的需求模式来规定其经营商品的花色品种和补货业务。一般来说,对于花色品种、数量、店内陈列及培训或激励售货员等决策,消费品制造商也可以参与甚至制定决策。

5. 步骤五:联合产品开发

这一步的重点不再是一般商品和季节商品,而是像服装等生命周期很短的商品。厂商和零售商联合开发新产品,其关系的密切超过了购买与销售的业务关系,缩短从新产品概念到新产品上市的时间,而且经常在店内对新产品实时试销。

6. 步骤六:快速响应的集成

通过重新设计业务流程,将前五步的工作和公司的整体业务集成起来,以支持公司的整体战略。最后一步零售商和消费品制造商要重新设计其整个组织、绩效评估系统、业务流程和信息系统,设计的重点围绕着消费者而不是传统的公司职能,要集成的是信息技术。

五、QR 战略的再造

QR 战略再造环节如图 5.2 所示。

图 5.2　QR 战略再造环节

1. 同步生产

同步生产包括以下内容:
(1)生产设备的投资是灵活的;
(2)以能扩大生产能力的"拉"的模式为指导,重新设计企业流程;
(3)转变强调的重点,生产顺序从固定物、质量、可变物转变到可变物、质量、固定物;
(4)在生产线之外采取行动以增强流程的可靠性;
(5)规定工作效率的下限和废品率的 QR 战略再造环节上限;
(6)维修、妥善保管在流程中要使用的原材料和零部件;
(7)利用生产改进小组进行流程分析、确定病症所在,并对此加强管理。

2. 供应商合理化

供应商合理化应考虑以下因素:
(1)企业与供应商关系的密切程度;

(2)信息技术的应用；
(3)在单独、双方和多方投资的情况下，各自的投资成本；
(4)评价未来供应商的能力；
(5)具有能够建立和管理与供应商的合作关系的人力资源；
(6)在没有绩效时，维持该战略需要的时间和成本；
(7)市场渠道、技术和财务的风险估计；
(8)为维持技术和竞争优势而投资，存在失败的可能性；
(9)从合并到扩大规模中得到的成本、价格优势；
(10)竞争程度的削弱对企业的影响。

3. 自动库存补给

自动库存补给管理的方法主要用于制造业和工程中的有多种用途、低价值的商品。它的目的是在订货和补给流程中增加效率，并给供应商更多的自由空间去直接对采购商的要求作出反应。

4. 货物交付

供应商和采购商在交付货物时，需要用合适的协议。这个协议要反映双方的能力、合作关系的性质和各种支出的种类。具体地说，要在协议中体现以下方面：
(1)仓储水平的最低和最高限度；
(2)补给的周期；
(3)明确要生产的产品，考虑健康、安全和环境保护问题；
(4)对数据的提供、预测、补给和仓储负责；
(5)库存财产权的分割和转移的原则。

5. 供应商管理库存

供应商管理库存是以通过双方密切合作形成的交付货物的方式为基础的。供应商管理库存可用的方法包括：使用第三方的资源，由采购商组织的第三方进行经营管理；使用供应商拥有所有权的车辆、设备，由第三方管理；使用采购商拥有所有权的车辆、设备，由第三方管理；由供应商组织的第三方管理；供应商通过拥有股权实行管理；采购商通过拥有股权实行管理。

6. 供应链的能力开发

(1)回顾供应商选择的标准，以查明供应商在哪些方面需要改进和是否需要清除水平很差的供应商；
(2)确定选择供应商的标准，以使企业在产品生产和关联关系的管理上获得能力；
(3)对供应商的资格进行审查，建立信息跟踪和回报的体系；
(4)通过与供应商的日常联系、供应商俱乐部、技术训练、讨论会等形式收集反馈意见；
(5)供应商越来越多地涉入产品设计和新产品开发中。

【延伸阅读】

浪潮软件 QR

"对企业而言,时间是一种可以进行深度开发的资源。企业在时间反应上所拥有的优势可以为获得其他竞争差异奠定基础,从而促使公司形成整体竞争优势。"浪潮软件 CEO 王柏华对记者说,浪潮软件从成立起,就确立了快速反应的市场策略,这使得其在较短时间内在软件业界迅速崛起,其综合实力在国内软件企业中已名列前茅。

"在最短的时间内以最低的成本提供最高的价值,这已成为浪潮软件制胜之道。"王柏华认为,"21 世纪已经不再是'大'吃'小'的时代,而是'快'吃'慢'的时代。只有具备快速反应能力的'时间竞争者'才能获得生存和发展。"王柏华介绍,浪潮软件把"时间"列为竞争优势,其管理方式的特点,是将时间列为重要的管理和战略指标;利用快速反应贴近客户,增强客户对公司的依赖性;快速将产品或服务转向最有利可图的客户;比竞争对手发展得更快,获利更多。这种快速反应无疑会给企业自身和客户带来巨大的价值。"对客户而言,快速反应本身就是一种态度",王柏华说:"快速反应可以加深客户对公司的信任和依赖程度,使客户认可该厂商成为自己可靠的供应商和服务商。"遵循"以客户为中心"的原则,浪潮软件从上到下对客户项目、客户问题的反应是非常快的,只要接到客户的项目,浪潮软件每位员工都能以非常积极的态度尽快响应,努力争取保质保量地快速完成项目。"提高对内外部信息的快速反应,是现代企业适应市场变化和竞争的重要先决条件。"丁兆迎说:"通过确立'组织严密、协调有效、快速反应、协同运作'的工作思路,公司加强了信息传递功能,提高了公司对外部信息和公司动态的反应能力。"加速信息传递与交流的措施,包括规范电子邮件使用。明确电子邮件必须有收件人和抄送人,要求收件人必须及时回复。利用电子邮件发布会议通知、公文,在电子邮件上开展技术交流,举办研讨会,以适应公司异地办公和移动办公的需要。要求公司领导每天必看两次邮件;每周定期召开办公会议,通报市场与研发部门业务进展,办公会议信息要及时通知到每个员工;利用内部网站及时交流信息;把公司网站办成与全社会进行交流的窗口,保证网站内容及时更新;定期出版电子期刊《浪潮 E 频道》,推动内部信息的快速传播与共享;加强《浪潮软件》月刊建设,在最短的时间内向客户传播企业动态,推介公司最新的产品和方案,让员工及时了解行业最新动向与国家最新产业政策。对企业而言,时间是一种可以进行深度开发的资源。

第二节 ECR 有效顾客反应

一、ECR 的含义和特征

1. ECR 的含义

有效顾客反应(Efficient Consumer Response,ECR)是一个由生产厂家、批发商和零售商等供应链组成的,各方相互协调和合作,以更好、更快并以更低的成本满足消费者需要为目的的供应链管理系统。ECR 的优点在于供应链各方为了提高消费满意度这个共同的目标进行合作,分享信息和诀窍。ECR 是一种把以前处于分离状态的供应链联系在一起来满足消费者需要的工具。ECR 概念的提出者认为,ECR 活动是过程,这个过程贯穿供应链各方,如图 5.3 所示。因此,ECR 的战略主要集中在四个领域:高效率的店铺空间安排、高效率的商品补充、高效率的促销活动和高效率的新商品开发与市场投入。

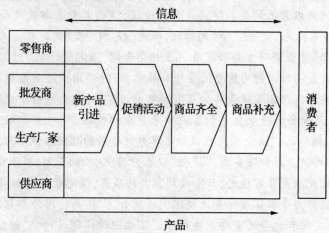

图 5.3 ECR 和供应链过程

2. ECR 的特征

(1)管理意识的创新。传统的产销双方的交易关系是一种此消彼长的对立型关系,即交易各方以对自己有利的买卖条件进行交易。简单地说,是一种输赢型关系。ECR 要求产销双方的交易关系是一种合作伙伴关系。即交易各方通过相互协调合作,实现以低成本向消费者提供更高价值服务的目标,在此基础上追求双方的利益。简单地说是一种双赢型(WIN-WIN)关系。

(2)供应链整体协调。传统流通活动缺乏效率的主要原因在于厂家、批发商和零售商之间存在企业间联系的非效率性和企业内采购、生产、销售和物流等部门或职能之间联系的非效率性。传统的组织是以部门或职能为中心进行经营活动,以各个部门或职能的效益最大化为目标。这样虽然能够提高各个部门或职能的效率,但容易引起部门或职能间的摩擦。同样,传统的业务流程中各个企业以各自企业的效益最大化为目标,这样虽然能够提高各个企业的经营效率,但容易引起企业间的利益摩擦。ECR 要求对各部门、各职能以及各企业之间的隔阂,进行跨部门、跨职能和跨企业的管理和协调,使商品流和信息流在企业内和供应链内顺畅地流动。

(3)涉及范围广。既然 ECR 要求对供应链整体进行管理和协调,ECR 所涉及的范围必然包括零售业、批发业和制造业等相关的多个行业。为了最大限度地发挥 ECR 所具有的作用,必须对关联的行业进行分析研究,对组成供应链的各类企业进行管理和协调。

3. QR 与 ECR 的比较

ECR 主要以食品行业为对象,其主要目标是降低供应链各环节的成本,提高效率。而 QR 主要集中在一般商品和纺织行业,其主要目标是对客户的需求做出快速反应,并快速补货。这是因为食品杂货行业与纺织服装行业经营的产品的特点不同:杂货业经营的产品多数是一些功能型产品,每一种产品的寿命相对较长(生鲜食品除外),因此,订购数量的过多(或过少)的损失相对较少。纺织服装业经营的产品多属创新型产品,每一种产品的寿命相对较短,因此,订购数量过多(或过少)造成的损失相对较大。

二者的共同特征表现为超越企业之间的界限,通过合作追求物流效率变化。具体表现在如下三个方面。

(1) 贸易伙伴间商业信息的效率。即零售商将原来不公开的 POS 系统单品管理数据提供给制造商或分销商,制造商或分销商通过对这些数据的分析来实现高精度的商品进货等,降低产品库存,防止出现次品,进一步使制造商能制定、实施所需对应型的生产计划。

(2) 商品供应方进一步涉足零售业,提供高质量的物流服务。作为商品供应方的分销商或制造商比以前更接近位于流通最后环节的零售商,特别是零售业的店铺,从而保障物流的高效运作。当然,这一点与零售商销售、库存等信息的公开是紧密相连的,即分销商或制造商所从事的零售补货机能是在对零售店铺销售、在库情况迅速了解的基础上开展的。

(3) 企业间订货、发货业务全部通过 EDI 来进行,实现订货数据或出货数据的传送无纸化。企业间通过积极、灵活运用这种信息通信系统,来促进相互间订货、发货业务的高效化。计算机辅助订货(CAO)、卖方管理库存(VMI)、连续补货(CRP)以及建立产品与促销数据库等策略,打破了传统的各自为政的信息管理、库存管理模式,体现了供应链的集成化管理思想,适应市场变化的要求。

从具体实施情况来看,建立世界通用的、唯一的标识系统以及用计算机连接的能够反映物流、信息流的综合系统,是供应链管理必不可少的条件,即在 POS 信息系统基础上确立各种计划和进货流程。也正因为如此,通过 EDI 的导入,从而实现最终顾客全过程的货物追踪系统和贸易伙伴的沟通系统的建立,成为供应链管理的重要因素。

二、实施 ECR 的意义

根据欧洲供应链管理委员会的调查报告,接受调查的 392 家公司,其中制造商实施 ECR 后,预期销售额增加 5.3%,制造费减少 2.3%,销售费用减少 1.1%,货仓费用减少 1.3% 及总盈利增加 5.5%。而批发商与零售商也有相似的获益:销售额增加 5.4%,毛利润增加 3.4%,货仓费用减少 5.9%,存货量减少 13.1% 及每平方米的销售额增加 5.3%。由于在流通环节中缩减了不必要的成本,零售商和批发商之间的价格差异也随之降低,这些节约了的成本最终将使消费者受益,各贸易商也将在激烈的市场竞争中赢得一定的市场份额。对客户、分销商和供应商来说,除这些有形的利益以外,ECR还有着重要的不可量化的无形利益(表5.3)。

表5.3 ECR的无形利益

客户	增加选择和购物便利,减少无库存货品,货品更新鲜
分销商	提高信誉,更加了解客户情况,改善与供应商的关系
供应商	减少供货现象,加强品牌的完整性,改善与分销商的关系

ECR战略的实施,还可以减少多余的活动和节约相应的成本。具体来说,节约的成本包括商品的成本、营销费用、销售和采购费用、管理费用和店铺的经营费用等。从表5.4中可以看到节约这些成本的原因。

表5.4 ECR带来的企业成本和费用的节约

费用的类型	ECR带来的节约
商品的成本	损耗降低,制造费用降低,包装费用降低,更有效的材料采购
营销费用	促销费用降低,产品导入失败的可能性减小
销售和采购费用	现场和总部的费用降低,简化了管理
后勤费用	更有效地利用了仓库和卡车,跨月台物流,仓库空间要求降低
管理费用	减少了一般的办事员和财务人员
店铺的经营费用	自动订货,单位面积的销售额更高

三、ECR的应用原则

应用ECR时必须遵守五个基本原则:

第一,以较少的成本,不断致力于向食品杂货供应链顾客提供更优的产品、更高的质量、更好的分类、更好的库存服务以及更多的便利服务。

第二,ECR必须由相关的商业带头人启动。该商业带头人应决心通过用代表共同利益的商业联盟取代旧式的贸易关系而达到获利之目的。

第三,必须利用准确、适时的信息支持有效的市场、生产及后勤决策。这些信息将以EDI的方式在贸易伙伴间自由流动,它将影响以计算机信息为基础的系统信息的有效利用。

第四,产品必须随其不断增值的过程,从生产至包装,直至流动到最终顾客的购物篮中,确保顾客随时所需。

第五,必须建立共同的成果评价体系。该体系注重整个系统的有效性(即通过降低成本与库存以及更好的资产利用,实现更优价值),清晰地标识出潜在的回报(即增加的总值和利润),促进对回报的公平分享。

总之,ECR是供应链各方推进真诚合作来实现消费者满意和实现基于各方利益的整体效益最大化的过程。

四、ECR系统的构建

ECR作为一个供应链管理系统,需要把市场营销、物流管理、信息技术和组织革新技术有机结合起来作为一个整体使用,以实现 ECR 的目标。ECR 系统的结构如图 5.4 所示。

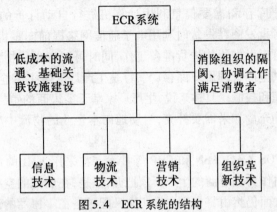

图 5.4　ECR 系统的结构

构筑 ECR 系统的具体目标是实现低成本的流通、基础关联设施建设、消除组织间的隔阂、协调合作满足消费者需要。组成 ECR 系统的技术要素主要有营销技术、物流技术、信息技术和组织革新技术。

1. 营销技术

在 ECR 系统中采用的营销技术主要是商品类别管理(CM)和店铺货架空间管理(SM)。商品类别管理是以商品类别为管理单位,寻求整个商品类别全体收益最大化。具体来说,企业对经营的所有商品按类别进行分类,确定或评价每一个类别商品的功能、收益性、成长性等指标。在此基础上,结合考虑各类商品的库存水平和货架展示等因素,制订商品品种计划,对整个商品类别进行管理,以便在提高消费者服务水平的同时增加企业的销售额和收益水平。例如,企业把某类商品设定为吸引顾客的商品,把另一类商品设定为增加企业收益的商品,努力做到在满足顾客需要的同时兼顾企业的利益。商品类别管理的基础是对商品进行分类。分类的标准、各类商品功能和作用的设定依企业的使命和目标不同而不同。但是在原则上,商品不应该以是否方便企业来进行分类,而应该以顾客的需要和顾客的购买方法来进行分类。

店铺空间管理是对店铺的空间安排、各类商品的展示比例、商品在货架上的布置等进行最优化管理。在 ECR 系统中,店铺空间管理和商品类别管理同时进行,相互作用。在综合店铺管理中,对于该店铺的所有类别的商品进行货架展示面积的分配,对于每个类别下的不同品种的商品进行货架展示面积分配和展示布置,以便提高单位营业面积的销售额和单位营业面积的收益率。

2. 物流技术

ECR 系统要求及时配送(JIT)和顺畅流动。实现这一要求的方法有连续库存补充计划(CRP)、自动订货(CAO)、预先发货通知(ASN)、供应商管理用户库存(VMI)、交叉配送、店铺直送(DSD)等。连续库存补充计划(CRP)利用及时准确的 POS 数据确定销售出去的商品数量,根据零售商或批发商的库存信息和预先规定的库存补充程序确定发货补充数量和发送时间。以小批量高频率方式进行连续配送，补充零售店铺的库存，提高库存周转率，缩短周期。自动订货（CAO）是基于库存和需要信息利用计算机进行自动订货的系统。预先发货通知（ASN）是生产厂家或者批发商在发货时利用电子通信网络提前向零售商传送货物的明细清单。这样零售商事前可以做好货物进货准备工作，同时可以省去货物数据的输入作业，使商品检验作业效率化。供应商管理用户库存（VMI）是生产厂家等上游企业对零售商等下游企业的流通库存进行管理和控制。具体来说，生产厂家基于零售商的销售、库存等信息，判断零售商的库存是否需要补充。如果需要补充，自动地向本企业的物流中心发出发货指令，补充零售商的库存。

VMI方法包括了POS、CAO、ASN和CRP等技术。在采用VMI的情况下，虽然零售商的商品库存决策主导权由作为供应商的生产厂家把握，但是，在店铺的空间安排、商品货架布置等店铺空间管理决策方面仍然由零售商主导。交叉配送是在零售商的流通中心，把来自各个供应商的货物按发送店铺迅速进行分拣装车，向各个店铺发货。在交叉配送的情况下，流通中心便是一个具有分拣装运功能的中转型中心，有利于交货周期的缩短、减少库存、提高库存周转率，从而节约成本。店铺直送（DSD）方式是指商品不经过流通配送中心，直接采用生产厂家运送到店铺的运送方式。采用店铺直送方式可以保持商品的新鲜度，减少商品运输破损，缩短周期。

3. 信息技术

ECR系统应用的信息技术主要有：电子数据交换（EDI）和POS销售时点信息。ECR系统的一个重要信息技术是EDI。信息技术最大的作用之一是实现事务作业的无纸化或电子化。利用EDI在供应链企业间传送、交换订货发货清单、价格变化信息、付款通知单等文书单据。例如，厂家在发货的同时预先把产品清单发送给零售商，这样零售商在商品到货时，用扫描仪自动读取商品包装上的物流条形码获得进货的实际数据，并自动地与预先到达的商品清单进行比较。因此，使用EDI可以提高事务作业效率。另一方面，利用EDI在供应链企业间传送交换销售时点信息、库存信息、新产品开发信息和市场预测信息等直接与经营有关的信息。例如，生产厂家可利用销售时点信息把握消费者的动向，安排好生产计划；零售商可利用新产品开发信息预先做好销售计划。因此，使用EDI可以提高整个企业乃至整个供应链的效率。

ECR系统的另一个重要信息技术是POS。对零售商来说，通过对在店铺收银台自动读取的POS数据进行整理分析，可以掌握消费者的购买动向，找出畅销商品和滞销商品，做好商品类别管理。可以通过利用POS数据做好库存管理、订货管理等工作。对生产厂家来说，通过EDI利用及时、准确的POS数据，可以把握消费者需要，制订生产计划，开发新产品，还可以把POS数据和EOS数据结合起来分析和把握零售商的库存水平，进行供应商管理用户库存（VMI）的库存管理。

现在，许多零售企业把POS数据和顾客卡、点数卡等结合起来使用。通过顾客卡可以知道某个顾客每次在什么时间、购买了什么商品、金额多少，到目前为止总共购买了哪些商品、总金额是多少。这样可以分析顾客的购买行为,发现顾客不同层次的需要,做好商品促销等方面的工作。

4. 组织革新技术

应用 ECR 系统不仅需要组成供应链的每一个成员紧密协调和合作,还需要每个企业内部各个部门间紧密协调和合作,因此,成功地应用 ECR 需要对企业的组织体系进行革新。在企业内部的组织革新方面,需要把采购、生产、物流、销售等按职能划分的组织形式改变为以商品流程为基本职能的横向组织形式。也就是把企业经营的所有商品按类别划分,对应于每一个商品类别设立一个管理团队,以这些管理团队为核心构成新的组织形式。在这种组织形式中,给每一个商品类别管理设定经营目标(如顾客满意度、收益水平、成长率等),同时在采购、品种选择、库存补充、价格设定、促销等方面赋予相应的权限。每个管理团队由一个负总责的商品类别管理人和 6~7 个负责各个职能领域的成员组成。由于商品类别管理团队规模小,内部容易交流,各职能间易于协调。组成供应链的企业间需要建立双赢型的合作伙伴关系。具体讲,厂家和零售商都需要在各自企业内部建立以商品类别为管理单位的组织。这样双方相同商品类别的管理就可聚集在一起,讨论从材料采购、生产计划到销售状况、消费者动向的有关该商品类别的全盘管理问题。

五、ECR 战略

ECR 的战略如图 5.5 所示。

图 5.5　ECR 的战略

1. 有效的店内布局

实施这一战略,其目的是通过有效地利用店铺的空间和店内布局以便最大限度地提高商品的获利能力。利用计算机化的空间管理系统,零售商可以提高货架的利用率。有效的商品分类要求店铺储存消费者需要的商品,把商品范围限制在高销售率的商品上,从而提高所有商品的销售业绩。了解消费者的意见是商品品种决策对企业的要求。消费者调查的信息能极大地帮助企业了解消费者的购买行为。企业应经常监测店内空间分配以确定产品的销售业绩。优秀的零售商至少每月检查一次商品的空间分配情况,甚至每周检查一次。这样能够使品种经理可以对新产品的导入、老产品的撤换、促销措施及季节性商品的摆放制定及时准确的决策。同时,通过分析各种商品的投资回报率,这种检查有助于企业了解商品的销售趋势,据此可以使企业对商品的空间分配进行适当的调整,从而保证商品的销售,实现事先确定的投资收益水平。

2. 有效的补货

该战略是通过努力降低系统的成本,从而降低商品的售价。其目的是将正确的产品在正确的时间和正确的地点以正确的数量和最有效的方式送给消费者。有效补货的构成要素主要包括:POS机扫描、店铺商品预测、店铺的电子收货系统、商品的价格和促销数据库、动态的计算机辅助订货系统、集成的采购订单管理、厂商订单履行系统、动态的配送系统、仓库电子收货、直接出货、自动化的会计系统、议付等。

3. 有效的促销

有效的促销战略的主要内容是简化贸易关系,将经营重点从采购转移到销售。快速周转消费品行业现在把更多的时间和金钱用于对促销活动的影响进行评价。消费者则可以从这些新型的促销活动所带来的低成本中获利。食品行业的促销活动主要有三种:消费者广告、消费者促销、贸易促销。

4. 有效的新产品导入

不管哪一个行业,新产品导入都是一项重要的创造价值的业务。它们能够为消费者带来新的兴趣、快乐,为企业创造新的业务机会。特别是食品工业在这个方面表现得更加活跃。

有效的产品导入包括让消费者和零售商尽早接触到这种产品。首要的策略就是零售商和厂商应为了双方的共同利益而密切合作。这个业务包括把新产品放在一些店铺内进行试销,然后再按照消费者的类型分析试销的结果。根据这个信息决定怎样处理这种新产品,处理办法包括:淘汰该产品、改进该产品、改进营销技术、采用不同的分销策略。

第三节 电子订货系统

一、电子订货系统概述

1. 电子订货系统的概念

电子订货系统(Electronic Ordering System,EOS)是零售业将各种订货信息,使用计算机并通过网络系统传递给批发商或供应商,完成从订货、接单、处理、供货、结算等全过程在计算机上进行处理的系统。

2. EOS系统的基本框架

从系统构成的角度来看,EOS系统是指企业间利用通讯网络(VAN或互联网)和终端设备以在线联结(On-line)方式进行订货作业和订货信息交换的系统。

EOS 系统并非单个的零售店与单个的批发商组成的系统,而是许多零售店和许多批发商组成的大系统的整体运作方式。

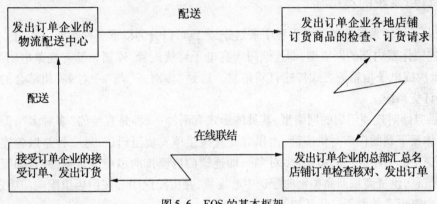

图 5.6　EOS 的基本框架

3. EOS 系统的特点

(1)商业企业内部计算机网络应用功能完善,能及时产生订货信息。

(2)POS 与 EOS 高度结合,产生高质量的信息。

(3)满足零售商和供应商之间的信息传递。

(4)通过网络传输信息订货。

(5)信息传递及时、准确。

(6)EOS 是许多零售商和供应商之间的整体运作系统,而不是单个零售店和单个供应商之间的系统。

二、EOS 系统的组成

EOS 系统采用电子手段完成供应链上从零售商到供应商的产品交易过程,因此,一个 EOS 系统必须有:

(1)供货商。根据商业增值网络中心转来的 EDI 单证,经 VAN 提供的通信界面和 EDI 格式转换系统而成为一张标准的商品订单,根据订单内容和供货商的 MIS 提供的相关信息,供货商可及时安排出货,并将出货信息通过 EDI 传递给相应的批发、零售商,从而完成一次基本的订货作业。

(2)批发/零售商。采购人员根据 MIS 提供的功能,收集并汇总各机构要货的商品名称、要货数量,根据供货商的可供商品货源、供货价格、交货期限、供货商的信誉等资料,向指定的供货商下达采购指令。

(3)商业增值网络中心。VAN 不参与交易双方的交易活动,只提供用户连接界面,VAN 是共同的情报中心,它是透过通信网络让不同机种的计算机或各种连线终端相通,从而形成更加便利的一种共同情报中心。

(4)计算机系统。用于产生和处理订货信息。

三、电子订货系统的类型

根据电子订货系统的整体运作程序来划分,大致可以分为以下三种类型:

(1)连锁体系内部的网络型,即连锁门店有电子订货配置,连锁总部有接单电脑系统,并用即时、批次或电子信箱等方式传输订货信息。这是"多对一"与"一对多"相结合的初级形式的电子订货系统。

(2)供应商对连锁门店的网络型,其具体形式有两种:一种是直接的"多对多",即众多的不同连锁体系下属的门店对供应商,由供应商直接接单发货至门店;另一种是以各连锁体系内部的配送中心为中介的间接的"多对多",即连锁门店直接向供应商订货,并告知配送中心有关订货信息,供货商按商品类别向配送中心发货,并由配送中心按门店组配向门店送货,这可以说是中级形式的电子订货系统。

(3)众多零售系统共同利用的标准网络型,其特征是利用标准化的传票和社会配套的信息管理系统完成订货作业。其具体形式有两种:一是地区性社会配套的信息管理系统网络,即成立由众多的中小型零售商、批发商构成的区域性社会配套的信息管理系统营运公司和地区性的咨询处理公司,为本地区的零售业服务,支持本地区 EOS 的运行;二是专业性社会配套信息管理系统网络,即按商品的性质划分专业,从而形成各个不同专业的信息网络。这是高级形式的电子订货系统,必须以统一的商品代码、统一的企业代码、统一的传票和订货的规范标准的建立为前提条件。

无论采用何种形式的电子订货系统,皆以门店订货系统的配置为基础。

四、EOS 系统的操作流程

EOS 的运作流程图如图 5.7 所示。

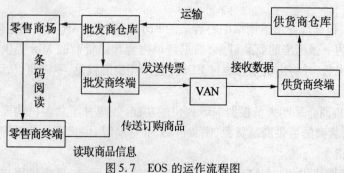

图 5.7　EOS 的运作流程图

1. 销售订货业务过程

(1) 各批发、零售市场或社会网点根据自己的销售情况,确定所需货物的品种、数量,按照同体系市场,根据实际网络情况,补货需求通过增值网络中心或通过实时网络系统发送给总公司业务部门。

(2) 不同体系商场或社会网点通过商业网络中心发出 EOS 订货需求。

(3) 商业增值网络中心将收到的补货、订货需求资料发送至总公司业务管理部门。

(4) 业务管理部门对收到的数据汇总处理后,通过商业增值网络中心向不同体系的商场或社会网点发送批发订单确认。

(5) 不同体系的商场或社会网点从商业增值网络中心接收到批发订单确认信息。

(6) 业务管理部门根据库存情况,通过商业增值网络或实时网络系统向仓储中心发出配送通知。

(7) 仓储中心根据接收到的配送通知安排商品配送,并将配送通知通过商业增值网络传送到客户。

(8) 不同体系的商场或社会网点从商业增值网络中心接收到仓储中心对批发订单配送通知。

(9) 各批发、零售商场、仓储中心根据实际网络情况,将每天进出货物的情况通过增值网络中心或实时网络系统报送总公司业务管理部门,让业务部门及时掌握商品库存数量,使库存数量合理化;并根据商品流转情况,使调整商品结构合理化等。

2. 采购订货业务的过程

(1) 业务管理部门根据仓储中心商品库存情况,向指定的供货商发出商品采购订单。

(2) 商业增值网络中心将总公司业务管理部门发出的采购单发送至指定的供货商处。

(3) 指定的供货商在收到采购订货单后,根据订单的要求通过商业增值网络对采购订单加以确认。

(4) 商业增值网络中心将供货商发来的采购订单确认发送至业务管理部门。

(5) 业务管理部门根据供货商发来的采购订单确认,向仓储中心发送订货信息,以便仓储中心安排检验和仓储空间。

(6) 供货商根据采购单的要求,安排发运货物,并在向总公司交运货物之前,通过商业增值网络中心向仓储中心发送交货通知。

(7) 仓储中心根据供货商发来的交货通知安排商品检验并安排仓库、库位或根据配送要求备货。

3. 物流作业流程

(1) 供应商根据采购合同要求将发货单通过网络中心发给配送中心。

(2) 配送中心对接收到的网络中心传来的发货单进行综合处理,或要求供应商送货至配送中心或发送至各批发、零售商场。

(3) 配送中心将送货要求发送给供应商。

(4)供应商根据接收到的送货要求进行综合处理,然后根据送货要求将货物送至指定地点。

五、使用 EOS 系统的好处

使用 EOS 系统的好处对供应链整体环境以及零售商、供应商和物流中心均能带来效益。

1. EOS 系统整体环境面的效益

(1)达到资源共享的目的。

(2)提升整体竞争力。避免订货错误及传票处理速度上的层层错误;迅速处理越来越大量的订货资料;简化订货情报传送作业、传票作业、转登陆作业等;避免因订货资料错误而发生送错货的损失,以降低物流成本;便于少量多样的订货不仅可以防止缺货,更可以降低库存。

(3)培养更和谐的商业合作关系。

(4)符合信息化社会的需求,奠定商业现代化的基础。

2. 对零售商的效益

(1)订货的作业合理化,降低成立订货流程的成本,也可以减少由于订货错误所造成的损失。

(2)陈列的商品较为新鲜,而具有时效性。

(3)在不降低顾客满意度的情况下,使用少量且频繁的订货,避免因库存而积压资金,达到降低库存,提高周转率的效果。

(4)有效缩短订货、到货的前置时间。

(5)在不增加仓库大小的情况下,增加店内销售其他商品种类的机会。

(6)奠定了商店自动化的基础,便于展开其他自动化系统的建设。

3. 供应商的效益

(1)缩短接单处理时间,减少工时及处理错误。

(2)减少退货。

(3)批发业的库存适量。因零售点下单都考虑到市场的真实状况,批发商根据顾客下的单来准备物料、生产计划,库存也才能适量。

(4)仓库管理体制的确定。

(5)作为批发业的系统化基础。EOS 资料是零售体系间的市场资料,可充分反映市场,作为批发供应商市场导向的自动化基础。

4. 对物流中心的效益

(1)减少订发货处理时间及人为错误;

(2)降低退货率,降低运营成本;

(3)缩短订单至交货间的时间;

(4)可以接受少量多样的订单,满足客户少量多样高频度的需求;

(5)可以推动供应商的信息化系统的建立。

在商业化、电子化迅速发展的今天,EOS 系统越来越体现它的重要性,同时随着科技的发展和 EOS 系统的日益普及,EOS 系统的标准化和网络化已成为当今 EOS 系统的发展趋势。

第四节 价值链分析法

一、价值链分析方法的含义

价值链分析方法(Value Chain Analysis,VCA)是企业为一系列的输入、转换与输出的活动序列集合,每个活动都有可能相对于最终产品产生增值行为,从而增强企业的竞争地位。企业通过信息技术和关键业务流程的优化是实现企业战略的关键。企业通过在价值链过程中灵活应用信息技术,发挥信息技术的使能作用、杠杆作用和乘数效应,可以增强企业的竞争能力。

为了提升企业战略,美国战略管理学家 Porter(1985 年)第一次提出了价值链分析的方法。波特价值链如图 5.8 所示。

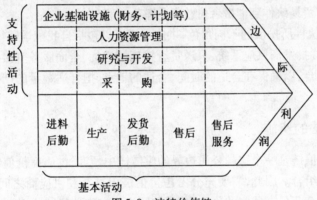

图 5.8 波特价值链

价值链是一种高层次的物流模式,由原材料作为投入资产开始,直至原料通过不同过程售给顾客为止,其中做出的所有价值增值活动都可作为价值链的组成部分。价值链的范畴从核心企业内部向前延伸到了供应商,向后延伸到了分销商、服务商和客户。这也形成了价值链中的作业之间、公司内部各部门之间、公司和客户以及公司和供应商之间的各种关联,使价值链中作业之间、核心企业内部部门之间、核心企业与节点企业之间以及节点企业之间存在着相互依赖关系,进而影响价值链的业绩。因此,协调、管理和控制价值链中节点企业之间的相互依赖关系,提高价值链中各节点企业的作业效率和绩效非常重要。Thompson 还认为,价值链中作业之间的依赖程度越高(即它们的联系越强),就越需要协调和管理价值链中节点企业之间的关系。协调价值链中各节点企业之间的关系,就是要在各方相互信任的基础上,利用共享的有关信息,对整个价值链中相互依赖的作业进行定位、协调和优化,把生产资源的分工协作和物流过程组织成为总成本最低、效率最高的供应链,使处在价值链上的各节点企业具有共同的价值取向,取得最大的价值增值,从而实现"多赢"的目的。

二、价值链分析法的特征

一般来说,VCA 的整个实施过程至少需要两周时间,但也可能长达两个月。VCA 的实施过程有以下特征:

(1)不管是零售商、批发商、经纪人还是日用百货制造商都可以开展研究,来评估实施 ECR 对企业当前的经营和业绩的潜在影响。

(2)上述研究的内容包括 VCA 模型中的 ECR 改进方法组合的影响。

(3)第一次使用 VCA,其范围通常局限在对企业最为重要的产品品种上。一般来说,生产者可选出 3~5 个品种,而零售商或批发商往往选 12~15 个。但必须谨慎选择产品品种,以保证所选品种对供应链上的所有贸易伙伴都有意义。经常用的一条实用准则是:所选的品种应与一般零售店安排货架的方式相一致,即以方便购买为目的给产品分类。

(4)对于所选的每个品种,VCA 都要分析处理其在整个供应链的所有产品流———从原材料开始经过所有贸易伙伴到消费者付款台的整个过程。

(5)依靠贸易伙伴所扮演的不同角色,供应渠道可以包括自我配送零售连锁、需送货批发商供应系统、自提货批发商供应系统、只送货直接店铺送货、全面服务直接店铺送货五种基本分销渠道的任何组合,以确保在合适的时间、合适的地点、把合适数量的产品以合适的价格送到合适的地点。

三、价值链分析法的实施

公司的完整价值链是一个跨越公司边界的供应链中顾客、供应商价值链上节点企业所有相关作业的一系列组合。因此,需要充分考虑价值链上顾客和供应商之间相互依赖关系,使价值链上所有节点企业具有共同的价值取向,共同进行完整价值链分析。

完整价值链分析就是公司把供应链中节点企业的作业成本信息与公司和节点企业本身进行共同价值链分析。Thompson 认为,供应链中作业的相互依赖是连续性的,前期发生的作业会影响后续发生的作业,而本身的作业并不受影响。也就是供应链上一层作业会影响供应链中下一层资源的消耗。因此采用基准分析、战略分析和趋势分析在内的成本分析方法对供应链中的连续作业进行分析,研究供应链中影响作业成本因素和作业之间的相互依赖水平,可以最终使公司利用分析结果帮助节点企业改进和管理作业,协调、控制公司与节点之间的关系,提高供应链运行效率,支持企业战略成本管理。

Hergert 和 Morris 认为,以作业成本计算原理为基础可以解决实施价值链分析中的一些会计系统问题。Porter 认为,利用作业成本分析和成本动因的会计信息,可以优化、协调整个供应链的作业绩效。价值链分析的步骤如下:

把整个价值链分解为与战略相关的作业、成本、收入和资产,并把它们分配到"有价值的作业"中;确定引起价值变动的各项作业,并根据这些作业,分析形成成本及其差异的原因;分析跨越整个价值链上的多个节点企业之间的关系,确定与顾客和供应商之间作业的相关性;利用分析结果,重新组合或改进价值链,以便更好地控制成本动因,产生可持续的竞争优势,使企业在激烈的市场竞争中获得优势。

另外,公司是否能进行完整价值链分析,在于价值链中节点企业的自愿参与。而参与的前提就是要使这些节点企业相信,与节点企业自己通过个别行为和权威的力量追求企业自身最优化相比,公司进行整个供应链的合作管理会更加有效,便会增加顾客和供应商的合作意向,从而使公司的完整价值链分析成为可能。事实上,价值链中的节点企业一旦参与公司完整价值链分析项目,便与公司形成战略联盟,可以和其他伙伴公司共享与价值链有关的成本和业绩信息,比公司从外部角度对这些企业的作业和成本进行假设而进行分析的精确性要高,范围更广。另外,参与完整价值链分析的节点企业具有共同的价值取向,它们互相之间的敏感信息共享,可以有效地协调和管理供应链上节点企业之间的关系,不仅能够增加合作者的互相信任,提高购货方的收货效率,减少存货滞留,降低供应链成本,还可以使供应链上节点企业中相同类型的作业更加有效率,从而提高公司整个价值链的运营效率,并在未来吸引价值链中更多的企业加入企业联盟,使公司在更大范围内进行完整价值链分析。因此,公司与节点企业之间、以及节点企业之间的合作、协调,共享与价值链有关的成本和业绩的信息非常重要。

【本章关键词】

快速响应:Quick Response,QR

有效客户响应:Efficient Consumer Response,ECR

电子订货系统:Electronic Ordering System,EOS

价值链分析:Video Content Analysis,VCA

思 考 题

1. QR 对厂商、零售商的优点是什么?
2. QR 成功必须具备的条件是什么?
3. 供应商合理化需要考虑哪些因素?
4. QR 的最新发展是什么?
5. 什么是 EOS?它有哪些类型?
6. ECR 有哪些应用原则?
7. 如何进行 ECR 系统的构建?
8. 简述 EOS 的操作流程。
9. 简述波特的价值链内涵。
10. 如何实施价值链分析法?

【实训项目】

1. 选择一家大型制造业企业,说一说哪种供应链管理方法适合该企业?
2. 一般的,制造业企业在选择供应链管理方法时需注意哪些问题?

【案例分析】

沃尔玛的快速反应系统

沃尔玛1986年开始在其供应链中建立了快速反应系统,主要功能是进行订货业务和付款通知业务。通过电子数据交换系统发出订货明细清单和受理付款通知,提高订货速度和准确性,节约相关事务的作业成本。快速反应系统的具体运用过程是:沃尔玛设计出POS数据的输送格式,通过EDI系统向供货厂商传送POS数据。供货厂商基于沃尔玛传送来的POS信息,及时了解沃尔玛的商品销售状况,把握商品的需求动向,并及时调整生产计划和材料采购计划。供货厂商利用EDI系统在发货之前,向沃尔玛传送预先发货清单。这样,沃尔玛事前就可以做好进货的准备工作,同时可以省去货物数据的输入作业,使商品检验作业效率化。沃尔玛在接收货物时,用扫描读取机包装箱上的物流条形码,把扫描读取机读取的信息与预先储存在计算机的进货清单进行核对,判断到货和发货清单是否一致,从而简化了检验作业。在此基础上,利用电子支付系统EFT向供货厂商支付货款。同时,只要把ASN数据和POS数据进行比较,就能迅速知道商品库存的信息。这样做不仅使沃尔玛节约大量的事务性作业成本,而且还能压缩库存,提高商品周转率。沃尔玛还把零售店商品的进货和库存管理的职能转移给供货厂商,供货厂商对沃尔玛的流通库存进行管理和控制,即采用供货厂商管理的库存方式。沃尔玛让供货厂商与之共同管理物流配送中心。在物流配送中心保管的商品所有权属于供货厂商,供货厂商对POS信息和ASN信息进行分析,把握商品的销售和沃尔玛的库存动向。在此基础上,决定什么时间,把什么类型商品,以什么方式,向什么店铺发货。发货的信息预先以ASN形式传送给沃尔玛各相关门店,做多频度小数量连续库存补货,即采用连续库存补货方式。由于沃尔玛采用供货厂商管理库存和连续补货等先进的库存管理方式,使得供货厂商不仅能减少本企业的库存,还能减少沃尔玛的库存,实现双方库存水平的最小化。另外,对沃尔玛来说,快速反应系统省去了商品进货的业务成本,同时还能集中精力于销售活动。并且,事先能得知供货厂商的商品促销计划和商品生产计划,能以较低的价格进货,这些都为沃尔玛进行价格竞争提供了必要的条件。

案例思考题

1. QR的实施要点是什么?
2. 结合案例,谈谈QR对供应链管理的意义。

第六章
Chapter 6

供应链环境下的采购与供应管理

【学习要点】

通过本章学习,要求学生了解采购的含义与流程;理解采购在供应链中的重要地位;理解供应链采购模式与传统采购模式的区别;理解供应链采购模式的特点与优化;了解JIT采购的概念与特点;掌握JIT采购的策略与实施步骤;了解全球采购的含义、特点与实施方法;掌握供应商的选择、开发与评价的方法。

【引导案例】

联想的采购战略

联想是一家全球PC领导企业,而新联想是一家极富创新性的国际化的科技公司,由联想及原IBM个人电脑事业部组成。

在供应商和采购的策略方面,联想根据采购金额和物料的风险来确定了四大类策略:战略型、杠杆型、关键型和策略型。它针对不同类型的供应商和物料,采取不同的策略,从而达到采购资源的最优化。在采购策略上,联想希望和供应商之间采取双赢的策略。一方面,采取非常紧密合作的战略;另一方面,则引入优胜劣汰的机制,并采取一体化的运作体系。联想是把采购、生产、分销以及物流整合成统一的系统。

从联想的供应链来看,有300多家的供应商和5 000多家客户要管理。联想有北京、上海和惠阳三个工厂。目前,生产的主要产品除了台式电脑、笔记本、服务器之外,还有MP3等数码产品,联想的供应链是一个非常复杂的供应链体系。联想的物料主要分为国际采购的物料和国内采购的物料。国际采购的物料基本上都是通过香港,然后分别转到国内的惠阳、上海和北京。国内采购的物料会直接发到各个工厂,然后由各个工厂制作成产品,最后发到代理商和最终的用户手中。通过接收链和交货链很好地协同,来应对供应的变化和满足客户的需求。

在运作模式上,联想目前并不是一个完全按订单生产的企业。联想目前主要的客户60%~70%来自个人和中小型企业。以前,它是以库存驱动模式满足客户需求,这种模式不能很好地满足客户的需求。现在,根据客户的需求来管理整个供应链,协调采购、生产和销售。联想的运作模式是采取安全库存加上按订单生产的方式。它会有1~2天的成品安全库存,而更多的是根据用户的订单来快速地满足客户和市场的需求。

在采购组织上,联想的采购本部在北京。另外,在上海、香港、深圳和台北等供应商比较集中的地方也建立了相应的采购平台,从而加强对供应商的监控。

(资料来源:http://www.chinabuy.ws/read.asp? id = 33522 2010 - 08 - 20)

第一节 采购管理概述

一、采购与采购管理

1. 采购的概念

在现代社会中,人们所消耗的物品都需要采购活动进行补充。一般认为,采购是指组织或个人基于生产、销售、消费等目的,购买商品或劳务的交易行为。

在经济管理活动中,采购(Purchasing)是指企业在一定的条件下从供应市场获取产品或服务作为企业资源,以保证企业生产及经营活动正常开展的一项企业经营活动。

采购的定义体现了以下内涵:

(1)采购是从资源市场获取资源的过程。资源市场由能够提供这些资源的供应商组成,既包括生活资料,也包括生产资料;既包括物质资源,也包括非物质资源;既包括商品资源,也包括劳力、资本、服务等要素资源。

(2)采购是商流和物流的统一。商流是资源的所有权或使用权从供应商转移到用户手中,主要通过商品交易、等价交换来实现;物流是资源的物质实体从供应商转移到用户手中,通过运输、仓储等物流活动来实现。采购是这两方面的完整结合,缺一不可。

(3)采购是一种经济活动,既有经济效益,也要发生成本。科学的采购和管理就是要在效益和成本之间达到最佳平衡。因此,要重视采购决策,采购决策内容除市场资源调查、市场变化信息的采集和反馈、供货商家选择等外,重要的是决定进货批量、进货时间,从而使企业在生产不受影响的同时,有效降低成本。

2. 采购的过程

采购过程是提出采购需求、选定供应商、谈判价格、确定交货及相关条件，签订合同，并按要求收货付款的过程，如图 6.1 所示。

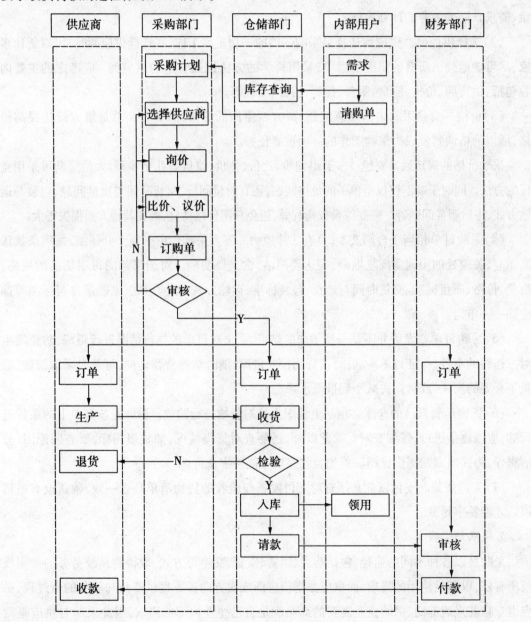

图 6.1　采购流程图

（1）制订采购计划。采购计划是指企业管理人员在了解市场供求情况，认识企业生产经营活动过程中和掌握物料消耗规律的基础上对计划期内物料采购管理活动所做的预见性的安排和部署。采购计划是根据生产部门或其他使用部门的计划制订的包括采购物料、采购数量、需求日期等内容的计划表格。

（2）选择供应商。供应商选择是采购部门的一项重要工作，在选择供应商时，可以货比多家，尽可能地列出所有的供应商清单，采用科学的方法挑选合适的供应商。应考虑的主要内容包括：供货期、价格、质量、服务、位置、信誉、柔性等。

（3）价格一直是采购中的敏感问题，买方希望压低价格，而卖方又总是想方设法提高价格，所以价格谈判就成为采购工作的一项重要任务。

采购价格的确定通常要经过多渠道询价、比价、估价、议价等几个步骤，大量采购可采用竞标的方法。同时采购不仅仅是单一的价格问题，还有质量问题、交货时间与批量问题、包装与运输方式、售后服务问题等。需要综合权衡利弊，避免只图价格便宜，而在其他方面损失很大。

（4）采购订单相当于合同文本，具有法律效力。签发采购订单必须十分仔细，每项条款认真填写，关键处的用词需反复推敲，表达要简洁，含义要明确。对于采购的每项物品的规格、数量、价格、质量标准、交货时间与地点、包装标准、运输方式、检验形式、索赔条件与标准等都应该——审定。

（5）采购订单签发后并不是采购工作的结束，必须对订单的执行情况进行跟踪，防止发生对方违约的事件，保证订单顺利执行，货物按时进库，随时掌握货物动向，可及时采取措施，避免不必要的损失，或将损失减小到最低水平。

（6）货物运到自己的仓库必须马上组织人员对货物进行验收。验收是按订单上的条款进行的，应该逐条进行，仔细查对。除此以外，还要查对货损情况，如货损超标，要查明原因，分清责任，为提出索赔提供证据。货物验收完毕才能签字认可。

（7）支付货款。支付以前必须查对支付发票与验收的货物清单是否一致，确认没有差错以后才能签字付款。

3. 采购与供应

采购是以各种不同的途径，包括购买、租赁、借贷、交换等方式，取得物品及劳务的使用权或所有权，以满足使用的需求，而供应是指供应商或卖方向买方提供产品和服务的全过程，供应也意味着采购部门、采购企业需要的商品满足自己企业内部的需求，因此采购与供应是两个相辅相成的过程。

采购管理是指为了达成生产或销售计划,从适当的供应商那里,在确保质量的前提下,在适当的时间,以适当的价格,购入适当数量的商品所采取的一系列管理活动。而供应管理是为了保质、保量、经济、及时地供应生产经营所需要的各种物品,对采购、储存、供料等一系列供应过程进行计划、组织、协调和控制,以保证企业经营目标的实现。鉴于采购与供应管理在企业中的巨大作用,我们说采购与供应活动也是企业经营活动的重要组成部分,对采购与供应活动的管理应予重视。

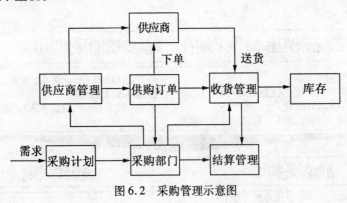

图6.2　采购管理示意图

二、采购的重要性

采购环节具有不可或缺性:无论是什么性质的企业,生产经营所需要的各种物资不可能完全自给自足,企业运作必需的各种原材料、设备等必须依靠采购来获得满足。

(1)从价值角度看,采购对企业的成本和利润有着极大的影响。采购成本是企业成本控制中的主体和核心部分。对于典型的制造型企业来说,采购成本(包括原材料和零部件)要占产品总成本的60%。良好的采购将直接增加企业的利润和价值,保证产品质量,降低经营风险,提高企业竞争能力。

(2)从质量角度来看,通过采购,企业可以将质量管理延伸到供应商,借以提高自身产品的质量水平。

(3)从时间角度看,采购是企业商务活动的基础环节,供应商的对采购者的反应速度是企业竞争的主要因素。

三、战略采购

1. 战略采购的内涵

"战略采购"是由著名咨询企业科尔尼(A.T. Kearney)于20世纪80年代首次提出的,其对战略采购的定义是"战略采购是计划、实施、控制战略性和操作性采购决策的过程,目的是指导采购部门的所有活动都围绕提高企业能力展开,以实现企业远景计划"。它有别于常规的采购管理,注重的是"最低总成本",而常规采购注重的是"单一最低采购价格"。战略采购用于系统地评估一个企业的购买需求及确认内部和外部机会,从而减少采购的总成本,其好处在于充分平衡企业内外部优势,以降低整体成本为宗旨,涵盖整个采购流程,实现从需求描述直至付款的全程管理。

战略采购和操作采购的分开可以更有效地配置管理资源,并使两项功能都能得以高效地发挥,如图 6.3 所示。

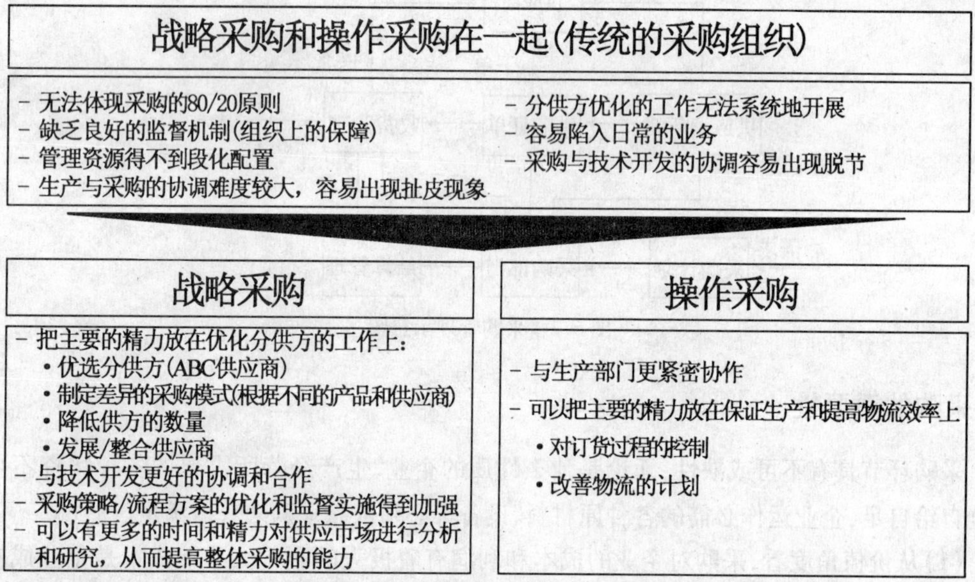

战略采购和操作采购在一起(传统的采购组织)
- 无法体现采购的80/20原则
- 缺乏良好的监督机制(组织上的保障)
- 管理资源得不到段化配置
- 生产与采购的协调难度较大,容易出现扯皮现象
- 分供方优化的工作无法系统地开展
- 容易陷入日常的业务
- 采购与技术开发的协调容易出现脱节

战略采购
- 把主要的精力放在优化分供方的工作上:
  · 优选分供方(ABC供应商)
  · 制定差异的采购模式(根据不同的产品和供应商)
  · 降低供方的数量
  · 发展/整合供应商
- 与技术开发更好的协调和合作
- 采购策略/流程方案的优化和监督实施得到加强
- 可以有更多的时间和精力对供应市场进行分析和研究,从而提高整体采购的能力

操作采购
- 与生产部门更紧密协作
- 可以把主要的精力放在保证生产和提高物流效率上
  · 对订货过程的控制
  · 改善物流的计划

图 6.3 战略采购和操作采购分开的优点

随着采购部门在公司中战略地位的提高,采购逐渐由程序化的、单纯的购买向前瞻性、跨职能部门、整合的功能转变。采购整合包括:采购部门参与战略计划过程,战略选择时贯穿采购和供应链管理的思想,采购部门有获取战略信息的渠道,重要的采购决策与公司的其他战略决策相协调。

2. 战略采购的重要原则

(1)总购置成本最低。总购置成本不仅仅是简单的价格,还承担着将采购的作用上升为全面成本管理的责任,它是企业购置原料和服务所支付的实际总价,包括安装费用、税、存货成本、运输成本、检验费、修复或调整费用等。总成本最优被许多企业的管理者误解为以价格最低,只要购买价格低就好,很少考虑使用成本、管理成本和其他无形成本。采购决策影响着后续的运输、调配、维护、调换乃至产品的更新换代,因此必须有总体成本考虑的远见,必须对整个采购流程中所涉及的关键成本和其他相关的长期潜在成本进行评估。

(2)建立双赢的战略合作伙伴关系。不同企业有不同的采购方法,企业的采购手段和企业管理层的思路与文化风格是密切相关的,有的企业倾向于良好合作关系的承诺,有的倾向于竞争性定价的承诺。战略采购过程不是零和博弈,一方获利一方失利,战略采购的谈判应该是一个商业协商的过程,而不是利用采购杠杆,压制供应商进行价格妥协,而应当是基于对原材料市场的充分了解和企业自身长远规划的双赢沟通。

(3)建立战略采购的核心能力。双赢采购的关键不完全是一套采购的技能,而是范围更广泛的一套组织能力:总成本建模、创建采购战略、建立并维持供应商关系、整合供应商、利用供应商创新、发展全球供应基地。很少有企业同时具备了以上六种能力,但至少应当具备以下三种能力:总成本建模能力,它为整个采购流程提供了基础;创建采购战略能力,它推动了从战术的采购观点向战略观点的重要转换;建立并维持供应商关系能力,它注重的是双赢采购模式的合作部分。

(4)制衡是双方合作的基础。企业和供应商本身存在一个相互比较、相互选择的过程,双方都有其议价优势,如果对供应商所处行业、供应商业务战略、运作模式、竞争优势、稳定长期经营状况等有充分的了解和认识,就可以帮助企业本身发现机会,在互赢的合作中找到平衡。现在,已有越来越多的企业在关注自身所在行业发展的同时开始关注第三方服务供应商相关行业的发展,考虑如何利用供应商的技能来降低成本、增强自己的市场竞争力和满足客户了。

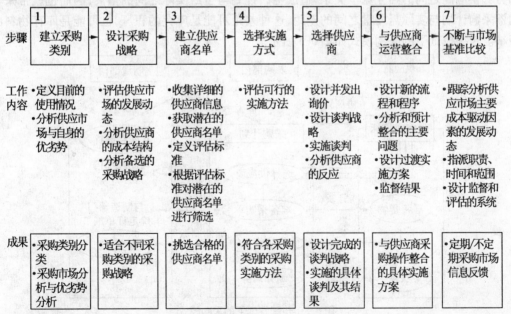

图 6.4 战略采购的实施步骤

第二节 供应链管理环境下的采购模式

一、传统采购管理分析

在传统物流的采购管理模式下,采购作业流程的特点是采购周期长,效率不高,采购人员要求低,采购部门相对独立,与其他部门脱节。

传统采购流程一般要经过选择供应商、提出申请、编制计划、签订合同、收到货物、验收入库、支付货款等一系列的活动。采购部门作为一个单独的职能部门,相对独立地开展工作,与公司的其他部门很少进行直接的接触,采购人员很少与工程技术人员、生产施工人员、财务人员等进行沟通,通常采购部门关心的是物料的供应,对于开发新产品、降低生产成本、改善产品品质则缺乏必要的关心和参与,造成采购效率低下,采购的周期被人为地延长。

在传统采购过程下,企业和供应商是相互独立的,它们之间不能很好地进行协调,竞争多于合作。在这种情况下,采购方想方设法以最低的价格买到所需的物料,买卖双方围绕着采购品讨价还价,采购活动表现为典型的非信息对称博弈过程,采购方和供应商之间形成的是"零和"的竞争关系。同时,市场环境不断变化,使企业的销售和生产也随之变化。但由于采购方和供应商之间的独立竞争关系,造成生产计划与生产实际之间的偏离,因而也就带来了物资采购计划与实际需要量之间的差距,这种差距可能是库存的积压,也可能是库存物料的短缺。传统模式下的采购模式如图6.5所示。

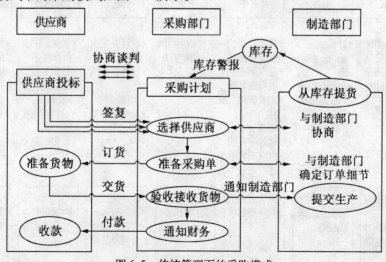

图6.5 传统管理下的采购模式

传统采购模式有以下几个特点:

1. 传统采购过程是一个信息私有化的过程

选择供应商在传统的采购中是首要任务。在采购活动中,因为给供应商提供的信息越多,供应商的竞争筹码就越大,对采购方不利。因此,采购方为了能从众多竞争性的供应商中选择一个最佳的供应商,往往会保留私有信息。而供应商在与其他供应商竞争时,也会隐瞒自己的信息。这样一来,采购和供应双方都不能有效地进行信息共享互存,导致信息不对称,引发相互的不信任。

2. 采购部门对质量和交货期的检查都是事后把关

在传统管理的采购模式下,采购方基本无法参与到供应商的生产过程和相关的质量控制活动中来,双方的工作既不透明也无法做到有效沟通。因此,采购部门难以对采购品进行实时的跟踪查询。

3. 供需关系是临时的或短时期的合作关系

在传统管理下的采购模式中,供应与需求之间无法做到长期的战略伙伴关系,而是一种临时或短时的合作。由于缺乏相互合作和沟通协调,在采购过程中就会出现相互推诿和抱怨,双方没有更多的精力来筹谋工作,可想而知,采购的质量和效率势必下降。

4. 缺乏快速响应用户需求的能力

由于供应与采购双方在信息沟通方面缺乏及时的信息反馈,导致采购方在生产需求减少时库存增加;当生产需求增加时,出现供不应求的现象。在市场需求骤变时,供需之间对用户的需求无法积极响应,从而缺乏应付市场变化的能力。

二、供应链采购管理分析

在供应链环境下,采购包含更广泛的含义,供应链采购是指处于供应链条件下的企业,以下游客户多样化需求为导向,从外部供应商获取物资、服务、技术、能力、知识等有利资源来提升自身核心竞争力的过程。这是一个企业内、外部资源整合的过程,体现了供应链环境下资源配置的本质要求,有利于合作企业之间合作伙伴关系的发展,也有利于企业互惠共赢目的的实现。

供应链采购与传统的采购相比,物资供需关系没变,采购的概念没变,但是由于供应链各个企业之间是一种战略伙伴关系,采购是在一种非常友好合作的环境中进行,所以采购的观念和采购的操作都发生了很大变化,供应链采购简化了采购业务流程,大幅度地提高了采购的效率,降低了采购的成本。

在供应链下,企业对于供应商不再是一味强迫供应商做出让步,或寻找多个供应商并采取分而治之的方式。而是通过逐步减少供应商的数量,致力于与供应商建立一种长期的、互利互惠的合作关系,通过双方公开价格与成本构成,不断改进降低成本,缩短了供应商的供应周期,提高供应的灵活性;以工作流为中心,取代了以职能为中心,突破了部门界限,消除了各部门的本位主义,形成了工作流高效的共同体,降低了企业的原材料、零部件的库存水平,降低了管理费用,加快了资金周转,增加了供货稳定性;在质量方面,由于供应商的数量少而且企业可以参与到供应商的生产组织过程和有关质量控制过程,对采购的产品进行事中控制,甚至是事前控制,原材料和零部件等的质量得到很好的保证,从而省去了一系列的检验过程;与供应商沟通的加强,改善了订单的处理过程,提高了材料需求的准确性;共享了供应商的技术和革新成果,与供应商建立技术联盟,缩减了新产品的开发成本和时间。

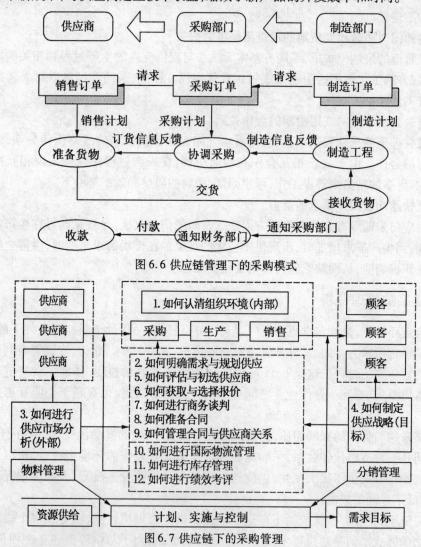

图6.7 供应链下的采购管理

供应链采购管理具有以下主要特点:

1. 以外部资源管理为工作重心

供应链管理思想是协调性、集成性、同步性,要求提高采购的柔性和市场响应能力,增加和供应商的信息联系和相互之间的合作,建立新的供需模式。由此,采购工作的重点转向实现有效的外部资源管理。包括:形成相对稳定的、多层次的供应商网络,建立供应商数据库系统;提供供应商的教育培训支持;参与供应商的产品设计和质量控制;制定供应商评价与激励制度。

2. 面向过程的采购管理

由于分工过细,传统的采购管理在信息沟通上存在明显的问题。供应链管理贯穿的是一种过程管理的思想,这种思想要求将企业内部以及节点企业之间的各种业务看作一个整体功能过程,形成集成化供应链管理体系。供应链条件下的采购管理以采购的过程为管理对象,通过对过程中的资金流、物流和信息流的统一控制,以达到采购过程总成本和总效率的最优匹配。

3. 与上游供应商双赢的伙伴关系

在传统条件下,企业与供应商之间是简单的买卖关系。在供应链环境下,双赢伙伴关系成为采购管理中企业与供应商之间关系的典范。它表现为制造商对供应商给予协助,帮助供应商降低成本、改进质量、加快产品开发进度;通过建立相互信任的关系提高效率,降低交易费用;长期的信任合同取代短期的合同和比较多的信息交流。

4. 电子商务下的信息化采购

供应链管理之所以区别于传统意义的管理而成为电子商务时代全新的概念,其中一个重要的原因是它以信息技术为手段,以信息资源的集成为前提,实现了采购内部业务信息化和外部运作信息化。采购内部业务信息化较容易实现,主要通过建立采购管理信息系统以及与财务会计信息系统的接口。信息化实现了采购管理的无纸化,减少了信息传递的速度,极大地提高了企业对市场的反应速度。

5. 供应商的持续发展合作能力

在传统采购模式中,供应商主要是通过价格竞争选择的,制造商与供应商是短期的交易关系。当发现供应商不合适时,会通过市场竞争的方式重新选择供应商。在供应链管理环境下,供应商的合作能力影响企业的长期利益。因此,选择供应商时,需要对供应商进行综合评估,不仅仅根据质量、价格等指标,更需要根据技术、能力、创新等指标。

在供应链的采购模式中,采购方和供应方的关系从传统的零和竞争关系转变为完全的"无缝"合作关系。供应链采购与传统采购的比较见表6.1。

表6.1 供应链采购与传统采购的比较

项 目	供应链采购	传统采购
基本性质	基于需求的采购	基于库存的采购
	供应方主动型、需求方无采购操作的采购方式	需求方主动性、需求方全采购操作的采购方式
	合作型采购	对抗型采购
采购环境	友好合作环境	对抗性竞争环境

续表6.1

项　目	供应链采购	传统采购
信息关系	信息传输、信息共享	信息不通、信息保密
库存关系	供应商掌握库存	需求方掌握库存
	需求方可以不设仓库、零库存	需求方设立仓库、高库存
送货方式	供应商小批量多频次连续补充货物	大批量少频次进货
双方关系	供需双方关系友好	供需双方关系敌对
	责任共担、利益共享、协调性配合	责任自负、利益独享、互斥性竞争
货检工作	免检	严格检查

三、供应链下采购模式的转变

1. 从为库存而采购到为订单采购的转变

在传统的采购中，其采购部门并不关心企业的生产过程，不能掌握生产的进度、用料规律、产品需求的变化，因而无法安排好进货周期。采购部门的目的很简单，只要正在进行的生产不发生"停工待料"的现象就行了，为此而储备的保险库存就是我们常说的为库存而采购。

在供应链管理的模式下，采购活动是以订单拉动生产的方式进行的。即生产订单是在用户需求订单的拉动下产生，生产订单拉动采购订单，采购订单再拉动供应商。这种准时化的订单拉式控制策略，使物流系统得以快速响应用户的需求，从而提高物流的速度和库存的周转率，降低库存成本。

2. 从采购管理向外部资源管理转变

传统采购管理的不足之处在于与供应商缺乏交流合作，缺乏柔性的、对需求快速响应的能力。准时制采购和准时制生产的思想出现后，为企业的供应链管理带来了挑战和机遇。将原来传统的单纯为库存而采购的管理模式，转变为提高采购的柔性和市场响应能力，增加和供应商的沟通联系，使原材料的库存为零，缺陷为零，建立新的供需合作模式。

由于传统的采购模式只单纯地重视企业内部资源的管理，即孤立地追求采购流程的优化、监控采购环节等，而没有与供应商进行有效的合作。而在供应链管理模式下，采购管理不但加强内部资源的管理，还转向对外部资源的管理，加强与供应商在信息沟通、市场应变能力、产品设计、产品质量、交货期等方面的合作，真正实现零库存，达到双赢的目的。

3. 从一般买卖关系向战略协作伙伴关系转变

在传统的采购模式中，供应商与生产企业之间是一般的买卖关系，不能解决全局性、战略性的供应链问题，企业与企业之间无法共享库存信息，企业间所获取的信息就会出现偏差，失真导致信用风险、产品质量风险、库存资金积压等风险。

在供应链环境下,供应商与生产企业从一般的短期买卖关系发展成长期合作伙伴关系直至战略协作伙伴关系,采购决策变得透明,双方为达成长远的战略性采购供应计划而共同协商,从而避免了因信息不对称造成的成本损失。

采购作业通过电子商务,把需方的采购订单自动转换为供方的销售订单;质量标准经过双方协议,由供方完全负责保证,不需两次检验。由于信息畅通和集成,采用设在需方的供方管理仓库的 VMI 方式,把供方的产品库和需方的材料库合二为一,仅在需方生产需要时,才把供方的产品直接发货到需方的生产线,并进行支付结算,减少供需方各自分别入库的流程。

4. 从事后评估向全程绩效评估转变

企业通过健全采购绩效评估体系并持续进行评估,可以及时、有效地发现采购作业中的问题,制定改善措施和解决方案,确保采购目标的实现和绩效的提升。对于绩效评估体系的健全,可建立包括采购(计划完成及时率)、物料质量(来料合格率)、采购成本(价格差额比率)、采购周期、供应(供应准确率)、库存(库存周转率)、服务满意度等指标体系来评估。

通过采购模式的转变,可以提高采购效率、降低采购成本,使采购的过程公开化,促进采购管理定量化、科学化,实现生产企业从为库存而采购到为订单而采购的转变,实现采购管理从内部资源管理向外部资源管理的转变。

第三节 供应链管理环境下的准时采购策略

企业的采购应该着眼于供应链的整体框架,考虑供应的速度、柔性、风险,优化采购模式,从单一的竞争性采购模式变成为集中采购、全球采购、准时采购等多种模式及其优化组合以增强供应链竞争力。本节对准时制采购做重点分析。

一、准时采购的基本思想

准时采购(JIT 采购)是由准时化生产(Just in Time)管理思想演变而来的。JIT 采购是一种先进的物资采购方式,它的极限目标是原材料和外购件的库存为零、缺陷为零。它的基本思想是:把合适的数量、合适质量的物品、在合适的时间供应到合适的地点,最好地满足用户需要。准时化采购和准时化生产一样,它不但能够最好地满足用户需要,而且可以极大地消除库存、最大限度地消除浪费,从而极大地降低企业的采购成本和经营成本。

供应链环境下的采购模式和传统的采购模式的不同之处在于采用订单驱动的方式。订单驱动使供应与需求双方都围绕订单运作,也就实现了准时化、同步化运作。要实现同步化运作,采购方式就必须是并行的,当采购部门产生一个订单时,供应商即开始着手物品的准备工作。与此同时,采购部门编制详细采购计划,制造部门也进行生产的准备过程,当采购部门把详细的采购单提供给供应商时,供应商就能很快地将物资在较短的时间内交给用户。当用户需求发生改变时,制造订单又驱动采购订单发生改变,这样一种快速的改变过程,如果没有准时的采购方法,供应链企业很难适应这种多变的市场需求,因此,准时化采购增加了供应链的柔性和敏捷性,体现了供应链管理的协调性、同步性和集成性,供应链管理需要准时化采购来保证供应链的整体同步化运作。

【知识链接】

JIT 的哲理和方法

准时化生产是二战以后最重要的生产方式之一。由于它起源于日本的丰田汽车公司,因而曾被称为"丰田生产方式",后来随着这种生产方式的独特性和有效性,被越来越广泛地认识、研究和应用,人们才称为 JIT。

JIT 可用于业务中任何具有重复性的部分,而不论它们出现在何处。JIT 是一组活动的集合,是一种浓缩各种精华的哲理,它是在重复制造的生产环境下发展起来的一种先进的管理思想、管理方法及管理工具。

JIT 哲理的核心是:消除一切无效的劳动与浪费,在市场竞争中永无休止地追求尽善尽美。JIT 十分重视客户的个性化需求,重视全面质量管理,重视人的作用,重视对物流的控制,主张在生产活动中有效降低采购、物流成本。

JIT 方法的主要特点是拉动作业,只有在下道工序有需求时才开始按需用量生产,采取标准化计划,按日产批量采购和投产,把库存降到最低限度。在库存记录上采取反冲的方法,以减少记录库存的事务处理工作量。其目的在于实现在原材料、在制品及产成品保持最小库存的情况下进行大批量生产。"准时化"是基于"任何工序只有在需要的时候,按需要的量生产所需的产品或提供所需服务"的逻辑,生产需要产生于产品的实际需要。从理论上讲,当有一件产品卖出时,市场就从系统的终端(如总装线)拉动一个产品,于是形成对生产线的订货、采购。JIT 是一种执行策略,它需要 MRP(材料需要计划)的计划功能、BOM(材料清单)、库存记录等基础文件。如果说 MRPP 计划的执行采用订单形式,JIT 则采用均衡生产的日产计划及看板形式。实施 JIT 必须要用到工业工程的许多技术与方法。JIT 与 MRP 对待需求的不同之处可以表示为:"仅仅"在需要的时间和地点,"恰好"按需要的数量,"及时"生产需要的合格产品。也就是说,JIT 的批量规则为"不多不少不早不晚地满足需求",同时,在质量、设备完好、人员等多方面保证条件的前提下(也就是避免返工、避免停工、应付缺勤),最大限度地降低或取消安全库存。

二、供应链管理下 JIT 采购模式的优点

在供应链管理系统中,制造商与供应商之间建立了战略合作伙伴关系,单货源供货。通过信息共享缩短响应时间,实现了供应链的同步化动作。准时化的采购使采购业务流程朝着零缺陷、零库存、零交货期的期望方向发展。

供应链管理下 JIT 订单采购驱动模式具有以下优点:

(1)有利于暴露生产过程隐藏的问题,从深层次上提高生产效益。JIT 采购认为,过高的库存不仅增加了库存的成本,而且还将许多生产上、管理上的矛盾掩盖起来。JIT 是一种理想的物资采购方式,它设置了一个最高标准,一种极限目标,即原材料和外购件的库存为零,质量缺陷为零。同时,为了尽可能地实现这样的目标,JIT 采购提供了一个不断改进的有效途径,即降低原材料和外购件库存,暴露物资采购问题,采取措施解决问题,降低原材料和库存。

(2)消除生产过程的不增值过程。在企业采购中,存有大量的不增加产品价值的活动,JIT 采购由于大大地精简了采购作业流程,因此消除了这些浪费,极大地提高了工作效率。

(3)进一步减少并最终消除原材料和外购件库存。降低企业原材料库存不仅取决于企业内部,而且取决于供应商的管理水平。JIT 采购不仅是一种采购方式,还是一种科学的管理模式,它有利于企业减少流动资金的占用,加速流动资金的周转,同时也有利于节省原材料和外购件库存占用空间,从而降低库存成本。

(4)使企业真正实现柔性生产。从而使原材料和外购件库存降到最低水平。从这个意义上讲,JIT 采购最能适应市场需求变化,使企业能够具有真正的柔性。

(5)有利于提高采购物资的质量。一般来说,实施 JIT 采购,可以使购买的原材料和外购件的质量提高 2~3 倍。

(6)有利于降低原材料和外购件的采购价格。由于供应商和制造商的密切合作以及内部规模效益与长期订货,再加上消除了采购过程中的一些浪费,就使得购买的原材料和外购件的价格得以降低。

表6.2 准时化采购与传统采购的区别

项 目	JIT 采购	传统采购
基本思想	原材料和外购件的库存为零	确定经济订购批量和合理库存
供应商的选择	长期合作,单源供应	短期合作,多源供应
供应商的评价	质量,交货期,价格	质量,价格,交货期
意义	减少库存和加快库存周转	保证库存水平和生产经营
采购动因	客户需求	补给库存
驱动方式	订单引导,主动	生产引导,被动

续表 6.2

项　目	JIT 采购	传统采购
协商内容	长期合作,质量,合理价格	获得最低价格
库存要求	几乎零库存	安全库存
合作关系	长期战略合作伙伴	竞争和合作并存
信息要求	快速,可靠	一般要求
采购批量	小批量,送货高频率	大批量,送货低频率
包装	标准化容器包装	普通包装,无特定说明
采购成本	因减少浪费而降低	高采购成本
运输	准时送货,买方市场	较低的成本,卖方负责安排

三、供应链管理下 JIT 采购的策略

在即时采购条件下,企业是与少数供应商结成固定关系,甚至是单源供应。但是在实际运作中,为了防止因为单源供应而产生竞争力弱化,或因意外原因产生生产停滞,一般都是采用数个供应商作为采购源,以加强供应商之间的竞争和能力的不断提高。

(1) 减少供货商的数量。最理想的情况是,对某种原材料只从一个供应商处采购,这种作法称之为单源供应。单源供应的好处是,企业与供货商之间增加了依赖性,有利于建立长期互利合作的伙伴关系。

(2) 小批量采购。由于 JIT 采购旨在消除原材料的库存,采购必然是小批量的。采购批量小将使送货频率增加,从而引起运输物流费的上升。

(3) 合理选择供应商。JIT 采购采取单源供应,可以说,选择到合格的供应商是 JIT 采购能否成功实施的关键。在选择供应商时,需要对供应商按照一定标准进行综合评价,这些标准应包括产品质量、交货期、价格、技术能力、应变能力、批量柔性、交货期与价格的均衡、价格与批量的均衡、地理位置等。

(4) 对交货的准时性要求更加严格。JIT 采购的一个重要特点是要求交货准时,这是实施准时化生产的前提条件。交货准时取决于供应商的生产与运输条件。

(5) 从根源上保障采购质量。实施 JIT 采购后,企业的原材料和外购件的库存很少以至为零。因此,为了保障企业生产经营的顺利进行,采购物资的质量必须从根源上抓起,也就是说,质量问题应由供应商负责,而不是企业的物资采购部门。这就从根源上保证采购质量。

(6) 对信息交流的需求加强。JIT 采购要求供应与需求双方信息高度共享,保证供应与需求信息的准确性和实时性。只有供需双方进行可靠而快速的双向信息交流,才能保证所需的原材料和外购件的准时按量供应。

(7) 可靠的送货和特定的包装要求。由于 JIT 采购消除了原材料和外购件的缓冲库存,

供应商交货的失误和送货的延迟必将导致企业生产线的停工待料。因此,可靠送货是实施JIT采购的前提条件。而送货的可靠性,常取决于供应商的生产能力、运输条件和应变能力。

四、JIT采购实施步骤

(1)创建准时化采购班组。专业化的高素质采购队伍对实施准时化采购至关重要。为此,首先应成立两个班组:一个是专门处理供应商事务的班组;另外一个班组是专门从事消除采购过程中浪费的班组。

(2)制订计划,确保准时化采购策略有计划、有步骤地实施。要制订采购策略,改进当前的采购方式,减少供应商的数量、正确评价供应商、向供应商发放签证等内容。在这个过程中,要与供应商一起商定准时化采购的目标和有关措施,保持经常性的信息沟通。

(3)精选少数供应商,建立伙伴关系。选择供应商应从以下几个方面考虑:产品质量、供货情况、应变能力、地理位置、企业规模、财务状况、技术能力、价格、与其他供应商的可替代性等。

(4)进行试点工作。先从某种产品或某条生产线试点开始,进行零部件或原材料的准时化供应试点。通过试点,总结经验,为正式实施准时化采购打下基础。

(5)搞好供应商的培训,确定共同目标。准时化采购是供需双方共同的业务活动,单靠采购部门的努力是不够的,需要供应商的配合。

(6)向供应商颁发产品免检合格证书。准时化采购和传统的采购方式的不同之处在于买方不需要对采购产品进行比较多的检验手续。

(7)实现配合准时化生产的交货方式。准时化采购的最终目标是实现企业的生产准时化,为此,要实现从预测的交货方式向准时化适时交货方式转变。

(8)继续改进,扩大成果。准时化采购是一个不断完善和改进的过程,需要在实施过程中不断总结经验教训,从而降低运输成本,提高交货的准确性和产品的质量,降低供应商库存等各个方面进行改进,不断提高准时化采购的运作绩效。

第四节 全球采购

一、全球采购的内涵

全球采购,简单地说是指通过先进运输方式和信息技术的应用,在供应链管理思想的指导下将公司(集团)整个供应的源头延伸到资源丰富、成本低廉的国家和地区,以保证产品总成本的最低。

全球采购具有以下特点：

（1）全球范围内采购。采购范围扩展到全球，不再局限于一个国家、一个地区，可以在世界范围内配置自己资源。

（2）风险性增大增强。国际采购通常集中批量采购，采购项目和品种集中、采购数量和规模较大，牵涉的资金比较多，而且跨越国境、手续复杂、环节较多，存在许多潜在的风险。

（3）采购价格相对较低。因为可以在全球配置资源，可以通过比较成本方式，找寻价廉物美产品。

（4）选择客户的条件严格。因为全球采购，供应商来源广，所处环境复杂。因此，制定严格标准和条件去遴选和鉴别供应商尤其重要。

（5）渠道比较稳定。虽然供应商来源广，线长、面广、环节多，但在全球采购模式下采购商与供应商形成战略合作伙伴关系，因而采购供应渠道相对比较稳定。

二、全球采购的流程

企业在进行全球采购时，通常遵循着一定的步骤，如图 6.8 所示。尽管不同企业进行全球采购时，执行的流程顺序可能会有所差异，但是要想成功地进行全球采购，这些步骤都是必须要完成的。

1. 选择进行全球采购的物品

公司应该选择质量好、成本低、便于装运且无风险的商品进行国外采购。首先选择一个或多个商品进行评价。例如：

（1）选择标准化产品或者说明书易懂的产品。

（2）选择购买量大的产品来检验国际采购的效果。

（3）选择能够使公司从长期采购中获得利益的产品。

（4）选择那些需要较为标准化设备的产品。

（5）识别那些在成本或质量等主要绩效标准方面不具备竞争力的产品。

2. 获取有关国际采购的信息

在确定需要进行国际采购的物品之后，接下来公司就要收集和评价潜在供应商的信息或者识别能够承担该任务的中介。获取信息的途径主要有：国际工业厂商名录、贸易展销会、贸易公司、驻外代理机构、进口经纪人、贸易咨询机构等。

3. 评价供应商

无论是买方公司还是外国代理机构进行国际采购，公司评价国外供应商的标准都应该与评价国内供应商的标准相同（甚至是更加严格）。国外供应商不会主动达到买方的绩效要求或者期望。

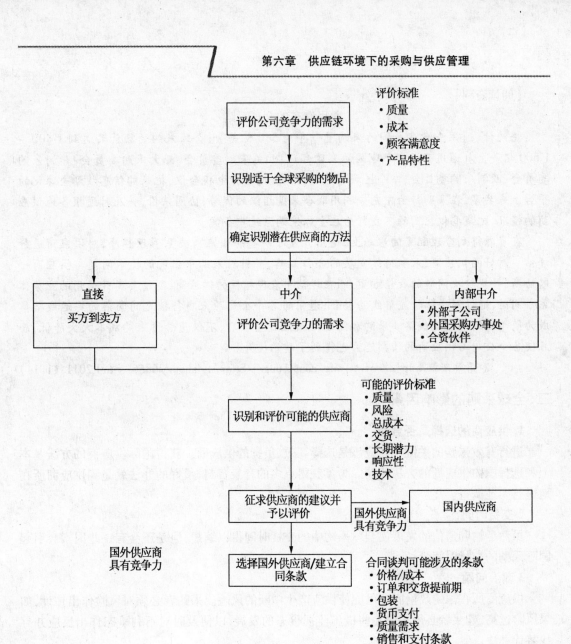

图 6.8 全球采购的基本流程

4. 签订购买合同

确定了合格的供应商之后,买方就要征求供应商的建议书。如果外国供应商并不具备竞争力(通过评价建议书来确定),那么采购员则会选择国内供应商。如果外国供应商能够满足买方的评价标准,那么买方就可以与供应商磋商合同条款了。

【阅读资料】

通用汽车的全球采购

据统计,通用汽车在美国的采购量每年为580亿美金,全球采购金额总共达到1 400~1 500亿美金。通用下设四个地区的采购部门:北美采购委员会、亚太采购委员会、非洲采购委员会、欧洲采购委员会,四个区域的采购部门定时召开电视会议,把采购信息放到全球化的平台上来共享,在采购行为中充分利用联合采购组织的优势,协同杀价,并及时通报各地供应商的情况,把某些供应商的不良行为在全球采购系统中备案。

在资源得到合理配置的基础上,通用开发了一整套供应商关系管理程序,对供应商进行评估。对好的供应商,采取持续发展的合作策略,并针对采购中出现的技术问题与供应商一起协商,寻找解决问题的最佳方案;而在评估中表现糟糕的供应商,则请其离开通用的业务体系。同时,通过对全球物流路线的整合,通用将各个公司原来自行拟定的繁杂的海运线路集成为简单的洲际物流线路。采购和海运路线经过整合后,不仅是总体采购成本大大降低,而且使各个公司与供应商的谈判能力也得到了质的提升。

(资料来源 http://www.1mfg.com/1mfg/j/StoryAff/show/26866.shtml 2011.11.14)

三、全球采购的影响因素

1. 供应商的选择是否合适

进行有效采购的关键问题应该是选择高效、负责的供应商。获得国际供应商的方法基本上和选择国内供应商的方法相同。为了获得更多的背景资料,最好的办法就是到供应商所在地进行实地调查。

2 交货时间

虽然运输和通信的发展使全球采购中的交货时间得以缩短,但是还会有一些因素会引起国际采购的交货时间延长。

3 政治问题

供应商所在国的政治问题可能使供应产生中断的风险。采购者必须对风险作出估计,如果风险过高,购买者必须采取一些措施监视事态的发展,以便及时对不利事态作出反应并寻找替代办法。

4 隐含成本

在将国内采购和国际市场采购作比较时,往往会忽略国际市场采购中的某些成本计算,或者有时也会出现一些突发事件使国际采购的成本增加,这些都是国际市场采购的隐含成本。

5 汇率波动

采购方必须就采用买方国家的货币还是供应方国家的货币作出选择。如果交款时间比较短,就不会出现汇率波动问题。但是如果交款时间比较长,汇率就会产生比较大的变动,交货结算时的价格相对合同签订时就会有很大的出入。

此外还有付款方式、文本工作的费用、法律问题、语言的诸多因素应考虑。

四、全球采购方式

全球采购是在全球背景下、在资源配置进行优化组合的趋势下整合配置出来的,跨国公司在全球范围内进行资源配置,它们的销售体系、采购体系、供应体系都形成了全球化供应的格局。

1.跨国公司全球采购体系

第一种方式,以制造企业为核心的全球采购体系。比如,通用汽车公司等一些技术密集型或具有国际品牌的,或是具有较大资金优势的跨国公司,它们作为采购龙头主导国际采购体系和采购市场。

第二种方式,以贸易企业为核心的全球采购体系。国际大型企业由于要把自身的资源集中在一些核心的领域里,所以这些企业很多的采购活动目前都采取了外包的方式,承担这种采购外包的市场主体,往往是那些在国际市场上非常活跃的贸易企业。

第三种方式,以大型零售集团为核心的全球采购体系。大型跨国零售巨头采购的商品关注的是在国际市场有竞争优势的低成本产品,如中国的服装、鞋帽、食品等商品。

第四种方式,以专业采购组织和经纪人为核心的全球采购体系。中小企业为了获得最佳商品的供应,委托经纪人或者是专业的采购组织来为它们进行服务。目前,这些经纪人和采购组织,在国际上更为流行的运作方式是通过网上采购,特别是集合众多中小企业的采购要求,到一些低成本的国家进行采购。

2.全球采购方式由单元化到多元化

传统的采购方式与渠道比较单一,而全球采购则已向多元化方向发展。表现为:
(1)全球化采购与本土化采购相结合。
(2)集中采购与分散采购相结合。
(3)多供应商与单一供应商相结合。
(4)制造商采购与分销商采购相结合。
(5)自营采购与外包采购相结合。

第五节 供应商开发、考核与选择

一、供应商开发

所谓开发供应商就是要从无到有地寻找新的供应商,建立起适合于企业需要的供应商队伍。开发供应商的操作流程如图6.9所示。

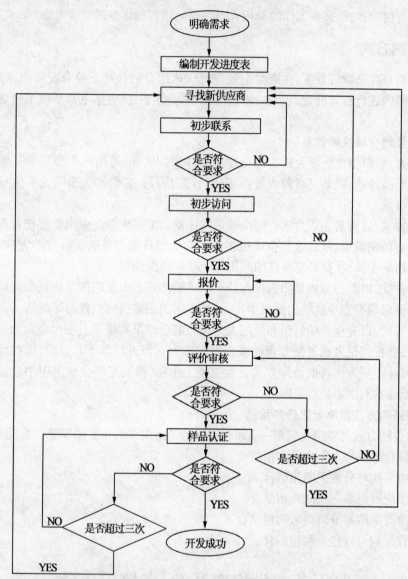

图6.9 开发供应商的操作流程

二、供应商考核与选择

考核供应商和实施任何一次重要采购一样,有许多共同的考虑因素,价格、质量、供应商信誉、售后服务、历史的交往等,整个过程就是供应商的考核。供应商的考核是供应商选择与管理中的必要条件,是了解供应商的优缺点、进行双向沟通、控制供应过程、促进供应商持续改进的有效手段,也是降低供应风险、保障持续供应的重要保证。

(一)供应商考核与选择的步骤

供应商考核与选择主要包括以下几个阶段(图6.10):

第一阶段,成立供应商评估和选择供应商小组并且设计选择供应商的指标体系。

第二阶段,确定全部的供应商名单并对候选供应商进行初步筛选。

第三阶段,综合评价。

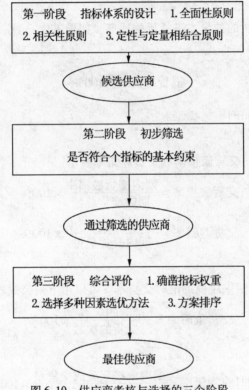

图6.10 供应商考核与选择的三个阶段

(二)供应商考核的指标体系

1. 产品质量

产品质量是最重要的因素,在开始运作的一段时间内要加强对产品质量的检查。检查可以分为两种:一种是抽检,另一种是全检。全检工作量太大,一般可以用抽检的方法。可以用质量合格率用来描述质量的好坏。如果在一次交货中一共抽检了 a 件,其中有 b 件是合格的,则质量合格率 p 可以用下述公式描述:

$$p = \frac{b}{a} \times 100\%$$

当然,质量合格率越高越好。如果 A 次的交货中,每次的合格率 p 不一样,则可以用平均合格率来描述:

$$\bar{p} = \frac{\sum_{i=1}^{N} p_i}{A}$$

但是,在有些情况下,企业会对不合格的产品实行退货管理。这时质量合格率也可以用退货率表示。

所谓退货率,是指退货的数量占进货量的比率。如果进货 m 次,其中退货 r 次,则退货率可以表示为:

$$退货率 = \frac{r}{m} \times 100\%$$

退货率越高,表明产品的质量越差。

2. 工作质量

考核工作质量,可以用交货破损率和交货差错率表示:

$$交货破损率 = \frac{期内交货破损率}{期内交货总量} \times 100\%$$

$$交货差错率 = \frac{期内交货破损率}{期内交货总量} \times 100\%$$

3. 交货期

考察交货期主要是考察供应商的准时交货率。可以用下列公式表示:

$$交货准时率 = \frac{准时的次数}{总交货的次数} \times 100\%$$

相应的,

$$未按时交货量率 = \frac{期内未按照完成交货量}{期内应完成交货量} \times 100\%$$

如果每期的交货率不同,则可以求出各个交货期的平均按时交货量率:

$$平均按时交货量率 = \frac{\sum 按照交货量率}{N}$$

还可以用总供货满足率或缺货率来描述考核的总的供货率:

$$总的供货满足率 = \frac{期内实际完成供货量}{期内应当完成供货总量} \times 100\%$$

$$总缺货率 = \frac{期内实际未完成供货量}{期内应当完成的供货量} \times 100\% = 1 - 总供货满足率$$

5. 进货费用水平

可以用进货费用节约率来考核供应商的进货费用水平:

$$进货费用节约率 = \frac{本期进货费用 - 上期进货费用}{上期进货费用} \times 100\%$$

6. 价格

考核供应商的价格水平,可以和市场同档次产品的平均价和最低价进行比较,并用下式来表示:

$$平均价格比率 = \frac{供应商的供货价格 - 市场的平均价}{市场的平均价} \times 100\%$$

$$最低价格比率 = \frac{供应商的进货价格 - 市场最纸价}{市场最低价} \times 100\%$$

7. 信用度

这个指标主要是考核供应商履行自己的承诺,不是故意拖账,以诚待人。

$$信用度 = \frac{期内失信的次数}{期内效的总次数} \times 100\%$$

(三)供应商选择评价的方法

供应商的选择方法要合乎要求,需要采用一些科学和严格的方法。选择供应商的方法,要根据具体的情况采用合适的方法。常用的方法见本第四章第二节。

三、供应商认证

(一)供应商认证的流程

供应商认证是供应商管理的一项重要内容。但是在供应商认证之前,供应商至少应当要满足三个方面的条件:供应商提交的文件已经通过认证;价格及其他商务条款符合要求;供应商审核必须合格。

企业供应商认证流程如图 6.11 所示。

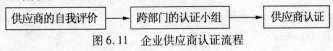

图 6.11 企业供应商认证流程

具体来说,供应商的认证流程如下:

(1)供应商自我评价。
(2)成立供应商认证小组。
(3)针对认证的内容并且确定相应的指标评分体系。
(4)与各部门进行现场调查。
(5)各部门汇总评分。
(6)将认证情况反馈给供应商。

(7) 供应商认证跟踪。

总之,供应商的认证是一个长期的、动态的过程,是通过评估来确认和培养供应商的过程。

(二) 供应商认证的主要内容

(1) 供应商认证基本情况。

(2) 供应商管理情况。

(3) 供应商的设计、工程与工艺情况。

(4) 供应商的生产情况。

(5) 供应商的质量体系和保证情况。

(6) 供应商的企划与物流管理情况。

(7) 供应商的环境管理情况。

(8) 供应商对市场及顾客服务支持情况。

(三) 供应商认证方法

1. 确定审定要素

为了全面、合理地审定供应商资格,必须把下列要素列入审核范围:品质、价格、交货及服务、供应能力、信用、运费、付款方式、合作性等。

2. 确定权数

确定权数主要是确定审定要素权数。各种审定要素的重要程度,应根据市场信息等具体情况,分别取不同的权数。一般可采用"直接打分法"或"强制决定法"。

3. 资格审定

资格审定的对象是供应商。根据采购市场调查资料,按照综合评分法,对供应商逐个进行审定。评出哪些供应商资格可以接受,哪些供应商应该避免与之交往,并编制拒绝与之交往供应商或不合格供应商的目录。

【本章关键词】

采购管理 Procurement Management

准时制采购 JIT Purchasing

战略采购 Strategic Purchasing

全球采购 Global Procurement

思 考 题

1. 什么是采购与采购管理?
2. 什么是战略采购?战略采购的原则有哪些?
3. 供应链采购与传统采购有何区别?
4. 如何优化供应链采购?

5. 什么是准时采购？供应链管理下准时采购具有哪些优点？
6. 简述供应链管理下的准时采购策略。
7. 全球采购给我国企业带来哪些机遇与挑战？
8. 跨国公司全球采购战略有哪些新的发展趋势？
9. 供应商考核指标有哪些？

【实训项目】

1. 调查研究某企业的生产经营特点，分析其是否可以采用准时制采购方法，如可以采用，为该企业撰写一份实施准时制采购的调研报告。
2. 调查中国某行业全球采购现状，分析全球采购给我国企业带来的机遇与挑战，形成调研报告，提出中国企业全球采购和参与国外企业或组织全球采购的对策。

【案例分析】

戴尔是怎样采购的

戴尔的采购工作最主要的任务是寻找合适的供应商，并保证产品的产量、品质及价格方面在满足订单时，有利于戴尔公司。戴尔的采购部门有很多职位设计是做采购计划、预测采购需求，联络潜在的符合戴尔需要的供应商。因此，采购部门安排了较多的人。所以，戴尔通过完整的结构设置，来实现高效率的采购，完成用低库存来满足供应的连续性。

事实上，在部件供应方面，戴尔利用自己的强势地位，通过互联网与全球各地优秀供应商保持着紧密的联系。这种"虚拟整合"的关系使供应商们可以从网上获取戴尔对零部件的需求信息，戴尔也能实时了解合作伙伴的供货和报价信息，并对生产进行调整，从而最大限度地实现供需平衡。戴尔对供应商供货准确、准时的考核非常严格。然而，戴尔的强势订单凝聚能力又使任何与之合作的供应商尽一切可能规定的要求来送货，按需求变化的策略来调整自己的生产。

在物料库存方面，戴尔比较理想的情况是维持4天的库存水平，这是业界最低的库存记录。戴尔是如何实现库存管理运作效率的呢？

第一，拥有直接模式的信用优势，合作的供应商相信戴尔的实力；第二，具有强大的订单凝聚能力，大订单可以驱使供应商按照戴尔的要求去主动保障供应；第三，供应商在戴尔工厂附近租赁或者自建仓库，能够确保及时送货。

戴尔很重视与供应商建立密切的关系。通过结盟打造与供应商的合作关系，也是戴尔公司非常重视的基本方面。在每个季度，戴尔总要对供应商进行一次标准的评估。事实上，戴尔让供应商降低库存，他们彼此之间的忠诚度很高。从2001年到2004年，戴尔遍及全球的400多家供应商名单里，最大的供应商只变动了两三家。

戴尔也存在供应商管理问题，并已练就出良好的供应链管理沟通技巧，在有问题出现时，可以迅速地化解。当客户需求增长时，戴尔会向长期合作的供应商确认对方是否可能增加下一次发货数量。如果问题涉及硬盘之类的通用部件，而签约供应商难以解决，就转而与后备供应商商量,所有的一切,都会在几个小时内完成。一旦穷尽了所有供应渠道也依然无法解决问题,那么就要与销售和营销人员进行磋商,立即回复客户,这样的需求无法满足。

戴尔通过自行创造需求的方法,并取得供应商的认同,已经取得了很好的成绩。戴尔要求供应商不光要提供配件,还要负责后面的即时配送。对一般的供应商来看,这个要求是"太高了",或者是"太过分了"。但是,戴尔一年200亿美元的采购订单,足以使所有的供应商心动。一些供应商尽管起初不是很愿意,但最后还是满足了戴尔的及时配送要求。戴尔的业务做得越大,对供应商的影响就越大,供应商在与戴尔合作中能够提出的要求会更少。戴尔公司需要的大量硬件、软件与周边设备,都是采取随时需要,随时由供应商提供送货服务。

案例分析题

1. 戴尔的采购从哪些方面反映了产业购买者的共同行为特征?
2. 作为产业购买者,戴尔的购买行为有哪些时代特点?
3. 假设你所在的公司是一家生产液晶显示器的大型企业,现在打算将戴尔由潜在客户变为现实客户,请你为自己的公司提出一套能够实现这一目标的方案。

第七章
Chapter 7

供应链环境下的物流管理

【学习要点】

通过本章的学习,使学生了解物流与物流管理的相关知识;了解供应链物流管理的概念与特征;理解物流管理与供应链管理的关系及其在供应链管理中的地位;了解供应链下物流管理战略的框架、原则以及主要战略;掌握物流外包的含义和物流外包的决策依据与方法;熟悉第三方物流与第四方物流的特点与运作模式。

【引导案例】

海尔供应链物流的"一流三网"模式

海尔集团公司的供应链物流管理系统可以用"一流三网"来概括。所谓"一流"是指以订单信息流为中心;"三网"分别是全球供应链资源网络、全球用户资源网络和计算机信息网络。围绕订单信息流这一中心,海尔利用遍布全球的分支机构整合之后的物流平台,使得供应商和客户、企业内部信息网络这"三网"同时开始执行,同步传输,为订单信息流的增值提供支持。海尔供应链物流的"一流三网"的同步模式实现了以下目标:

(1)为订单而采购,消灭库存。这样使得采购成本大幅度降低;库存资金周转日期从30天降低到12天以下;呆滞物资降低了73.8%;仓库面积减少50%;降低库存资金约7亿元,比以前减少了67%。

(2)建立全球供应链网络。海尔通过整合内部资源,优化外部资源,使原来的2 336家供应商优化到840家,建立了更加强大的全球供应链网络,有力地保障了海尔产品的质量和交货期。

(3)实现三个JIT、三个零的效果。三个JIT即JIT采购、JIT配送、JIT分拨物流的同步流程,三个零是指零库存、零距离、零运营资本占用。

(4)计算机网络连接新经济速度。在企业外部海尔CRM和BBP电子商务平台的应用架起了与全球用户资源网、全球供应链资源网沟通的桥梁,实现了与用户的零距离。

(资料来源:根据海尔公司网站等资料整理)

第一节　供应链环境下的物流管理

一、物流与物流管理

1. 物流的定义

1985年,美国物流管理委员会关于物流的定义是:"物流是以满足客户需求为目的的,为提高原料、在制品、制成品,以及相关信息从供应到消费的流动和储存的效率和效益,而对其进行的计划、执行和控制的过程。"相应的物流功能性活动则包括需求预测、订单处理、客户服务、分销配送、物料采购、存货控制、交通运输、仓库管理、工业包装、物资搬运、工厂和仓库或配送中心的选址、零配件和技术服务支持、退货处理、废弃物和报废产品的回收处理等。1998年10月,美国物流管理委员会修改了物流的定义,将物流定义成供应链管理的一部分。2006年7月颁布的国家标准《中华人民共和国国家标准:物流术语(修订版)》(GB/T18354—2006)将物流定义为:"物品从供应地向接收地的实体流动过程。根据实际需要,将运输、储存、装卸、搬运、包装、流通加工、配送、信息处理等基本功能实施有机结合。"

在物流运营实践和利益的驱动下,企业逐步开始集成物流的各个子系统,形成了物流系统。在企业由于降低物质消耗而增加的"第一利润源泉"和因节约劳动消耗而增加的"第二利润源泉"被尽量挖掘之后,物流被作为降低成本的"第三利润源泉"提了出来。可以认为,物流的概念正在不断扩展,逐步形成了现在的广义物流概念,如图7.1所示。

图7.1　物流的基本概念

2. 物流管理

物流管理(Logistics Management)是指企业规划、调节、控制实物(原材料、在制品、成产品、商品)在企业内外流动的过程。它使实物在包装、搬运、保管、库存、流通加工、运输、配送等活动的过程中,成本最小化,效益最大化;企业通过管理活动,使消费者能在正确的时间里在正确的地点获得所需求的货物。

物流管理的目标是:

(1) 降低成本(Cost Reduction)。将与运输和存储相关的可变成本降到最低。
(2) 减少投资(Capital Reduction)。战略实施的目标是使物流系统的投资最小化。
(3) 改进服务(Service Improvement)。一般认为企业收入取决于所提供的物流服务水准。

二、供应链物流管理的概念、特征与运作模式

1. 供应链物流管理的概念

供应链物流管理是指在社会再生产过程中，根据物质资料实体流动的规律，应用供应链管理的基本原理和科学方法，对物流活动进行计划、组织、指挥、协调、控制和监督，使各项物流活动实现最佳的协调与配合，以降低物流成本，提高物流效率和经济效益。作为一种共生型物流管理模式，供应链物流管理强调供应链成员组织不再孤立地优化自身的物流活动，而是通过协作、协调与协同，提高供应链物流的整体效率。

2. 供应链物流管理的特征

在传统的物流系统中，由于需求信息和供给信息都是逐级传递的，因此上级供应商不能及时地掌握市场信息，因而对市场的信息反馈速度比较慢，从而导致需求信息的扭曲。另外，传统的物流系统没有从整体角度进行物流规划，常常导致一方面库存不断增加，另一方面当需求出现时又无法满足。这样，企业就会因为物流系统管理不善而丧失市场机会。由于供应链管理下物流环境的改变，使新的物流管理有许多不同于传统物流管理的特点，这些特点反映了供应链管理思想的要求和企业竞争的新策略。

(1) 信息共享。和传统的纵向一体化物流模型相比，供应链信息的流量大大增加，需求信息和反馈信息不是逐级传递，而是网络式传递，企业通过 EDI/Internet 可以很快掌握供应链上不同环节的供求信息和市场信息。因此，在供应链环境下的物流系统有三种信息在系统中运行，即需求信息、供应信息和共享信息。共享信息的增加对供应链管理是非常重要的。由于可以做到信息共享，供应链上任何节点的企业都能及时地掌握市场的需求信息和整个供应链的运行情况，每个环节的物流信息都能透明地与其他环节进行交流与共享，从而避免需求信息的失真。

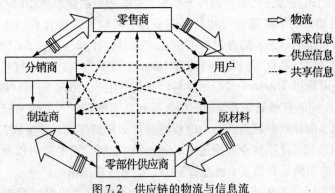

图7.2 供应链的物流与信息流

(2) 网络规划。对物流网络规划能力的增强,也反映了供应链管理环境下的物流特征。在供应链管理环境下,充分利用第三方物流系统、代理运输等多种形式的运输和交货手段,降低了库存的压力和安全库存水平。

(3) 流程重组。作业流程的快速重组能力极大地提高了物流系统的敏捷性。通过消除不增加价值的过程,使得供应链物流系统的成本进一步降低,从而为实现供应链的敏捷性、精细化运作提供基础性保障。

(4) 信息跟踪。对信息跟踪能力的提高,使供应链物流过程更加透明化,同时也为实时控制物流过程提供了条件。在传统的物流系统中,许多企业有能力跟踪企业内部的物流过程,但没有能力跟踪企业之外的物流过程,这是因为没有共享的信息系统和信息反馈机制。

(5) 无缝链接。合作性与协调性是供应链管理的一个重要特点,但如果没有物流系统的无缝链接,运输的货物就可能会逾期未到,顾客的需要就不能得到及时满足,采购的物资就会经常在途受阻,这些都会使供应链的合作性大打折扣。因此,无缝链接的供应链物流系统是使供应链获得协调运作的前提条件。

3. 供应链管理环境下的物流运作模式

供应链管理环境下的物流运作方法与传统的物流运作相比有了较大的改善。在供应链管理环境下,根据物流运作的特点,可以按照下面的物流运作模式来实施企业的物流运作。

首先,用户(分销商、零售商、最终用户)可以在 Internet 上看到企业的主页,参观该企业的"电子展厅",查看相关产品目录、性能、价格和其他相关信息,在网上订货,并可通过 E-mail、BBS 等方式提出意见,用户也可以通过其他方式了解企业产品的相关信息。

直接邮寄订单。企业的销售子系统在接收到客户订单后,结合企业自己的销售预测数据,得出总的预测销售量;在此基础上,结合企业的设备/人员生产能力(能力不够时考虑作业外包),运用线性规划、多目标规划或其他数学模型确定最终生产产品的种类和数量(这样可以实现利润最大化,以及资金、人员的充分利用和平衡);企业(制造商)结合工作日程安排计划,运用网络计划技术编制相应的生产作业计划,并调整相应的设备和人员负荷;确定好主生产计划后,把相关信息反馈到销售子系统,根据相应的物料清单(BOM),求出各种原材料的需要量并通知采购子系统进行物料采购安排;采购子系统在收到生产子系统的需求信息后,查看看板系统的状态,结合供应商的供应条件,计算出在什么时间需要什么、需要多少,即确定最佳订货点和订货批量;再通过 Internet 或其他方式向原材料供应商发出物料需求订单,企业还可通过 Extranet 监控原材料供应商的生产状况。而原材料供应商也可通过 Extranet 访问生产厂商的在线看板系统,不用等待制造商的订货通知而自己随时扫描制造商数据库提供的信息,由此判断制造商什么时候需要什么样的零部件,生成自己的运货单,同时把发货单传给制造商,并结合企业配送中心的规模、车辆运输的能力以及货物的特征信息等,选择一个较优的物流运作方案,通过物流中心把原材料送给生产企业。由于从该数据库还可以了解到制造商以后的生产计划,这样其他零部件供应商也可以根据制造商的生产计划制订自己的生产计划。制造商生产出来的产品可直接卖给顾客,也可以通过分销商或者分销商再经过零售商卖给顾客。原材料、零部件、产成品都可通过物流中心统一发送。这种信息的共享,使制造商、零部件供应商、分销商和零售商在供应链管理环境下的运作效率得到极大的提高,它们的库存费用和管理费用都大为降低。这样,物流、信息流、资金流等在整个运作过程中都相当畅通,提高了物流运作效率,降低了成本,提高了企业的客户服务水平和核心竞争力。

三、供应链管理与物流管理的关系

1. 从两者定义看

物流是供应链过程的一部分,物流管理是供应链管理的一部分,物流业的发展更依赖于供应链理论指导。由此可以看出:物流涉及原材料、零部件在企业之间的流动,是企业之间的价值流过程,不涉及生产制造过程的活动;供应链管理包括物流活动和制造活动,涉及从原材料到产品交付最终客户的整个物流增值过程。供应链是物流、信息流、资金流的统一体,物流管理是供应链管理体系的重要组成部分。

2. 从范围看

物流是供应链管理的一个子集。物流实施总是以点到点为目的。供应链管理则将许多物流以外的功能通过穿越企业间的界限整合起来,它的功能超越了企业物流的范围。供应链涉及范围从新产品的研发、工程设计、原材料采购、生产制造、储存管理、配送运输和订单履行直到客户服务及市场需求预测的全过程。包括供应链渠道内成员从原材料获取到最终客户产品分销整个过程的采购或销售物流活动;而物流管理只考虑自己路径范围内的业务,其管理的主要对象是采购或销售物流和生产物流,追求局部利益最大化。物流管理主要涉及组织内部商品流动的最优化,而供应链管理强调仅有组织内部的合作和最优化是不够的,还必须重视组织外部供应链上游、下游企业的合作及整条供应链的最优化。

3. 从层次看

供应链管理包括公司许多层次上的活动,从战略层到职能层,一直到运作层。战略层处理的是对公司有着长远影响的决策,包括关于仓库和制造工厂的数量、布局和能力,以及材料在物流网络中流动等方面的决策;职能层处理的决策一般每季度或每年都要更新,这些决策包括采购和生产决策、库存策略和运输策略;运作层的活动指日常决策,如计划、估计提前期、安排运输路线、装车等。物流管理在层次上没有供应链管理这么多,也没有这么深,在管理范围上是局部的。

4. 从目的看

供应链管理的重点不在简单地使运输成本达到最小或减少库存,而在于采用系统方法来进行整体供应链管理。这是因为供应链管理的目的在于追求效率和整个系统的费用有效性,使系统总成本,包括从运输和配送成本到原材料、在制品和产成品的库存成本达到最小。而物流管理的运作在这方面是孤立和个别地进行的。企业在更广阔的背景上来考虑自身的物流运作,不仅要考虑自己的客户,而且要考虑自己的供应商;不仅要考虑到客户的客户,而且要考虑到供应商的供应商;不仅要致力于降低某项具体物流作业的成本,而且要考虑使供应链运作的总成本最低。

四、物流管理在供应链管理中的地位

1. 贯穿供应链的全过程

物流管理是供应链管理中不可忽视的一部分,一般认为,供应链是物流、信息流、资金流三流的统一体,物流贯穿供应链的全过程,从供应商到核心企业的供应物流,核心企业的内部物流,再到分销商与最终客户的分销物流,以及伴随而生的废弃物物流、回收物流等,形成了以核心企业为集散中心的物流体系。物流连接供应链的各个企业,是企业间相互合作的纽带。因此,物流作为供应链管理体系的重要组成部分,在供应链管理中发挥着极为重要的作用。

2. 提高供应链的敏捷性和适应性

由于现代企业的生产方式的转变,即从大批量生产转向精细的准时化生产,这时的物流,包括采购与供应,都需要跟着转变运作方式,实行准时供应和准时采购等。另外,顾客需求的瞬时化,要求企业能以最快的速度把产品送到用户的手中,以提高企业的快速响应市场的能力。所有的这一切,都要求企业的物流系统具有和制造系统协调运作的能力,以提高供应链的敏捷性和适应性。因此,物流管理不再是传统的保证生产过程连续性的问题,而是要在供应链管理中发挥重要作用,具体表现在以下几个方面:创造用户价值,降低用户成本;协调制造活动,提高企业敏捷性;提供用户服务,塑造企业形象;提供信息反馈,协调供需矛盾。

3. 对供应链进行实时协调与控制

物流管理将供应链管理下的物流进行科学的组织计划,使物流活动在供应链各环节之间快速形成物流关系,确定物流方向,通过网络技术将物流关系的相关信息实时地传递给供应链各个环节,并在物流活动过程中,对其进行实时协调与控制,为供应链各环节提供实时信息,实现物流运作的低成本、高效率的增值过程管理,主要包括对物流的事前、事中以及事后的全方位的管理。对物流事前管理使物流管理不仅决定了物流能否快速、有效及物品的安全,同时也对整个供应链有决定性的影响。科学的物流事前管理是物流成功的第一步,也是关键的一步。物流的事中管理是对物流运作过程中的实时控制,以及对事前计划的实时调整,是对物流活动进程的掌握,有利于供应链各环节了解物流物品动向,协调相应的各部门的计划。物流的事后管理是对已进行的物流进行分析总结,寻找成功的经验和问题的原因,为改进物流管理提供借鉴,同时也是第三方物流企业进行经营核算管理的环节。

第二节　供应链环境下的物流管理战略

一、供应链环境下物流管理的原则

物流管理的具体原则很多,但最根本的指导原则是保证物流合理化的实现。所谓物流合理化,就是对物流设备配置和物流活动组织进行调整改进,实现物流系统整体优化的过程。它具体表现在兼顾成本与服务上,即以尽可能低的物流成本,获得可以接受的物流服务,或以可以接受的物流成本达到尽可能高的服务水平。

物流活动各种成本之间经常存在着此消彼长的关系,物流合理化的一个基本的思想就是"均衡"的思想,从物流总成本的角度权衡得失。不求极限,但求均衡。

信息技术的发展,极大地推动了物流行业的巨变。物流也不再是物流功能的简单组合运作,它是一个网的概念。加强连通物流结点的效率,加强系统的管理效率已成为整个物流产业面临的关键问题。

二、供应链环境下物流管理战略框架

供应链下的物流管理战略框架分为四个层次:

1. 全局性的战略

物流管理的最终目标是满足用户需求(把企业的产品和服务以最快的方式、最低的成本交付用户),因此用户服务应该成为物流管理的最终目标,即全局性的战略性目标。通过良好的用户服务,可以提高企业的信誉,获得第一手市场信息和用户需求信息,增加企业和用户的亲和力并留住顾客,使企业获得更大的利润。要实现用户服务的战略目标,必须建立用户服务的评价指标体系,如平均响应时间、订货满足率、平均缺货时间、供应率等。虽然目前对于用户服务的指标还没有一个统一的规范,对用户服务的定义也不同,但企业可以根据自己的实际情况建立提高用户满意度的管理体系,通过实施用户满意工程,全面提高用户服务水平。

2. 结构性的战略

包括渠道设计和网络分析。渠道设计是供应链设计的一个重要内容,包括重构物流系统、优化物流渠道等。通过优化渠道,提高物流系统的敏捷性和响应性,使供应链获得最低的物流成本,关于物流渠道的设计在后面还要进一步讨论。网络分析是物流管理中另一项很重要的战略工作,它为物流系统的优化设计提供参考依据。

网络分析的内容主要包括:

(1)库存状况的分析。通过对物流系统不同环节的库存状态分析,找出降低库存成本的改进目标。

(2)用户服务的调查分析。通过调查和分析,发现用户需求和获得市场信息反馈,找出服

务水平与服务成本的关系。

(3)运输方式和交货状况的分析。通过分析,使运输渠道更加合理化。

(4)物流信息及信息系统的传递状态分析。通过分析,提高物流信息传递过程的速度,增加信息反馈,提高信息的透明度。

(5)合作伙伴业绩的评估和考核。对物流管理系统的结构性分析的目标是要不断减少物流环节,消除供应链运作过程中不增加价值的活动,提高物流系统的效率。用于网络分析的方法有标杆法(Benchmarking)、调查分析法、多目标综合评价法等。

3. 功能性的战略

功能性的战略主要包括物料管理、仓库管理、运输管理等三个方面。内容主要有:①运输工具的使用与调度;②采购与供应、库存控制的方法与策略;③仓库的作业管理等。物料管理与运输管理是物流管理的主要内容,必须不断地改进管理方法,使物流管理向零库存这个极限目标努力,降低库存成本和运输费用,优化运输路线,保证准时交货,实现物流过程的适时、适量、适地的高效运作。关于库存管理和采购问题将在下面章节中详细论述。

4. 基础性的战略

其主要作用是为保证物流系统的正常运行提供基础性的保障。

内容包括:①组织系统管理;②信息系统管理;③政策与策略;④基础设施管理。

要健全物流系统的组织管理结构和人员配备,就要重视对企业有关人员的培训,提高他们的业务素质,例如,采购与销售部门是企业的两个对外业务协调部门,他们工作的好坏直接关系到企业与合作伙伴的关系和企业的形象,因此必须加强对这两个部门的领导与组织工作。信息系统是物流系统中传递物流信息的桥梁,库存管理信息系统、配送分销系统、用户信息系统、EDI/Internet 数据交换与传输系统、电子资金交易系统(EFT)、零售点(POS),对提高物流系统的运行效率起着关键作用,因此必须从战略的高度去规划与管理,才能保证物流系统高效运行。

三、供应链环境下的物流管理战略

1. 有效资源配置

物流管理的作用就是通过有效的资源配置,使供应链各企业之间的物料得到最充分的利用,保证供应链实时的物料供应、同步化的运作。

供应链管理的目的是要通过合作与协调实现资源的共享和最佳资源搭配,使各成员企业实现资源最充分的利用。比如,台湾的计算机业所推行的全球运筹式产销模式,就充分利用了物流网络的资源配置功能,实现全球资源的有效配置。这种模式的思想就是按客户订单组织生产,生产采用分散的模式,将全球的计算机资源利用起来。采取外包的形式,将计算机中的各种零配件、元器件、芯片外包给世界各地的制造商去生产,通过全球物流网络发往同一配送中心组装,再由配送中心将组装好的计算机发送给用户。美国许多跨国公司都有完备的物流网络系统,其物流系统能快速地把世界各地的资源最充分地利用起来,有很强的竞争力,企业也有很高的敏捷性和柔性,十分有利于实现全球跨国经营。

供应链的物流系统能否实现有效的资源配置取决于物流信息系统的完备性和合作企业合作性。

【知识链接】

全球后勤保障系统

全球化已成为新时期企业竞争的一个显著特点。企业成为全球企业之后必须要建立全球供应链管理系统。为此必须建立全球的后勤保障体系。企业要建立全球后勤保障体系,一般要从以下几个方面考虑:(1)建立全球供应链需求信息网络由于现在的全球化地区、消费、文化的差异使得需求信息来源的多样化,因此,企业要针对具体一国或地区对需求特点进行分析,建立全球信息反馈系统,将信息从一个地去反馈到另一个地区。从一个供应链节点企业到另一个节点企业,维护全球供应信息的一致性,保证全球供应链信息能够畅通无阻、准确无误,进而实现全球供应链的同步化运作。在这其中,由于不同国家信息系统是异构的,所以应采用远程代理统一的传输方式,这样就能大大提高信息系统的运行速度。(2)建立全球的售后服务体系一个企业要实行跨国性经营,采取全球化战略就必须建立完善的全球后勤服务体系,以保证物流畅通和树立良好的企业形象。例如,我国的海尔集团成功地打入国际市场,形成全球经营,销售网点已遍布世界各地,成为我国最大的海外经营的国有企业。在进军国际市场时,海尔集团注重售后服务工作,服务至上是海尔集团成功的秘诀。(3)建立全球合作关系网,提高物流效率。由于全球供应链经过不同的国家、地区,这在物流过程中就必然经过不同国家地区的海关、机场、运输等,程序十分复杂繁琐,而且受不同国家地区的政策限制,这一切都导致物流效率的降低。为此,企业必须建立全球合作关系网,与当地的物流部门合作,通过业务外包、代理运输、代理库存管理,建立联合经济体,形成地区分销,这样就大大提高了物流的效率。

(资料来源:http://www.dhlel.cn/dhl/452.Html)

2. 库存模式选择

库存是指企业组织中存储的各种物品与资源的总和。在供应链管理环境下,库存模式对于保证良好的物流运作具有很大的影响。库存模式有供应商管理库存、联合库存管理、协同规划、预测和补给技术等。供应商管理库存(VMI),是一种为了实现快速响应的从供应商到实际需求的拉动式补给策略。它以用户和供应商双方都获得最低成本为目的,在一个共同的协议下由供应商管理库存,并不断监督协议执行情况和修正协议内容,使库存管理得到持续改进的合作性策略。联合库存管理(JMI)是一种在 VMI 基础上发展起起来的供应商与用户权利、责任平衡和风险共担的库存管理模式。协同规划、预测和补给(CPFR)是一种协同式的供应链库存管理技术,它能同时降低销售商的存货量,增加供应商的销售量。CPFR最大的优势是能及时、准确地预测出各项促销措施或异常变化带来的销售高峰和波动,从而使销售商和供应商都能做好充分的准备,赢得主动。

3. 物流配送策略

配送是物流企业按照用户的订货要求进行一系列分类、编配、整理,然后将货物运至用户的一种物资运动方式。供应链管理环境下的物流配送需要多种物流配送技术和方法来提高物流配送效率,降低配送费用,提高配送作业的柔性和灵活度。在供应链管理环境下,物流配送策略主要考虑配送中心设置、路线选择、车辆调度等关键问题。配送中心是从事货物配备和组织对用户的送货,实现销售的现代流通实施。它把物流、信息流、资金流融为一体,对物流运作的各个环节进行标准化、规范化的管理和控制,提高物流的集约化程度。路线选择涉及的因素很多,主要因素有运输距离、运输环节、运输工具、运输时间、运输费用等,因此,供应链管理环境下的路线选择问题往往是多目标的。车辆调度问题包括集货线路优化、车辆配装和送货线路优化等,可以运用系统建模和仿真技术,开发可视化的物流配送车辆优化调度系统。

4. 第三方物流系统

第三方物流(TPL)是一种实现物流供应链集成的有效方法和策略,它通过协调企业之间的物流运输和提供后勤服务,把企业的物流业务外包给专门的物流管理部门来承担,特别是一些特殊的物流运输业务。通过外包给第三方物流承包者,企业能够把时间和精力放在自己的核心业务上,提高供应链管理和运作的效率。

第三方物流系统提供一种集成运输模式,它使供应链的小批量库存补给变得更为经济。因为在某些情况下,小批量的货物运输(非满载运输)显然是不经济的,但是多品种小批量生产的供应链环境必须小批量采购、小批量运输,这就提高了货物的供应频率,运输频率的增加就要增加运输费用,显然不经济。第三方物流系统是一种为大多数企业提高运输服务的实体,它为多条供应链提供运输服务,比如,当多家供应商彼此位置相邻时,就可以采用混装运输的办法,把各家供应商的货物依次装在同一辆货车上,实现小批量交货的经济性,这就是第三方物流系统提供联合运输(集成运输模式)的好处。

5. 延迟化策略

延迟化策略(Postponement)是一种为适应大规模定制生产而采用的策略,通过这种策略使企业能够实现产品多样化,适应顾客化的需求。实现延迟化策略的关键技术是模块化,它包括以下几个方面:模块化产品、模块化工艺过程、模块化分销网络设计。

在用户需求多样化的今天,如果想满足用户的需求,就必须采用产品多样化策略。但是,产品多样化,必然带来库存产品的增加。在过去的物流管理系统中,分销中心的任务是仓储和分销,当增加产品品种时,库存也随之增加,这对企业来说是一笔很大投资,物流成本增加可能会削弱产品多样化策略的优势。在延迟化策略中,地区性顾客化产品是到达用户所在地之后以模块化方式组装的,分销中心没有必要储备所有的顾客化产品,只储备产品的通用组件,库存成本就大为降低,这样一来,分销中心的功能也发生了转变。为实现延迟化策略,物流系统中运输方式也必须跟着发生变化,如采用比较有代表性的交接运输(Cross Docking)方式。交接运输是将仓库或分销中心接到的货物不作为存货,而是为紧接着的下一次货物发送做准备的一种分销系统,这种物流方式就是模块化分销网络设计。

6. 战略渠道设计

战略渠道设计就是通过网络分析,优化确定物流供应链的制造工厂、分销中心、仓库等设施的位置和数量,使物流系统合理化,获得合理的运输和库存成本。网络设计是一个复杂的系统工程,需要从供应链管理的战略高度、整体的利益考虑问题。

战略渠道设计可以分为三个步骤:第一步要进行网络分析。通过网络分析,确定网络要素和相互的关系,比如工厂的位置、分销地点和数量、供应商的数量和位置等;第二步是优化设计,采用有关数学模型或采用其他方法进行优化决策分析;第三步是组织实施网络设计方案。

物流网络设计(渠道设计)有两种情况:一种是配送中心或分销点的设计,这是一种局部的物流网络设计;另一种是供应链全局的网络设计。

(1)局部渠道设计。局部渠道设计就是通常的分销网点的布置,比如分销中心的选择,这是供应链物流网络设计中常见的问题。

网络优化的目标是使物流系统的总成本最低,这是一个成本优化的决策问题。与任何一种优化问题一样,这个问题的优化也受到各种条件的约束,如生产厂的生产能力约束,即各生产厂的供应量应小于生产能力;用户的需求量约束,即要求进货量大于或等于需求量;配送中心的物流均衡约束,即要求配送中心进货量等于发送量。

当考虑多产品时,一般采用各种特殊的简化处理,目前已有一些算法模型解决这类问题,如 CFLP(Capacitated Facility Location Problem)法、运输规划法、鲍姆尔-沃尔夫法等。

(2)全局物流网络设计。全局物流优化考虑的不是优化某个节点,如上面的配送中心的问题,而是从全局的角度考虑,特别是从供应链管理全局的角度考虑。全局物流网络设计的主要决策问题,对上游供应链来说,是供应商的选择与确定,对下游供应链来说,是分销商与代理商的确定,因此全局的物流网络设计要把两个市场的约束都考虑进去。

进行渠道设计时还要考虑非物质因素,如对下游物流网络的设计要考虑地区文化、消费观念等。对上游物流网络的设计则更多是考虑运输费用、技术合作的优势、供货的可靠性和协作管理成本等。因此,整体的供应链网络的物流优化不是单纯的网络运输问题的优化设计,是一种战略性的规划,需要从供应链的整体角度去考虑问题。

全局的网络设计最主要的目标一个是降低用户成本,另一个就是缩短响应时间,只要这两个目标达到了,物流网络的优化目标就达到了。

第三节　供应链环境下的物流决策

在物流管理和技术水平不断提高,第三方物流飞速发展的时期,企业采用物流自营与外包均有着自身的优势与不足。企业是否应该实施物流外包,多大程度上使用物流外包,哪些业务实行外包?这是企业面临的最重要,也是最困难的决策之一。这一战略问题要求企业明确自己的核心竞争力,明确自营与外包的成本差别,明确自身的优势劣势,归根结底要看物流策略是否符合企业的发展战略。

一、物流外包

物流外包又称物流业务外包,即制造或销售等企业为集中资源、节省管理费用、增强核心竞争能力,将其物流业务以合同的方式委托给专业的物流公司(第三方物流,3PL)运作。

物流外包是企业业务外包的一种主要形式,也是供应链管理环境下企业物流资源配置的一种新形式,完全不同于传统意义上的外委、外协,其目的是通过合理的资源配置,发展供应链,打造企业的核心竞争力。

一般认为物流外包的优势主要是提高财务绩效和非财务绩效。物流外包通常给企业带来成本优势,因为物流外包能减少设备投资,使固定成本减少,尤其是在短期内能降低成本;物流外包使企业从供应商、客户以及专家那里得到及时的信息,从而迅速对市场变化作出反应,使企业保持长期的竞争优势;将边缘性的物流业务外包,可以使企业获得更多的时间和精力去培养核心能力。另外,物流外包可以刺激潜在的第三方物流企业之间的竞争,从而能提高产品质量或服务质量。但是,物流外包也存在劣势:过分依赖外包,会降低企业的创新能力;外包伙伴可能会学习和掌握相关核心知识,从而撇开外包商,自己进行生产制造,间接降低外包商自己的竞争力;外包伙伴过多,可能会导致交易成本重复。在供应链管理环境下,物流外包作为一种战略抉择,强调与企业的战略发展相协调,这需要物流外包双方进行卓有成效的协作工作:只有建立了合理、完善的决策体系才能使物流外包尽其利而避其害。

【延伸阅读】

家电企业物流模式比较

海尔模式——自营物流系统

自营物流系统的企业中,最典型的就是海尔集团。海尔物流特色可总结为,借助物流专业公司力量,在自营基础上小外包,总体实现采购JIT、原材料配送JIT和成品配送JIT的同步流程。1999年海尔开始实施以"市场链"为纽带的业务流程再造,以订单信息流为中心,带动物流、商流、资金流的运作,其物流运作模式日益引起人们的关注。对海尔来讲,物流首先是使其实现三个"零"的目标,即零库存、零距离和零营运资本;其次,是使其能够获得在市场竞争中取胜的核心竞争力。

美的模式——剥离物流业务、组建物流公司

如果说海尔是把物流作为降低成本的机器,美的集团则把物流作为一个赚钱机器。2000年1月美的集团成立了安得物流公司,把物流业务剥离出来。安得物流公司作为美的集团一个独立的事业部,成为美的其他产品事业部的第三方物流公司,不仅能为美的生产、制造、销售提供最快捷的物流服务,同时也作为专业物流公司向外发展业务。美的的其他事业部可以使用安得物流,也可以选择其他的物流公司。

伊莱克斯模式——全面外包物流业务

伊莱克斯将物流完全外包给第三方物流企业,第三方物流商为它们提供整个或部分供应链的物流服务,以获取一定的利润。

1995年,伊莱克斯合资组建伊莱克斯中意电冰箱有限公司时,就明确了责任分工,伊莱克斯只负责产品生产,而中意冰箱厂全权负责产品的销售与售后服务工作。随后,伊莱克斯又将物流外包给了专业的物流公司。目前,伊莱克斯将物流交由包括宝供物流企业集团在内的三家物流公司负责。

东芝物流——独立的物流子公司

日本的企业大多数都有自己的物流公司。东芝公司为了开拓新的业务,在1974年出资建立了东芝物流(株)的独立物流子公司,主要管理东芝集团的家电产品和信息产品。随后,日本其他电子行业也陆续建立起自己的物流子公司。东芝公司的内部物流业务在70%左右,外部业务在30%左右,基本上实现了与社会物流公司的资源共享。日本的家电行业基本采用这种模式,内部物流为主,外部物流为辅,如松下、索尼等。

(资料来源:http://www.waakee.com/story/164851.html)

二、企业物流外包的决策标准

1. 经济标准

(1)能否降低成本或成本最低。企业在选择物流运作模式时,成本标准是最直观的一个标准。企业可以在现有的物流运作基础上,寻找可以降低成本的其他运作模式,或是在可供选择的物流运作模式中选择成本最低的。对成本的分析可以细化为以管理成本和交易成本两个方面:

①管理成本。管理成本主要反映的是企业在物流运作过程中,为制订物流战略计划,物流作业计划及故障处理,外包决策等活动所耗费的成本,包括:人力资源成本,主要反映的是企业招聘、培训、激励物流部门相关员工时所耗费的成本以及支付给员工的报酬等;沟通成本,主要反映的是企业物流部门内部员工之间,物流部门与其他部门之间,以及物流部门与外部顾客或供应商之间的沟通所耗费的成本。

②交易成本。交易成本包括:资产专用性,主要反映的是为某一特定的交易而做出的持久性投资,它一旦形成便难以改做他用,专用性资产主要用于满足特殊的需求,一旦合约关系

中止,资产的价值就很小,投资的一方将蒙受损失;不确定性,主要反映的是外部环境或交易双方的投机行为对交易的干扰,不确定性的存在要求不同的交易选择相应的经济组织形式,以提高对不确定性的适应能力;交易频率,主要反映的是交易的重复程度,建立管理机构并使之有效运作是有成本的,交易频率越高,这种管理机构给交易双方带来的,收益就越能抵消管理成本。

(2)能否减少资本投资。因为企业用于投资的资金总是有限的,可以减少资本的投资的物流运作模式应当是企业的首选模式。

2. 战略标准

(1)能否提高客户服务水平。没有客户就没有企业的生存与发展,因此现代企业特别注重客户服务水平的提高。只有提高客户服务水平,才能拥有忠诚的客户,才可以获得长远的发展。而物流水平的高低是决定企业客户服务水平的重要因素之一,因此,企业在选择物流运作模式时要将能否提高客户服务水平放在首要考虑的地位。

服务水平标准可细化为:①可得性标准,主要反映的是当顾客需要存货时,企业所拥有的库存能力,可得性可以通过各种方式实现,最普通的做法就是按预期顾客订货进行存货储备;其次就是企业根据实际情况制定相应的安全储备政策。②一致性标准,主要反映的是企业在众多的完成周期中按时递送的能力,需要说明的是,不能将一致性直接解释为顾客额外需要的安全储备,以防有可能发生的递送延迟,一般来说,可得性与一旦需要就可以进行产品装运的存货能力有关;而完成周期的速度则与持续地按时递送特定的订货所必需的作业能力有关;而所谓的一致性,却是指必须随时按照递送承诺加以履行的处理能力。

(2)能否获得物流专业技能。企业物流管理的战略目标是获得并维持优秀的物流专业技能,这包括物流技术(如自动补货系统、自动化立体仓库等)、信息技术(如 EDI、GPS、条形码和扫描仪等)以及人力资源等。企业的物流运作模式的选择应当使其拥有这样的一些专业技能。物流专业技术技能标准可细化为:①信息技术标准,主要反映的是现代信息技术,如电子数据交换 EDI、传真机、卫星通信等,在企业物流作业中的应用;②物流技术标准,主要反映的是现代物流技术,如自动化立体仓库、自动导引小车、准时化战略、快速反应等,在企业物流作业中的应用;③物流运作知识标准,主要反映的是企业在长期物流作业过程中积累起来的物流作业经验和技能。

(3)是否能更容易进入新市场。企业能够迅速地进入到一个新兴的市场,克服不同地区间的文化差异,获得客户的依赖是企业向外扩张成长的一个重要的标志。而进入新市场,物流是前锋,企业选择的合适的物流运作模式将对企业的扩张发展起着重要的作用,因此企业的物流运作模式要能让企业更容易地进入新市场。

(4)能否使企业更专注于核心业务。在激烈竞争的信息时代,为了维持企业的生存和发展,获得企业的竞争优势,企业需要将精力集中在核心业务上。首先要判断物流是不是企业的核心业务,如果物流是企业的核心业务,那么要企业选择更好的发展物流的运作模式;如果物流不是企业的核心业务,那么企业可以选择采用外包的方式来减少对物流的关注,以将所有的力量集中到核心业务上来。

三、企业物流自营/外包的决策方法

自营还是外包的决策是物流业务外包的起点。外包决策,主要有 Balofw 的决策方法以及将物流按功能分拆后对能力、成本进行分析的决策方法。

1. Balofw 的决策方法

Ballow 提出的二维决策标准主要认为,采用物流自营还是物流业务外包取决于下列两个因素的平衡:物流对于企业成功的关键程度以及企业管理物流的能力。如图 7.3 所示,企业所处的位置决定了其奉行的战略。

如果公司对客户服务要求高,物流对企业非常重要,物流成本占总成本的比重大,且企业已经有高素质的人员对物流运作进行有效的管理,那么该企业就不应将物流业务外包出去,而应当自营。沃尔玛就属于这样的情况。

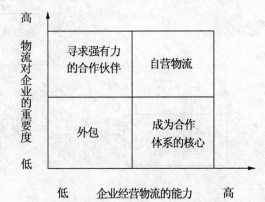

图7.3 Balofw 开发的物流业务外包决策图

另一方面,如果物流并不是企业的核心战略,且企业内部物流管理水平也不高,那么,将物流业务外包给物流服务供应商就有利于降低成本、提高客户服务质量。例如,DELL 电脑公司认为其核心竞争力是营销,是制造高科技的个人电脑硬件,而不是物流,因此该公司的电脑在世界各地直销时,就与第三方物流企业合作,在一定地理范围内分销商品。

如果物流是企业战略的核心,但是企业现有的物流管理能力较低,这时,寻找物流伙伴就会给企业带来很多收益。好的合作伙伴拥有的先进的物流设施可以向企业提供自营物流无法达到的服务管理水平。

2. 综合考虑物流能力、成本的决策方法

Ballow 的决策方法主要是出于企业战略考虑,寻求物流服务要求与物流服务能力的平衡。在企业的实际运作中,情况往往比较复杂,企业物流业务外包考虑因素也比较多,Ballow 的决策方法不能完全满足企业的要求,另外还有将物流按功能分拆后对能力、成本进行分析的决策方法。这种决策方法的流程如图 7.4 所示。

这种方法认为进行物流业务外包决策时,首先要考虑物流对企业战略的重要性。分析物流系统是否构成企业的核心能力,一般可从以下几方面进行判断:

(1)它们是否高度影响企业业务流程;

(2)它们是否需要相对先进的技术,采用此种技术能使公司在行业中领先;

(3)它们在短期内是否能为其他企业所模仿。

如能得到肯定的回答,那么就可以断定物流功能在企业战略上的重要地位。

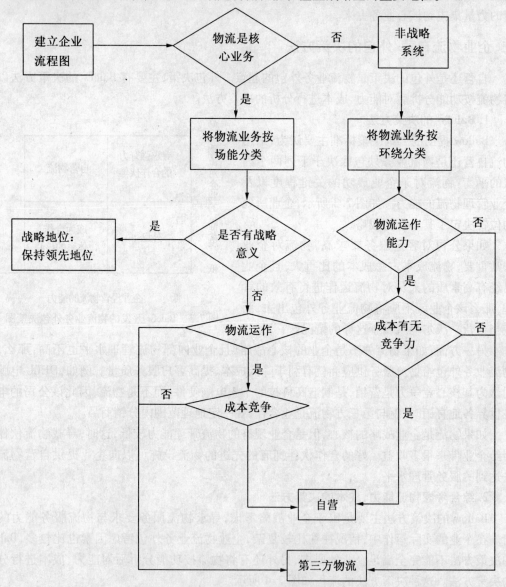

图7.4　物流业务外包决策流程图

由于物流系统是多功能的集合,各功能的重要性和相对能力水平在系统中是不平衡的,因此,还要对各功能进行分析。某项功能是否具有战略意义,关键就是看它的替代性。如其替代性较差,物流公司将很难胜任,几乎只有本企业才具有这项能力,这时企业就应保护好、发展好该项功能,使其保持旺盛的竞争力;反之,若该项功能很容易由外部的物流企业完成,或该项功能对企业而言并非最重要的,则需要决定是自营还是外包。如果企业不具备满足一定顾客服务水平的物流能力,就要进行外包。在外包时采用何种服务,是租赁公共物流服务还是组建物流联盟,这就要由物流系统对企业成功的重要性来决定。如果物流系统是企业战略的重要组成,企业就应该与物流公司签订长期合同,由物流公司根据企业流程提供定制化服务,即实施第三方物流。如果物流系统不是企业战略系统的组成部分,采用何种服务方式就要取决于在顾客服务水平与成本之间寻找平衡点。

第四节 供应链环境下的第三方物流与第四方物流

一、第三方物流的定义

第三方物流,英文表达为 Third-Party Logistics,简称 3PL,也称 TPL,是相对"第一方"发货人和"第二方"收货人而言的。是由第三方专业企业来承担企业物流活动的一种物流形态。3PL 既不属于第一方,也不属于第二方,而是通过与第一方或第二方的合作来提供其专业化的物流服务,它不拥有商品,不参与商品的买卖,而是为客户提供以合同为约束、以结盟为基础的、系列化、个性化、信息化的物流代理服务。随着信息技术的发展和经济全球化趋势,越来越多的产品在世界范围内流通、生产、销售和消费,物流活动日益庞大和复杂,而第一、二方物流的组织和经营方式已不能完全满足社会需要;同时,为参与世界性竞争,企业必须确立核心竞争力,加强供应链管理,降低物流成本,把不属于核心业务的物流活动外包出去。于是,第三方物流应运而生。

第三方物流是指生产经营企业为集中精力搞好主业,把原来属于自己处理的物流活动,以合同方式委托给专业物流服务企业,同时通过信息系统与物流企业保持密切联系,以达到对物流全程管理控制的一种物流运作与管理方式。

第三方物流与供应链管理是一种战略关系。在服务内容上,第三方物流为客户提供的不仅仅是一次性的运输或配送服务,而是一种具有长期契约性质的综合物流服务,最终职能是保证服务对象物流体系的高效运作和不断优化供应链管理。与传统储运企业相比,第三方物流的服务范围不仅仅限于运输、仓储业务,它更加注重供应链节点企业物流体系的整体运作效率与效益,供应链的管理与不断优化是它的核心服务内容。在西方的物流理论中非常强调"相互依赖"之关系,也就是说,一个企业的迅速发展单靠自身的资源、力量是远远不够的,必须寻找战略合作伙伴,通过同盟者的力量获得竞争优势。

第三方物流既是供应链节点企业的战略投资人也是风险承担者。第三方物流企业追求的不是短期的经济效益,更确切地说 3PL 是以一种投资人的身份为供应链节点企业服务的,这是它成为战略同盟者的一个典型特征。第三方物流服务本身就是一种长期投资,这种投资的收益很大程度上取决于供应链节点企业业务量的增长,这就形成了双方利益一体化的基础。

二、第三方物流在供应链管理中的优势

1. 第三方物流服务的成本节约效应

第三方物流作为一种全新的物流协作模式,使得供应链的小批量库存更加经济,提供更快捷、更廉价、更安全和更高服务水准的物流服务。在传统的物流模式中,订货处理成本与库存保持费用之间的矛盾难以调和,因为订货量越大,单位订货处理成本就越低,但库存费用越高;反之,每次订货批量越小,库存保持费用就越低,但单位处理成本就越高,存在着订单处理成本和库存费用两难选择的状态。第三方物流服务的本质就是降低供应链中无效的库存,提升整个供应链节点企业的客户服务能力。通过第三方物流运作可以很好地解决成本和库存的矛盾。从而实现成本节约的目标。

2. 第三方物流服务的价值提升效应

通过对第三方物流服务的价值树分析可知,供应链节点企业能够通过利用第三方物流服务来增加企业的价值。对于供应链节点企业而言,由于将相关的物流业务外包给第三方物流服务商,从而实现了专业化分工。第三方物流利用其自身的专业优势进行物流业务的运作,在为供应链节点企业带来和提升价值的同时,也为自身的发展提供了基础。

3. 第三方物流服务的业务联盟效应

要实现供应链管理的整体流的最优化,协调供应链中不同企业主体之间的利润关系成为有效物流管理的必经之路。第三方物流在协调供应链企业的物流运作方面具有独到之处,在供应链管理中被视为一个综合物流服务的提供商。按照固定资产在企业总资产中占有量的多少,第三方物流服务商分为资产型 3PL 和非资产型 3PL。资产型 3PL 拥有较多的固定资产,尤其是运输资产,例如卡车、仓库等等;非资产型 3P 通常能够提供较多物流增值服务,例如融资、管理咨询、物流规划、仓库选址等等。非资产型 3PL 服务提供者和次级合作者形成一种战略联盟的关系,这种合作是否成功将影响到整个供应链合作是否能够获得成功。

4. 第三方物流服务可以降低供应链的"牛鞭效应"

供应链库存"牛鞭效应"产生的主要原因是顾客响应周期过长的问题,如何缩短客户的响应周期是以时间为竞争要素的一个新问题,也是第三方物流服务提供商致力于解决的问题。从物流运作模式的角度来解决供应链的客户响应问题是第三方物流服务创新的一个重要内容。一个供应链在不同层次上有着许多不同的企业,站在最终满足用户需求的角度上看,要经过整个供应链的所有阶段才能向最终用户提供其所需要的产品。因此,基于多阶响应供应链模型的客户响应周期是全供应链的周期,这个周期是由供应链不同阶段的子周期构成的。第三方物流服务的一个出发点就是努力降低并消除由于供应链的多阶响应所产生的牛鞭效应,实现同步供应的快速物流模式。

三、第四方物流

1. 第四方物流的含义

第四方物流(Fourth party logistics,4PL)的概念最早是由美国 Anderson 咨询公司于 20 世

纪90年代中期首先提出的,经过近20年来的实践运作,第四方物流被定义为是一个供应链集成商,调集和管理组织自己的以及具有互补性的服务提供商的资源、能力和技术,以提供一个综合的供应链解决方案。通过对整个供应链的影响力,它能在解决企业物流的基础上,整合社会资源,解决物流信息充分共享、社会物流资源充分利用等问题。

2. 第四方物流的功能

4PL与3PL相比,其服务的内容更多,覆盖的地区更广,对从事货运物流服务的公司要求更高,它们必须开拓新的服务领域,提供更多的增值服务。4PL最大的优越性是它能保证产品得以更快、更好、更廉价地送到需求者手中。在当今经济形式下,货主/托运人越来越追求供应链的全球一体化以适应跨国经营的需要,跨国公司也要集中精力于其核心业务而必须更多地依赖于物流外包。基于此,它们不只是在操作层面上进行外协,而且在战略层面上也需要借助外界的力量,昼夜都能得到更快、更好、更廉价的物流服务。它可以通过对整个供应链的影响力,提供综合的供应链解决方案,也为其顾客带来更大的价值。

(1)供应链管理功能。4PL作为供应链管理的一种新的模式,它的出现是市场对物流外包的必然产物。4PL在复杂的供应链管理中担负着主要的任务,是供应链外部协作的重要组成部分。它对供应链的物流进行整体上的计划和规划,并监督和评估物流的具体行为和活动的效果。对于供应链的管理来说,4PL是对包括4PL服务商及其客户在内的一切与交易有关的伙伴的资源和能力的统一。4PL集成了管理咨询和3PL服务商的能力。更重要的是,一个前所未有的、使客户价值最大化的统一的技术方案的设计、实施和运作,只有通过咨询公司、技术公司和物流公司的齐心协力才能够实现。4PL集成商们利用分包商来控制与管理客户公司的点到点式供应链运作。

(2)一体化物流的功能。一体化物流(Integrated Logistics)是20世纪末最有影响的物流趋势之一,其基本含义是指不同职能部门之间或不同企业之间通过物流上的合作,达到提高物流效率、降低物流成本的效果。一体化物流或物流的一体化包括三种形式:垂直一体化物流、水平一体化物流和物流网络。一个4PL服务商帮助客户实施新的业务方案,包括业务流程优化,客户公司和服务供货商之间的系统集成,以及将业务运作交给4PL的项目小组。在项目实施过程中,人的因素往往是业务交给4PL成败的关键。最大的目标是避免把一个设计得非常好的策略和流程实施得非常不理想,因而限制了方案的有效性,影响了项目的预期成果。业务流程一体化、供应链规划的改善和实施,将使运营成本和产品销售成本降低。4PL向用户提供更加全面的供应链解决方案,并只有通过3PL企业、信息技术企业和咨询企业的协同化作业来实现,使物流的集成化一跃成为供应链一体化。4PL提供客户全面的供应链解决方案,使上、下游产业连接起来。

(3)供应链再造及整合上、下游产业的功能。供应链再造是指为了增加市场份额、销售收入,增强竞争优势,供应链集成商根据货主/托运人在供应链战略上的要求,及时改变或调整战略战术,使其经常高效率地运作。供应链再造是一个有效的手段,能够扩大市场份额,增进顾客忠诚度,获得持久竞争优势。

4PL最高层次的方案就是再造。供应链过程中真正的显著改善要么是通过各个环节计划和运作的协调一致来实现,要么是通过各个参与方的通力协作来实现。再造过程就是基于传统的供应链管理咨询技巧,使得公司的业务策略和供应链策略协调一致;同时,技术在这一过程中又起到催化剂的作用,整合和优化了供应链内部和与之交叉的供应链的运作。改革供应链集中在改善某一具体的供应链职能,包括销售和运作计划、分销管理、采购策略和客户支持。在这一层次上,供应链管理技术对方案的成败变得至关重要。领先和高明的技术,加上战略思维、流程再造和卓越的组织变革管理,共同组成最佳方案,对供应链活动和流程进行整合和改善。

四、第四方物流的运作模式

第四方物流组织具有较大的柔性,它能够根据成员组织的约定和目标,适应不同的组织,反过来也能够被行业结构与行为所塑造,形成灵活的运作模式。

1. 协同运作模式

由第四方物流为第三方物流提供其缺少的资源,如信息技术、管理技术等,制定供应链策略和战略规划方案,并与第三方物流共同开发市场,而具体物流业务的实施则在第四方物流指导下由第三方物流完成,它们之间一般采取商业合同或战略联盟的合作方式。在这种模式中,第四方物流为实力雄厚的第三方物流服务商提供供应链战略方案、技术、专门项目管理等补充功能,并主要通过第三方物流为多个客户提供全面的物流服务和最优的解决方案(图7.5)。

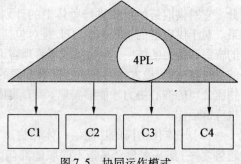

图7.5 协同运作模式

2. 方案集成模式

由第四方物流为客户提供整条供应链运作和管理的解决方案,为客户提供全面、集成的供应链管理服务。在这种模式中,通常由第四方物流与客户成立合资或合伙公司,客户在公司中占主要份额,第四方物流作为一个联盟的领导者和枢纽,集成多个服务供应商的资源,重点为一个主要客户服务。这种运作模式一般在同

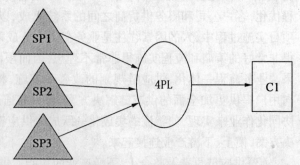

图7.6 方案集成模式

一行业范围内采用,供应商与加工制造商等成员处于供应链上、下游和相关业务范围内,彼此间专业熟悉,业务联系紧密,具有一定的依赖性。第四方物流以服务主要客户为龙头,带动其他成员企业发展(图7.6)。

3. 行业创新模式

第四方物流通过与具有各种资源、技术和能力的服务商协作，为多个行业的客户提供供应链解决方案。它以整合供应链的职能为重点，以各行业的特殊性为依据，领导整个行业供应链实现创新，给整个行业带来变革与最大化的利益。这种模式以第四方物流为主导，联合第三方物流及其他服务供应商，提供运输、仓储、配送等全方位的高端服务，为多个行业客户制定供应链解决方案(图7.7)。

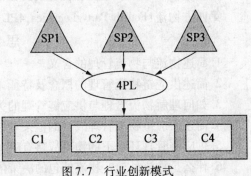

图7.7 行业创新模式

4. 动态联盟模式

这种模式是一些相对独立的服务商和客户，受市场机会驱动，通过信息技术相连接，在某个时期内结成的供应链管理联盟。这些企业在设计、供应、制造、分销等领域分别为联盟贡献自己的核心能力，以实现利润共享和风险分担。它们除具有一般企业的特征外，还具有基于公共网络环境的全球化伙伴关系及企业合作特征、经营过程优化的组织特征、可再构重组的敏捷特征等。能以最快的速度完成联盟的组织与建立，集成优势，抓住机遇，响应市场，赢得竞争。参加动态联盟的各成员企业，其组织、资源等内部特征都可由自己决定，而其外部特征则需要达到动态联盟的要求。一个企业可同时以不同的角色加入多个第四方物流联盟，在贡献资源的同时，得到自己所需的资源。

【延伸阅读】

概念上的中国第四方物流

2002年，据称是国内首家由第三方物流直接孵化出来的第四方物流公司广州安得供应链技术有限公司成立，其最成功的例子就是与当时东泽电器有限公司开展战略合作，东泽首次将仓储物流全面外包，借助安得平台，东泽运营成本降低25%~30%。

行业观察人士表示，第四方物流在中国的发展，不仅仅受到第三方物流水平的制约，更主要是观念上还没接受。现在很多企业都有自己的物流部门，其中很大的原因就是"肥水不流外人田"。况且第四方平台的物流信息都是透明的，企业更怕战略信息在此泄露出去。另外，中国准第四方物流对终端客户的信息、市场、产品分析能力；整合各方资源实操能力、管理水平；发展模式推广程度、人才等等能否适应第四方物流发展的要求，还有待实践的考验。

(资料来源：全羊网)

【本章关键词】

物流业务外包：Logistics Business Outsourcing

物流管理：Logistics Management

供应链物流管理 Supply Chain Logistics Management，SCLM

第三方物流 Third Party Logistics,3PL/TPL
第四方物流:Fourth Party Logistics,4PL

思 考 题

1. 简述物流与物流管理的含义。
2. 简述供应链物流管理的概念及特征。
3. 如何理解物流管理与供应链管理的关系?
4. 简述供应链物流管理战略的框架和原则。
5. 供应链管理环境下的物流战略有哪些? 各有何特点?
6. 什么是物流外包? 物流外包的决策依据有哪些?
7. 物流外包的决策方法有哪些? 简述其决策原理。
8. 什么是第三方物流?
9. 简述第四方物流的概念和功能。
10. 简述第四方物流的运作模式。

【实训项目】

选择一制造型企业,为其进行物流外包决策分析,并设计供应链管理环境下物流优化方案。

【案例分析】

飞利浦物流:第四者"插足"第三者

从运输商直接承运到完全引入"第三者"———第三方物流公司,飞利浦消费电子经历了10多年,而"第三者"和飞利浦只缠绵了两年,飞利浦又迫不及待地引入了"第四者"———第四方物流公司。当然,这些"第三者"和"第四者"都不是取而代之,它们充当的是在飞利浦和"第二者"、"第三者"之间的交流平台。通过引入"第四者",飞利浦精简了自己的流程和队伍———将飞利浦非核心业务外包的策略进行到底。

作为一个选择第三、第四方物流服务的公司,飞利浦在挑选第三方物流商时,首先,最关心的是成本和所得到的服务——性价比;其次,飞利浦非常看重第三方物流的IT能力;最后是第三方物流的网络覆盖能力。飞利浦跟宝供合作就有这样的口号:我们的产品卖到哪里,宝供的网络达到哪里。

飞利浦还特别看重第三方物流的业务中心。通常,只有重量级客户才能够得到更多的关注。飞利浦希望自己占到供应商收入的10%以上。飞利浦的供应链倾向只用两到三家第三方物流商,这就使得飞利浦第三方物流的业务量相当大,而在这种情况下,飞利浦有权利要求供应商专注飞利浦,愿意和飞利浦一起投入和发展。回单准时率、回单出错率、货物损坏率等在外面用得比较多的指标是飞利浦考核第三方物流的通常指标。

飞利浦考核供应商一共有15条标准。每个权重都不一样,平时最关注准时到达率——因为客户把钱给飞利浦,非常希望货物准时到达。另外只有快速把货送到客户手里,库存维持相当低的水平才能正常周转。飞利浦目前的到达率是98%以上。除了这些关键指标（KPI），飞利浦自己还有一套供应商管理系统，每个月对自己的供应商根据指标打分，列出排行榜。根据这些排行，一年或者一个季度，与供应商谈哪些做得好、哪些不满意。

对于第四方物流商，飞利浦看重的是实力、技术领先度，能保证解决方案可以提高工作效率，能帮助完成飞利浦设计的方案，实现和供应商的对接。跟新进来的第三方物流商进行连接，以前飞利浦要花两到三个月才能通过EDI方式对接，现在，在华夏平台支持下，可以在一个星期内完成全部对接，而且不用付任何钱。以后再有新的供应商进来，飞利浦也不用在EDI上有任何投入。在日常工作中，飞利浦对平台重点考核的是系统不能工作的频率。系统不能工作、不能传输数据的次数必须低于0.02%以上，除非是因国家的光缆、光施工等不可抗力出现的问题。在数据安全方面，飞利浦还要求华夏配置备份服务器，提供双重安全保障。

此外，如果平台数据出现问题，第四方物流的响应时间也很关键，比如一级的问题两小时解决（如数据不能传输）；两级的问题24小时解决。此外有条严格的规定，只要飞利浦的业务在做，华夏一个星期7天24小时都要为飞利浦服务，春节和晚上都要有人值班。

（资料来源：蒋长兵. 现代物流管理案例集. 北京：中国物资出版社.）

案例分析题

1. 华夏建立的信息平台对飞利浦有何意义？
2. 飞利浦在挑选第三方物流时对哪些方面最为关心？
3. 为什么飞利浦有权力要求供应商更专注于飞利浦？

Chapter 8 第八章

供应链环境下的生产管理

【学习要点】

通过本章的学习,使学生了解供应链下生产计划的内涵;掌握供应链下生产计划所面临的问题和编制的特点;掌握供应链下生产控制的新特点;熟悉供应链下生产系统的协调控制机制、模式和信息跟踪机制;掌握供应链下生产计划与控制总体模型所体现的生产计划与生产控制的特点;掌握合作计划、预测和供给(CPFR)方法的概念与实施过程;理解延迟制造的实施条件和策略;掌握延迟制造客户需求切入点的确定。

【引导案例】

SCM 环境下戴尔的生产计划与控制体系

近年来,在全球电脑市场不景气的大环境下,戴尔却始终保持着较高的收益,并且不断扩大市场份额。戴尔的成功源于其将先进的管理思想用信息技术在企业中的实现。

戴尔有一套较完善的 i2 Trade matrix 套件,它包括供应商关系管理、供应链管理、客户关系管理几个特殊应用模块,而供应链管理中的工厂生产计划更是发挥了很大的作用,它使戴尔的市场反应很快,能够每 3 天就做一个计划,并能实现自己基于直销方式的及时生产(JIT)。

戴尔公司在进行供应链管理中,体现了协调合作的思想,他们几乎每天都要与上游主要供应商分别交互一次或多次。在生产运营中,客户的需求有所变动时,戴尔也能很快反应,通过与供应商的协调合作进行调整。由于戴尔与供应商之间没有中间商的阻隔,所有来自于客户的最新的消息都被以最快的速度及时反馈给供应商,以便供应商据此调整自己的生产计划。从接到订单开始,戴尔就快速反应,根据订单制订生产进度计划,并将物料需求信息传达给自己的供应商或者是自己的后勤供应中心,并给工厂下达基于供应商的生产进度计划表,而供应商和后勤供应中心在指定的时间准时将材料运送到工厂中去,从而实现自己的实时生产。

戴尔的生产计划信息模块在最初就集成了五个方面的应用,并体现了企业对信息的实时跟踪与反馈。通过企业的工程材料加工和成本跟踪(EMPACT)的应用,跟踪企业的小批量订单,并将信息传入企业的运行数据仓库(ODS),它实时地支持生产决策,这主要是因为库中汇集了各种数据,并集成了历史数据用以预测分析。而同时,企业的订单管理系统将订单信息发给加工工厂,而加工进度跟踪编码系统会创建一个唯一的标签号,用以对订单的完成情况进行实时追踪。运行数据仓库与加工进度跟踪系统之间也不断进行信息数据的交换,两者也将生产的报告传至工厂的管理部,而它们同时会将调整的生产计划传回加工进度跟踪系统中。在整个信息系统中能够实现对订单的实时跟踪反馈,使企业的生产更符合最终客户的需要,从而使生产更加有效。

生产流程的规范性与信息技术的有效使用,使得戴尔的生产计划更贴近市场的需求,从而减少库存,提高企业的竞争力。

（资料来源：http://industry.accident.com/art/14/2008?0229/1376983_2.html）

第一节 供应链生产计划管理

一、供应链企业计划

(一)供应链企业计划的内容

供应链是一个跨越多厂家、多部门的网络化组织,一个有效的供应链企业计划系统必须保证企业能快速响应市场需求。有效的供应链计划系统集成企业所有的计划和决策业务,包括需求预测、库存计划、资源配置、设备管理、渠道优化、生产作业计划、物料需求与采购计划等。

供应链企业计划工作需要考虑如下几个方面的问题:

(1)供应链企业生产计划的方法与工具。供应链企业计划的方法工具主要有:MRP/JIT、DRP/ERP。

(2)供应链企业计划的优化方法。供应链企业计划的优化方法可以采用约束理论(TOC)、线性规划、非线性及混合规划方法、随机库存理论与网络计划模型。

(3)供应链企业的计划类型。根据供应链企业计划对象和优化状态空间,有全局供应链计划和局部供应链计划。

(4)供应链企业计划层次性。根据供应链企业计划的决策空间,分为战略供应链计划、战术供应链计划和运作供应链计划三个层次。

(二)同步化供应链企业计划

在当今顾客驱动的环境下,制造商必须具有面对不确定性事件不断修改计划的能力,要做到这一点,企业的制造加工过程、数据模型、信息系统和通信基础设施必须实现无缝连接且实时地运作,因而供应链同步化计划的提出是企业最终实现敏捷供应链管理的必然选择。

供应链企业的同步化计划使计划的修改或执行中的问题能在整个供应链上获得共享与支持,物料和其他资源的管理是在实时的牵引方式下进行而不是无限能力的推动过程。

供应链企业同步计划可通过改进 MRP Ⅱ 或在 ERP 中加入新的技术、充分利用开放系统的概念和集成工具来实现。同时,同步化计划能够支持供应链分布、异构环境下的"即插即用"要求。但要实现这一点,必须使供应链中的信息达到同步共享。建立在 EDI/Internet 之下的供应链信息集成平台,为供应链企业之间的信息交流提供了共享窗口和交流渠道,同时保证了供应链企业同步化计划的实现。

供应链企业的同步化计划的提出是为挑战供应链运行中的约束。供应链运行的约束有来自于采购的约束,有来自于生产的约束,也有来自于销售的约束,这些约束的不良后果会导致"组合约束爆炸"。因此要实现供应链企业的同步化计划,一方面要建立起不同的供应链系统之间的有效通信标准,如 CORBA 规范、基于因特网的 TCP/IP 协议等,使信息交流和协作规范化、标准化等;另一方面要建立起协调机制和冲突管理服务。供应链系统各个代理之间既有同步的协作功能,也有独立的自主功能,当供应链的整体利益和各个代理的个体利益相冲突时,必须快速地协商解决,供应链的同步化才得以实现。因此,建立分布的协调机制对供应链同步化计划的实现是非常重要的。

二、供应链管理下的生产计划

(一)供应链管理下生产计划的内涵

生产计划的核心是生产作业的编制工作,即根据计划期内确定的产品品种、数量、期限以及发展变化的客观实际,具体安排产品及其部件在各个生产工艺阶段的生产阶段的生产进度、生产任务。其具体任务包括以下几个方面:

1. 保证生产计划完成

为了保证按计划规定的时间和数量生产各种产品,要研究物料在生产过程中的运动规律,以及在各个工艺阶段的生产周期。以此来安排经过几个工艺阶段的时间和数量,并使系统内各个生产环节内的制品结构、数量和时间相协调。

2. 创造均衡生产条件

均衡生产是指企业及企业间的车间、工段、工作地等各个生产环节,在相等的时间阶段内,完成等量或平均数量的产品。

均衡生产的要求是:每个生产环节都要均衡地完成所承担的生产任务;不仅在数量上均衡地生产和产出,而且各个阶段的物料要保持一定的比例性;尽可能缩短物料流动周期,同时保持一定的节奏性。加强在制品管理,缩短生产周期。保持在制品。半成品的合理储备,是保证生产物流连续进行的必要性。在制品过少,会使物流中断,影响生产的顺利进行;反之,又会造成物流不畅,延长生产周期。因此,对在制品的合理控制,即可减少在制品占用量,又能使各个生产环节实现正常衔接、协调,按物流作业计划有节奏地均衡地组织物流活动。

3. 遵守期量标准制订生产计划

期量标准是生产物流计划工作的重要依据,又称为作业计划标准。它是根据加工对象在生产过程中的过程的运动,经过科学分析和计算,所确定的时间和数量标准。期和量是构成生产作业计划的两个方面,为了合理组织生产活动,有必要科学地规定生产过程中各个生产环节之间在生产时间和生产数量间的内在联系。期表示时间,如生产周期、提前周期等。量表示数量,如一次同时生产的在制品数量(生产批量)、仓库最大存储量等。

合理的期量标准为编制生产计划和生产作业计划提供了科学的依据,从而提高计划的编制质量,使它真正起到指导生产的作用。同时,按期量标准组织生产,有利于建立正常的生产秩序,实现均衡生产。

(二)传统生产计划模式与供应链管理下生产计划模式的差距

1. 决策信息的来源

生产计划的制定要依据一定的决策信息,即基础数据。在传统的生产计划决策模式中,计划决策信息的来源主要有两个方面:一方面是需求信息,另一方面是资源信息。需求信息的来源又有两个方面:一个是用户订单,另一个是需求预测。通过对两个方面信息的综合,制订生产计划所需要的需求信息。资源信息则是指生产决策的约束条件。信息多元化是供应链管理环境下的主要特征,多元信息是供应链环境下生产计划的特点。另外,在供应链环境下资源信息不仅仅来自企业内部,还来自供应商、分销商和用户。约束条件放宽了,资源的扩展使生产计划的优化空间扩大了。

2. 决策模式

传统的生产计划模式是一种集中式决策,而供应链管理环境下的决策模式是分布式的群体决策过程,基于多代理的供应链系统是立体的网络,各个节点企业具有相同的地位,有本地数据库和领域知识库。在形成供应链时,各节点企业拥有暂时性的监视权和决策权,每个节点企业的生产计划决策都受到其他企业生产计划决策的影响,需要一种协调机制和冲突解决机制。当一个企业的生产计划发生改变时,需要其他企业的计划也作出相应的改变,这样供应链才能获得同步化的响应。

3. 资源共享

传统的生产计划只针对某个企业内部资源的优化配置,而在供应链管理环境中,企业的生产计划不再只照顾企业内部资源的有效利用,而要将其上、下游相关企业的资源包括进来,传统的生产计划对于信息的共享承担非常低,传统企业的信息主要来自企业内部,并且各个信息都是分散的,企业与企业之间往往是一个个"信息孤岛",没有将信息资源充分利用,而在如今激烈的竞争环境下,这种情况非常危险,企业不但要将内部信息共享,甚至要将整个供应链上的企业实现信息资源全方位共享。

4. 生产计划的运作环境

供应链管理的目的是使企业能够适应剧烈多变的市场环境需要。复杂多变的环境增加了企业生产计划运作的不确定性和动态因素。供应链管理环境下的生产计划是在不确定的运作环境下进行的,因此要求生产计划具有更高的柔性和敏捷性,比如,提前期的柔性、生产批量的柔性等。传统的 MRPII 就缺乏柔性,因为它以固定的环境约束变量应付不确定的市场环境,这显然是不行的。供应链管理环境下的生产计划涉及的多是订单化生产,这种生产模式动态性更强、更多地考虑不确定性和动态性因素,使生产计划具有更高的柔性和敏捷性,是企业能对市场变化作出快速反应。

5. 信息反馈机制

企业的计划能否得到很好的贯彻执行,需要有效地监管机制作为保证。要进行有效地监管控制必须建立一种信息反馈机制。传统的企业生产计划的信息反馈机制是一种链式反馈机制,也就是说,信息反馈是企业内部从一个部门到另一个部门的直线性的传递,因为递阶组织的特点,信息的传递一般是从底层向高层信息处理中心(权利中心)反馈,形成和组织结构平行的信息递阶的传递模式。

供应链管理环境下企业信息的传递模式和传统企业的信息传递模式不同,以团队工作为特征的多代理组织模式使供应链具有网络化结构特征,因此供应链管理模式不是递阶管理,也不是矩阵管理,而是网络化管理,生产计划信息的传递不是沿着企业内部的递阶结构(权力机构)而是沿着供应链不同的节点方向(网络结构)传递。为了做到供应链的同步化运作,供应链企业之间信息的交互频率也比传统的企业信息传递频率大得多,因此应采用并行化信息传递模式。

(三)供应链管理下生产计划面临的问题

供应链管理环境下的生产计划与传统生产计划有显著不同,是因为在供应链管理下,与企业具有战略伙伴关系的相关企业的资源通过物资流、信息流和资金流的紧密合作而成为企业制造资源的拓展。在制订生产计划的过程中,主要面临以下三方面的问题。

1. 柔性约束

柔性实际上是对承诺的一种完善。承诺是企业对合作伙伴的保证,只有在这一基础上企业间才能建立基本的信任,合作伙伴也因此获得了相对稳定的需求信息。然而,由于承诺的下达在时间上超前于承诺本身付诸实施的时间,因此,尽管承诺方一般来讲都尽力使承诺与未来的实际情况接近误差却是难以避免。柔性约束的提出为承诺方缓解了这一矛盾,使承诺方有可能修正原有的承诺。可见,承诺与柔性是供应商合同签订的关键要素。

第八章 供应链生产管理

【知识链接】

柔性对生产计划的重要性

显而易见,如果仅仅根据承诺的数量来制订计划是容易的。但是柔性的存在使这一过程变得复杂了。柔性是双方共同制订的一个合同要素,对于需方而言,它代表着未来变化的预期;而对于供方而言,它是对自身所能承受的需求波动的估计。本质上供应合同使有限的可预知的需求波动代替了可以预测但不可控制的需求波动。

下游企业的柔性对企业的计划产量造成的影响在于:企业必须选择一个在已知的需求波动下最为合理的产量。企业的产量不可能覆盖整个需求的变化区域,否则会造成不可避免的库存费用。在库存费用与缺货费用之间取得一个均衡点是确定产量的一个重要标准。

供应链是首尾相通的,企业在确定生产计划时还必须考虑上游企业的利益。在与上游企业的供应合同之中,上游企业表达的含义除了对自身所能承受的需求波动估计外,还表达了对自身生产能力的权衡。可以认为,上游企业合同中反应的是相对于该下游企业的最优产量。之所以提出是相对于该下游企业,是因为上游企业可能同时为多家企业提供产品。因此,下游企业在制订生产计划时应该尽量使需求与合同的承诺量接近,帮助供应企业都达到最优产量。

(资料来源:刘伟.供应链管理.上海:格致出版社,2008)

2. 生产进度

生产进度信息是企业检查生产计划执行状况的重要依据,也是滚动制订生产计划过程中用于修正原有计划和制订新计划的重要信息。在供应链管理环境下,生产进度计划属于可共享的信息。这一信息的作用在于:

(1)供应链上游企业通过了解对方的生产进度情况实现准时供应。企业的生产计划是在对未来需求作出预测的基础上制订的,它与生产过程的实际进度一般是不同的,生产计划信息不可能实时反映物流的运动状态。供应链企业可以借助现代网络技术,使实时的生产进度信息能为合作方所共享。上游企业可以通过网络和双方通用的软件了解下游企业真实需求信息,并准时提供物资。在这种情况下,下游企业可以避免不必要的库存,而上游企业可以灵活主动地安排生产和调拨物资。

(2)原材料和零部件的供应是企业进行生产的首要条件之一,供应链上游企业修正原有计划时应该考虑到下游企业的生产状况。在供应链管理下,企业可以了解到上游企业的生产进度,然后适当调节生产计划,使供应链上的各个环节紧密地衔接在一起。其意义在于可以避免企业之间出现供需脱节的现象,从而保证了供应链上的整体利益。

3. 生产能力

企业完成一份订单不能脱离上游企业的支持,因此,在编制生产计划时要尽量借助外部资源,有必要考虑如何利用上游企业的生产能力。任何企业在现有的技术水平和组织条件下都具有一个最大的生产能力,但最大的生产能力并不等于最优生产负荷。在上下游企业间稳定的供应关系形成后,上游企业从自身利益出发,更希望所有与之相关的下游企业在同一时期的总需求与自身的生产能力相匹配。上游企业的这种对生产负荷量的期望可以通过合同、协议等形式反映出来,即上游企业提供给每一个相关下游企业一定的生产能力,并允许一定程度上的浮动。这样,在下游企业编制生产计划时就必须考虑到上游企业的这一能力上的约束。

(四)供应链管理环境下生产计划编制的特点

在供应链管理下,企业的生产计划编制过程有了较大的变动,在原有的生产计划制订过程的基础上增添了新的特点。

1. 具有纵向和横向的信息集成过程

这里的纵向指供应链由下游向上游的信息集成,而横向指生产相同或类似产品的企业之间的信息共享。在生产计划过程中上游企业的生产能力信息在生产计划的能力分析中独立发挥作用。通过在主生产计划和投入出产计划中分别进行的粗、细能力平衡,上游企业承接订单的能力和意愿都反映到了下游企业的生产计划中。同时,上游企业的生产进度信息也和下游企业的生产进度信息一道作为滚动编制计划的依据,其目的在于保持上下游企业间生产活动的同步。

外包决策和外包生产进度分析是集中体现供应链横向集成的环节。在外包中所涉及的企业都能够生产相同或类似的产品,或者说在供应链网络上是属于同一产品级别的企业。企业在编制主生产计划时所面临的订单,在两种情况下可能转向外包:一是企业本身或其上游企业的生产能力无法承受需求波动所带来的负荷;二是所承接的订单通过外包所获得利润大于企业自己进行生产的利润。无论在何种情况下,都需要承接外包的企业的基本数据来支持企业的获利分析,以确定是否外包。同时,由于企业对该订单的客户有着直接的责任,因此也需要承接外包的企业的生产进度信息来确保对客户的供应。

2. 丰富能力平衡在计划中的作用

在通常的概念中,能力平衡只是一种分析生产任务与生产能力之间差距的手段,再根据能力平衡的结果对计划进行修正,在供应链管理下制订生产计划过程中,能力平衡发挥了以下作用:

(1)为修正主生产计划和投入出产计划提供依据,这也是能力平衡的传统作用。

(2)能力平衡是进行外包决策和零部件(原材料)急件外购的决策依据。

(3)在主生产计划和投入出产计划中所使用的上游企业能力数据,反映了其在合作中所愿意承担的生产负荷,可以为供应链管理的高效运作提供保证。

(4)在信息技术的支持下,对本企业和上游企业的能力状态的实时更新使生产计划具有较高的可行性。

3. 计划的循环过程突破了企业的限制

在企业独立运行生产计划系统时，一般有三个信息流的闭环，而且都在企业内部。

(1) 主生产计划→粗能力平衡→主生产计划。

(2) 投入出产计划→能力需求分析(细能力平衡)→投入出产计划。

(3) 投入出产计划→车间作业计划→生产进度状态→投入出产计划，在供应链管理下生产计划的信息流跨越了企业，从而增添了新的内容。

(4) 主生产计划→供应链企业粗能力平衡→主生产计划。

(5) 主生产计划→外包工程计划→外包工程进度→主生产计划。

(6) 外包工程计划→主生产计划→供应链企业生产能力平衡→外包工程计划。

(7) 投入出产计划→供应链企业能力需求分析(细能力平衡)→投入出产计划。

(8) 投入出产计划→上游企业生产进度分析→投入出产计划。

(9) 投入出产计划→车间作业计划→生产进度状态→投入出产计划。

需要说明的是，以上各循环中的信息流都只是各自循环所必需的信息流的一部分，但可对计划的某个方面起决定性的作用。

第二节 供应链生产控制管理

一、生产控制

企业生产控制的对象是生产过程，是经济控制系统中微观层次的一个分支，是企业管理的另一个重要方面。它的经济活动要素主要包括人、物资、设备、资金和信息，这些要素一方面分布在企业的所有部门各个环节；另一方面，每时每刻处于变动之中，所以企业的生产控制体系是企业经营的核心活动。

与传统的生产控制方法相比，供应链环境下的生产控制方法提出了以增加信息共享和信息交流为目的协调控制机制，从而更好地保证企业生产计划的实施和企业生产过程的顺利进行。

二、供应链管理环境下的生产控制新特点

供应链环境下的企业生产控制和传统的企业生产控制模式不同。前者需要更多的协调机制(企业内部和企业之间的协调)，体现了供应链的战略伙伴关系原则。供应链环境下的生产协调控制包括如下几个方面的内容。

（一）生产进度控制

生产进度控制的目的在于依据生产作业计划,检查零部件的投入和出产数量、出产时间和配套性,保证产品能准时装配出厂。供应链环境下的进度控制与传统生产模式的进度拉制不同,因为许多产品是协作生产的和转包的业务,和传统的企业内部的进度控制比较来说,其控制的难度更大,必须建立一种有效的跟踪机制进行生产进度信息的跟踪和反馈。生产进度控制在供应链管理中有重要作用,因此必须研究解决供应链企业之间的信息跟踪机制和快速反应机制。

（二）供应链的生产节奏控制

供应链的同步化计划需要解决供应链企业之间以及企业内部各部门之间保持步调一致。供应链形成的准时生产系统,要求上游企业准时为下游企业提供必需的零部件。如果供应链中任何一个企业不能准时交货,都会导致供应链对用户的响应性下降,因此,严格控制供应链的生产节奏对供应链的敏捷性是十分重要的。

（三）提前期管理

基于时间的竞争是20世纪90年代一种新的竞争策略,具体到企业的运作层,主要体现为提前期的管理,这是实现QR、ECR策略的重要内容。供应链环境下的生产控制中,提前期管理是实现快速响应用户需求的有效途径;缩小提前期,提高交货期的准时性是保证供应链获得柔性和敏捷性的关键;缺乏对供应商不确定性的有效控制是供应链提前期管理中的一大难点。因此,建立有效地供应提前期的管理模式和交货期的设置系统是供应链提前期管理中值得研究的问题。

（四）采用库存控制和在制品管理新模式

库存在应付需求不确定性时有其积极重要的作用,但是库存又是一种资源浪费。在供应链管理模式下,实施多级、多点、多方管理库存的策略,对提高供应链环境下的库存管路水平、降低制造成本有着重要意义。这种库存管理模式涉及的部门不仅仅是企业内部。基于JIT的供应与采购,供应商管理库存(VMI)、联合库存管理(JMI)等是供应链库存管理的新方法,对降低库存都有重要作用。因此,建立供应链管理环境下的库存控制体系和运作模式对提高供应链的库存管理水平有重要作用,是供应链企业生产控制的重要手段。

（五）信息实时反馈

通过信息的实时反馈,供应链中的企业可以在生产计划与控制过程中对自己的订单进行全面监督、协调检查、跟踪监控,保证上下游企业计划的执行与修正,确保生产计划的有效性,消除不确定性对供应链的影响,使上下游企业生产协调一致。

（六）各方协同合作程度更高

供应链上各个企业既相互独立又相互依存,在上述的生产进度与节奏控制、库存控制、提前期管理和信息的有效传递等方面都需要更有为有效地协同合作,以协调各方利益,实现生产系统的有效控制。

三、供应链管理环境下生产控制的协调、跟踪机制

(一)供应链的协调控制机制

要实现供应链的同步化运作,需要建立一种供应链的协调机制。协调供应链的目的在于使信息能无缝地、顺畅地在供应链中传递,减少因信息失真而导致过量生产、过量库存现象的发生,使整个供应链能根据顾客的需求而步调一致,也就是使供应链能够同步响应市场需求变化。

供应链的协调机制有两种划分方法。根据协调的职能可划分为两类:一是不同职能活动之间的协调与集成,如生产-供应协调、生产-销售协调、库存-销售协调等协调关系;另一类是根据同一职能不同层次活动的协调,如多个工厂之间的生产协调。根据协调的内容划分,供应链的协调可划分为信息协调和非信息协调。

(二)供应链的协调控制模式

供应链的协调控制模式分为中心化协调、分散化协调和混合式协调三种。中心化协调控制模式把供应链作为一个整体纳入一个系统,采用集中方式决策,因而忽视了代理的自主性,也容易导致"组合约束爆炸",对不确定性的反应比较迟缓,很难适应市场需求的变化。分散化协调控制过分强调代理模块的独立性,对资源的共享程度低,缺乏通信与交流,很难做到供应链的同步化。比较好的控制模式是分散与集中相结合的混合模式。各个代理一方面保持各自的独立性运作,另一方面参与整个供应链的同步化运作体系,保持了独立性与协调性的统一。

(三)供应链的信息跟踪机制

供应链各个代理之间的关系是服务与被服务的关系,服务信信的跟踪和反馈机制可使企业生产与供应关系同步进行,消除不确定性对供应链的影响。因此,应该在供应链系统中建立服务跟踪机制以降低不确定性对供应链同步化的影响。

供应链的服务跟踪机制提供供应链两方面的协调辅助:信息协调和非信息协调。非信息协调主要指完善供应链运作的实物供需条件,采用JIT生产与采购、运输调度等;信息协调主要通过企业之间的生产进度的跟踪与反馈来协调各个企业的生产进度,保证按时完成用户的订单,及时交货。

供应链企业在生产系统中使用跟踪机制的根本目的是保证对下游企业的服务质量。在企业集成化管理的条件下,跟踪机制才能够发挥其最大的作用。跟踪机制在企业内部表现为客户(上游企业)的相关信息在企业生产系统中的渗透。其中,客户的需求信息(订单)成为贯穿企业生产系统的一条线索,成为生产计划、生产控制、物资供应相互衔接、协调的手段。

1. 跟踪机制的运行环境

供应链管理下企业间的信息集成从以下三个部门展开。

(1) 采购部门与销售部门。采购部门与销售部门是企业间传递需求信息的接口。需求信息总是沿着供应链从下游传至上游,从一个企业的采购部传向另一个企业的销售部门。

在供应链管理下的战略伙伴关系建立以后,销售部门的职能简化了。销售部门在供应链上下游企业间的作用仅仅是一个信息的接口。它负责接收和管理有关下游企业需求的一切信息。除了单纯意义上的订单外,还有下游企业对产品的个性化要求,如质量、规格、交货渠道、交货方式等。这些信息是企业其他部门的工作所必需的。

同销售部门一样,采购部门的职责也得以简化。采购部门原有的工作是保证生产所需的物资供应。它不仅要下达采购订单,还要确保采购的物资的保质保量和按时入库。在供应链管理下,采购部门的主要工作是将生产计划系统的采购计划转换为需求信息,以电子订单的形式传达给上游企业。同时,它还要从销售部门获取与所采购的零部件和原材料相关的客户个性化要求,并传达给上游企业。

(2) 制造部门。制造部门的任务不仅仅是生产,还包括对采购物资的接收以及按计划对下游企业配套件的供应。在这里,制造部门实际上兼具运输服务和仓储管理两项辅助功能。制造部门能够完成如此复杂的工作,原因在于生产计划部门对上下游企业的信息集成,同时也依赖于战略伙伴关系中的质量保证体系。此外,制造部门还担负着在制造过程中实时收集订单的生产进度信息,经过分析后提供给生产计划部门。

(3) 生产计划部门。在集成化管理中企业的生产计划部门肩负着大量的工作;集成了来自上下游生产计划部门、企业自身的销售部门和制造部门的信息。其主要功能有:

①滚动编制生产计划。来自销售部门的新增订单信息,来自企业制造部门的订单生产进度信息和来自上游企业的外购物资的生产计划信息,以及来自上游企业的需求变动信息,这四部分信息共同构成了企业滚动编制生产计划的信息基础。

②保证对下游企业的产品供应。下游企业的订单并非一成不变,从订单到达时起,供方和需方的内外环境就一直不断变化着,最终的供应时间实际上是双方不断协调的结果,其协调的工具就是双方不断滚动更新的生产计划。生产计划部门按照最终的协议指示制造部门对下游企业进行供应。这种供应是与下游企业生产计划相匹配的准时供应。由于生产出来的产品不断发往下游企业,制造部门不会有过多的在制品和成品库存压力。

③保证上游企业对本企业的供应。这一功能是与上一功能相对应的。生产计划部门在制造部门提供的实时生产进度分析的基础上结合上游企业传来的生产计划(生产进度分析)信息,与上游企业协商确定各批订单的准确供货时间。上游企业将按照约定的时间将物资发送到本企业。采购零部件和原材料的准时供应降低了制造部门的库存压力。

图 8.1 为以上几点论述的示意图。

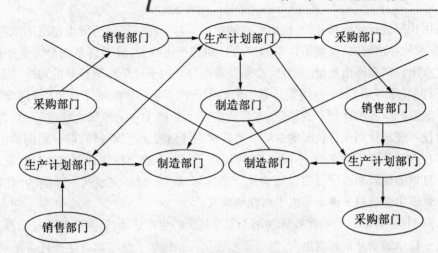

图 8.1 跟踪机制运行环境

2. 生产计划中的跟踪机制

在生产计划中,要时刻关注信息的流向与传导准确性,以保证生产的顺利进行,一般在这一环节中涉及的跟踪机制内容包括:

(1)在接到下游企业的订单后,建立针对上游企业的订单档案,其中包含了用户对产品的个性化要求,如规格、质量、交货期、交货方式等具体内容。

(2)主生产计划进行外包分析,将订单分解为外包子订单和自制件子订单。订单与子订单的关系在于:订单通常是一个用户提出的订货要求,在同一个用户提出的要求中,可能有多个订货项,可以将同一订单中不同的订货项定义为子订单。表8.1 订单包含了三个子订单。

表 8.1　1 份订单上的三个子订单

产品编号	产出日期
A300	1999/07/11
A300	1999/07/30
A3001	1999/07/30

(3)主生产计划对子订单进行规划,改变子订单在期限与数量上的设定,但保持了子订单与订单的对应关系。

(4)投入产出计划中涉及跟踪机制的步骤如下:①子订单的分解:结合产品结构文件和工艺文件以及提前期数据,倒排编制生产计划。对不同的子订单独立计算,即不允许进行跨子订单的计划记录合并。②库存的分配:本步骤与①步骤是同时进行的,将计划期内可利用的库存分配给不同的子订单。在库存分配记录上注明子订单信息,保证专货专用。③能力占用:结合工艺文件和设备组文件计算各子订单计划周期内的能力占用。这一步骤使单独评价子订单对生产负荷的影响成为可能。在调整子订单时也无需重新计算整个计划所有记录的能力占用数据,仅需调整子订单的相关能力数据。④调整:结合历史数据对整个计划周期内的能力占用状况进行评价和分析,找出可能的瓶颈。对于在一定时间段内在所形成的能力瓶颈,可采取两种办法解决:调整子订单的产出日期和产出数量;将子订单细分为更小的批量,分别设定产出日期和产出数量。当然,必须保持细分后的子订单与原订单的对应关系。经过调整的子订单(子订单)和上一周期计划中未对生产产生实际影响的子订单(子订单)都可重新进行分解以产生新的计划。⑤修正:本步骤实际上是在①~④步骤之前进行的,它是对前一周期内投入产出计划执行状况的总结。与通常的计划滚动过程一样,前一周期的生产进度数据和库存数据是必不可少的,不同的是,可以按子订单准确地检查计划的执行状况,同时调整相应子订单的期限和数量设定以适应生产的实际情况。能够完成这一功能的原因在于在整个生产系统中都通过子订单形成了内在的联系。

(5) 车间作业计划。车间作业计划用于指导具体的生产活动,具有高度的复杂性,一般难以严格按子订单的划分来调度生产,但可要求在加工路线单上注明本批生产任务的相关子订单信息和相关度信息。在整个生产过程中实时地收集和反馈子订单的生产数据,为跟踪机制的运行提供来自基层的数据。

(6) 采购计划。采购部门接收的是按子订单下达的采购信息,它们可以使用不同的采购策略来完成采购计划。子订单的作用主要体现在以下几个方面:①将采购部门与销售部门联系起来。下游企业需求上的个性化要求可能涉及原材料和零部件的采购,采购部门可以利用子订单查询这一信息,并提供给各上游企业。②建立需求与生产间的联系。采购部门的重要任务之一就是建立上游企业的生产过程与本企业子订单的对应关系。在这一条件下,企业可以了解到子订单生产所需要的物资在上游企业中的生产情况,还可以提供给上游企业准确的供货时间。

3. 生产进度控制中的跟踪机制

生产控制是生产管理的重要职能,是实现生产计划和生产作业管理的重要手段。虽然生产计划和生产作业计划对生产活动已作了比较周密而具体的安排,但随着时间的推移,市场需求往往会发生变化。此外,由于各种生产准备工作不周全或生产现场偶然因素的影响,也会使计划产量和实际产量之间产生差异。因此,必须及时对生产过程进行监督和检查,发现偏差,进行调节和校正工作,以保证计划目标的实现。

生产进度控制的主要任务是依照预先制定的作业计划,检查各种零部件的投入和产出时间、数量以及配套性,保证产品能准时产出,按照订单上承诺的交货期将产品准时送到用户手中。

由于建立了生产计划中的跟踪机制,生产进度控制中的相应工作就是在加工路线单中保留子订单信息。此外,在生产进度控制中运用了多种分析方法,如在生产预计分析中的差额推算法、生产均衡性控制中的均衡系数法、生产成套性控制中的甘特图等。这些方法同样可以运用到跟踪机制中,只不过分析的目标不再仅是计划的执行状况,还包括对各子订单的分析。

使用跟踪机制的作用在于对子订单的生产实施控制,保证对客户的服务质量。

（1）按优先级保证对客户的产品供应。子订单是订单的细化,只有保证子订单的准时完工才能保证订单的准时完工,这也就意味着对客户服务质量的保证。在一个企业中不同的子订单总是有着大量的相同或类似的零部件可以同时进行加工。在车间生产的复杂情况下,由于生产实际与生产计划的偏差,制品未能按时到位的情况经常发生。在产品结构树中低层的零部件的缺失破坏了生产的成套性,必将导致高层零部件的生产计划无法执行,这是一个逐层向上的恶性循环。

较好的办法是将这种可能产生的混乱限制在优先级较低的子订单内,保证高优先级的子订单的生产成套性。在发生意外情况时,总是认为意外发生在低优先级别的子订单内,高优先级的子订单能够获得物资上的保证。在低优先级订单的优先级不断上升的情况下,总是优先保证高优先级的订单,必然能够保证对客户的服务质量。相反,在不能区分子订单的条件下无法实现这种办法。"拆东墙补西墙"式的生产调度,会导致在同一时间加工却在不同时间使用的零部件互相挤占,为后续生产造成隐患。

（2）保证在企业间集成化管理的条件下,下游企业所需要的实时计划信息。对于本企业而言,这一要求就意味着使用精确实时的生产进度数据修正预订单项对应的每一个子订单的相关计划记录,保持生产计划的有效性。在没有相应的跟踪机制的情况下,同一个生产计划、同一批半成品都可能对应着多份订单,实际上无法度量具体订单的生产进度。可见,生产控制系统必须建立跟踪机制才能实现面向订单的数据搜集,生产计划系统才能够获得必要的信息以实现面向用户的实时计划修正。

第三节 供应链管理环境下的生产计划与控制系统总体模型

一、供应链管理环境下的生产计划与控制总体模型

供应链管理环境下的生产计划与控制总体模型如图 8.2 所示。该模型将供应链上供应商信息、零售商信息和分销商信息以及核心企业信息集成起来,共同作用于企业生产计划于控制,体现了供应链集成化管理的思想。

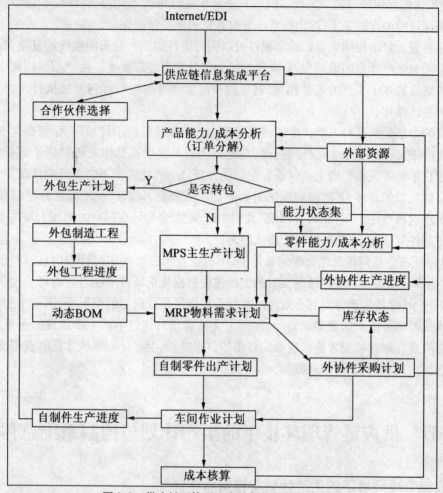

图 8.2 供应链环境下生产计划与控制总体模型

其主要任务如下：

(1) 核心企业与供应商、零售商和分销商通过 Internet/Intranet/EDI 进行信息共享、集成和数据交换。企业可自行生产，或者外包给合适的供应商生产。外包企业将其生产计的信息共享平台上，传递给核心企业。

(2) 当企业决定自行生产时，企业应根据自身的能力状态生成自己的主生产计划。再由主生产计划、外协生产进度和动态的物料清单(BOM)制订企业物料需求计划、再根据此生产企业的车间作业计划，并进行成本核算，将得到的信息返回到成本分析处；自制成产进度的信息将反馈到供应链的共享信息平台，供上、下游企业共享。

(3) 外协件的采购计划是由物料需求计划、外协件的库存状态共同制订的，并反馈给外协件供应商,供应商据此修改外协件的生产进度。

(4)实时的商品库存状态生成动态的产品销售计划,将这些实时的信息、集成到供应链的集成信息平台中,进行生产的监控与调整,并将其最快地反映到企业的生产计划中去。

该模型将上、下游企业的信息传递到计划和控制的每一个环节,并有效地应用到企业的生产计划于控制中去,实时监控供需差异,减少两者之间的波动幅度,从而减少整个供应链上的波动幅度。由于供应商的供货能力对企业生产计划和控制的执行有影响,所以企业需要根据供应商的生产能力制定自己的生产计划;而当企业的客户需求变动时,企业也需要及时做出响应,减小需求变动带来的波动影响,并立即反映给上游的供应商。这就需要依靠信息系统进行实时的监控与调整,使生产计划与控制系统更能适应以客户为导向的复杂多变的市场需要,更加灵活、有效地适应供应链管理中的生产环节。

供应链生产计划与控制总体模型中生产计划与生产控制模式的特点如下。

二、生产计划特点

1. 使系统更具柔性

提出了基于业务外包和资源外用的生产决策策略和算法模型,使生产计划与控制系统更适应以顾客需求为导向的多变的市场环境的需要。生产计划控制系统更具灵活与柔性,更能适应订货型企业的需要。

2. 纳入成本分析功能

把成本分析纳入了生产作业计划决策过程,真正体现以成本为核心的生产经营思想。而传统的 MRP II 系统中虽然有成本核算模块,但仅仅用于事后结算和分析,并没有真正起到成本计划与控制的作用,这是对 MRP II 系统的一个改进。

3. 充分体现价值增值和用户满意

基于该模型的生产计划与控制系统充分体现了基于价值增值和用户满意的供应链管理思想和管理模式。

三、生产控制模式的特点

1. 订货决策与订单分解控制

在对用户订货与订单分解控制决策方面,模型设立了订单控制系统,用户订单进入该系统后,要进行三个决策过程:价格/成本比较分析、交货期比较分析、能力比较分析。最后进行订单的分解决策,分解产生出两种订单(如在管理软件中用不同的工程号表示):外包订单和自制订单。图8.3为订货决策与订单分解控制示意图。

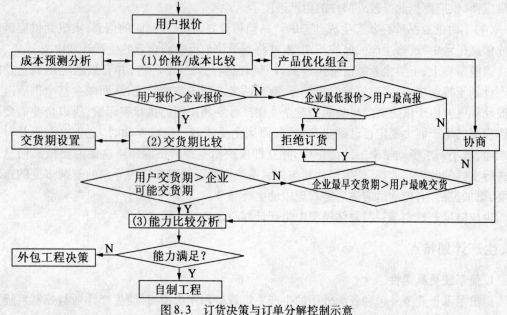

图 8.3 订货决策与订单分解控制示意

2. 面向对象的、分布式、协调生产作业控制模式

从宏观上讲,企业是这样的对象体:它既是信息流、物流、资金流的始点,也是三者的终点。对生产型企业对象作进一步分析可知,企业对象由产品、设备、材料、人员、订单、发票、合同等各种对象组成,企业之间最重要的联系纽带是"订单",企业内部及企业间的一切经营活动都是围绕着订单而运作,通过订单驱动其他企业活动,如采购部门围绕采购订单而运作,制造部门围绕制造订单而运作,装配部门围绕装配订单而运作,这就是供应链的订单驱动原理。

面向对象的生产作业控制模式从订单概念的形成开始,就考虑了物流系统各目标之间的关系,形成面向订单对象的控制系统。订单在控制过程中,主要完成如下几个方面任务。

(1)整个供应链过程(产、供、销)进行面向订单的监督和协调检查。
(2)规划一个订单工程的计划完成日期和完成工作量指标。
(3)对订单工程对象的运行状态进行跟踪监控。
(4)分析订单工程完成情况,与计划进行比较分析。
(5)根据顾客需求变化和订单工程完成情况提出切实可行的改进措施。

订单控制过程可以用订单运行图简要说明(图 8.4)。

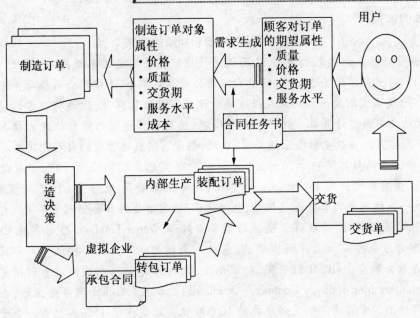

图 8.4 订单运行流程

面向对象的、分布式、协调生产作业控制模式有如下的特点。

(1)体现了供应链的集成观点,从用户订单输入到订单完成,供应链各部门的工作紧紧围绕订单来运作。

(2)业务流程和信息流保持一致,有利于供应链信息跟踪与维护。

(3)资源的配置原则更为明确统一,有利于资源的合理利用和管理。

(4)采用模糊预测理论和质量功能展开(Quality Function Deployment, QFD)方法相结合,将顾客需求订单转化为生产计划订单,使生产计划更靠近顾客需求。

(5)体现"X"模式的纵横一体化企业集成思想,在供应链的横向以订单驱动的方式,而在纵向则采用 MRP/OPT 资源约束的生产控制方法。

供应链环境下这种分布式、面向对象、协调生产作业的控制模式,最主要的特点是信息的相互沟通与共享。建立供应链信息集成平台(协调信息的发布与接受),及时反馈生产进度的有关数据,修正生产计划,以保持供应链各企业都能同步执行。

四、合作计划、预测和补给方法

合作计划、预测和补给(Collaborative Planning Forecasting and Replenishment,CPFR)是近来出现供应链管理的一个新模式,尤其用于供应链环境下的生产计划与控制方面,它能够克服单个企业独自制订计划带来的种种问题。

【延伸阅读】

合作计划、预测和补给的由来

供应链管理越来越接近无缝化,从而促进供应链整合程度的不断提高。合作计划、预测和补给(CPFR)充分体现了这一点,它是由宝洁公司首先倡导、沃尔玛公司推动并发展的。

1980年,美国宝洁公司和一家超级市场尝试着省略订货环节,通过将双方的计算机连接起来,由宝洁公司通过计算机系统了解销货情况,然后根据超市的销售状况直接向货架补充货物,超市则按月把货款支付给宝洁公司;由此,揭开了供应链管理的自动化序幕。

1995年沃尔玛与其供应商 Waner-Lambert、管理信息系统供应商 SAP、供应链软件公司 Manugistics、美国咨询公司 Benchmarking Partners 等五家公司开始了 CPFR 的探索和研究。1998年,这一系统在美国零售业被倡导,包括沃尔玛、宝洁公司和金佰利等多家大型零售企业参与该系统的应用实验,并取得了明显的效果。例如,Waner-Lambent 公司实施 CPFR 当年,商品满足率由原来的87%上升到98%,销售收入新增800万美元。初试牛刀即获成功导致了 CPFR 委员会和负责 CPFR 的研究、标准制定、软件开发和推广应用的专门研究机构——VICS(Voluntary Inter-industry Commerce Standards)的诞生。CPFH 理事会估计,全面成功实施 CPFR 将使美国零售商品供应链库存的10 000亿美元减少了15%~25%。由于这种潜在的巨大效益和市场,SAP 和 Manugistics 等著名的软件商都参与了 CPFR 的软件系统开发和提供相关的服务。宝洁公司的这套供应链管理理念也最终发展成为一种新的供应链计划与运作管理的新哲理——合作计划、预测和补给。如今,沃尔玛成为拥有数千家大卖场的全球第一大百货零售企业。

(一)CPFR 的概念和特点

合作计划、预测和补给(CPFR)即生产商和销售商等供应链成员之间协同计划、预测和补货,是从供应链全局出发,通过成员之间的广泛深入的供应链全过程合作,在共享信息和共同预测的基础上,共同计划和管理业务,在降低库存的同时增加销售量,真正实现共赢,是最先进的高效率供应链管理方法。

CPFR 能降低分销商的存货量,增加供应商的销售量。它应用一系列处理过程和技术模型。覆盖整个供应链的合作过程,通过共同管理业务过程和共享信息来改善分销商与供应商的伙伴关系,提高预测的准确度,最终达到提高供应链效率、降低库存和提高客户满意度的目的。CPFR 的最大优势是能及时准确地预测由各项促销措施或异常变化带来的销售高峰和波动,从而使分销商和供应商都做好充分的准备,赢得主动。同时,CPFR 有利于实现供应链伙伴间更广泛深入的合作,帮助制订面向客户的合作框架、基于销售报告的生产计划,进而消除供应链过程中的约束等。

归纳起来,CPFR 的主要特点有以下几个。

1. 协同性

在共同效益目标和充分信任的基础上,参与供应链的各方合作者承诺在流程控制和价值创造等方面,相互之间保持信息共享和充分沟通,确立长期的紧密协作关系。通过保密协议、建立纠纷处理机制、确立供应链记分卡和共同的激励目标等保证良好的协同性。

2. 合作规划

CPFR 的突出特点是协同规划。为了实现共同的目标,双方在共享销量、订单满足率、定价、库存和毛利等财务指标信息基础上,合作规划商品的品类和品牌等,共同制订供销计划、库存政策和仓储分类等。

3. 全程合作

通过零售商的销售时点信息(POS)数据,生产商直面消费者,并将分析结果与销售商进行充分的信息和数据交换,双方共同预测,克服了从各自角度和所有信息出发的片面预测方式,使预测结果更加准确、可信,在此基础上共同安排生产、物流、库存、仓储、补货和销售等,实现供应链的全程合作和供应链的集成化管理。

4. 订单预测

零售商做出订单预测,也只是对基本需求的预测,不能与整体促销计划结合起来。CPFR 则不同,它在共同的规划和预测基础上形成的销售预测最终转化为订单预测。在销售预测基础上,根据供应商订单处理的提前期、前置时间、商品单元、协同运输计划和消费者的购买习惯等,合作双方共同审核存货比率、预测的精确度、安全库存标准、基本供应量和订单的实现比例等,并考虑可能的意外的情况和出现争议时的解决时间等,形成精确的订单预测,保证实现准确及时补货。

(二)CPFR 体系结构与原则

1. CPFR 体系结构

图 8.5 所示是以 CPFR 为基础建立的供应链体系结构。它分为以下四个职责层。

(1)决策层。主要负责管理合作企业领导层,包括企业联盟的目标和战略的制定、跨企业的业务过程的建立、企业联盟的信息交换和共同决策。

(2)运作层。主要负责合作业务的运作,包括制订联合业务计划、建立单一共享需求预测、共担风险和平衡合作企业能力。

(3)系统管理层。主要负责供应链运作的支撑系统和环境管理及维护。

(4)内部管理层。主要负责企业内部的运作和管理,主要包括商品或分类管理、库存管理、商店运作、后勤、客户服务、市场营销、制造、销售和分销等。

2. CPFR 体系的原则

CPFR 有以下三条指导性原则。

(1)贸易伙伴框架结构和运作过程以消费者为中心,并且面向价值链的成功运作。

(2)贸易伙伴共同负责开发单一、共享的消费者需求预测系统。

(3)贸易伙伴均承诺共享预测并消除供应链过程约束的基础上共担风险。

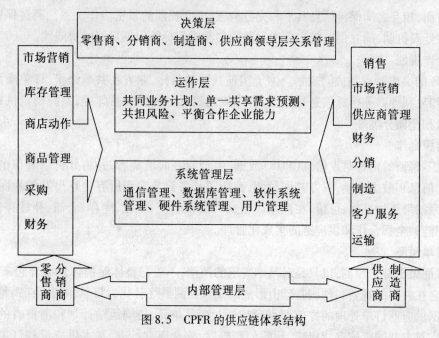

图 8.5 CPFR 的供应链体系结构

(三)CPFR 业务活动的实施过程

CPFR 的业务活动可划分为计划、预测、和补给三个阶段,包括九个基本流程活动。第一个阶段为计划,包括第(1)~(2)步,第二个预测阶段包括(3)~(8)步,第三个补货阶段是第(9)步。这九个步骤如下:

(1)建立业务联盟伙伴协议框架。供应链上的合作伙伴,包括供应商、生产商、分销商和零售商等共同建立一个通用业务框架协议,包括合作的指南、目标、任务与职责、业务规则、绩效评测、保密协议和资源授权等内容。它是一个所有业务活动的总纲领。

(2)共同制订业务计划。根据共同的发展战略,由合作各方共同基于共享的业务信息制订联合业务计划。合作伙伴首先建立合作伙伴关系战略,然后定义分类任务、目标和策略,并建立合作项目的管理细节(如订单最小批量、交货期、订单间隔和提前期等)。

(3)生成销售预测。合作双方根据因果关系,利用零售商的 POS 或其他有关预测数据与事件信息进行预测,由预测来驱动各自单独的和共同的业务,完成一个支持共同业务计划的销售预测创建。

(4)识别和判断分布在销售预测约束之外的事件。每个事件是否为例外都需要依据在步骤(1)中得到一致认同的准则来进行判断。

(5)合作处理销售预测中的例外事件。找出例外事件后,双方通过查询共享数据、采用各种交流方式协商、共同解决销售预测中的例外情况,并将产生的变化反馈给步骤(3)的销售预测的创建。

（6）生成订单预测。通过合并 POS 数据、因果关系信息与其他预测数据和库存策略，产生一个支持共享销售预测和共同业务计划的订单预测，提出分时段的实际需求数量，并通过产品及接收地点反映库存目标。订单预测周期内的短期部分用于产生订单，长期部分用于计划。

（7）识别订单预测中的例外事件。根据在步骤（1）中已建立例外准则来识别和判断例外事件，如果是例外事件，到下一步去处理这些事件，否则转去步骤（9）生成订单。

（8）合作处理订单预测中的例外事件。找出例外事件后，双方通过查询共享数据、采用各种交流方式调查研究订单预测例外情况，经过协商、共同解决订单预测中的例外情况。并将产生的变化反馈给订单预测步骤（6）。

（9）生成订单。将订单预测转变为已承诺的订单，定单生成可由生产厂或分销商根据自己的资源、能力和系统来完成。这样，就完成了补货工作。

上述九个步骤完成了从贸易伙伴框架结构的建立到产生订单和实现补货的 CPFR 全部过程。CPFR 通过反复交换数据和业务情报改善了制订需求计划的能力，建立了一个企业间的价值链运行环境，得到了一个基于 POS 的消费者需求的单一的和共享的预测，来协同制造厂与零售商的供给业务，优化了供应链库存和改善了客户服务。

【延伸阅读】

汉高应用 CPFR 的成效

汉高集团，西班牙大型清洁产品的供应商，在 20 世纪 90 年代后期，公司深受订货预测和供应链管理实施乏力所困，存货水平高得无法接受，产品输出缓慢，运输效率低下。

通过分析，发现主要原因是公司没有连贯的系统，无法整合连续补充的预测计划，无法预测目标市场需求的确切数量，导致生产组织的盲目性。

1999 年，汉高集团与西班牙最大的连锁集团 Kroski 一起，共同实施了 CPFR。

Kroski 以 Consum 品牌经营着 47 个大卖场。800 个超级市场和 2 000 多个特许经营超市。两家超市当时已有很多业务往来。但是，由于传统上的单打独斗的运作方式，使得汉高的销售预测中有 50% 的误差，缺货现象十分严重，而且在 Kroski 庞大的 500 家商店提供服务的中转仓库出货经常出错。实际上对两个企业都带来不利影响。

针对这种情况，两个企业决定实施 CPRF。为此，双方成立了一个小型的工作小组来开展工作。开始时，每周交换一次订货信息，每 15 天交换一次销售预测，每 4 个月交换一次促销计划表。为了提高合作效率，双方还开发了基于互联网的工作平台。

随着 CPFR 合作实验的进行，在 1999～2000 年度，平均错误从 50% 下降到 5%。同时，控制在 20% 的合理误差率范围内预测比率从 20% 上升到 75%。其他方面也取得了满足的效果：98% 的客户满意度、5 天的供货期、2% 的缺货率、大于 85% 的预测可能性、98% 的卡车满载率，等等。

汉高与 Kroski 的 CPFR 实践也并非一帆风顺。开始面对的困难就是建立 CPFR 的复杂工作模式,如何打破双方保守的思维方式。其次是改变旧有的习惯,如何鼓励数据的自由流动。通过采取措施,逐步解决了这些问题,使 CPFR 的实践取得了预期的效果。

(资料来源:马士华,林勇.供应链管理.北京:机械工业出版社,2010)

第四节 延迟制造

一、延迟制造概述

1. 延迟制造的概念

为了能在成本一定和风险降低的基础上,快速满足最终消费者的多样化需求,企业往往会在整个生产与供应的流程中将相同程序的制作过程尽可能最大化,以获得规模经济,而将按定单生产的差异化的制作过程尽可能推迟,我们称这种制造模式为延迟制造。

延迟制造是由制造商事先生产中间产品或可模块化的部件,等最终用户对产品的功能、外观、数量等提出具体要求后才完成生产与包装的最后环节。一个典型的产品有关键部件制造阶段、将核心部件与主要配件组装在一起形成产品类型的装配阶段、将各种产品类型与不同附件组合在一起以满足不同顾客需求的产品定制阶段、使产品适应不同国家和地区要求的产品本地化阶段,以及使产品能够进入顾客手中的产品包装、运输与配送等阶段。不同阶段的活动通常是由不同的组织所承担的,承担这些活动的组织构成了供应链。通过供应链向顾客所提供的产品通常包含了类型、款式、型号与色彩。一般来说,各种类型的产品在供应链的初始阶段可能会共享一些共同的工艺流程、零部件,然后在某一点或某些点上,这些通用的工艺流程、或零部件经过特定的工艺,加工成不同的产成品。这些点就是产品差异化点,例如,上面所提到的制造、装配、产品定制、本地化、包装、运输与配送等都可以是产品差异化点。延迟策略就是在供应链中某一点,即产品差异化点之前尽量使产品保持在通用部件的状态,以降低与产品多元化有关的风险。

2. 延迟制造的分类

(1)形式延迟。形式延迟是指推迟形成最终产品的过程,在获知客户的确定要求和购买意向之前,仅制造基础产品或模块化的部件,在收到客户的订单后,才按客户的具体要求从事最终产品的生产。或者简单地说,形式延迟是对一产品的形式或功能进行顾客化。

(2)时间延迟。时间延迟是指延迟供应链中的前向物品运输,直到收到顾客的订单后才实施有关的活动。

(3)地点延迟。地点延迟是指通过中心制造或配送运作中延迟商品的前向或下游的活动,维持商品在渠道的中央位置(或者说库存定位)。在后两种延迟制造的形式中,时间和地点延迟一般是相关联的,时间延迟和地点延迟相结合即是物流延迟。

二、延迟制造的实施条件

延迟制造生产模式虽然有诸多优势,但它并不适用于所有行业,一般说来,要采用延迟制造模式,生产与制造过程应当具备以下先决条件:

1. 主要和辅助的制造过程能够解耦

制造过程能被分离为中间产品生产阶段和最终产品加工阶段,这样才有可能将最终产品的加工成型阶段延迟。

2. 产品的模块化

产品应能分解为有限的模块,这些模块经过组合能形成多样化的最终产品,或产品由通用化的部件或模块构成。通用部件或模块可以加工成不同的产品,以提供给顾客更多的选择空间。

3. 最终加工过程的易执行性

延迟制造将中间产品生产与最终产品生产分离开来,最终产品的生产很可能被放在离顾客很近的地方执行,这就要求最终的加工过程的技术复杂性和加工范围应当有限,易于执行,加工时间短,无需耗费过多的人力。

4. 产品的限制

延迟制造一般会增加产品的制造成本,除非延迟制造的收益能弥补增加的成本,否则延迟制造没有执行的必要。如果最终产品的制造在质量、体积和品种上的变化很大,推迟最终的产品加工成型工作,能节省大量的运输成本和减少库存产品的成本,简化管理工作,降低物流故障,这会有利于延迟制造的进行。

5. 适当的交货提前期

通常来说,过短的提前期不利于延迟制造,因为延迟制造要求给最终的生产与加工过程留有一定的时间余地,过长的提前期则无需延迟制造。

三、延迟制造的实施策略

Hau L. Lee 指出了四种延迟制造策略:部件的通用化、部件的模块化、作业延迟执行、作业重新排序。部件的通用化、模块化属于"产品延迟"的范畴,而作业延迟执行、作业重新排序则属于"流程延迟"的范畴。

1. 部件的通用化/标准化

一个产成品系列通常是分别用不同的部件制造、装配出来的,部件的通用化/标准化是指将那些不同的部件用一种标准化的产品替代,以使产品的差异化点向后续流程延迟。

2. 部件的模块化

有时候,产成品的某个部件很难用一个通用件或标准件来代替,但是可以将它们设计成易于添减的两个或者多个功能模块,对一"通用化"模块保留原有作业不变;而把那些"使产品发生差异化"的功能模块的装配工作推迟到工艺流程的后面阶段来进行以实现延迟策略。

3. 作业延迟执行

作业延迟执行是指把同处于一个阶段的作业分解为两部分——通用化的作业与差异化的作业，然后将差异化的作业向供应链下游延迟。

4. 作业重新排序

作业重新排序是指将产品生产步骤进行调整，使构成具体产成品或对一产品进行差异化的作业步骤尽可能地往后延迟。利用重新排序实现延迟的经典案例是世界著名针织品供应商——意大利 Benetton 制衣公司对一批毛衣制作流程的重构。在大规模制造模式下，对一毛衣而言，顾客需求变化最快的主要是毛衣的花色，而尺寸变化则相对一较小。所以，Benetton 制衣公司在生产毛衣时，先按一定规模制作不染色的毛衣，然后等到快要投放市场之前再染色（而不是像传统的先染色再针织），这样保证毛衣的花色符合当时的最新潮流，以满足顾客需要。

【知识链接】

大规模定制

随着现代科技的飞速发展和全球化的进程，市场的竞争日益加剧，客户的需求日渐多样化和个性化，从而使企业竞争的焦点逐渐集中在如何才能更好地满足客户多样化的需求上。在这种形势下，传统的大规模生产模式不再适应快速多变的市场需求，大规模定制这种崭新的生产方式应运而生。大规模定制生产模式以大规模生产的成本和速度向用户提供个性化的产品。

大规模定制是一种集企业、客户、供应商和环境等于一体，在系统思想指导下，用整体优化的观点，充分利用企业已有的各种资源，在标准化技术、现代设计方法学、信息技术和先进制造等的支持下，根据客户的个性化需求，以大规模生产的低成本、高质量和高效率提供定制产品和服务的生产方式。其基本思想是通过产品重组和过程重组。运用现代信息技术、新材料技术、柔性制造技术等一系列高新技术。把定制产品的生产问题转化为或部分转化为规模生产问题，以大规模生产的成本和速度，为单个用户或小规模多品种市场定制任意数量的产品。

（资料来源：隋汝彬，钟桂娟．物流科技大规模定制模式及内涵）

四、延迟制造的顾客需求切入点

我们通常将供应链结构划分为推动式和拉动式两种。在推动式供应链中，企业首先是预测顾客需求进行生产，然后将产品通过经销商逐级推向市场。其弱点是分销商和零售商处于被动地位，企业间信息沟通少、协调能力差、提前期长、库存量大以及快速响应市场能力弱，且往往会产生需求放大的牛鞭效应。其优点是能利用制造和运输的规模效应为供应链上的企业带来规模经济的好处，还能利用库存来平衡供需之间的不平衡现象。

拉动式供应链模式通常按订单进行生产,由顾客需求来激发最终产品的供给,制造部门可以根据用户实际需求来生产定制化的产品,降低库存量,缩短提前期,以更好地满足顾客的个性化需求,但缺点是生产批量小,作业更换频繁,设备的利用率不高,管理复杂程度高,难以获得规模经济。

延迟制造是上述两种供应链模式的整合,结合了两种供应链模式的优势。延迟制造的生产过程可分为推动阶段和拉动阶段。在推动阶段,制造商根据预测,大规模生产半成品或通用化的各种模块以获得规模效应;在拉动阶段,根据订单需要,产品实现差异化,将各种模块进行有效的组合,或将通用化的半成品根据需求进行进一步的加工,从而实现定制服务。

我们把在推动阶段和拉动阶段之间的分界点称之为顾客需求切入点(Customer Order Decoupling Point,CODP)。在 CODP 之前,是推动式的大规模通用化半成品生产阶段,是基于预测的生产,将这些半成品生产出来后,就等待以后加工装配成最终产品。顾客的需求信息在CODP 点切入点生产过程,CODP 之后是拉动式的差别化定制阶段,接到用户的订单后,根据掌握的订单信息,尽快地将中间产品按客户的定制要求加工成最终产品,从而快速有效地响应顾客的需要。以上生产过程如图 8.6 所示。

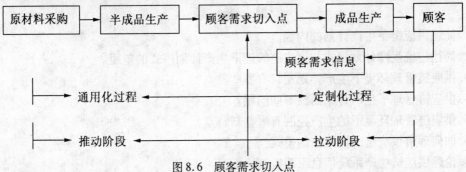

图 8.6　顾客需求切入点

顾客需求切入点的位置可以进行调整,如果把 CODP 向供应链上游方向移动,通用化的过程会缩短,按订单来执行的活动范围会扩大。如果把 CODP 向供应链下游方向移动,产品的差异化时间会被进一步推迟,通用化的阶段会延长。通常我们应当根据产品的特点和顾客的要求来确定 CODP 的具体位置,如在建筑业,顾客的要求通常会早在建筑物的设计阶段就被考虑。在计算机行业,顾客的要求在计算机的装配阶段被考虑进来。但是有些行业应用延迟制造会受到一定的限制,比如化工行业。

顾客需求切入点是指供应链增值过程中产品差异化的分叉点。切入点前后的活动在驱动源、产品性质、市场定位、生产类型等方面有明显的区别。切入点前的活动由预测需求驱动,一般面向全球性市场,产品实行标准化,是大批量、规模化生产,生产效率高;而切入点后的活动由顾客订单驱动,一般面向地区性市场,且产品具有个性化、柔性化的特点,因此,单位产品的加工成本较高,切入点的定位与延迟活动的规模、延迟类型、顾客化方式均有密切关系(表 8.2)。

表 8.2 延迟活动分析

相关因素 分离点位置	延迟活动规模	延迟类型	顾客化方式
制造商	大	延迟制造、延迟组装	通用件顾客化
分销商	中	延迟包装	配送服务顾客化
零售商	小	时间延迟	零售渠道调整

【本章关键词】

生产计划 Production Planning

生产控制 Production Control

延迟制造 Postponed Manufacturing

大批管理制 Mass Customization, MC

合作计划、预测与补货 Collaborative Planning, Forecasting and Replenishment, CPFR

思 考 题

1. 简述供应链下生产计划的内涵。
2. 简述传统生产计划模式与供应链管理下生产计划模式的差距。
3. 供应链管理环境下生产计划制订有哪些特点?
4. 供应链管理下生产计划面临哪些问题?
5. 供应链管理环境下的生产控制有哪些新特点?
6. 如何理解供应链的协同控制模式?
7. 论述供应链生产系统信息跟踪机制。
8. 简述 CPFR 的概念、特点和原则。
9. 简述延迟制造的实施条件和策略。

【实训项目】

实训内容:对某生产型企业的生产管理进行调研。

实训要求:(1)设计调查问卷,到某生产型企业调研其生产管理方面的情况。

(2)对其生产管理情况进行汇报,在课堂上进行交流。

(3)提交实训报告,报告中要体现对企业的生产管理实践的认识和理解。

【案例分析】

三菱公司的供应链生产管理

化工行业由于其供应链管理非常复杂,每个环节都要求有一个非常严谨的供应链计划,这样企业才可以更合理地做出是否购买中间产品或最终产品的重要决策,以有效地实现贸易交换以及商业伙伴之间的贸易均衡。同时,企业需要针对不同的市场需求做出具有可行性的供应安排。企业利用这些信息,可以判断是否有机会捕获更多的针对某些特定产品的需求,或者是否有可能在供应紧张的情况下提高产品的价格。

三菱化工公司是由三菱卡石公司和三菱石化公司于1994年合并而成,年销售收入达140亿美金。公司主要经营范围涉及石化产品、农用化学品、医药产品、塑料制品、专用化工产品。因此,对三菱化工来说,一条高度集成和完整的供应链就显得格外重要。我们受聘为三菱化工提供管理咨询,并帮助其建立起一套完整的包括产品销售、供给、生产和筹资计划等在内的供应链业务流程;同时协助三菱化工建立起整个供应链的计划运行机制,使其能够高效的运行;还协助三菱化工建立起与其相适应的物流模式。

整个项目包括以下五方面的内容:

(1)需求计划设计:用统计工具、因果要素和层次分析等手段进行更为精确的预测,用包括互联网和协同引擎在内的通讯技术帮助生成企业间的最新和定时的协作预测。

(2)生产计划和排序:分析企业内部和供应商生产设施的物料和能力的约束,编制满足物料和能力约束的生产进度计划,并且还可以按照给定条件进行优化。各软件供应商根据不同的生产环境应用不同的算法和技术,提供各有特色的软件。

(3)分销计划:帮助管理分销中心并保证产品可订货、可盈利、能力可用。分销计划帮助企业分析原始信息。然后企业能够确定如何优化分销成本或者根据生产能力和成本提高客户服务水平。

(4)物流和运输计划:帮助确定将产品送达客户的最好途径。物流和运输计划的时标是短期的和战术的。物流和运输计划对交付进行成组并充分利用运输能力。

(5)企业或供应链分析:以整个企业或供应链的图示模型,帮助企业从战略功能上对工厂和销售中心进行调整。有可能对贯穿整个供应链的一个或多个产品进行分析,注意和发掘到问题的症结。

供应链管理系统在三菱化学公司试点单位的实施,使得生产线的准备时间和生产物料供应提前期有了明显提高;通过整合和优化供应链中需求和供应计划,达到了公司管理层预先设定的要求;当客户有新的需求时,可及时查阅整个供应链上的资源重新配置概况。

三菱化学公司试点单位的供应链计划员可以编制高精度的月生产、销售计划,同时可以通过系统模拟客户需求量的变化对整个供应链的潜在影响程度。高精度的月生产计划帮助公司减少浪费、降低生产成本;整个供应链上各要素的综合计划如生产能力、可用库存量和客户对产品的特殊要求等,帮助三菱公司提高了客户满意度。

(资料来源:百度文库)

案例思考题

1. 三菱化工公司的供应链管理项目主要包括哪些内容?
2. 实施供应链管理后,给三菱公司带来了哪些好处?

第九章 Chapter 9

供应链环境下的库存管理

【学习要点】

通过本章学习,要求学生理解库存管理的基本原理和方法;了解库存的含义和作用、库存过程和库存成本的构成;理解供应链环境下库存管理存在的问题;掌握供应链环境下库存管理的基本方法;掌握供应链环境下库存控制的模型。

【引导案例】

鞋企优化供应链 解决库存积压

库存问题在鞋服行业由来已久,库存无情地吞噬着企业的利润,使一批批的鞋服企业倒下,也使得鞋服行业总体运营成本居高不下,并且将会长期困扰该行业。如何提高现金流周转,解决库存压力是摆在服装内销企业面前最迫切需要解决的问题。

1. 鞋服企业的供应链管理。鞋服企业的库存问题集中体现在供应链的管理方面,对于鞋服行业的库存问题来说,促销只能祛邪治标,而供应链的优化管理则可以扶正治本。供应链管理是一种物流、信息流、资金流集成的管理思想和方法,其出发点是高度关注客户的实际需求,在供应链节点上的各相关部门充分发挥各自的核心能力,形成优势互补、信息共享。

2. 企业供应链的外部问题。由于鞋服行业的特殊性,除了雅戈尔等少数大型企业外,绝大多数服装企业的面辅料资源必须从上游供应商获得,这就导致中国鞋服企业外部的供应链面临两个方面的问题。一方面,中国鞋服产业的服装供应链管理各方没有就供应链问题进行研究,也没有信息共享,更没有规范的机制来约束供应链各方应该按照怎样的标准为供应链提供自己应该提供的信息,并协助上、下游企业完成高效畅通的衔接,结果导致整个供应链的库存水平的同时增加;另一方面,鞋服产业各供应链成员间相互挤压突出,包括下游挤压上游、强势方挤压弱势方,这种挤压不仅仅表现在库存方面,同样表现在价格、成本和风险方面,最终形成利润和生存空间的挤压。

3. 企业供应链的内部问题。企业内部缺乏对供应链库存控制的认识;鞋服企业内部的组织和管理体系阻碍企业的供应链运作与控制。在中国鞋服企业存在这样一种现象:在某类服装产品产生库存时,设计、生产、营销各部门间相互推诿,责任不清。

我国鞋服企业内部供应链组织和管理情况大致分三种类型：第一类是大型鞋服企业；第二类是大中型鞋服企业；第三类是中小型鞋服企业，各类企业存在的问题也有所不同。

供应链优化的解决方案。在信息经济时代，服装企业实现供应链优化的根本途径在于实现信息透明化，打破信息不对称所带来的种种弊端。库存问题除了要加强商品企划与设计、尽可能地提高滚动预测准确率之外，另一方面还要加快整个供应链的响应速度以适应市场变化，减少服装库存实际上等同于少生产不适销对路的产品。国内服装品牌目前预估生产的比例普遍在45%~60%，比较优秀的企业在35%左右，而行业标杆ZARA这一数字为15%~20%。基于供应链优化的服装库存问题解决主要从以下两方面考虑。

（1）模型优化。目前，服装行业内已经提出的多种供应链优化模型，比较典型的是由韩永生教授提出的"饮酒模型"。该模型认为，要想同时实现高顾客满意率和低库存，需要做到以下几点。首先，企业生产的产品要根据定位、销售总量、季节、网点位置、客流量等不同采取不同的策略。此外，为实现供应链整体功能的优化，还需要供应链上各个子系统功能的协调发展和一体化管理，从信息的收集到使用，从战略的制定到实施，从组织文化的变革到组织结构的调整等各方面全方位进行。

（2）技术优化。为实现供应链过程中信息的完全透明化和获取的便利化，IT技术的运用是必要的保证。

RFID在鞋物流方面的应用。奥地利第三方物流公司 Jbstl Warehousing & Fashion 采用RFID系统来追踪服装货物运送到零售商店的过程，收到显著成效。RFID系统还具有减少店铺商品失窃、货品防伪及防止串换货、店铺快速结算、VIP会员管理和多媒体服饰展示等多种功能。随着行业竞争的日益激烈和消费者对服装时尚要求的日益提高，对服装企业的快速响应能力提出了更高的要求，服装企业均应该在供应链的组织和管理上精心构思，在仓储、物流和信息管理系统上重点研究并大量投入，因为，供应链管理能力已经成为服装企业核心竞争力之一。

（资料来源：圣才学习网）

第一节　库存管理的基本原理和方法

一、库存的含义和作用

1. 库存的含义

"库存"，译自英语单词"Inventory"，是指在仓库中处于暂时停滞状态、用于未来的、有经济价值的物资。库存是为了满足未来需要而暂时闲置的资源，这种资源与是否存放在仓库中没有关系，与是否处于运动状态也没有关系。

库存具有两重属性,它既是生产和生活的前提条件,没有库存就不能维持正常、均衡的生产和生活;也是生产和生活的负担,会占用资金,负担货物保管费用,承担库存损失及风险。因此库存对企业而言,不能没有,但也不能过多,在能满足自身需要的前提下越少越好。

2. 库存的作用

(1)维持销售产品的稳定。销售预测型企业对最终销售产品必须保持一定数量的库存,其目的是应付市场的销售变化。在这种方式下,企业并不预先知道市场真正需要什么,只是按对市场需求的预测进行生产,因而产生一定数量的库存是必需的。但随着供应链管理的形成,这种库存也在减少或消失。

(2)维持生产的稳定。企业按销售订单与销售预测安排生产计划,并制订采购计划,下达采购订单。由于采购的物品需要一定的提前期,这个提前期是根据统计数据或者是在供应商生产稳定的前提下制订的,但存在一定的风险,有可能会拖后而延迟交货,最终影响企业的正常生产,造成生产的不稳定。为了降低这种风险,企业就会增加材料的库存量。

(3)平衡企业物流。企业在采购材料、生产用料、在制品及销售物品的物流环节中,库存起着重要的平衡作用。采购的材料会根据库存能力(如资金占用等),协调来料收货入库。同时对生产部门的领料应考虑库存能力、生产线物流情况(如场地、人力等)平衡物料发放,并协调在制品的库存管理。另外,对销售产品的物品库存也要视情况进行协调(如各个分支仓库的调度与出货速度等)。

(4)平衡流通资金的占用。库存的材料、在制品及成品是企业流通资金的主要占用部分,因而库存量的控制实际上也是进行流通资金的平衡。例如,加大订货批量会降低企业的订货费用,保持一定量的在制品库存与材料会节省生产交换次数,提高工作效率,但这两方面都要寻找最佳控制点。

二、库存成本的构成

在库存过程中,所发生的成本费用可以分为以下几类。

1. 订货成本

订货成本是指订货过程中发生的全部费用,包括请购手续费、采购成本、进货验收成本、进库成本等。订货成本与订货次数成正比。

2. 保管成本

保管成本也称为持有成本,是指保管过程中所发生的一切费用。它由资金成本、库存服务成本、仓储空间成本和库存风险成本等构成。保管成本与所存储的库存数量和存储时间有关。

3. 缺货成本

缺货成本是指当用户来买货时仓库没有现货供应对供应商和客户造成的经济损失。缺货成本对供应商来说,失去销售机会,减少收入;违背合同条约遭受罚款;加班加点补救;多次缺货导致失去信誉和客户;失去市场竞争力。对客户来说,由于增加采购次数和采购地点而增加采购成本;停工待料带来生产损失等。一般来说,缺货成本与缺货数量成正比。

4. 补货成本

补货成本是指为挽回因缺货而带来的信誉损失、客户流失而承诺立刻为客户补货的成本。补货成本表现为平时花在顾客上的感情费用、优惠服务费用、免费送货、价格优惠和良好的售后服务等。

5. 在途库存持有成本

物资在交给客户之前的运输过程中,物资的所有权归企业所有,物资在途运输过程中所有发生的费用,以及面临的货损风险,一般都由企业承担,直到所有权转移给客户。

三、库存管理的含义与基本原理

1. 库存管理的含义

库存管理是指在保障供应的前提下,以库存物品数量最少和周转最快为目标,所进行的计划、组织、协调和控制等管理活动。库存管理的总目标是在库存成本的合理范围内达到满意的客户服务水平。实施库存管理既要考虑客户服务水平,也要考虑订货成本和库存持有成本,如果管理不好,就会导致库存不足或过剩。

库存管理的功能有很多,其中主要的功能有防止缺货;通过保持适量库存节约库存费用;通过适当的时间间隔补货来合理适应需求量,以降低物流成本;保证生产的计划性、平稳性以消除或避免销售波动的影响;展示功能;储备物资以应灾害等不时之需等。

2. 库存管理的基本原理

在库存理论中,人们一般根据物品需求的重复程度分为单周期库存和多周期库存。单周期需求也称为一次性订货,这种需求的特征是偶发性和物品生命周期短,因而很少重复订货,如报纸,没有人会要订过期的报纸来看,人们也不会在农历八月十六预订中秋月饼,这些都是单周期需求。多周期需求是在长时间内需求反复发生,库存需要不断补充,在实际生活中,这种需求现象较为多见,如图9.1所示。多周期需求又分为独立需求库存与相关需求库存两种属性。

图9.1 多周期需求的构成

所谓独立需求是指需求变化独立于人们的主观控制能力之外,因而其数量与出现的概率是随机的、不确定的、模糊的。相关需求的需求数量和需求时间与其他的变量存在一定的相互关系,可以通过一定的数学关系推算得出。对于一个相对独立的企业而言,其产品是独立的需求变量,因为其需求的数量与需求时间对于作为系统控制主体——企业管理者而言,一般是无法预先精确确定的,只能通过一定的预测方法得出。而生产过程中的在制品以及需要的原材料,则可以通过产品的结构关系和一定的生产比例关系准确确定。

独立需求的库存控制与相关需求的库存控制原理是不相同的。独立需求对一定的库存控制系统来说,是一种外生变量,相关需求则是控制系统的内生变量。不管是独立需求库存控制还是相关需求库存控制,都要回答这些问题:

①如何优化库存成本?
②怎样平衡生产与销售计划,来满足一定的交货要求?
③怎样避免浪费,避免不必要的库存?
④怎样避免需求损失和利润损失?

归根到底,库存控制要解决三个主要问题:

①确定库存检查周期;
②确定订货量;
③确定订货点(何时订货)。

四、库存控制的基本方法

1. 库存补给策略

因为独立需求库存控制采用的是订货点控制策略,因此我们首先介绍几种常见的库存补给策略。

订货点法库存管理的策略很多,最基本的策略有四种,它们分别是:

(1)"Q,R"策略。该策略的基本思想是:对库存进行连续性检查,当库存降低到订货点水平 R 时,即发出一个订货,每次的订货量保持不变,都为固定值 Q。该策略适用需求量大、缺货费用较高、需求波动性很大的情形。

(2)"R,S"策略。该策略和"Q,R"策略一样,都是连续性检查类型的策略,也就是要随时检查库存状态,当发现库存降低到订货点水平 R 时,开始订货,订货后使最大库存保持不变,即为常量 S,若发出订单时库存量为 I,则其订货量即为 $S-I$。该策略和"Q,R"策略的不同之处在于,其订货量是按实际库存而定,因而订货量是可变的。

(3)"T,S"策略。该策略是每隔一定时期检查一次库存,并发出一次订货,把现有库存补充到最大库存水平 S,如果检查时库存量为 I,则订货量为 $S-I$。经过固定的检查期 T,发出订货,这时,库存量为 I_1,订货量为 $S-I_1$。经过一定的时间(L_T),库存补充 $S-I_1$,库存到达某点。再经过一个固定的检查时期 T 又发出一次订货,订货量为$(S-I_2)$,经过一定的时间(L_T 为订货提前期,可以为随机变量),库存又达到新的高度 B。如此周期性检查库存,不断补给。该策略不设订货点,只设固定检查周期和最大库存量。该策略适用于一些不很重要的或使用量不大的物资。

(4)"T,R,S"策略。该策略是"T,S"策略和"R,S"策略的综合。这种补给策略有一个固

定的检查周期 T、最大库存量 S、固定订货点水平 R。当经过一定的检查周期 T 后,若库存低于订货点,则发出订货,否则,不订货。订货量的大小等于最大库存量减去检查时的库存量。当经过固定的检查时期到达某点时,此时库存已降低到订货点水平线 R 之下,因而应发出一次订货,订货量等于最大库存量 S 与当时的库存量 I_1 的差 $(S-I_1)$。经过一定的订货提前期后在 B 点订货到达,库存补充到 C 点,在第二个检查期到来时,此时库存位置在 D,比订货点水平位置线高,无须订货。第三个检查期到来时,库存点在 E,等于订货点,又发出一次订货,订货量为 $(S-I_3)$,如此,周期进行下去,实现周期性库存补给。

2. 库存控制模型

常见的独立需求库存控制模型根据其主要的参数,如需求量与提前期是否为确定,分为确定型库存模型和随机型库存模型。

(1) 确定型库存模型。

①周期性检查模型。该类模型有六种,分不允许缺货、允许缺货、实行补货三种情况。每种情况又分瞬时到货、延时到货两种情况。

②连续性检查模型。该类模型需要确定订货点和订货量两个参数,也就是解决 (Q,R) 策略的两个参数的设定问题。连续性库存检查模型有六种,分为不允许缺货、瞬时到货型;不允许缺货、迟时到货型;允许缺货、瞬时到货型;允许缺货、迟时到货型;补货、瞬时到货型;补货、迟时到货型。最常见的连续性检查模型是不允许缺货、瞬时到货型。最经典的经济订货批量模型 (EOQ) 就是这种。

(2) 随机型库存模型。

随机型库存模型要解决的问题是:确定经济订货批量或经济订货期;确定安全库存量;确定订货点和订货后最大库存量。随机型库存模型也分连续性检查和周期性检查两种情形。当需求量、提前期同时为随机变量时,库存模型较为复杂。

第二节 供应链环境下的库存管理

供应链的库存管理不是简单的需求预测与补给,而是要通过库存管理获得用户服务与利润的优化。其主要内容包括采用先进的商业建模技术来评价库存策略、提前期和运输变化的准确效果;决定经济订货量时考虑供应链企业各方面的影响;在充分了解库存状态的前提下确定适当的服务水平。

一、供应链管理环境下的库存问题

供应链管理思想对库存有很大影响,这使供应链环境下的库存问题与传统企业的库存问题有所不同。传统企业的库存管理以优化单一的库存成本为重,从存储成本和订货成本出发,来确定经济订货量和订货点。这种单一库存管理方法有一定的适用性,但从供应链整体角度看,这种方法显然不够。

在供应链管理环境下,库存控制存在的主要问题是信息类问题、供应链运作问题、供应链战略与规划问题。这些问题体现在以下几个方面。

（一）缺乏供应链整体观念

供应链整体绩效取决于各个供应链的节点绩效,供应链各个部门是各自独立的单元,有各自独立的目标与使命。一些部门的目标与供应链整体的目标不相干的,甚至是冲突的,这些会导致供应链整体效率低下。虽然库存周转率经常作为供应链库存管理绩效评价指标纳入考核中,但这单一指标没将用户反应时间与服务水平纳入考虑范围,而这应该成为供应链库存管理一项重要指标。

（二）忽视不确定性对库存的影响

供应链运作中存在诸多不确定因素,如订货提前期、货物运输状况、原材料的质量、生产过程时间、运输时间、需求变化等。为减少不确定性对供应链的影响,首先应了解不确定性的来源和影响程度。公司如果没有认真研究和跟踪其不确定性的来源和影响,不能正确估计供应链中物料流动时间（提前期）,就会造成一些物品库存增加或一些物品库存不足的现象。

（三）库存控制策略简单化

企业库存控制目的是为了保证供应链运行的连续性以及应付不确定需求。了解和跟踪不确定性因素是开始,接下来还要利用跟踪到的信息去制定相应的库存控制策略。在这个动态的过程中,不确定性也在不断地变化。这些不确定性表现在有些供应商在交货与质量方面可靠性好,而有些则相对差些;有些物品的需求可预测性大,而有些物品的可预测性小一些。当采用统一的库存控制策略时,物品的分类反映不了供应与需求中的不确定性。在传统的库存控制策略中,多数是面向单一企业的,采用的信息基本上来自企业内部,其库存控制没有体现供应链管理的思想。

（四）缺乏合作与协调性

在全球化的供应链中,多厂商的组织协调会涉及较多的利益群体,当相互之间的信息透明度不高时,企业不得不维持一个较高的安全库存,为此付出了较高的代价。要进行有效的合作与协调,组织之间需要一种有效的激励机制。在企业内部,一般有各种各样的激励机制加强部门之间的合作与协调,但是当涉及企业之间的激励时,困难就大得多。信任风险的存在,也加深了问题的严重性,相互之间缺乏有效的监督机制和激励机制,是供应链企业之间合作性不稳固的原因。

（五）供应链上库存的影响没有被考虑到产品过程设计中

现代产品设计与先进制造技术的出现,使产品的生产效率大幅度提高,而且具有较高的成本效益,但是常常忽视了供应链库存的复杂性。使得供应链上所节省下来的成本,被供应链上的分销与库存成本给抵消了。在引进新产品时,如果没能合理规划供应链的结构过程,会产生如运输时间过长、库存成本高等现象。要在一条供应链中增加或关闭一个工厂(分销中心),一般主要会考虑固定成本与相关的物流的成本,至于网络变化对运作的影响因素,如库存投资、订单的响应时间等常常是放在次要地位的,而这些因素对供应链的影响也是不可低估的。

二、供应链中的不确定性与库存

(一)供应链需求放大现象

当供应链的各节点企业只根据来自其相邻的下级企业的需求信息进行生产或供应决策时,需求信息的不真实性会沿着供应链逆流而上,产生逐级放大的现象,达到最源头的供应商时,其获得的需求信息和实际消费市场中的顾客需求信息发生了很大的偏差,需求变异系数比分销商和零售商的需求变异系数大得多。供应链需求放大原理图如图9.2所示;实际需求与订货的差异如图9.3所示。

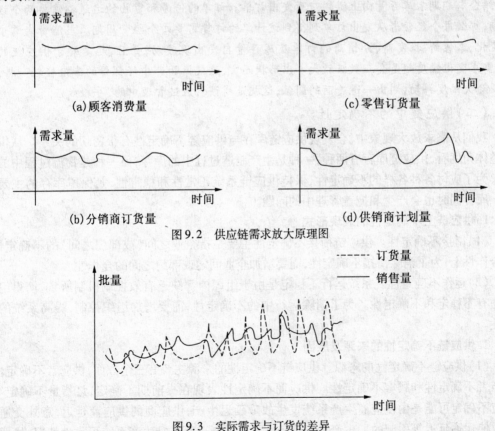

图9.2 供应链需求放大原理图

图9.3 实际需求与订货的差异

【知识链接】

供应链管理的"牛鞭效应"

最早注意到供应链中这种需求波动逐级放大现象的人是 J. Forrester，早在 1961 年他就根据系统动力学理论，对一个三阶段四节点的供应链系统进行分析，指出对于季节性商品，制造商觉察到的需求变化远远超过顾客的需求变化，供应链内部的结构、策略和相互作用是导致需求变动放大的原因。Sterman 设计了"啤酒博弈"的课堂游戏(1989 年)，从人的行为研究出发，认为决策者对反馈信息的误解是造成这种现象的主要原因。Hau L Lee 等(1997 年)对需求放大现象进行了全面深入地分析，总结了导致牛鞭效应的四个原因并提出了牛鞭效应的量化模型和方法。

在一条供应链中，消费市场需求的一点点变化都会被一级级放大到制造商、首级供应商、次级供应商那里。例如，计算机市场需求预测轻微增长 2%，放大到戴尔(制造商)时可能成了 5%，传递到英特尔(首级供应商)时则可能是 10%，而到了替英特尔生产制造处理器的设备商(次级供应商)时则可能变为 20%。简单来说，当经营者接到消费者发出的订单后，会根据本期从下游经销商收到的订单发出货物，并以此为依据参考销售记录预测未来需求的变化，结合本期期末库存量向上游供应商发出订单。订单的传递和货物的运送都需要两个经营周期，那么每个经营者从发出订单到得到该计单的订货需要四个经营周期。当消费者需求出现变化，零售商、批发商、分销商的订单及库存量自发出现波动，并且，越是处于供应链的后端，需求变化幅度越是会正数级放大。以形状而言，这就像西部牛仔挥舞的牛鞭轻轻一抖，鞭梢便会大幅度抖动，划出一道美丽的圆弧，这就是所谓供应链管理中的"牛鞭效应"。

(二)供应链中的不确定性

我们从需求放大现象中，会发现供应链库存与供应链不确定性有很密切的关系。从供应链整体角度看，供应链库存有两种：一种是生产制造过程中的库存；另一种是物流过程中的库存。为了应付各种各样的不确定性，保持供应链系统正常性和稳定性，是保留库存的主要原因。库存同时也会产生和掩盖管理中的问题。

1. 供应链上不确定性的表现形式

(1)衔接不确定性。供应链衔接不确定性主要是指企业之间(或部门之间)的不确定性。在合作性上，为了消除衔接不确定性，需要增加企业间之或部门之间的合作性。

(2)运作不确定性。系统运行不稳定是由于组织内部缺乏有效控制机制所致，使得组织管理有不稳定和不确定性。为了消除运行中的不确定性，需要增加组织控制，提高系统的可靠性。

2. 供应链不确定性的来源及原因

(1)供应链不确定性的来源。供应链不确定性的来源主要有三个方面，供应者不确定性、生产者不确定性和顾客不确定性。供应商不确定性表现在提前期不确定，订货量不确定等。供应不确定可能是由供应商生产系统发生故障延迟生产，供应商的供应商延迟，意外交通事故致使运输延迟等引起的。生产者不确定性可能由制造商本身生产系统可靠性情况、机器故障、计划执行偏差等引起的。顾客不确定性可能由需求预测偏差、购买力波动、从众心理和个性特征等引起的。

(2) 供应链不确定性的原因。供应链上的不确定性，主要由如下三方面原因造成的：第一方面是需求的预测水平。预测水平与预测时间的长度有关，预测时间长，预测精度则差，另外还有预测的方法对预测的影响。第二方面是决策信息的可获得性、透明性、可靠性。信息准确性对预测同样造成影响，下游企业与顾客接触机会多，可获得有用信息多；远离顾客需求，信息可获性和准确性差，因而预测的可靠性差。第三方面是决策过程和决策人心理需求计划的取舍与修订，对信息的要求与共享，无不反映个人的心理偏好。

三、供应链库存管理运行机制

供应链管理模式下的库存管理的最高理想是实现供应链企业的无缝连接，消除供应链企业之间的高库存现象。这就需要企业之间进行信息交流与共享，减少不确定性因素对库存的影响，增加库存决策信息的透明性和可靠性、实时性，需要企业之间加强协调。

供应链库存管理强调各节点企业的长期合作，建立合理的供应链库存管理机制，是保持供应链的库存管理系统运行稳定、健康的重要方法。供应链库存管理机制的建立应主要从以下三个层次着手：第一层次，建立供需计划协调管理机制。包括建立共同合作目标、库存优化计划和协调控制方法、信息沟通渠道，建立利益的分配和激励约束机制、风险分担机制，以保证信息在供应链上传递的准确性和及时性。第二层次，建立供应链库存运行机制。主要包括制定合同规则、协作交易规则、库存信息共享规则、订单处理规则以及应收、应付账款财务结算规则等与供应链中库存物流运作相关的各种规则章程，以保证供应链上各节点企业相互合作的良性循环和生产经营的顺利进行。第三层次，建立供应链库存管理绩效评价体系。如运用财务指标、内部流程评价指标考核企业间的合作程度与经营状况。通过对考核结果的分析比较，发现库存管理中存在的问题，及时采取改进措施。

四、解决供应链库存管理问题的基本思路

首先，必须树立供应链整体观念。要在保证供应链整体绩效的条件下，实现供应链各成员企业间的库存管理合作，需要对各种直接或间接影响因素进行分析，如供应链企业的共同目标、共同利益、价值追求等。要在信息充分共享的条件下，通过协调各企业的效益指标和评价方法，使供应链各成员企业达成共识，从大局出发，树立"共赢"的经营理念，自觉协调相互需求，进而建立一套供应链库存管理体系，使供应链库存管理的所有参与者在绩效评价内容和方法上取得一致，充分共享库存管理信息。其次，要精简供应链结构。供应链结构对供应链库存管理有着重要影响。供应链过长、各节点之间关系过于复杂，是造成信息在供应链传递不畅、供应链库存成本过高的主要原因之一。优化供应链结构，是保证供应链各节点信息传递协调顺利的关键，是搞好供应链库存管理的基础。因此，应尽量使供应链结构朝扁平控

制方向发展，精简供应链的节点数，简化供应链上各节点之间的关系。再次，将供应链上各环节有效集成。集成供应链上各环节，就是在共同目标基础上，将各环节组成一个"虚拟组织"，通过使组织内成员信息共享、资金和物质相互调剂，优化组织目标和整体绩效。通过将供应链上各环节集成，可以在一定程度上克服供应链库存管理系统复杂性对供应链库存管理效率的影响，使供应链库存管理数据能够实时、快速地传递到各个节点，从而大大降低供应链库存成本，对顾客需求做出快速的响应，提高供应链库存管理的整体绩效。

【知识链接】

零库存管理

零库存是一种特殊的库存概念，零库存并不是等于不要储备和没有储备。所谓的零库存，是指物料（包括原材料、半成品和产成品等）在采购、生产、销售、配送等一个或几个经营环节中，不以仓库存储的形式存在，而均是处于周转的状态。

零库存(Zero Inventory)可追溯到20世纪的六、七十年代，当时的日本丰田汽车实行准时制生产，在管理手段上采用了看板管理，以单元化生产等技术实行拉式生产(Pull Manufacturing)，以实现在生产过程中基本没有积压的原材料和半成品。这种前者按后者需求生产的制造流程不但大大地降低了生产过程中库存和资金的积压，而且在实现JIT的这个过程中，也相应的提高了相当于生产活动的管理效率。而生产零库存在操作层面上的意义，则是指物料（包括原材料、半成品和产成品）在采购、生产、销售等一个或几个经营环节中，不以仓库储存的形式存在，而均是处于周转的状态。也就是说，零库存的关键不在于适当不适当，这和是否拥有库存没有关系，问题的关键在于是产品的存储还是周转的状态。

（资料来源：智库·百科）

第三节 供应链环境下的库存管理策略

本节将结合国内外企业实践经验及理论研究成果，介绍几种先进的供应链库存管理技术与方法，包括供应商管理库存管理系统、联合库存管理、多级库存优化等。

一、供应商管理库存

（一）供应商管理库存的含义及优点

1. 供应商管理库存的含义

供方管理需方的库存(Vendor Managed Inventory, VMI)，简称供应商管理库存，这是一种用户和供应方之间的合作性策略，以对供需双方来说都以最低的成本优化产品的可获性，在一个相互同意的目标框架下由供方管理需方的库存。

VMI的基本思想是供应商在需方用户的允许下设立库存，确定库存水平和补给策略，拥有库存控制权。对于库存来说,以往的传统做法是由库存拥有者管理的。库存的拥有者由于无法确切知道用户需求与供应的匹配状态,所以需要设立库存。但这种库存管理模式并不总是最优的,特别是在供应链中,各个不同组织会根据各自需要独立运作,因此常常导致重复建立库存而无法达到供应链全局最低成本,整个供应链系统库存会随着供应链长度增加而发生需求扭曲。VMI库存管理系统能够突破传统条块分割库存管理模式,以系统、集成管理思想进行库存管理,从而使供应链系统能够获得同步化的运作。传统库存管理模式图形如图9.4所示。供应商管理库存(VMI)如图9.5所示。

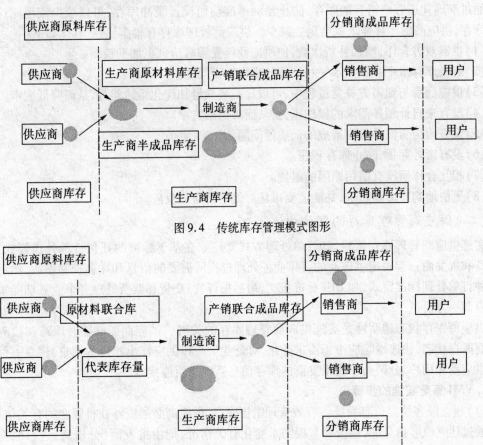

图9.4 传统库存管理模式图形

图9.5 供应商管理库存(VMI)

VMI是一种很好的供应链库存管理策略,该策略的关键措施主要体现在如下几个原则:

(1)合作性原则。在实施VMI策略时相互信任与信息透明很重要,供应商和用户(零售商)都要有较好的合作精神,能够相互保持较好的合作。

(2)互惠原则。VMI策略不是关于成本如何分配或费用谁来支付问题,而是关于减少库存成本问题,因此使用该策略的目的是使双方成本都能减少,从而实现成本减少带来的互惠。

(3)目标一致性原则。供需双方在实施 VMI 策略时都应明白各自的责任,观念目标达成一致,并通过框架协议规定库存放在哪里,什么时候支付,是否要管理费,以及管理费要花费多少等问题。

(4)连续改进原则。实施 VMI 时,只有连续改进库存管理措施,才能使供需双方实现利益共享并消除浪费。

2. 供应商管理库存的优点

通过准确知道客户持有的库存,防止预测不准确而设置缓冲库存,可以减少或消除这些缓冲库存,供应商的库存需求就会随之减少。供应商管理库存有很多优点,具体如下:

(1)供需双方合作,增加补货次数,使供应商接受需求信息更加平稳。

(2)解决库存水平和服务水平相悖绩效指标权衡问题。

(3)供应商参与到需方补货过程中,可以提高装载量和优化运输路径,从而降低成本。

(4)没有来自计划外需求的操作压力,从而降低缺货率。

(5)没有因为匆忙补货而造成的低质量问题。

(6)没有额外存货,防止库存积压。

(7)相互合作而没有信用原因的退货。

(8)更快地响应市场需求,并能监测市场对促销策略的反应。

(二)供应商管理库存的实施方法

实施供应商管理库存策略,其订单处理方式要建立在基于标准的托付订单处理模式上。供应商和批发商一起确定供应商的订单业务处理过程所需要的信息和库存控制参数,然后建立一种订单处理标准模式,如 EDI 标准报文,最后把订货、交货和票所处理各个业务功能集成在供应商一方。

供应商库存状态透明性是实施供应商管理库存的关键。供应商能够随时跟踪和检查到销售商库存状态,快速地响应市场需求变化,对企业生产和供应作出相应的调整,建立一种能够使供应商和用户、分销商以及批发商的库存信息系统透明连接方法。

1. VMI 策略实施的步骤

(1)建立顾客情报信息系统。有效管理销售库存,供应商必须能够获得顾客的有关信息,所以通过建立顾客信息库,供应商掌握需求变化有关情况,把由批发商(分销商)进行的需求预测与分析功能,集成到供应商系统中来。

(2)建立销售网络管理系统。若供应商要想很好地管理库存,则需要建立起完善的销售网络管理系统,保证产品需求信息和物流畅通。为此,必须保证自己产品条码的可读性和唯一性;解决产品分类、编码等标准化问题;解决商品存储运输过程中的识别问题。许多企业采用企业资源计划系统,集成了销售管理的功能,以此可以建立完善的销售网络管理系统。

(3)建立供应商和销售商的合作框架协议。供应商和销售商一起通过协商,确定处理订单业务流程,控制库存有关参数、库存信息传递方式等。

(4)组织机构变革。VMI策略改变了供应商的组织模式。引入VMI策略后,订货部门产生了一个新职能,负责用户库存控制、库存补给和服务水平。

2. 供应商管理库存(VMI)的作业流程

需方不仅与供方交换库存信息和销售信息,还有生产计划和采购计划,同时共享供方的补库计划和配送计划等。具体作业流程如下:

(1)收集数据。VMI主要用到的数据来自于零售商POS机和库存信息数据,使商店级的销售和库存更加可视化。

(2)销售预测。制造商接收销售商传送来的商品活动信息并对此信息与商品的历史信息作预测处理;使用统计方法,针对每种商品作出预测;制造商按照市场信息、销售情形适当地对上述产生的预测作调整。

(3)预测订单。制造商通常按照协定的零售库存预算和运输成本目标对订单进行预测。

(4)产生订单。制造商控制销售商采购定单的产生。

(5)订单履行。制造商接下来将送货计划信息传送给销售商,通知零售商补货。

【延伸阅读】

高露洁的供应链管理

高露洁公司作为一家知名的跨国公司,向来以采用正确的发展策略为业内称道。为综合管理其供应链,该公司于1999年11月建立了高露洁全球供应链管理系统。高露洁希望充分利用对其核心SAPR/3解决方案的投资,进一步完善全球供应链管理,改善对零售商和客户的服务,减少库存,增加盈利。

部位于美国纽约的高露洁公司是一家资产达94亿美元的全球性消费品公司,在美国及全球范围内制造并销售的消费类产品种类繁多,包括牙膏、肥皂、洗涤用品和宠物食品等。该公司的业务遍布两百多个国家,其中70%的销售来自国际市场,80%的雇员位于海外。高露洁公司在SAP企业管理解决方案的基础上建立高露洁mySAP供应链管理(mySAPSCM)。

高露洁公司从1995年开始采用SAP提供的企业管理核心解决方案,通过财务管理、后勤规划和其他业务环节等统一并全球支持公司的运营。采用SAP的系统也推动了高露洁公司内部所有产品命名、配方、原材料、生产数据及流程、金融信息等方面的标准化。

聚焦供应链为解决上述问题,高露洁公司建立了"高露洁全球供应链系统"。在该系统中,高露洁公司确定了三个主要的供应链战略。首先是推出VMI项目,大幅削减渠道的库存和循环时间。其次,高露洁还想实施一个跨边界资源计划,将地域性模式拓展为全球性模式。这种模式转型可以提高企业的预测能力,减少非盈利股份,凝聚资产,平衡公司的全球业务。最后,高露洁还将实施一个与下游企业的协同计划程序,用来管理供应链中的市场需求和协调各项活动。

在高露洁公司内部,VMI是一个推动过程,公司将根据VMI提供的每日消费需求与库存信息对各消费者中心进行补充。目前VMI的重点在北美,VMI管理着来自5个工厂40%的集装箱,40个分销中心,12个消费区,包括高露洁公司所有的产品。mySAPSCM使高露洁公司能更加准确地契合供给与需求,最终降低了成品库存,提高了在产订单和已完成订单的达成率,缩短了补充循环的时间。

商业程序由mySAPSCM供应网络的规划能力支持。每天来自消费分销中心的库存量和需求信息传递到mySAPSCM,对需补充的订单数进行统计。mySAPSCM能够对企业生产能力信息进行综合以确定生产需求和供应不足。随后,补充订单通过EDI传回给消费者进行确认,然后处理顾客的要求。VMI调度98%在产订单和已完成订单,并将补充订单循环时间缩至一天。随着在北美和其他地域VMI的实施,高露洁公司所获得的上述收益还将成倍增长。

在加速实现各个目标的同时,高露洁公司已经通过mySAP供应链管理系统实现了很多目标,如提高可视供应链、规划循环的速度,通过全球化资源利用、成本降低、改善客户服务等实现更为有效的资本利用。

(资料来源:中国大物流网)

二、联合库存管理

(一)联合库存管理的含义及优点

1. 联合库存管理的含义

联合库存管理(Jointly Managed Inventory,JMI)是一种在VMI基础上发展起来的上游企业和下游企业权利责任平衡和风险共担的库存管理模式。联合库存管理是解决供应链系统中由于各节点企业的相互独立库存运作模式导致的需求放大现象,提高供应链的同步化程度的一种有效方法。

联合库存管理也不同于供应商管理库存,它强调双方同时参与,共同制订库存计划,使供应链过程中的每个库存管理者都从相互之间的协调性考虑,保持供应链相邻的两个节点之间的库存管理者对需求的预期保持一致,从而消除需求变异放大现象。库存管理不再是各自为政的独立运作过程,而是供需连接的纽带和协调中心。联合库存管理不同于传统的库存管理方法,传统的库存管理方法是通过订货点法解决库存的补货问题,供应链结点企业根据自己需求决定订货点、订货批量、最低库存、最高库存等库存控制参数,并根据库存变化做出补货决策。传统的供应链活动过程模型如图9.6所示。基于协调中心联合库存管理的供应链系统模型如图9.7所示。

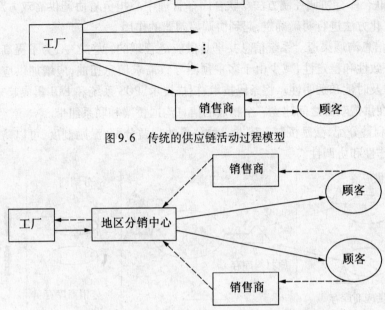

图 9.6 传统的供应链活动过程模型

图 9.7 基于协调中心联合库存管理的供应链系统模型

2. 联合库存管理的优点

与传库存管理模式相比,联合库存管理有如下几个方面的优点:

(1)为实现供应链的同步化运作提供了条件和保证;

(2)减少了供应链中需求扭曲现象,降低了库存不确定性,提高了供应链稳定性;

(3)库存作为供需双方信息交流和协调的纽带,可以暴露供应链管理中的缺陷,为改进供应链管理水平提供依据;

(4)为实现零库存管理、准时采购以及精细供应链管理创造了条件;

(5)进一步体现了供应链管理资源共享和风险分担原则;

(6)通过协调管理中心,供需双方共享需求信息,因而起到了提高供应链的运作稳定性作用。

(二)联合库存管理实施

1. 建立供需协调管理机制

要想发挥好联合库存管理的作用,供需双方需应从合作精神出发,建立供需协调管理机制,明确各自目标和责任,建立合作沟通渠道,为供应链联合库存管理提供有效机制。建立好供需协调管理机制,需要从以下几个方面着手:

(1)建立共同合作目标。要建立联合库存管理模式,首先供需双方必须本着互惠互利的原则,通过协商建立共同的合作目标,使利润共同增长,风险共同减少等。

(2)建立联合库存协调控制方法。联合库存管理中心担负着协调供需双方利益的角色,需要对库存优化方法进行明确确定,起到协调控制器的作用。

(3)建立信息沟通渠道。系统信息共享是供应链管理的特色之一,为了提高整个供应链需求信息的一致性和稳定性,减少由于多重预测导致需求信息扭曲,应增加供应链各方对需求信息获得的及时性和透明性。将条码技术、扫描技术、POS 系统和 EDI 集成起来,充分利用因特网优势,在供需双方之间建立一个畅通的信息沟通桥梁和联系纽带。

(4)建立利益分配、激励机制。建立一种公平的利益分配、激励制度,可以防止机会主义行为,增加协作性和协调性。

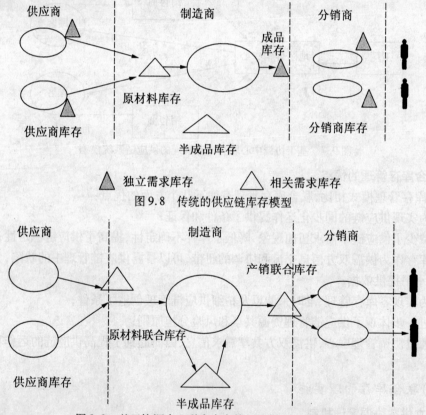

图9.8 传统的供应链库存模型

图9.9 基于协调中心联合库存管理的供应链库存模型

2. 发挥资源计划系统作用

在供应链库存管理中,为了更好地发挥联合库存管理的作用,当前一些企业充分利用比较成熟资源管理系统,如 MRPII;原材料库存协调管理中心采用制造资源配送计划,如 DRP;在供应链系统中把两种资源计划系统很好地结合起来。

3. 建立快速响应系统

快速响应系统在美国等西方国家的供应链管理中被认为是一种有效的管理策略。目前在欧美等西方国家,QR 系统通过联合计划、预测与补货等策略进行有效的用户需求反应。快速响应系统需要供需双方的密切合作,因此协调库存管理中心的建立为快速响应系统发挥更大的作用创造了有利的条件。

4. 发挥第三方物流系统的作用

第三方物流系统是供应链集成的一种技术手段。把库存管理的部分功能代理给第三方物流系统管理,可以使企业更加集中精力于自己的核心业务,第三方物流系统起到了供应商和用户之间联系的桥梁作用。企业由此可获得诸多好处,如减少成本,精力集中于核心业务、获得更多市场信息、获得一流物流咨询、改进服务质量、快速进入国际市场等。第三方物流系统在供应链中的作用如图 9.10 所示。

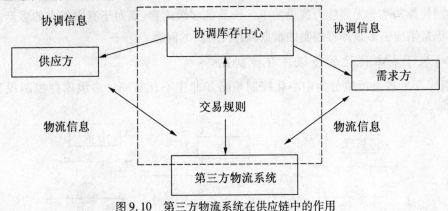

图 9.10　第三方物流系统在供应链中的作用

三、多级库存优化与控制

(一)多级库存优化控制方法

联合库存管理是对供应链的局部优化控制,要进行供应链全局性优化与控制,必须采用多级库存优化与控制方法。多级库存优化与控制是在单级库存控制基础上形成的,它根据不同的配置方式,有串行系统、并行系统、纯组装系统、树形系统、无回路系统和一般系统。

供应链多级库存控制应考虑以下四个问题:

(1)明确库存优化目标。在实施供应链库存优化时要明确库存优化的目标,选择优化成本或者优化时间。成本是库存控制中的重要因素,但只优化成本一个参数,在库存控制中还远远不够,通常管理人员把时间(库存周转时间)以纳入到库存优化的目标来考虑。

(2)明确库存优化边界。供应链库存管理边界即供应链的范围。供应链结构形式各种各样:全局供应链,包括供应商、制造商、分销商和零售商各个部门;局部供应链,分为上游供应链和下游供应链。在传统库存优化模型中,绝大多数是下游供应链,即关于制造商(产品供应商)——分销中心(批发商)——零售商的三级库存优化,很少有关于供应商与制造商之间库存优化模型,而这种上游供应链中主要考虑的是关于供应商的选择问题。

(3)多级库存优化效率问题。在理论上,在库存管理中如果所有相关信息都是可获得的,并把所有管理策略都考虑到目标函数中去,中心化多级库存优化要比基于单级库存优化策略(非中心化策略)好。现实情况往往未必如此,当把组织与管理问题考虑进去时,管理控制幅度常常是下放给各个供应链部门独立来进行,因此多级库存控制策略的好处,可能就会被组织与管理的考虑所抵消。因此简单的多级库存优化并不能真正产生理想的优化效果,还需要对供应链的组织、管理进行优化。

(4)明确所采用的库存控制策略。在库存控制策略中,一般采用的是周期性检查与连续检查策略。周期性检查与连续检查策略等对于多级库存控制仍然适用。到目前为止,关于多级库存控制,都是基于无限能力假设的单一产品的多级库存,而对于有限能力的多产品的库存控制,仍是供应链多级库存控制的难点和有待解决的问题。

(二)基于成本优化的多级库存控制策略

多级库存的控制策略分为中心化控制策略和非中心化策略。多级库存控制模型如图9.11所示。

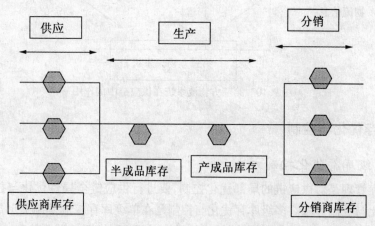

图9.11 多级库存控制模型

1. 中心化库存控制

中心化控制是将控制中心放在核心企业上,由核心企业对供应链系统的库存进行控制,协调上游与下游企业的库存活动。其优点在于能够对整个供应链系统运行有一个较全面的掌握,协调各节点企业库存活动。在中心化库存控制下,核心企业成为供应链上的数据中心(数据仓库),担负数据集成、协调功能的作用。

中心化库存优化控制目标是使供应链上总库存成本最低。中心化库存控制模型如图 9.12 所示。

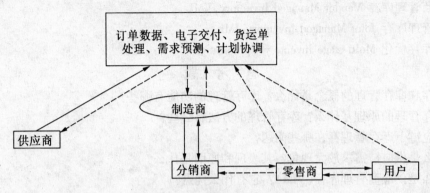

图 9.12　中心化库存控制模型

2. 非中心化的控制策略

非中心化库存控制是把供应链的库存控制分为三个成本归结中心,即制造成本中心、分销商成本中心和零售商成本中心,各自根据自己的库存成本优化,做优化的控制策略。非中心化库存控制要取得整体的供应链优化效果,需要增加供应链信息共享度。非中心化多级库存控制策略能够使企业根据自己的实际情况,独立作出快速的决策,便于发挥企业自己独立自主性和灵活机动性。确定非中心化库存订货点,可完全按照单点库存的订货策略进行,即每个库存点根据库存变化,独立地决定库存控制策略。非中心化多级库存优化策略,需要企业之间协调性要好。非中心化的控制策略如图 9.13 所示。

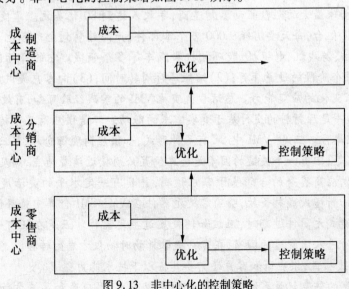

图 9.13　非中心化的控制策略

【本章关键词】

库存控制 Inventory Control

供应商管理库存 Vendor Managed Inventory,VMI

联合管理库存 Joint Managed Inventory,JMI

多级库存优化 Multi-stage Inventory Optimization

思 考 题

1. 库存和库存管理的概念是什么？库存管理的功能有哪些？
2. 库存管理的原理是什么？库存管理的方法有哪些？
3. 供应链下库存管理存在哪些问题？
4. 什么是供应链需求放大现象？其表现和原因是什么？
5. 什么是供应商管理库存(VIM)？它有什么优点？
6. 什么是联合库存管理(JIM)？它有什么优点？
7. 如何开展实施供应商管理库存？
8. 多级库存控制方法主要有几种？它们分别是什么？

【实训项目】

进行一次市场调查，调查对象为大型超市，调查内容为：超市主要经营品种，主要供应商，现有采购与库存管理模式。任务是分析超市库存管理模式的优缺点，选择适合品种与供应商为超市设计供应链下的VMI或JMI库存管理方案。

【案例分析】

希捷推行VMI库存管理模式，打造需求驱动供应链

希捷公司是全球最大的磁盘驱动器制造商，年收入达到80亿美元。希捷每年硬盘驱动器的出货量高达1亿台，每天要消耗9 000万个零部件，产品销售到全球各地，被广泛应用到PC机、笔记本电脑、游戏机、电视机、数码相机和汽车等多个领域。它的目标包括四个方面：(1)消除供应链每个阶段的过量库存；(2)缩短库存周转时间；(3)向客户提供更优质的服务；(4)增强对于需求变化的应变能力。总结希捷实施VMI的实践经验可知，有效的VMI模式包括以下五个条件：一是原材料的交付基于真实需求的触动。二是供应商基于持续的预测数据分配、持有和管理库存。三是"VMI中心"有多种形式，如供应商现场仓库、第三方物流提供商仓库、供应商仓库等，但有一个关键的因素是仓库位置必须接近消费地点，满足及时出货的需求。四是客户与供应商签署的合约基于客户预测，并具有一定水平的灵活度和责任承担范围。合约必须包括新增或成熟条款，明确定义元器件在VMI/SMI仓库中将存储多长的时间，当出现需求波动造成元器件过期时，应该如何处置过期元器件。五是在任何一个地方，供应商均以进口商身份进入消费地的国家，在客户提取货物时物权才发生转移。

成功运作VMI项目，供应商和客户还需要具备以下技术能力：

一是单一共享的信息记录系统，用以记录和管理客户、供应商和第三方物流服务商之间

的所有业务数据。该记录系统为流程的每一个环节提供清晰度,并使流程中的每一方都能根据它们在流程中各自扮演的角色进行协调。保障成功的关键在于对相关数据完整综合的可见性,避免信息的分散和决策方面的瓶颈。

二是实现需求和供应同步的能力。在一些情况下,供应商会发现,要更加精确地评估需求,需要将客户的客户也整合到方案,以保证更加精确地获得需求信息,并通过系统自动完成供应与需求的同步。

三是供应链所有参与者拥有对各地库存的实时可见度,包括物料进出和在不同仓库之间的移动。这一能力可以帮助制造商和供应商在VMI/SMI中心出现缺货和过量库存之前,及时发现潜在的库存问题、交货延迟或供需不匹配等,并在可问题未被扩大之前及时处理这些问题。此外,通过在VMI/SMI中心消耗和补货流程中设置自动监控点,还能减少供应链中错误的发生。

四是实现大多数流程操作的自动化。这样一来,VMI项目的参与者只需要在发生异常时进行认为干预,其余时间完成由系统自动完成,提高操作效率。

五是具备一套有效的评估标准和工具,允许VMI/项目中的每个参与成员有效地评估和优化其运作流程,提高对整个项目的贡献。

希捷的制造策略是只关注给自己带来竞争力的关键技术和器件,而通用元器件和装配等由其供应商负责。希捷所面临的挑战是客户拥有广泛的产品线,而且这些产品的功能不断提升,产品生命周期越来越短。每周都有新产品推出,同时也有旧产品在不断淘汰。由此造成的结果是,希捷客户的需求变化越来越快,却很很少提前通知,但是他们对希捷及时和准确出货仍抱有较高期望。

在传统按预测驱动的供应链里,这种需求波动导致库存过量、库存转移带来物流成本增加、流程、高流程成本、高设施和相关资产投资成本等一系列问题。为解决这一问题,希捷转移到需求驱动型供应链策略,并推行高效率的VMI项目。在这条供应链中,希捷设立了两个VMI中心:一个希捷与客户的供应链之间,称为JIT中心,由希捷自己负责管理;另一个设在希捷与其供应商之间,外包给第三方物流提供商管理。

通过推行需求驱动供应链策略,希捷的供应链转变为拉动模式(Pull),完全根据客户实际需求制造和交付产品。实施VMI项目之后,希捷的信息和物品流动的方式发生了改变。在新的流程下,希捷客户发出提货信号,从JIT中心提取硬盘产品,这个中心由希捷代表客户进行运作。当该中心库存量低于需求预测水平,就会自动产生一个信号,发给希捷工厂,希捷工厂向其VMI中心发出元器件需求信号,而该中心根据这一信号安排出货和向供应商发出新的采购需求。供应商根据采购需求交货到VMI中心库,由VMI中心根据实际生产需求送往希捷的工厂生产成品,最后送到希捷JIT中心,根据客户订单进行交货。

由于实现客户订单信息在整条供应链中的实时传递,希捷可以完全根据客户的订单安排生产,从而为生产制造带来更多弹性,并大幅减少库存量。

在流程改善前，希捷需要 30 天的补货周期，包括每周将客户订单手工输入 ERP 系统，然后，系统根据已有库存进行评估，手工进行计划安排。更新之后的计划发送到那些需要了解订单最新变化的工厂主管。工厂再对更新信息进行响应，制订一个 13 周交货承诺时间表。最后，工厂根据新的时间表生产、包装和运输产品到库存中心。重新设计流程和实现运作自动化之后，希捷 30 天的补货周期减少一半，而且由于消除了手工操作，供应链团队不仅可以很快获得信息，而且减少了大量的人工成本。比如改善以前，当希捷成品仓库收到一个客户订单信号时，希捷需要安排人员在 ERP 系统中输入销售订单，并产生出货副本，为保证及时输入，希捷安排一个全职团队，将每周超过 2 万个客户提货需求输入到 ERP 系统中，而且耗费大量的纸张进行确认。借助自动化流程，希捷将人力和相关成本减少 50% 以下。

透过采用需求驱动型供应链策略，希捷获得了令人瞩目的收益：在希捷将产量从每季度 400 万套增加到 2 500 万套的同时，供应链流程上的员工人数缩减一半；年库存次数从 8 次增加到 16 次；很好地消除了关键元器件短缺的状况；客户整体满意度得以大幅改进。

希捷应用 VMI 模式主要是呼应其需求驱动型供应链策略

这些收益归结为希捷有效地将供应链转变为以拉动模式为基础的需求驱动策略，并执行了高效的 VMI 程序，实现了整个供应链端对端流程的自动化。

（资料来源：http://www.hqew.com/tech/news/177951.html）

案例分析题

1. 有效的 VMI 模式应具备哪些条件？
2. 成功运作 VMI 项目，供应商和客户还需要具备哪些技术能力？
3. 希捷实施 VMI 库存管理前后有什么不同？

Chapter 10

供应链环境下的客户关系管理

【学习要点】

通过本章学习,要求学生理解客户关系管理的内涵;掌握客户关系管理的主要活动;了解 CRM 系统的主要功能;理解客户关系管理在供应链管理中的重要性;理解供应链中的客户满意;了解供应链一体化客户关系管理系统构建的途径。

【引导案例】

CRM 提升欧意药业精细化营销管理

石药集团欧意药业有限公司,是以生产化学合成原料药和医药制剂产品为主的综合性大型企业。公司现有员工 2 600 多人,资产总额 5.8 亿元,2007 年销售收入约 10 亿元。欧意、维宏、固邦等品牌已发展成为国内知名品牌,欧意被认定为中国驰名商标。产品除内销外,还远销非洲、东南亚、南美洲、欧洲及日本等 100 多个国家和地区。

1. 背景介绍

欧意药业有一支遍布全国的营销队伍,有 700 多位销售人员,划分了五个不同的业务体系。为了更好地适应市场需要,同时也是企业发展战略的一部分,要求对营销队伍的治理精细化、科学化,要建立一套全面服务于客户的营销治理系统。欧意药业自 2003 年开始使用 CRM 软件系统来辅助开展业务治理工作,伴随营销公司治理的逐步规范和细化,原来使用的软件已经不能满足业务需要,迫切需要更新和重新规划。

针对具体的业务需求,主要体现在以下方面。

(1) 从一级商、分销商至各类终端客户,相互间的业务关联,及其完备的信息资料,包括每个客户联系人的具体信息,需要一个数据库来保存,进行实时维护。

(2) 每类客户,从开始开发、开发成功、客户挖掘潜力,直至客户清户,整个客户的治理过程需要有记录。

(3) 商业查单电子化以后,数据利用的空间增大,现有系统不能快速地处理电子流向数据;并在此基础上建立公司的销售渠道网络,为规范客户治理、渠道流向提供依据。

(4) 销售财务治理,从预算、活动申请、费用报销、成本与利润核算等,需要在完整的系统流程上完成,以便对费用使用过程进行监控、对存在问题进行审计,迫切需要提高费用核销流程的运转效率。

(5)销售推广活动,从活动方案审批、参与客户、活动内容、活动效果评估及其财务核销等,需要有记录、追踪及评价。

(6)产品的市场份额数据利用率极低,其价值没有发挥、数据没有共享。

(7)各级人员使用的数据报表,要求可以快速地获取要查询的数据与资料。

(8)只关注销售结果,对过程没有跟踪和监督,是营销治理工作的缺失。什么手段更有效?上级经理要了解一线代表的工作,只能通过业绩数字、个人汇报、随访等有限的方式,有没有其他更有效的手段去了解代表天天的工作情况。

(9)销售人员是不是在制订工作计划,并按计划开展工作。

正是基于以上具体的业务治理需求,公司决策层在2007年10月份要求对CRM系统进行重新选型,要将CRM系统与ERP的应用进行完善与逐步改进,与业务治理体系融为一体。同时,对诸如人力资源、办公协同等外围软件的集成,将信息规范于不同数据库的相同规则之下,为下一步的全面集成奠定基础。

2. CRM系统功能介绍

欧意药业在实施微软件CRM时,基于咨询服务商的整体解决方案基础上,借鉴微软国际医药企业应用案例,通过对企业高层和业务主管的具体访谈和业务调研,对微软CRM4.0进行了欧意的个性化定制和功能扩充,同时开发了手机端应用软件,集成了已经实施的ERP系统,重新搭建了基于Exchange Server的邮件平台,目前系统各项营销治理功能已经顺利启用运行。

该系统基于Windosw Server 2003、Sql Server 2005(SP2)、Exchange 2007平台之上,部署了Microsoft Dynamics%26#8482;CRM 4.0中文版,系统采用域的安全治理机制,实现了Web、Office Outlook客户端应用,和单独开发的基于手机端的GPRS应用,满足了各地销售机构和代表,以及移动人员的使用。

欧意医药CRM系统主要提供了以下功能:工作区、客户治理、日常销售治理、分销资源治理、市场营销、客户服务、费用治理、物资治理、药政事务、决策分析、手机端软件等。

欧意药业治理经销商、连锁、药店、医院、社区、代理等不同业务客户,通过流程梳理和CRM理念导入,各业务部门采用相同的CRM客户治理策略,只是针对不同客户分类执行不同的操作流程或预警处理而已,真实实现了客户的集中与统一治理,也为业务交叉和集中统计提供了基础。

日常治理即销售代表行为治理功能是此次系统实施的亮点,对于各类销售代表均通过普通手机安装的手机端软件实现对客户信息的实时更新、客户拜访信息的实时记录、客户进销存数据实时上报、计划任务的填制和系统同步,同时CRM系统提供行程模板功能,由主管经理或代表自行建立自己在一段时间内的行程安排并实施,以保证对客户拜访频率和关系维护。另外,系统还提供周报告、月计划总结等销售规范治理功能。

分销资源治理包括对渠道各类客户的进销存数据治理和销售计划数据治理,药品流向数据是商业客户(电子化导入)的配送出货数据,形成下游各类客户的进货数据,通过上报客户实际库存,实现对客户的进销存数据核算;计划数据包括商业销售回款和各不同终端体系纯销或分销的计划任务与分解。

市场营销全面治理推广活动(申请审批、动态记录和效果评估)、促销和广告、产品分析、学术知识和销售资料。其中推广活动的申请与费用治理自动整合在一起。客户服务主要实现对各类客户的服务接待、服务调查和客户关怀工作。药政事务主要解决药品注册、物价备案、药品招投标。

销售财务治理也是系统建设的核心,强大的费用规则、费用流程、费用预警公式等定制功能,可以满足欧意药业繁杂的各类动态费用地申请、审批和跟踪,尤其是基于实际业务的动态控制和预警功能,使得销售业绩与费用投入、推广活动与费用预算、核销程序与审批权限都相互融合,高效运转。

欧意药业除了微软 CRM 提供的常规报表和医药行业专用报表外,正尝试通过集成 BI 系统,实现更为方便、灵活的决策分析功能,使得系统应用价值得到最大限度发挥。

3. 效益分析

通过实施 CRM,欧意药业实现所有客户信息的集中化、销售代表行为信息化、营销数据采集电子化和 ERP 数据集成化、推广活动个性化、基于"按收控制"的费用治理规范化,这些功能的应用在提高销售代表工作效率的同时,极大地满足了职能治理的效率和准确性,满足了企业高层对企业营销动态的掌控和及时调整,最终提升了各类客户的关系,提高了企业营销能力和竞争力。通过系统强大的集成功能,企望建立了一个整合的 IT 运营平台,以降低系统的 IT 总体投资成本,强大的软件定制特性满足了欧意业务调整后"按需而变"。

建立统一的客户视图,整合了销售代表的行为,完整的客户信息实现价值分类治理。所有类型客户和联系人进行统一集中治理,销售代表行为准确的销售数据对客户进行全面的个性治理,真正提升了欧意的客户保持能力。

电子化"流向数据"和集成的"ERP 数据"确保了绩效考核和分析评价的准确性。针对客户生命周期治理理念,不断发现、拓展并转换为正式客户,通过良好的销售行为不断增强客户关系,执行有效的推广活动促进客户持续增长的销售实现,帮助欧意药业实现客户群的快速增长,客户销量的持续增长和贡献,进而提升欧意的销售业绩。

实用、易用、可用的"手机端软件"真正让销售代表愿意使用,确保 CRM 系统的正常运行。只有一线销售真正应用的 CRM 系统才是有意义的系统,只有收集真实的一线数据,一切治理才具有实际意义。

实时多维的数据分析提升企业绩效考核和领导分析。基于药品、区域市场、客户、销售代表、时间等多个维度,针对商销、终端纯销、销售费用、毛利、活动量等几百张统计报表帮助欧意提升绩效考核水平;同时基于公司 KPI 和领导意图的决策分析协助企业良性快速地决策。

（资料来源:呼叫中心与 BPO 行业资讯网,http://www.51callcenter.com）

第一节　客户关系管理概述

现代企业的外环境已经发生或正在发生着巨大的变化,网络经济、经济全球化的飞速发展导致市场竞争日趋激烈;技术进步、人类生活方式的变化致使产品生命周期越来越短,并引发了生产效率的大幅提高;经济由短缺状态过渡到过剩状态,由卖方市场过渡到买方市场;企业从单品种、大批量经营转向多品种、小批量经营;企业间的竞争由产品、服务竞争过渡到客户和信息的竞争。在这种大环境下,客户关系管理(Customer Relationship Management,CRM)应运而生。

一、客户关系管理的内涵

1. 客户关系管理的概念

最早发展客户关系管理的国家是美国,在 1980 年初便有所谓的"接触管理"(Contact Management),即专门收集客户与公司联系的所有信息;1985 年,关系营销概念的提出使人们对市场营销理论的研究又迈上了一个新的台阶;到 1990 年则演变成包括电话服务中心支持资料分析的客户关怀(Customer Care);1999 年,Gartner Group Inc 公司提出了 CRM 的概念。

关于 CRM 的定义,不同的研究机构有着不同的表述。

最早提出该概念的 Gartner Group 认为:所谓的客户关系管理就是为企业提供全方位的管理视角;赋予企业更完善的客户交流能力,最大化客户的收益率。

而 IBM 则认为:客户关系管理包括企业识别、挑选、获取、发展和保持客户的整个商业过程。它把客户关系管理分为三类:关系管理、流程管理和接入管理。

Hurwitz Group 认为:CRM 的焦点是自动化并改善与销售、市场营销、客户服务和支持等领域的客户关系有关的商业流程。

从管理科学的角度来考察,客户关系管理源于市场营销理论;从解决方案的角度考察,客户关系管理是将市场营销的科学管理理念通过信息技术的手段集成在软件上面,得以在全球大规模的普及和应用。

21 世纪市场竞争已越来越明显地变现为由产品竞争向客户竞争的转变,客户关系的好坏在很大程度上决定了企业的成败,因此,应该从战略层面上对客户关系管理定义。

本书认为:客户关系管理是一项企业为提高核心竞争力,达到竞争制胜,快速成长的目的,树立客户为中心的发展战略,并在此基础上展开的包括判断、选择、争取、发展和保持客户所需的全部商业过程;是企业以客户关系为重点,通过开展系统化的客户研究,通过优化企业组织体系和业务流程,提高客户满意度和忠诚度,提高企业效率和利润水平的工作实践;也是企业在不断改进与客户关系的全部业务流程,最终实现电子化、自动化运营目标的过程中,所创造并使用的先进的信息技术、软硬件和优化管理方法、解决方案的总和。

客户关系管理有三层含义:

(1)它是一种管理理念。它是企业为提高核心竞争力,以客户为中心,通过改进对客户的服务水平,提高客户的满意度和忠诚度,进而提高企业盈利能力的一种管理理念。

(2)它是一种新型管理机制。它通过开展系统化的理论研究,优化企业组织体系和业务流程,实施于企业的市场营销、销售、服务于技术等与客户相关的领域,旨在改善企业与客户之间关系的新型管理机制。

(3)它是一种管理软件和技术。它将最佳的商业实践与数据挖掘、数据仓库、一对一营销、电子商务、销售自动化及其他的信息技术紧密结合在一起,为企业的销售、客户服务和决策支持提供一个业务自动化的解决方案。

CRM 的核心思想是将企业的客户(包括最终客户、分销商和合作伙伴)视为最重要的企业资产,通过完善的客户服务和深入的客户分析来满足客户的个性化需求,提高客户满意度和忠诚度,进而保证客户终生价值和企业利润增长的实现。

客户关系管理的目的是为了更有效率地获取、开发并留住企业最重要的资产——顾客。CRM 是一种战略思想,支配企业的各项活动,从战略计划到作业计划,从供应商的选择到面向消费者的个性化营销,从原材料的选择到产品的设计,必须符合这一思想。

2. 客户关系管理的体系结构

CRM 是信息时代商务经营的重要工作,它有别于传统的客户服务管理与客户服务观念,重点在于其整合性:整合客户策略、销售策略与周详的服务流程管理;整合销售公关与服务功能;整合传统客户管理理论与信息科技。充分利用最新的信息技术与各式数字服务工具及通路,有效搜集客户需求,进而分析建立客户喜好倾向,利用信息科技于最适当时机,提供最适合的服务,以建立客户的认同感,进而产生终身购买价值,成为企业赖以提升竞争力与服务品质的利器。

客户关系管理的体系结构如图 10.1 所示。

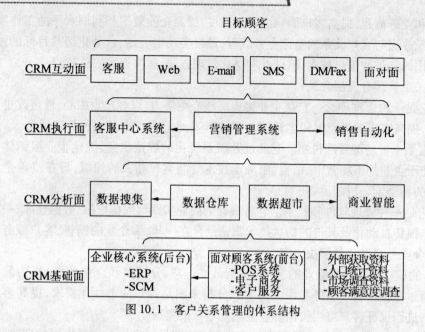

图 10.1 客户关系管理的体系结构

二、CRM 的核心管理思想

CRM 的核心管理思想主要包括以下几个方面:

1. 客户是企业发展最重要的资源之一

企业发展需要对自己的资源进行有效地组织与计划。随着人类社会的发展,企业资源的内涵也在不断扩展。

在人类社会从"产品"导向时代转变为"客户"导向时代的今天,客户的选择决定着一个企业的命运,因此,客户已成为当今企业最重要的资源之一。CRM 系统中对客户信息的整合集中管理体现出将客户作为企业资源之一的管理思想。在很多行业中,完整的客户档案或数据库就是一个企业颇具价值的资产。通过对客户资料的深入分析并应用销售理论中的二八法则将会显著改善企业营销业绩。

2. 对企业与客户发生的各种关系进行全面管理

企业与客户之间发生的关系,不仅包括单纯的销售过程所发生的业务关系,如合同签订、订单处理、发货、收款等,而且要包括在企业营销及售后服务过程中发生的各种关系。如在企业市场活动、市场推广过程中与潜在客户发生的关系。在与目标客户接触过程中,内部销售人员的行为、各项活动及其与客户接触全过程所发生的多对多关系。还包括在售后服务过程中,企业服务人员对客户提供关怀活动,各种服务活动、服务内容、服务效果的记录等,这也是企业与客户的售后服务关系。

对企业与客户间可能发生的各种关系进行全面管理,将会显著提升企业营销能力、降低营销成本、控制营销过程中可能导致客户抱怨的各种行为,这是 CRM 系统的另一个重要管理思想。

3. 进一步延伸企业供应链管理

CRM 系统作为 ERP 系统中销售管理的延伸,借助 Internet Web 技术,突破了供应链上企业间的地域边界和不同企业之间信息交流的组织边界,建立企业自己的 B2B 网络营销模式。CRM 与 ERP 系统的集成运行才真正解决了企业供应链中的下游链管理,将客户、经销商、企业销售部全部整合到一起,实现企业对客户个性化需求的快速响应,同时也帮助企业清除营销体系中的中间环节,通过新的扁平化营销体系,缩短响应时间,降低销售成本。

三、客户关系管理的主要活动

美国埃森哲公司指出客户关系管理就是通过一系列能力来识别、吸引和得到公司最有价值客户的一种整体性和系统性方法,而这些能力反过来也必须成为供应链流程的一部分以达到其目标。简而言之,公司需要运用一定能力、借助相关技术正确地对待客户,为客户提供一整套解决方案。它不仅意味着有竞争性的价格向客户提供他们想要的产品和服务,还意味着提供支持服务和其他的帮助来增加价值,让客户达到真正的满意。特别是客户存在差异,就意味着公司必须对客户进行细分,向不同客户群提供不同的产品以及能提升价值的服务。因此,一个成功的 CRM 系统应该简单又复杂。也就是说,因为它应该正确对待客户,让他们感到自己是受到尊重的;而说它是复杂,因为它还意味着要找到方法来验证公司的客户,了解其需要,围绕客户满意和忠诚度调整所有的客户联络活动。

客户关系管理的主要活动包括:

(1)细分顾客。客户细分可以依据销售领域、偏好的销售渠道、利润率、所采购的产品、销售历史、人口信息、期望的产品特征和服务喜好等进行。通过分析这一类的客户信息,锁定特殊客户群,公司可以达到事半功倍的效果,还避免让客户产生反感。

(2)预测顾客的行为。通过分析客户的购买行为可以预测它们将来的采购行动。

(3)判断客户价值。当今对客户价值的判断是摆在几乎所有 CRM 系统面前的大难题。在对每一客户进行具体利益、交流、服务或是政策的引导前,有必要对客户的终身价值或利润贡献度进行判断。

(4)人性化的客户沟通。了解客户以及他们的行为和喜好,有助于公司针对特殊的客户群进行专门的交流。亲切地对客户直呼其名或暗示过去的沟通服务中给客户所带来的价值都极有可能带来更大的销售。

(5)自动化销售。包括销售活动管理、销售领域管理、潜在客户管理、知识管理等。

(6)客户服务。包括呼叫中心、信息记录、网站的自助服务、现场服务管理、衡量客户的满意度、保护客户隐私的能力等。

【知识链接】

在 CRM 中客户是企业的一项重要资产

在传统的管理理念以及现行的财务制度中,只有厂房、设备、现金、股票、债券等是资产。随着科技的发展,开始把技术、人才视为企业的资产。对技术以及人才加以百般重视。然而,这种划分资产的理念,是一种闭环式的,而不是开放式的。无论是传统的固定资产和流动资产论,还是新出现的人才和技术资产论,都是企业能够得以实现价值的部分条件,而不是完全条件,其缺少的部分就是产品实现其价值的最后阶段,同时也是最重要的阶段,这个阶段的主导者就是客户。

在以产品为中心的商业模式向以客户为中心的商业模式转变的情况下,众多的企业开始将客户视为其重要的资产,不断地采取多种方式对企业的客户实施关怀,以提高客户对本企业的满意程度和忠诚度。我们看到,世界上越来越多的企业在提出这样的理念,例如,"想客户所想"、"客户就是上帝"、"客户的利益至高无上"等。

四、客户关系管理系统

1. CRM 系统的一般模型

集成了 CRM 管理思想和最新信息技术成果的 CRM 系统,是帮助企业最终实现以客户为中心的管理模式的重要手段。它集合了当今最新的信息技术,它们包括 Internet 和电子商务、多媒体技术、数据仓库和数据挖掘、专家系统和人工智能、呼叫中心等。作为一个应用软件的客户关系管理,凝聚了市场营销的管理理念。市场营销、销售管理、客户关怀、服务和支持构成了 CRM 软件的基石。

CRM 系统的一般模型(图 10.2)反映了 CRM 最重要的一些特性。

从图 10.2 中可以看出,这一模型阐明了目标客户、主要过程以及任务功能之间的相互关系。CRM 的主要过程为对营销、销售和客户这三部分业务流程的信息化。首先,在市场营销过程中,通过对客户和市场的细分,确定目标客户群,制订营销战略和营销计划。其次,销售的任务是执行营销计划,包括发现潜在客户、信息沟通、推销产品和服务、收集信息等,目标是建立销售订单,实现销售额。最后,在客户购买了企业提供的产品和服务后,还需对客户提供进一步的服务与支持,这主要是客户服务部门的工作。产品开发和质量管理过程分别处于 CRM 过程的两端,由 CRM 提供必要的支持。

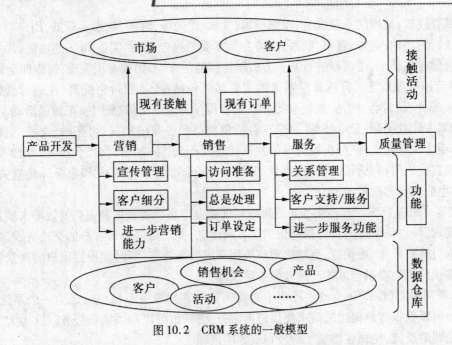

图 10.2　CRM 系统的一般模型

在 CRM 系统中，各种渠道的集成是非常重要的。CRM 的管理思想要求企业真正以客户为导向，满足客户多样化和个性化的需求。而要充分了解客户不断变化的需求，必然要求企业与客户之间要有双向的沟通。因此，拥有丰富多样的营销渠道是实现良好沟通的必要条件。

CRM 系统改变了企业前台业务运作方式，各部门间信息共享，密切合作。位于模型中央的共享数据库作为所有 CRM 过程的转换接口，可以全方位地提供客户和市场信息。过去，前台各部门从自身角度去掌握企业数据，业务割裂。而对于 CRM 模型来说，建立一个相互联系紧密的数据库是最基本的条件。这个共享的数据库也被称为所有重要信息的"闭环"。由于 CRM 系统不仅要使相关流程实现优化和自动化，而且必须在各流程中建立统一的规则，以保证所有活动在完全相同的理解下进行。这一全方位的视角和"闭环"形成了一个关于客户以及企业组织本身的一体化蓝图，其透明性更有利于与客户之间的有效沟通。这一模型直接指出了面向客户的目标，可作为构建 CRM 系统核心功能的指导。

2. CRM 系统的基本功能

一套 CRM 系统大都具备销售管理、营销管理与客户服务和呼叫中心等功能。

（1）销售管理系统。销售管理系统的主要功能包括：组织和浏览销售信息，如客户、业务描述、联系人、时间、销售阶段、业务额、可能结束时间等；产生各销售业务的阶段报告，并给出业务所处阶段、还需的时间、成功的可能性、历史销售状况评价等信息；对销售业务给出战术、策略上的支持；对地域（省市、邮编、地区、行业、相关客户、联系人等）进行维护；把销售员归入某一地域并授权;地域的重新设置;根据利润、领域、优先级、时间、状态等标准,用户可订制关于将要进行的活动、业务、客户、联系人、约会等方面的报告;提供类似 BBS 的功能,用户可把销售秘诀贴在系统上,还可以进行某一方面销售技能的查询;销售费用管理;销售佣金管理。

(2)营销管理系统。营销管理系统的主要功能包括:产品和价格配置;在进行营销活动(如广告、邮件、研讨会、网站、展览会等)时,能获得预先定制的信息支持,把营销活动与业务、客户、联系人建立关联;显示任务完成进度;提供类似公告板的功能,可张贴、查找、更新销售资料,从而实现营销文件、分析报告等的共享;跟踪特定事件,如研讨会、会议等,并加入合同、客户和销售代表等信息;信函书写、批量邮件,并与合同、客户、联系人和业务等建立关联;邮件合并;生成标签和信封。

(3)客户服务系统。客户服务系统可以帮助企业以更快的速度和更高的效率来满足客户的独特需求,可以向服务人员提供完备的工具和信息,并支持多种与客户的交流方式,帮助客户服务人员更有效率、更快捷、更准确地解决用户的服务咨询,同时能根据用户的背景资料和可能的需求向用户提供合适的产品和服务建议。

(4)呼叫中心(Call Center)。呼叫中心将销售与客户服务系统整合成为一个系统,使得服务人员可以根据客户提出的需求提供售后服务支持,也可以提供销售服务。这大大方便了客户与公司的交流,使顾客增加了对公司服务的依赖。

第二节 供应链环境下的客户关系管理

在企业外部的供应链上,企业要与下游企业进行业务交往,在对其"广义"的客户,即供应链中的下游企业进行业务往来时,如何快速响应他们的需求及其变化? 如何与他们实现业务往来间的紧密联系和协同运作? 如何为客户提供优质的产品和满意的服务以留住原有客户并使其成为自己的忠诚客户甚至终生客户? 这些都是关系到企业生存和发展,并常常使企业头疼的重大问题。因此,只有应用好客户关系管理,充分利用该信息系统的理念、模式和功能,才能实现供应链上企业对下游业务的高效和自如的运作。

一、客户关系管理在供应链管理中的重要性

在一个完整的供应链系统中,一个能充分满足客户方需要的优秀供应商是供应链成功的关键所在。在产品经过供应链的各个环节到达终端用户的途中,供应商和客户必须建立起亲密、信任、高效的关系。在企业外部下游供应链上,客户关系是最为重要的供应链成员关系。因此,客户关系管理也是下游供应链成员之间关系管理的重点。客户关系管理在供应链关系管理中的位置如图10.3所示。

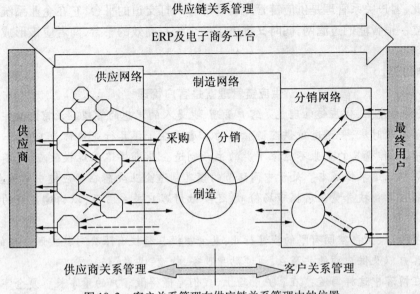

图10.3 客户关系管理在供应链关系管理中的位置

从供应链管理的内容可以知道,客户是供应链管理的焦点,特别是由于当前的供应链由市场驱动的"拉"式供应链模式,有效的客户关系管理会对整个供应链起到强有力的导向作用,它能导致下游供应链上成员间更好地沟通和信息传递,为企业内部供应链和上游外部供应链带来更准确地需求预测和更大的市场需求,并减少需求变异,使整个供应链的成员能对供应链有快速的响应。如果供应链上的每一个企业都能很好地应用CRM管理好下游业务,则会使整个供应链能具有更流畅的业务沟通和协调,更快速地推出新产品和满足客户的需求,以及更低的供应链总库存量、更短的提前期、更高的产出率、更快的响应能力和更可靠、更准确的交货和服务能力。因此,CRM对企业成长壮大起着非常重要的作用。

供应链管理与客户关系管理最大的共同点是都十分重视客户。目前,所有的企业都必须在提高客户服务水平的同时努力降低运营成本;必须在提高市场反应速度的同时给客户以更多的选择。对客户实际需求的绝对重视是供应链发展的原则和目标,因而供应链应从客户开始到客户结束。为了赢得客户、赢得市场,企业管理进入了以客户及客户满意度为中心的管理。它以客户为起点,得到市场的需求量,再制订相应的生产计划,然后进行生产,从而达到满足客户需求、提高客户满意度的目的,最终使企业生产出来的产品转化为利润。

客户关系管理主要应用于企业市场营销、销售、服务与技术支持等企业外部资源整合的领域。应用CRM系统的企业一方面通过提供快速和周到的优质服务吸引和保持更多的客户;另一方面通过对企业业务流程的重组降低企业成本。因此,客户关系管理是通过对客户详细资料的深入分析来提高客户满意度,从而提高企业竞争力的一种手段。客户关系管理帮助企业最大限度地利用以客户为中心的资源,并将这些资源集中应用于现有客户和潜在客户身上。因此,客户关系管理是供应链管理与外部客户打交道的平台,它在企业系统与外部客户之间树立一道智能的过滤网,同时又提供了一个统一高效的平台,两者应该形成一个无缝的闭环系统。

【延伸阅读】

供应链管理就是客户管理

"在某种程度上,供应链管理就是客户管理,也是人的思想的管理。"北京夏金宇模具科技有限公司董事长时庆,一语道破供应链管理的本质所在。模具行业被称为工业之母,但在整个供应链中,制作模具的企业不能像下游的生产制造企业那样追求规模效应,也不能像上游的供应商那样只追求低成本。处于中间环节的模具制造企业要想在供应链中掌握主动,不仅要通过提高自身科技含量来占据市场份额,还要做好客户关系管理,以构建良好的供应商关系。

在竞争激烈、生存空间有限的模具行业,夏金宇模具科技有限公司就按照这样的思路,寻找自己与客户以及供应商的共赢点,通过贴身服务,打造"共赢"链。

时庆在博客中这样写道:"在客户管理上,我们要懂得做客户的董事长。"夏金宇模具在进行客户服务中,坚持换位思考,站在客户董事长的角度去考虑客户需求,将客户未来的发展方向作为自身开发设计的目标,提前做准备。这样的超前服务赢得了客户的认同与依赖。

北京南口斯凯孚铁路轴承有限公司是夏金宇模具科技有限公司的一家大客户。这是SKF集团和中国铁道部于1996年成立的合资公司,目前已经成为世界级的铁路滚动轴承制造厂。进入这样一家世界500强企业的A级供应商之列,夏金宇模具科技有限公司靠的就是"保姆式"服务。

他们经常同客户的研发部门合作,跟踪客户现有产品的改进和未来产品的开发。为了能提供超前、准确地体现客户设计需求的模具,他们经常到客户的各个部门内去沟通。而客户在应用模具的任何一个环节出现问题,他们也都不惜代价地进行重新设计、生产,直到客户满意为止。

当然,不惜代价并不是不计成本。时庆强调,在供应链管理上一定要寻求利益共同点,把自身与客户的优势都发挥出来。在行业合作和竞争当中,时庆一直坚持企业与企业之间的"竞合"关系。"我们在合作的过程中,不怕吃亏,但也不能老吃亏。大家在一个平等的舞台上,前期吃了点亏,得到他们认可,以后就可以不吃亏。"三方或者多方合作的前提就是各方都要谦让。在模具行业一般都是制造企业先预付款,由模具公司来生产试用模具,试验成功的话进行进一步合作。

在最初的磨合阶段,夏金宇模具就主张自己"先吃亏",客户可以先不投钱就把试用的模具制作好,如果觉得不行,再进行模具改进,直到客户满意为止。夏金宇模具把先期的风险承担下来,首先就给客户以信任感,再进一步提供满意的模具产品出来。因此,跟夏金宇模具合作的企业通常都是一回生二回熟,慢慢地变成了彼此信任和依赖的伙伴。

在这个过程中,夏金宇模具科技有限公司也获得了自己的利益。比如,与客户信任紧密的关系有助于获得更主动的价格谈判优势,同时也避免了同行的竞争威胁。时庆说,通过"保姆式"的贴身服务,客户不仅不会拖欠款项,而且还会主动为夏金宇模具拉单,在价格上也不"斤斤计较",这不就是"赚了嘛"!同时,通过这个过程,夏金宇模具提升了开发定制产品的能力。

(资料来源:和讯网,http://bschool.hexun.com/2011-05-24/129915807.html)

二、供应链管理环境下的客户界定

客户是企业的生命,是企业存续的基础。通常,我们所认为的客户是指对产品或服务提出购买需求的主体,如消费者之于企业、零售商之于分销商、分销商之于制造商等,前者都可以认为是后者的客户,但这种认识是相对狭义的。在今天,客户的外延更加广泛,即便是没有购买关系,但只要一方从另一方获得了服务,即双方形成了服务被服务的关系,被服务的一方都可以称为服务方的客户因此,我们认为,供应链环境下的客户是指产品或服务的供给方所服务的需求对象。基于这一认识,供应链中的客户内涵既包括终端消费者,也包括供应链上游企业所服务的下游成员企业,还包括供应链成员企业内部上游部门(流程)所服务的下游部门(流程)。对供应链客户的这一界定包含以下两层含义:

1. 服务关系的形成是客户身份界定的标志

在传统营销观念中,买方通过金钱支付与卖方形成客户关系,卖方需要对买方的产品或服务提供质量保证。但在供应链环境下客户身份的界定突破了单纯的金钱交易关系,而是以服务-被服务的关系来界定客户的身份。服务性取代了经济性使得客户的外延,得到了极大的扩展,任何存在服务关系的客体都可以称为供应链环境下的客户。

2. 客户所存在的范围不一定在企业的外部

一项企业业务活动完结需要来自企业内部不同部门员工的共同努力,只有通过企业内部员工间的无缝化衔接,才能实现企业对外部市场的响应。在这一过程中,同一业务的上游环节与下游环节之间存在服务与被服务的关系,因此,下游环节的员工(或部门)被称为上游环节员工(或部门)的客户。在企业内部将服务部门与被服务部门之间的关系视为客户关系,将有助于提高部门资源的配置效率,打破部门壁垒,密切部门联系,增强企业内部的集成度与协调性。

三、供应链管理环境下的客户满意

客户满意构成企业获利的潜力,客户满意的程度越高,企业获利的潜力越大;反之,客户满意的程度越低,企业获利的潜力越小。客户满意的程度即客户满意度,它是指客户对产品或服务的可感知的效果与其期望值相比较后,所形成的愉悦或失落的感觉状态。客户满意度取决于可感知的效果与客户期望之间的差距,如果可感知的效果大于客户期望,客户则表现出非常满意；如果可感知的效果低于客户期望，客户则表现出不满意；如果可感知的效果等于客户期望，客户则表现出满意。客户满意度已成为衡量客户服务水平的重要指标，较高的客户满意度可以使客户产生依赖和喜爱，从而提高客户的忠诚度。供应链不仅表现为一条物料链、资金链、信息链，其本质更是一条价值链。供应链下的客户满意表现为服务方为客户所创造的价值与客户期望的价值之间的差额。只有真正实现供应链价值的增值，才能保证客户真正满意。如今，客户满意已成为影响供应链系统运作稳定与否及价值实现程度的重要因素。

影响客户满意度的供应链服务要素可以从以下五个方面来权衡，即产品的可得性要素、产品可得性与配送及时性相联合要素、配送周期的可靠性要素、支持性要素以及附加要素。

1. 产品可得性要素

保证客户对产品的可得性要素是物流服务最重要的要素。产品的可得性是指为满足客户对产品及服务的需求而保有的现货供应能力，即库存服务率。库存服务率一般来讲就是接到客户订单以后，从现有库存当中能立即出货的概率。物流运动的功能就是超出时间和空间间隔，把物品从生产范畴转移至消费范畴。物流活动的功能就是实现消费者对产品的可得。保证产品处于可得状况的概率，即产品的可得性是权衡供应链服务能力最重要的标准。

2. 产品可得性与配送及时性相联合要素

及时性主要是指在接到客户订单后，在所定的周期内向客户供给配送服务的时间效力，即配送提前期。一般情形下都把产品的可得性与配送的及时性联合起来完成对客户的供应链服务，这种结合要素是物流服务的主体要素，同时可以把它分成两个构成要素，即库存服务率和配送服务率。库存服务率与配送服务率相乘得到的成果就是在既定的交货期内完成交货义务的概率。

3. 配送周期的可靠性要素

配送的可靠性是指遵照配送周期的稳定性，也是供应链服务的主体要素之一。配送周期的稳定性越高，客户对商品管理及库存管理越容易，也可减少客户的安全库存，保持较低的库存保持成本。相反，稳定性越差，会下降客户对供应商的信誉度，增添客户的安全库存，使客户累积高额成本。从这种意义上说，保持周期的稳定性比单纯缩短周期时间显得更为重要。当然，在坚持稳定的交货期的基础上，尽量缩短订货周期时间是最为理想的了。

4. 支持性要素

支持性要素是指支持主体及附加服务要素的功效性要素。包含：物流系统的柔性，是指处置客户额外请求、紧迫请求的对应能力；物流体系信息，是指向客户供给信息的能力，比如，对客户就产品的库存状态及配送情形进行答复，产品价格更改的事前通知，新产品上市的事前通知等；物流体系功能障碍，会导致单据发行过错，发送产品品种、数目差错，运输、保管期间产品侵害等，所以，企业必须具备修复导致错误产生的物流系统功能的能力；售后服务功效，产品交货以后，供应商要有向客户提供有关产品的技术信息、维修作业服务以及适时适量供给维修零配件的能力。

5. 附加要素

除了以上几个影响客户满意度的主要要素以外，还有一些具附带性质的服务履行条件，称之为附加要素，包含对订货批量的限制和订货时间的制约等。

【知识链接】

头牛效应

市场上的"带头牛"，指的就是那些对市场有重大影响、起决定作用的因素。经营者如想快速地进入新市场或占领旧市场，都应该找准"带头牛"，这样才不至于盲目瞎撞。明确经营方向，更容易达到既定目标。

20世纪70年代中期，索尼彩电最初出现在美国时备受歧视、遭人冷落，无人愿意经销。某天，索尼老总驱车路过牧场，看到牧童牵着一头健壮的大公牛进牛栏，一大群牛温顺地鱼贯而入……受"带头牛"启示，索尼选定芝加哥最大的电器零售商店——马歇尔公司为推销主攻对象。集中了优势"兵力"将它拿下后，芝加哥100多家电器销售商店纷纷要求经销索尼彩电。芝加哥地区的强势销售，变成只更大的"带头牛"——其他美国城市也向索尼打开了大门。

四、供应链环境下客户关系管理系统的构建

大多数企业的销售、营销、客户服务与支持之间等业务是分开进行的，这些前台的业务在后台部门以及供应链上各企业中也是分开进行的。这使得企业内部与供应链上各环节间很难以合作的姿态对待客户。企业客户关系管理的构建原则是在最大化满足客户需要的同时，完整地认识整个客户生命周期，提供与客户沟通的统一平台，提高员工与客户接触的效率和客户反馈率，真正解决企业下游供应链管理问题。通过以下模式可以构建起供应链下的企业客户关系管理系统。

1. 将客户与供应链链接起来

首先，这意味着在伙伴之间共享交易数据，以保证较低的库存。其次，可以在供应链中通过正确的数据将位于第一线的员工联系起来。第一线员工接到订单之后，应该清楚地了解不断更新的库存和产品数据，据此就可以为客户提供准确的交付信息。同时，网络使得这些信息在供应链伙伴们中的共享成为可能。海尔集团通过与上游供应商一起实施客户关系管理以后，实现了双方的信息共享，上游供应商随时关注海尔的生产和库存情况，以前是海尔集团下单给供应商，这种模式逐步进行转变，由供应商直接进行补货。

2. 帮助实现供应链运作的可计划性和可控制性

企业系统中的计划体系主要包括：生产计划、物料需求计划、能力计划、采购计划、销售执行计划、利润计划、财务预算计划等。而且计划功能与价值控制功能已完全集成到整个供应链系统中。在供应链的每一个环节上，要通过协同运作保持各种计划的协调一致。同时，销售和营运计划必须能起到监测整个供应链的作用，以使供应链及时发现需求变化的早期

警报,并据此安排和调整生产和采购计划。另外,通过新技术的运用,使业务处理流程的自动化程度提高,提高企业员工的工作能力,减少培训需求,使整个供应链能够更高效地运转。

3. 倾听市场的需求信息,及时传达给整条供应链

在瞬息万变的动态环境下,通过营销策略和信息技术掌握确切的需求,使得企业供应链上的供应活动建立在可靠的基础上,保持需求与供应的平衡。同时,客户关系管理使企业通过新的业务模式,利用最新信息技术,扩大企业经营活动范围,及时把握新的市场机会,拥有更多的市场份额。

4. 全面管理企业与客户发生的各种关系

企业与客户之间发生的关系,不仅包括在单纯的销售过程中所发生的业务关系,如合同签订、订单处理、发货、收款等,而且也包括在企业营销及售后服务过程中发生的各种关系,如市场推广过程中与潜在客户发生的关系等。对企业与客户间可能发生的各种关系进行全面管理,将会显著提升企业营销能力、降低营销成本、控制营销过程中可能导致客户抱怨的各种行为。

5. 使企业与客户有一种互动式关系,促进企业与外界的沟通

企业可以选择客户喜欢的方式同客户进行交流,方便地获取信息,使客户得到更好的服务,提高客户的满意度,帮助保留更多的老客户,并更好地吸引新客户。目前,国内众多企业都开展了网上客户服务,相关产品一旦出现问题,客户可以通过上网来咨询解决方案,此种模式方便快捷。这就要求企业积极推进电子商务的具体应用,改变过去的客户服务模式,拉进客户与企业之间的距离。

第三节 供应链一体化的 CRM

能够以较短的时间响应客户需求是现代企业的一项重要能力。产品只有在正确的时间和在被要求的地点到达了客户手中,这个产品才具有价值。只有一体化的供应链运作战略才能带来完美的服务。

一、供应链一体化客户关系管理的诠释

1. CRM 与 SCM 的关系

从客户关系管理方面来看,如果一个企业没有供应链管理,而只有客户关系管理,企业就会面临"信息孤岛"现象,即信息只能在企业与客户之间进行流动,而不能将信息释放到整个供应链中,结果企业不能满足其所有客户的需求,即形式上的客户关系管理并没有促进客户服务质量实质上的提升。

从供应链管理方面来看，从传统的供应链到新型电子商务供应链，都有一个不变的本质，那就是"以客户需求为中心"。市场竞争的关键，已转变为企业掌握客户需求并满足其需求的能力之间的竞争，也必然会体现为企业供应链之间的竞争。现在的企业要实施供应链管理或对传统的供应链管理更新，将集中在如何实现以需求为中心"拉动式"的供应链条，必须朝着周转环节少、灵活性强、交易成本低的方向发展。

客户是供应链存在和发展的基础，将供应链管理同客户关系管理整合，真正做到以客户为中心，既有助于实现供应链由传统的"推式"管理向"拉式"管理的转变，增强供应链的整体竞争力，也有助于供应链通过客户关系管理构建基于客户的核心竞争力。

2. 供应链一体化客户关系管理的内涵

供应链与供应链的竞争意味着实施 CRM 的基础应从单个企业外推至整个供应链，同时也说明了顾客服务及企业与顾客关系的建立和维护应是供应链一体化的协同行动。因此在现今的西方经济学中，CRM 就是指基于供应链一体化，通过商家合作伙伴关系和客户关系，实现信息共享、资源互补、多方互动和顾客价值最大化，并以此提升企业竞争力的一种管理思想。

21 世纪最有前途的动态集成式的客户服务组织和价值创造体系可以认为是供应链一体化的 CRM。作为一种新型的管理模式，CRM 主要依靠现代信息技术支撑，由核心企业将供应商、生产商、销售商直至终端客户连成一个整体，本企业则立足于核心优势，将非核心优势的业务外包给其他有核心竞争力的企业去完成，从而使各协作企业的优势资源得以耦合为一个整体的核心竞争力去参与市场竞争。CRM 强调的是以供应链整体的核心竞争力来抵抗和规避风险，并通过企业内部和外部价值创造体系的有效衔接，整合企业内外部资源去以快速响应客户需求。所以，供应链一体化的 CRM 克服了企业个体能力的局限性，而以供应链整体来促进顾客价值最大化，并最终使企业价值最大化和客户价值最大化共同得以实现。

二、供应链一体化 CRM 的优势

企业把 CRM 置于供应链一体化的基础之上，相对于单个企业实施的 CRM 凸显出明显的市场优势，概括起来主要有三点：

1. 克服外部信息孤岛

虽然以单个企业为单位实施客户关系管理解决了内部信息沟通问题，但是企业与企业之间客户资源的私有化问题仍非常严重。由于在传统模式中，供应商与制造商、制造商与销售商、批发商与零售商、零售商与顾客之间是一种基于价格与利润挤压的博弈关系，从供应商到终端顾客实质上是一条"博弈链"。因此，不仅形成企业与企业之间的信息孤岛，增加重复收集信息的成本，而且与终端客户越远，信息失真的可能性就越大。而供应链一体化基础上的 CRM 是一项系统工程，管理模式排除博弈关系，使之建立起信任与合作的双赢性战略联盟，形成企业之间的战略伙伴关系，在市场运营过程中其依靠现代信息技术支撑，通过前馈的信息流和反馈的物流及信息流,将供应链成员直至终端客户连成一个协作整体,从而使链上信息能够顺畅流通,实现了协作者之间的多维双向沟通和信息共享。

CRM的信息管理系统按照过程进行供应链组织间的计划、执行与控制以及业务处理过程中的决策支持,着重于整个供应链的优化。CRM构筑了SCM与外部客户沟通的平台,它在企业系统与外部客户之间树立一个智能过滤网,同时又提供一个统一的平台。CRM通过电话、互联网、传真等手段的融合,客户可以选择自己喜欢的方式与企业进行交流,企业员工和客户的沟通更加便捷,获取信息更加方便,从而可以提升客户满意度和利润贡献率。此外,CRM对客户互动信息的收集和加工可以帮助SCM系统提供决策依据,拓展业务模式,扩大经营活动范围,及时把握新的市场机会,占领更多的市场份额,帮助企业保留更多的老客户,并更好地吸引新客户。

2. 成员企业间积极配合

服务意识的空前改观和质量概念的全新扩展,让客户对产品和服务都予以了同样的重视,即使是顾客服务也应是供应链一体化的协同行动。这就要求供货商和销售商及物流方等企业之间的交往必须打破传统的买卖关系,形成一条解决服务问题的合作链条,由整个链条的各组成员通力合作来为最终客户提供更多让渡价值。

过去,企业往往以自身利益为出发点寻找对某一企业来讲的最佳客户,而对于链条其他成员未必有利可图,也就是说,共同服务于一类客户群的利益在链上无法合理地进行分配,这样就大大削减了企业之间合作的积极性,合作链条不再合作,最终导致客户的流失乃至整条链竞争力的下降。而在供应链一体化下,链上企业的组织方式是基于一体化的战略联盟或虚拟企业的协同商务,它们能否实现其共同的市场目标,能否共同对有效顾客需求进行敏捷反应,关键在于供应链各成员、各环节之间是否能够同步化运行。因此,供应链一体化客户管理充分运用集成化管理思想,在对供应链成员核心竞争力进行优化选择与整合的基础上,有效地构建出一条"顾客服务链",它强调企业战略伙伴关系管理,强调以面向供应商和顾客取代面向产品,从而增加企业上、下游之间及与相关合作者的联系,增进相互之间保持一定的一致性,形成具有同步化敏捷响应顾客需求的合作网链。

3. 成本合成最小化

企业集中优势专注于核心业务,对于非核心业务则采取简化、分立、剥离、外购、外包等放松管制的措施是供应链一体化思想的精髓所在。企业以自身核心优势资源整合协作企业资源时,总会寻租到现有的、比企业自营更低的成本。这里包括有如下三点:其一是通过供应链上的无缝链接,能够将供应商、生产厂家、分销商、零售商等企业的现存资源进行优化整合,避免与新产品开发相配套的厂房、设备、营销网络建设的巨额投资,从而减少了资本负担,降低了企业自营的风险成本,实现了产品和市场开发的成本组合最小化;其二是供应链一体化基础上的CRM是一种"拉动"模式,也就是由顾客需求驱动,生产、销售根据实际顾客需求而不是预测需求进行协调,为此,顾客需求信息沿供应链快速传递给上游,系统的变动性减少,供应链上的库存降低了,成本也得到了优化;其三是在供应链一体化模式下,管理信息、管理技术和物质资源成为供应链节点企业的共享资源,缩短了订单履行时间,进而导致庞大的业务管理成本的大幅降低。

【延伸阅读】

沃尔玛的技术创新——"零售商联系"系统

"零售商联系"系统使沃尔玛能和主要的供应商共享业务信息。举例来说,这些供应商可以得到相关的货品层面数据,观察销售趋势、存货水平和订购信息甚至更多。通过信息共享,沃尔玛能和供应商们一起增进业务的发展,能帮助供应商在业务的不断扩张和成长中掌握更多的主动权。沃尔玛的模式已经跨越了企业内部管理(ERP)和与外界"沟通"的范畴,而是形成了以自身为链主,链接生产厂商与顾客的全球供应链。沃尔玛能够参与到上游厂商的生产计划和控制中去,因此能够将消费者的意见迅速反映到生产中,按顾客需求开发定制产品。

(资料来源:http://www.im2m.com.cn/Item.aspx? id=35695)

三、供应链一体化 CRM 的构建

供应链一体化就是在对供应链成员核心竞争力优化选择的基础上联结起来的一种"横向一体化"的集成管理模式。它有效地克服了纵向一体化营销管理模式下难以摆脱的结构僵化、成本居高不下、层级众多管理难度大、业务流程长负担重及市场不确定风险大等弊端,增强了企业组织的柔性,提高了信息流、资金流和物流的双向性流动,实现协作者之间资源共享和运行的协调一致,从而能得以提高对市场反应的速度和能力。构建供应链一体化的 CRM 运营模式需要体制的搭建与机制的健全。为此要做好以下工作:

1. 转换价值观念,把顾客价值置于企业价值之上

CRM 是服务顾客的技术体系,更是企业管理的一种价值观,如果没有企业的价值理念为依据,CRM 就没有了根基和支持。从企业的角度看,市场目标实现的关键评价指标是企业既定利益是否能够实现,企业价值是否能够最大化,但前提是顾客利益是否能够实现,顾客价值是否能够最大化。因此,顾客及其价值实现是供应链一体化的驱动力和决定因素。

通过将供应链的价值转化为顾客价值,才能真正做到以市场为导向,以顾客为中心,在满足顾客需求的同时实现企业经营绩效的提高。在顾客价值实现过程中,还可以识别和改善薄弱环节,提高效率和质量。同时,随着顾客价值数量与质量的提高,消费者与企业之间也会形成更为长久的关系,并在价值传递的持续改善中,实现顾客满意和顾客忠诚,其结果必将推动客户价值最大化和企业价值最大化的共同实现。

2. 对供应链的传统"纵向"模式进行"横向一体化"改造

新型供应链一体化的 CRM 要求用客户的眼光观察一切,从客户需求出发,建立需求倒推、市场拉动、信息共享、面向流程的运营模式。新模式必须在基于供应链整个价值增值环节上谋求流程重组,它要求企业在对自身竞争力或优势资源进行评估的基础上,对供应链进行

"横向一体化"改造。

其做法是：企业首先从客户的角度审视整个价值链，体会客户在产品整个生命周期中使用、维护、升级、追求附加价值的种种需求，从提供及时、全面、适宜的产品与服务出发寻求合作伙伴关系和顾客关系，同时建立以客户为中心的虚拟企业。

然后，一方面参加到有竞争力的供应链中去借势和取长补短，另一方面又以自身优势构建一条规模适宜的，从产品和服务设计开始，通过采购、生产、制造，由销售网络把产品及其服务送到终端顾客的一体化价值实现网链。链上企业以自身的核心竞争力业务整合成员企业的优势资源，支持价值链的协调运行，并通过链上各企业核心资源的优势互补，创造出更高的价值，追求与最能带来利润的客户群建立牢固持久的关系。

3. 实行两链无缝对接，达到整体价值链传递

供应链上供需价值的实现过程应是顾客需求的满足过程，这一过程在供需两方又表现为不同的形式。

对于供给方来说，表现为供应商、制造商、分销商等各个成员主体通过各种价值活动完成的价值提供与传递过程，并以成员合作关系为基础，通过各活动之间的无缝对接与集成优化来提高效率；而从顾客的角度来说，这一过程则与顾客的购买过程，包括购买前的信息搜集、比较选择、购买决策以及消费和使用后的废弃等价值环节紧密联系在一起。只有供应链企业提供的价值传递过程与顾客购买和消费的价值接受过程统一起来，在时间、空间、内容、形式等方面充分满足顾客需求，才能最终实现顾客价值。进而，只有通过供应链上企业价值链与顾客价值链的无缝对接，才能把合适的产品合适的数量在合适的时间送到合适的地点，快速、高效响应和满足合适客户的合适需要，从而也才能在降低供应链成本的同时，实现顾客价值的最大化。

供应链既是企业价值生成和实现的价值链，也是顾客价值获得与实现的价值链，顾客价值链直接决定着企业价值链的成长和竞争优势的巩固与提升，二者间的无缝平衡对接，将使企业价值链的驱动力与顾客价值链的拉动力形成合力，这种合力所体现的形态就是信息流、物流、资金流在供应链中的畅通以及从供应商、生产商、物流商、销售商直至终端顾客的价值最大化或同步优化。

4. 构建扁平化的企业支持体系

供应链一体化的CRM不仅是一条连接供应商到终端顾客的物料流、信息流、资金流，而且是一条服务流、增值流。企业要求每位员工都能依据客户需求的变化而提供满意的产品和服务，但在企业传统等级制度下难以实现，因此，流程再造成为必然的选择。根据客户关系管理以"客户满意"为中心的管理原则，企业组织结构的调整，要以提高企业沟通效率、激励员工参与为目标。

埃德森·斯潘塞说："在理想的企业结构中，思想既自上而下流动，又自下而上流动，思想在流动中变得更有价值，参与和对目标的分担比经理的命令更为重要。"据此，企业必须将内部传统的"金字塔"组织结构改建为一个全新的扁平化的组织结构,让个人在新的岗位上发挥更大的创造力,使企业的组织结构能动态跟踪客户的需求和市场变化,并能更快地作出反应。

在新型的组织结构中,客户处于顶尖位置,以充分体现客户至上的经营理念。同时,管理职能将部分地从管理者转移到一线员工的层面,这样员工才能具有创造性工作的自由和权力,并由执行者变为工作岗位的管理者,具备快速反应的能力。

5. 确立企业在供应链一体化服务中的地位,形成一体化成员间的合作机制

从本质上说,供应链一体化是企业内部和企业之间供给和需求管理的集成,企业只有跨越内部资源界限,借助信息技术手段,协同实施客户关系管理,才能实现对整个供应链资源的有效组织和管理。

供应链伙伴关系包括核心企业与供应商的伙伴关系,与制造商的伙伴关系,与销售商、零售商的伙伴关系。它们基于一定利益基础和共同愿望而建立,并在供应链中担任不同的角色,沟通、协调、各取所长、优势互补是形成良好合作关系的重要途径。

在供应链环境下,企业既是一个相对独立的经济体,更是一个拥有独特资源的节点;既是价值的创造者,又是服务的享用者。上游企业作为下游企业的供应商和服务提供者,服务质量的好坏直接决定了供应链的整体效率和利润的实现速度,因此企业间需要以供应链整体利益和目标为指南协调行动,密切合作以形成一个功能性网络。

在这个系统中,核心企业只抓有竞争力的核心业务,将非核心业务外包给其他有此核心竞争力的企业去完成,从而使各协作企业的优势资源耦合为一个整体的核心竞争力去参与市场竞争,这样就能以供应链整体的核心竞争力来抵抗和规避风险,将单个企业的风险消溶于供应链之中,增强单个企业抗风险能力。

6. 设置科学合理的供应链一体化利益分享机制

任何一个企业参与到供应链联盟中来,其根本目的是为了追求经济利益,如果有任何盟员不满意制定的利益分配方案,就会给一体化联盟带来一定的利益损失,那么顾客与企业价值最大化则难以实现。由此,在联盟中一个合理的、令人满意的利润分享机制尤为重要。

一般可采用供应链利益分享的两阶段法进行。首先是在利益还没有形成之前,采用一种谈判集的方法,做一下初次的利益分配方案。即在利益没有实现之前,根据某些可以比较容易识别的因素如固定资产的投入和供应链合作伙伴之间的关系等来进行分配,各个企业获得初步分配满意的利益;

第二个阶段是在利益实现之后,对超出各个合作企业初次分配得到利益的那一部分利益进行分配,即对超额利益进行再分配,以对开始的供应链利益分配方案进行调整。这个阶段考虑的因素是供应链合作伙伴所承担的风险、企业为实现目标的努力水平、对供应链的贡献度等。

需要注意的是,供应链中的核心企业要注意充分发挥激励成员企业的主导作用,而不是利用其主导地位对其他企业进行利益压榨。

【本章关键词】
客户关系管理 Customer Relationship Management, CRM
供应链一体化 Supply Chain Integration
客户满意 Customer Satisfaction
呼叫中心 Call Center

思 考 题

1. 什么是客户关系管理？它的核心思想有哪些？
2. 客户关系管理的主要活动有哪些？
3. 一套完整的 CRM 系统应具备哪些功能？
4. 客户关系管理在供应链管理中的地位是怎样的？
5. 影响客户满意度的供应链服务要素有哪些？
6. 如何构建供应链一体化的客户关系管理系统？

【实训项目】
调查某物流企业及其主要竞争者的客户与业务类型，分析该企业经营管理中的不足，为其设计一套客户关系管理方案。

【案例分析】

整合供应链管理与客户关系管理系统

"通过连接客户关系管理与供应链管理，你将改变库存管理与产品生产的方式，"德勤咨询公司合伙人、前全球客户关系管理实践业务部主任普拉特说。

在他看来，这种方式最大的好处是：优秀的客户关系管理系统可以帮助制造商更好地了解客户的需求。

"近年来，许多公司都应用了 ERP、供应链管理与客户关系管理系统，但其运营方式却未有改观。员工们仍在各司其职，有些人只负责与客户打交道，有些人只负责生产，有些人只负责产品分销。"

上述职能团队通常独立运作，互相之间没有什么联系，这使信息分享变得很困难，除非出现迫不得已的情况。

与之相似的是，除了电子数据交互系统，很少有企业能够与供应商及客户建立直接的电子联系，来推动需求与供给之间的平衡。

当然，原因之一是延伸了的供应链非常复杂，包含了供应商、制造商、分销商与客户等各方，涉及的制造商及其商业伙伴也非常多。因此，让所有人都围绕相同的系统开展工作显然是很困难的。

然而，一旦这样做了，效果将立竿见影。普拉特指出："企业可以动态制订生产计划，从而更好地为最佳客户服务。"现实情况是，多数制造商仍然根据相对静态的预测来制订生产计划，而这些预测通常是由营销部门决定的。

普拉特认为,一些交易之所以可以达成,仅仅是因为有现货能够马上提供,而不是因为市场对这一产品的需求量非常大,这就是问题所在。普拉特说:"人们之所以都买绿色的车,可能是因为只有这种颜色的车卖。"

德勤咨询公司的报告显示,"电子差异化"是指企业根据不同客户的价值及服务成本,在供应链上实时对其需求做出差异化的反应。德勤咨询公司的报告中写道:"能够提供这类服务的制造商创利能力比一般企业强得多。"该报告还显示,许多企业要么擅长前端(客户关系管理),要么擅长后端(供应链管理),而绝大多数都在二者间犹豫不决。

即便如此,仍有一些领先的制造商能够将客户关系管理、供应链管理与网络联系起来,并提供上述差异化服务。例如,家具制造商赫尔曼米勒公司将其网站进行了改版,称之为EZ Connect,使它最有价值的客户能以优惠的价格下订单。

(资料来源:世界经理人网站,http://www.ceconline.com/it/ma/8800042858/01SB/)

案例思考题

1. 为什么许多应用了 ERP、SCM 与 CRM 系统的公司却没有达到较好的预期效果?
2. 结合案例,谈谈 SCM 与 CRM 整合有哪些优点?如何实现整合?

第十一章
Chapter 11

供应链环境下的组织管理

【学习要点】

通过本章的学习,要求学生了解传统企业组织结构的类型与特征;理解供应链管理环境下企业组织结构设计的原则;掌握供应链管理环境下企业组织结构模式的类型及其设计理念与步骤;了解供应链业务流程重组的特点、原则及实施。

【引导案例】

IBM 信贷公司流程再造案例

企业的业务流程重组工程不是对原有的东西进行修补,而是对企业创造产品或服务并向客户传送价值的过程进行全面的重新审视,在这方面,IBM 信贷公司的"流程再造"案例较为成功。

坐落于美国康尼狄格州老格林尼治市的 IBM 信贷公司是蓝色巨人 IBM 的全资子公司,其主要业务是为 IBM 公司的计算机销售提供融资服务,这是一项绝对赚钱的买卖,而且向顾客的此类采购活动提供融资服务的金融风险很小,但是,这种小额信贷的经济效益则主要取决于人均业务量。

早期,公司的经营情况并不好。它们按传统的劳动分工理论进行设计的生产流程是:

第一步:"接待部"。如果 IBM 的客户需要融资服务,负责对该客户进行产品销售的 IBM 业务人员将代表该客户向 IBM 信贷公司提出融资申请。信贷公司的接待人员或接听电话的人则在一张申请表上记录下该项申请。

第二步:"客户信用部"。申请表被送到楼上的"客户信用部",专业人员通过计算机系统审查申请人的资金信用情况,并签署审查意见。

第三步:"交易条款部"。根据申请人的具体情况对公司的标准贷款协议进行补充和修改,把一些特殊条款附加在申请表上。

第四步:"估价部"。估价员根据以上信息,借助计算机系统初步确定向客户征收的贷款利率,并把建议利率和确定的依据一起交给文书小姐,呈交给业务主管审批。

第五步:业务主管把所有的信息综合起来,形成最终的报价信。

第六步:报价通过销售业务代表通知客户。

在这种分工体制下,每份贷款申请,无论业务的大小,贷款金额的多少,完成整个业务流程平均需要一周时间,甚至有时需要两周时间。而且,在申请表进入流程后就完全与销售业务代表无关,销售业务代表也就无法清楚了解其进程。从市场销售的立场来看,这样的过程实在太长了!客户可能去寻找其他的融资渠道,致使IBM信贷公司失去一笔贷款业务。更为严重的后果是,客户可能因为对融资服务的不满而放弃与IBM的合作,转而与竞争对手公司进入交易,尤其是小订单的客户。

BM信贷公司取消按劳动分工设立的业务流程部门,设立"交易员"岗位,每笔业务从头到尾的全部工作都由一个"交易员"负责。同时,开发出适应新要求的计算机支持系统和专家小组支持"交易员"的工作。在绝大多数情况下,交易员在计算机系统的支持下完成工作,在"交易员"遇到确实很棘手的问题时,则可以从专家小组那里得到帮助,或将这些特殊项目移交给专家解决。

IBM信贷公司为了支持综合办事员的工作,还开发了一套新的、内容复杂的计算机系统。在多数情况下,这套系统能向综合办事员提供他所需要的工作上的指导。在确实遇到棘手问题时,综合办事员还能得到几名真正的专家——审核信用、核定利率等方面的专家的帮助。即使在这种情况下,也不需要公文旅行,因为综合办事员及其求教的专家是在一起工作的。

在业务流程重组后,IBM信贷公司为普通客户提供融资服务的平均周期缩短了90%(由原来的一周压缩到4小时),他们的业务量整整增加了100倍。

(资料来源:豆丁网,http://www.docin.com/p-51188543.html)

第一节 供应链管理对传统企业组织结构的挑战

传统企业的组织结构在特定的历史环境下产生,对整个人类社会发展和进步做出过重大贡献,但是,随着社会的进步,企业面对的内外部环境发生了变化,传统企业组织结构受到严峻的挑战,尤其是供应链管理的环境下,传统组织结构的不适应性凸显出来。

一、传统企业组织结构的主要形态和特点

(一)传统企业组织结构的主要形态

组织结构是企业的基本框架,是企业战略实现的基础。传统型组织结构如图11.1所示。组织结构演进的路径是以组织理论发展为基础的,组织理论的发展经历了三个阶段:古典组织理论、新古典组织理论和现代组织理论。

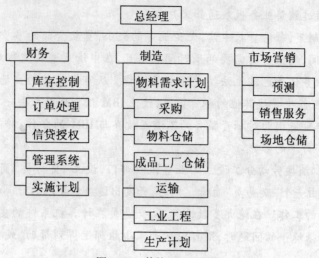

图 11.1　传统型组织结构

迄今为止,企业组织结构的类型主要有:直线制、职能制、直线-职能制、事业部制、矩阵制等。我们对这些组织结构的产生背景、优点和缺点进行简单分析,这些理论的回顾将对构建新型组织结构模式产生好的指导作用。

1. 直线制组织结构

直线制组织结构的创始人是法国工程师法约尔。直线制组织结构的形式好比一个金字塔,组织中的各种职务按垂直系统直线排列,从上到下垂直领导,按照统一指挥原则行驶管理职权。这种组织结构的优点是结构简单,指挥权集中,权责明确,信息沟通便捷,决策迅速。缺点是横向协调差,没有职能管理机构来分担具体的管理事务,管理者的负担重;上级管理者负责其管辖范围内所有雇员的行动,且有权下达雇员无条件服从的命令,雇员不该考虑什么事正确的或什么需要做,这样就会限制雇员创造性作用的发挥。

直线制组织结构的产生符合工业时代的多种需求。在一个相对简单和动态的环境之下,这种结构可以大大提高工作效率,降低管理成本。但随着组织规模的扩大,环境变得相对复杂,这种组织结构就不再适合了。

2. 职能制组织结构

职能制组织特征是:企业内部按照职能划分为若干个不同的部门,企业的决策权集中在最高管理层,实行等级化集中控制,组织内的生产经营活动,按职能不同分成若干垂直管理的部门,各个部门实行职能分工,并且直接由最高主管协调控制。职能制组织结构的优点:分工严密,职责明确,能确保各部门之间进行良好协调,能集中利用有限资源,提高工作效率。职能制组织结构的缺点:高度集中使企业缺乏敏感性与灵活性,企业组织的中低层管理者缺乏管理的积极性,对于培养管理人才不利。

当企业组织的外部环境相对稳定,且组织内部不需太多的跨越职能部门进行协调时,这种组织结构对企业组织是最为有效的。对于只生产一种或少数几种产品的中小企业组织而言,职能组织结构可以说是一种最佳选择。

3. 直线－职能制组织结构

直线－职能制组织形式是将直线制和职能制结合起来形成的。其特点是:以直线制为基础,在各级行政领导下设置相应的职能部门,扮演参谋的角色,协助直线工作,从事专业管理。直线－职能制组织结构吸取直线制和职能制的优点:各级直线主管都有相应的职能机构和人员作为参谋和助手,因此能对管辖范围内的工作实施有效地组织、控制,既减轻直线制管理人员的负担,又可发挥专家的特长;各职能部门的专业人员从事特定职能工作,更有利于他们提高专业技能;使集中统一指挥和职能专业化管理相结合,进而提高管理效率。缺点是:由于权力集中在最高管理层,下级缺乏必要的自主权;各级职能部门横向联系比较少,直线主管同职能主管间也会因目标不一致而产生矛盾;信息链较长,信息沟通慢,不利于高层做出高效的决策方案,直营环境的能力差。

直线－职能式组织结构适应复杂但相对比较稳定的企业组织,尤其是规模较大的企业组织。目前,直线－职能制仍被我国大多数企业采用。

4. 事业部制组织结构

事业部制组织结构是欧美、日本大型企业采用的典型组织形式,是一种分权制的组织形式。其基本特征是经营决策权与战略决策权分离,事业部制组织结构实际上可被看做多个职能型结构的整合。这种结构有利于改善企业内部的信息传递与人员激励,加强协调和控制。缺点是往往由于其本身的治理机制、控制机制与激励机制的不完善而导致各个事业部过分追求局部利益而忽视对整体利益的追求。

事业部制通常与大规模组织相联系。在具体运作中,事业部制又可根据企业组织在构造事业部时依据的基础不同区分为地区事业部制、产品事业部制等类型,通过这种组织结构可以针对某个单一产品、主要工程或项目、产品组合、地理分布、服务、商务或利润中心来组织事业部,这种组织机构可使事业部内部之间的协调最大化。在面临环境不确定与技术变化较大的情况下,事业部结构最适合。

5. 矩阵型组织结构

矩阵制组织结构是把按职能划分的部门和按工程项目划分的小组结合起来。矩阵组织结构将原有的各职能管理部门进行横向排列,同时将负责各具体项目的管理人员或小组纵向排列,使同一小组的工作人员既与原职能部门保持组织和业务上的垂直联系,又与按产品或项目划分的小组保持横向联系,从而形成一个矩阵。矩阵式组织结构模式的独特之处在于事业部制与职能制组织结构特征的同时实现。

矩阵型组织结构的优点是:有利于加强各职能部门之间的协作与配合,及时沟通情况,解决问题；有较强的机动性，能适应特定需要和环境活动的变化；集中调动资源以高效率完成某些项目。缺点是：资源管理方面存在着复杂性；权责不清。双重领导可能使执行人员无所适从、领导责任不清；企业管理者需要很大精力来维持权力平衡。

（二）传统企业组织结构的特点

传统组织建立在机器大工业技术的基础之上。那个时期企业所面临的环境是：工业技术较落后，操作高度集中化；市场需求较稳定且是可预测的；产品生命周期比较长，标准化程度高。在组织内部，工作人员被假定为理性的经济人，他们唯一的目的是追求自身利益最大化。在这样的内外部环境下，传统企业组织结构适应并存在下来，其特点主要表现为以下几方面：

1. 基于专业化分工的职能管理

在具体组织结构上，职能化管理发挥了很大作用，它强调按照管理活动的相同性或者相似性，把从事相同或相似活动的管理人员集中在一起，组成计划、采购、生产、销售、物流、人事、行政等若干职能部门，由于每个职能部门内的成员集中精力管理某个领域的事务，因此可获得专业化分工的效率。同时，由于部门内成员有相同或相似的专业背景和价值取向，便于彼此间的沟通。直线型组织结构是上述职能管理的集中体现；事业部型结构虽然增加了事业部管理层次，但无论在总部还是事业部层次，职能管理的基本格局并没有发生变化；矩阵型组织结构也同样，无论是母公司还是子公司，仍延续着基于专业化分工的职能管理。

2. 权力高度集中于高层

上级负责管辖范围内所有员工的行动，并且有权下达无条件服从的命令。员工的首要职责是执行直属上级的命令，而不是考虑什么是正确的或什么是应该做的。无论是直线职能制组织结构、事业部制组织结构还是矩阵制组织结构模式，虽然仍被世界上大多数企业所采用，但实质上没有突破层级制的特征，共同特点是企业经营决策权集中于高层管理者和各职能部门管理者手中，以纵向命令控制为主来协调整个组织的行为，导致灵活性差、信息传递缓慢、横向协调不利等问题的产生。

3. 多层次、等级森严的金字塔形组织管理体系

为了对专业化分工后的职能部门进行有效的管理，企业需按等级建立多层次的组织结构，对各职能部门承担的职能进行细化。这样就从企业最高管理者到基层员工形成了金字塔形的组织体系。在这个体系中，处于顶端的最高管理者将企业的任务分成很多块，然后将任务分配给下一级，下一级负责人员又将任务细分给更下一级，直至每位基层员工。在这种组织结构模式下，设置的每个职位都有具体的工作，超过自己分内的工作就被看作是越权，管理者只能对自己直属下级发号施令，并对自己的直属上级负责。各种沟通都按照层次逐级进行，这样就会产生信息传递延误或传递错误信息。

二、供应链管理对传统企业组织结构的挑战

(一)使企业边界模糊化

企业通过战略性的外包,实现优势互补及供应链企业间战略联盟的建立,外部边界得到有效扩展,形成"扩展企业",彼此是共赢而非竞争关系。从内部边界上看,传统职能型组织结构可被冲破,部门间的界限变得模糊,企业的基本组成单位不再是刚性条块分割状态的职能部门,而是以客户满意为最终目标的不同的业务流程所构成。通过企业内部工作内容、性质、相关度等方面的测评分析,设计高效、简洁的工作流程,依据流程建立新型企业组织结构。以主要流程为主干,每个流程都由专门的流程负责人领导,由各类专业人员组成的团队管理流程各具体环节,各关键流程负责人直接受企业最高管理层领导。由于专人负责,流程不再是片段式的任务流,而处于有效的掌控中,围绕提高顾客价值,内外部能够进行有效沟通和协调。

(二)对市场需求具有快速的响应能力

当代竞争的格局不再只是单一企业间的竞争,而是一条供应链和另一条供应链间的竞争。传统分割和分散化的组织结构导致企业反应迟钝,人们开始对组织功能合并和集成。企业要想在激烈的市场竞争中拥有更多客户,并与这些客户维持良好的关系,就要具备快速响应客户个性化需求的能力。企业的决策过程就是要保证从产品的研究开发到投放市场的周期大大缩短,有效提高企业的敏捷性。

(三)组织目标系统集成化

由于企业间的市场争夺变为供应链之间的竞争。企业的目标从外部来说,是通过供应链上各节点企业的相互支持,取得整体收益最大化。从内部来说,企业的目标是通过内部各项工作高效完成,来满足外部客户的需求。

在传统型的组织结构模式下,企业难以发挥"整体效应",而在供应链管理环境下,虽然各职能部门依然存在着,但更加突出各工作流程在组织目标实现过程的作用。各个工作流程在工作中将不仅是为了自身目标的实现,所有的人或部门都应对共同任务有共同的认识,只有彼此间的协同工作,才能保证供应链管理战略目标的实现。

基于供应链管理的企业组织结构模式,要求企业能够有效利用信息、制造和现代管理技术,通过对生产过程的物料流、管理过程的信息流和决策过程的决策流进行有效控制和协调,将企业内部的供应链与企业外部的供应链有机地集成起来进行管理,达到全局动态最优目标。

(四)需要先进的信息处理系统做支持

当代信息技术的发展对企业组织变革的发展起着显著的作用。信息技术的发展导致企

业边界内移与不确定性。企业组织形式边界的存在对企业组织的活动产生不利影响,甚至可能会制约企业组织的发展,为了克服边界带来的不利影响,企业组织中必须要有跨越组织者和跨组织信息系统,以促进企业组织与外部环境的联系,从而推动企业组织的健康发展和成长扩张。

在供应链管理模式下,企业内外部信息的传递、共享、处理、利用等对发挥供应链整体效力起着举足轻重的作用。要使供应链的运作效率提高,且进行供应链上每个企业业务流程的撤销和整合、物流成本及费用水平的降低、库存下降及整体的优化、实施和效率的提高,这些在没有信息技术条件的情况下是不可能的。在信息时代,信息技术已成为供应链管理不可缺少的重要组成部分,它为决策支持系统、运筹学、管理科学、系统管理技术等方法、技术提供了集成化的应用平台,因此在基于供应链管理的组织结构变革中,对支持战略目标实现的技术开发和利用就显得非常重要。

【延伸阅读】

组织与流程孰轻孰重

流程与组织,并不是两个割裂开的概念,而是在企业管理中两个相辅相成,互为变化条件的对象。一个运行良好的流程管理,必然会有强有力的组织来保障;一个具有不断适应内外部变化、不断提升的组织,也必然会要求它的流程顺应业务发展而变化。

不论是在流程再造的变革期,还是在流程固化的稳定期,流程管理无可避免地要涉及组织。那么流程同组织之间存在什么样的关系,是先定组织还是先有流程呢?

先从流程和组织的定义说起。流程是一组活动的集合,在我们的企业级流程管理中,特指跨部门活动流转的过程。流程是为达到特定价值目标而由不同的人协作共同完成的一系列活动。流程的一个特点是有序性,活动之间不仅有严格的先后顺序限定,而且活动的内容、方式、责任等也都必须有明确的安排和界定,以使不同活动在不同岗位、角色之间进行转手交接成为可能。

而狭义的组织概念是指人们为实现一定的目标,互相协作结合而成的集体或团体,如党团组织、工会组织、企业、军事组织等。在现代社会生活中,人们已普遍认识到:组织是人们按照一定的目的、任务和形式结合起来的社会集团,组织不仅是社会的细胞、社会的基本单元,而且可以说是社会的基础。

只要有组织,就意味着很多人在一起做事情,就存在分工协作。有分工协作,就自然会形成一条端到端的流程。作为活动的一组集合,流程最初就已自发地形成,而不需要人为的管理。但是,就像好的组织不能是放任、散漫一样,要让流程变得有效率,通过流程为客户创造价值,却不能只依靠自觉、自发。这就出现了流程管理。

既然管理不是依靠自发自觉,那就存在好坏之分。先定组织还是先有流程,这是管理者经常遇到的困惑。其实,谁都知道两者密不可分,也都很重要。不是简单地非此即彼。那为什么还有困惑呢？因为组织和流程相互作用，都在影响企业的经营和管理目标。孰轻孰重，是问题症结所在。

所以说，组织与流程的问题，更准确的问法是在什么情况下，优先关注谁？哪个更重要？之所以要回答这个问题，本质都是为了做好企业的产品和服务，为客户、为企业创造更多的价值。

（资料来源：http://os.manaren.com/jgsj/show-929-1/）

第二节 基于供应链管理的企业组织结构设计

组织结构设计是一项系统性工程，它是指对一个组织的结构进行规划、设计、运行、优化等一系列的过程，保证企业战略目标的有效实现。

一、基于供应链管理的企业组织结构设计原则

为了能更有效地实现组织供应链管理战略目标的实现，必须设计和建立与之匹配的组织结构，也必须依据环境变化适时地调整组织结构。但这不是一项简单的工作，而是复杂、不断优化的系统工程。要做好这项工作，应该遵循以下基本原则。

（一）客户化原则

客户是企业进行市场交易的对象，企业客户通常包括两类：一类是外部客户（企业外部供应链中的供货商、协作厂家、中间商、企业用户和最终的消费者），另一类是内部客户（企业内部的员工）。客户作为企业获取竞争优势的最核心和最关键要素被人们所认可并接受，因为客户不仅是企业的货币投资者，更是企业的战略决策所需知识的所有者。鉴于客户的这种战略性地位，企业在组织结构的设计过程中，就要以满足客户需求为宗旨，使满足内部客户需求目标与外部客户需求目标二者达到一种动态平衡，若由于内部客户不满意而导致整个工作流程绩效降低，那么企业外部客户的满意度也将受到很大影响。内部客户化是外部客户化战略有效实现的保证。作为战略实现有效工具的组织结构要以实现客户价值最大化为核心目标，客户化原则也成为设计新型组织结构的根本性原则。

（二）扁平化原则

所谓组织结构的扁平化，是一种通过减少管理层次，压缩职能机构，裁减人员而建立起来的一种紧凑而富有弹性的新型团体组织，它具有敏捷、灵活、高效的优点。扁平化结构使企业中间管理组织设置变得简单，从而使上层决策层贴近执行层，信息传输就更加容易。扁平化组织是一种静态构架下的动态组织结构，它的最大的特点是等级型组织与机动的计划小组并

存,具有不同知识的人分散在结构复杂的企业组织形式当中,通过凝缩时间和空间加速知识的全方位运转,以提高组织绩效。在扁平化组织中,要组织跨部门团队以援助者和训练者的角色来代替管理者角色,以提高应变力和平衡力。扁平化组织的竞争优势在于不但降低了企业管理的协调成本,还提高了企业对市场和顾客的反应速度及满足市场与用户需要的能力,按照这样的原则所设计出来的新型企业组织结构将会更好地服务于供应链管理战略目标的实现。

(三)集成化原则

系统观念是企业实施供应链管理必须具备的基本观念,供应链管理的竞争优势来源于核心企业对节点企业的有效集成,而这种集成又必须以企业内部的有效集成作为基础。在传统的企业组织结构下,由于各职能部门具有不同的任务目标与考核的标准,使得各部门本位主义现象较严重,各部门追求利益最大化的过程可能互相冲突,部门利益最大化未必带来企业整体利益的最大化。实施供应链管理的前提是完成基础设施的建设,借助于现代科学技术,使企业中的所有单位都通过信息系统集成到一个控制系统管理平台上,实现数据交换,并实施有效监控,发现问题并能够得到有效的纠正。以最低的成本,最高的效率,最大化的收益实现组织的目标。

(四)知识化原则

为了快速响应客户个性化需求,企业就需要具备快速作出决策的能力,而传统科层式的组织结构,想作出决策,通常是低层员工将决策所需的知识向上传递,由高层作出决策后,将目标再层层向执行者传递,在整个这样一个过程当中,由于层级多,加之人的智力和认知能力有限,通过这种方法将客户知识与组织决策权力结合在一起时,就会导致转移成本很高,因为在传递过程中,由于各种原因造成了信息失真,从而导致决策效率低下。这种高成本的存在,会使得我们在设计新型组织结构的过程中,必须遵循有利于知识有效共享、传播、利用、创新的原则。

(五)柔性化原则

供应链战略要求新型组织结构有自组织自适应机制,能够与不确定市场和个性化需求动态匹配。市场环境的不确定性主要体现在客户需求的不确定,通过柔性化组织结构的创新,让这种企业组织结构获得根据客户需求信息进行实时能动反应的柔性,自动地适应复杂多变的客户需求或不确定的市场环境。另外,能够以大规模供给方式满足市场上多样化和个性化的动态需求,兼顾规模经济和范围经济。

二、基于供应链管理的企业组织结构模式

公司组织结构的设计是一项战略任务,对公司的发展具有长期和根本性的影响。公司在

提出供应链管理战略后,要考虑的问题就是如何设计组织结构和系统的基本框架。这里针对传统组织结构的弊端,提出了与供应链管理相匹配的新型组织结构模式,这种组织结构的设计体现了"流程化、扁平化、柔性化、网络化"的特征。以下针对每一个模块进行描述性分析。

(一)流程导向型组织

1. 流程导向型组织结构设计理念

从流程角度理解企业组织,将企业看成一个复杂的流程系统,与传统的职能管理强调纵向控制不同,而是强调横向的整合。它以业务流程为管理的对象,实施诊断改善规范和控制等。和传统管理把着重点放在专业化分工上不同,它把分割的活动连接成协调一致的业务流程。它以满足最终顾客需求为目标,因此其目标不应该仅限于企业内部流程,还要研究和改善整个供应链。

2. 流程导向型组织结构的设计步骤

第一步:目标建模,确定业务流程。

在供应链管理的模式下,企业需要理解并认识建立真正客户价值的业务流程,这说明企业要在了解客户价值驱动因素的基础之上,借助价值链分析企业的各项活动哪些增值,哪些不产生任何价值,并进一步判断各项价值活动所创造的利润的大小,以此为依据,明确公司的核心流程,而且必须将每个核心流程与其他核心流程及辅助流程区别开来,对企业现有的业务流程进行归并、整合,从而创建一个详细的核心流程。因此,对流程的建模及根据流程模型确定企业的业务流程是流程导向型组织结构设计的首要任务。

目标建模是以现有的模型和在流程分析中发现的问题为基础。模型的建立,是为了使流程更加透明,以便对流程进行更有效沟通,利于管理者辨别流程的弱点。

第二步:任务合成。

一项任务的基本组成元素是构成业务流程基本部分的活动,流程建模是任务分解的一个工具。根据业务流程框架细化流程时,要考虑任务的时间和逻辑关系。收集用于建立任务结构和职位的信息来创建标准角色,模型化的角色相应的转化为职位,并确定将要分配给这些职位的任务和资格的特定范围。在流程建模过程中,根据企业基本活动的内容、性质等要素将其分类、合成,合成之后的工作就成为基本的任务,而这项任务也将成为工作流程上的一个节点,这个节点也可能同时处于另一条流程中,如此就形成了交叉的网络工作关系。比如说,假定市场采购流程中需要特定的法律专门知识以实施一个完整的采购流程中的一些特定任务,而销售流程也同样需要法律知识来处理一些事务,这个时候,处理法律事务就需要专门的工作人员去完成。在这种情况下,把所有的法律工作都集合到一个专门的组织部门就非常有用。因此,将各条工作流程上的工作事项进行分类之后,合成为特定的任务就成为组织结构设计的关键环节。

第三步:部门的设置。

根据流程任务的性质、内容等,将相关的任务集中在同一个部门内,这与传统的职能部门虽然形式上是一致的,但在性质上是有很大区别的。而对于已经在运作,并且希望通过供应链来提升企业竞争优势的企业而言,需要对现有的流程进行再造,重新设置组织部门,这样的过程将是系统的、全局性的。

在流程再造的基础上,将业务流程任务分配给组织部门,并且委派授权和责任,同时避免出现部门职责的重叠。对涉及的部门、岗位和职能进行重新调整和设计,也就是把机构重叠、中间层次多、不利于企业协调和统一的部门进行整合,做到在管理方式上实现对流程的全过程管理,克服传统管理中存在的机构设置过细以及业务分段管理造成的工作不衔接、协调困难的状况。

第四步:业务流程间接口的优化。

流程型组织结构更加强调横向的联系,在组织部门设立之后,业务流程运行是否通畅,主要取决于组织部门间的接口。部门间接口的设置是否合理并达到最优效果,对流程运行的效率起到很关键的作用。如果设置的接口太多,并且出现重复现象,将会造成信息流的中断、处理问题时间的延长等后果。因而对部门间接口的设置,只有仔细研究各条流程的时间和逻辑关系后,才能确定组织接口的数量和逻辑关系。在设计组织结构时,可以区分三类接口:①接口存在于同一组织部门内的两个职位间。这类接口的特点是:流程对象从一个职位向另一个职位转移。②接口可以存在与两个不同部门的两个职位间。③一项任务只由一个职位处理,接口处不需要转移流程对象。

第五步:人员及权力的配置。

流程导向的目的在于加大竞争力向基层配置的力度,给每个员工更大的"决策自由"。同时承担更多的"责任"。通过整合那些在职能上分离但在流程上相关的业务,员工能够在行动的前后比较深刻的认识到自己的职责。

在基于流程化设计的新型组织结构中,将更加突出流程团队在组织中的重要作用。依据流程的观点,可将多个职能部门整合为一个职能服务中心,该中心由一个综合了各种职能的综合团队及各种专业职能小组组成,职能小组接受综合团队领导,根据需要,为核心流程提供专门或综合的服务。

责任的明确划分保证了流程平滑地运行。只有一个职位负责一项职能或活动。流程负责人的设置是为了解决一个完整流程中的责任问题。流程经理扮演着协调者的角色,在大多数情况下,主要完成改造流程模型中的专业问题和关于流程内容的说明这两个任务。他们必须掌握流程建立所使用的工具,熟悉建模标准的设置。

在以上设计的基础上,我们提出了流程导向型的企业组织结构模型(图11.2)。

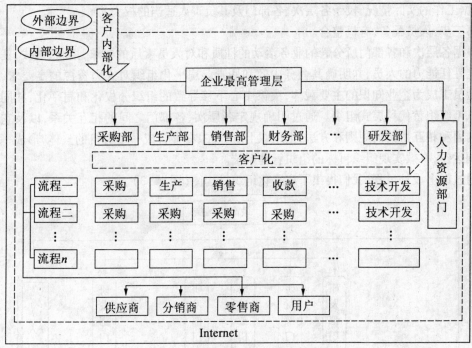

图 11.2 流程导向型组织结构设计图

(二) 扁平化组织

1. 扁平化组织结构的设计理念

基于流程化的组织结构是实现组织扁平化的前提条件,原因在于:①由于业务流程从传统的职能划分转为工作流程的整合,作为中间管理层的职能部门的控制等功能大大减弱;②充分的授权和信息技术平台的支持,使得中间管理层的信息传达作用变得无足轻重;③员工素质的提高和信息技术的支持,使得高层管理者能更有效地监控组织的运作,降低对职能部门和中层管理人员的依赖程度。

2. 扁平化组织结构的设计步骤

第一步:以流程化设计为基础。

流程化设计,主要是从水平层面上考虑为了实现供应链管理战略的目标,应该完成哪些基本的工作,进而对各项工作进行流程化设计。而扁平化设计,主要是从纵向化角度去思考如何调整管理层次、如何增加管理幅度、部门的合理化设计以及管理者职责的明确。

第二步:设定管理层级、部门、岗位,进行权责分配。

流程化管理,并不意味着职能部门就该消失,而是职能部门在整体运作过程中,发挥的作用不再是主导性的,职能部门的作用将更多地体现在对各流程运作上的指导和规范上。通过明确规定组织目标的要求,明确规定各层次和各部门及其负责人的工作范围和工作标准。同时,根据工作的实际情况,授予各层次、各部门及其负责人适当的权力。

第三步:人员配备,有机整合。

根据各层次和各部门所分管的业务活动的性质和对人员素质的要求,招聘、选拔、任用具有一定胜任能力的人员,并明确其业务内容和职责。扁平化组织对人力资源的高要求,使得知识型员工成为企业知识的主要载体,决策中心下移导致的组织分权化和扁平化,共同促进了团队型组织替代科层式组织。通过明确规定各层次、各部门之间的相互关系,以及它们的信息沟通和相互协调的规则和方法,把组织上、下、左、右整合成一个有机的整体,形成一个能够协调运作,有效实现组织目标的组织管理系统。

通过以上设计过程,我们得出了扁平化组织结构图(图11.3)。

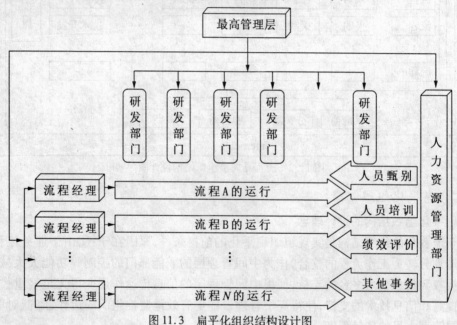

图11.3 扁平化组织结构设计图

【知识链接】

扁平化流程优势

由于扁平化和流程化的设计,企业内部管理层级的减少,给管理人员支付的工资额度就将大大减少。同时由于管理人员减少,各种办公设备、用品、办公室及活动经费等都可减少,从而节约了管理费用。目前国际上有很多公司都大刀阔斧地压缩管理层次,扩大管理幅度,通过组织扁平化提高竞争优势。例如,美国的通用电气公司通过"无边界行动"及"零层次管理",即组织结构的扁平化,使公司从原来的24个管理层次,压缩到现在只有6层,管理人员从2 100减少为1 000人,雇员人数由41万减少到29.3万,瓦解了自20世纪60年代就根植于通用组织的官僚系统。不但节省了大笔开支,还有效地改善了企业管理功能,企业效益也大大提高,销售额由200亿美元增加到1 004亿美元,利润也大幅度增长。

(资料来源:《基于供应链管理战略的企业组织结构模式及运行》,张强)

(三)网络化组织

1. 网络化组织结构的设计理念

网络式组织结构和业务流程已经遍布多个领域,网络式组织结构决定了流程的控制需要由交叉的工作组来完成,而且各交叉组之间需要相互反馈信息。网络化组织要求企业充分利用互联网强大的资源整合能力,进行网络化管理。通过互联网的开发,将企业所面临的众多分散的信息资源加以整合利用,通过一个界面观察到很多不同的系统,从而实现迅速、准确的决策。

供应链是一个网链结构,由供应商、供应商的供应商和用户、用户的用户围绕核心企业所构成。大规模定制模式要求将部分标准化部件和设计外包,需要企业在全球寻找战略伙伴,每个企业都将是网链上的一个节点,这些基于共同利益而在一起的企业关系日益紧密,这是从企业外部上来讲,企业边界扩展以后,将构建成网络化的组织模式。从企业内部来说,流程化管理和扁平化管理使得网络化成为可能,同一业务流程节点之间与不同业务流程节点之间纵横交错,信息上的沟通与交流将这些节点连接在一起,从而形成了组织内部网络结构,内部组织结构的网络化,打破传统组织结构的直线构架、垂直领导、单线联系,部门之间横向联系少的现状。因而,网络化结构就成为适应供应链管理战略的最核心的组织结构模式。

2. 网络型组织结构的设计步骤

第一步:横向结构设计。

对企业现有的部门进行诊断,运用价值工程的方法对各管理子系统进行分析。企业运用价值工程的思想不仅可以分析已有业务流程的功能,制定业务流程的优化方案,还可以通过对照同类同行业企业以解决企业是否缺少应有的流程或企业是否存在流程效率过低等问题。

横向的企业组织设计是在面向过程的集成化信息系统的支撑下,对支持相同业务过程的不同功能领域的部门进行集成,这种横向集成以流程化设计为基础。

第二步:纵向结构设计。

纵向结构设计与企业管理层级具有正相关性,扁平化组织结构模式的设计是网络型组织结构设计过程中纵向结构的基础。纵向部门的设计由流程本身所决定,也就是说,流程本身的层级性决定了企业部门具有的层级性。由于流程按照其对企业战略目标实现的重要程度,可将其分为不同的等级,相对应地企业的组织系统也该有不同等级的子系统。对企业的最低层次管理子系统进行进一步分析,直至划分为一个独立的任务单元,划分之后的组织单元必须能够独立地完成某一任务。

组织单元的表现形式是任务团队,团队内成员的结构一定要合理,能满足完成任务的需要。

纵向的企业变革是在面向过程的集成化信息系统的支撑下,不同的管理层之间的集成。

目的是打破企业上下级之间的交流障碍,实现上下级系统之间的关系和谐与交流畅通,以便共同分享企业信息,对业务过程中的一些问题迅速作出决策。

第三步:整体结构设计。

纵向结构和横向结构的交叉共同构成了企业整体的组织结构框架。如果把企业组织结构框架看成一个大的系统,那么企业内的各个子系统就相当于一个小的系统,这些系统相互包容,相互联系,并完成与企业外部进行各种能量的交换,从而达到组织系统的平衡。衔接系统的设计对整体网络结构的有效运行是至关重要的,衔接系统就相当于企业的神经网络,由三大衔接系统构成的信息系统可以有效地帮助实现网络化运行目标。

管理指挥系统。管理指挥系统是衔接系统设计的中心环节。管理指挥系统贯穿于企业的各个部分,是支撑企业管理运作的树干。

组织沟通系统。流程上各节点工作人员之间的沟通是流程通畅运行的保证,借助于先进的网络资源,沟通网络得以形成,将各项管理职能连成一体。这相当于树干内流动的树液。

信息反馈系统。企业内各层次人员经常感觉到新产生的数据和所采用的行动都和他们的目标和利害关系高度相关,他们需要得到企业内相关信息。信息反馈将经理和雇员放在他们的工作问题和工作关系的环境中来考虑,能有效满足管理目标和个人的需要。网络化组织结构设计图如图11.4所示。

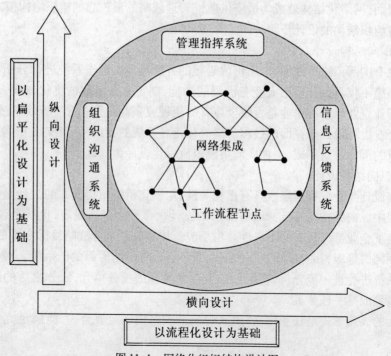

图11.4 网络化组织结构设计图

(四) 柔性化组织

当前,消费者的需求日益个性化、多样化和复杂化,市场更加具有不确定性和多变性,企业组织必须实现从机械式组织到有机式(柔性)组织的变革。柔性化组织可以充分地调动员工的积极性,强调以人为中心、以市场为导向。它的主旨就是企业的一切管理活动都要能适应环境的变化,满足市场快速多变的需求。柔性化管理理念要通过组织结构来实现,在组织内部以柔性化制造为特征,在组织间以战略联盟、虚拟企业为特征。组织结构在"流程化、扁平化、网络化"之后,所产生的最好的效应就是组织结构更加具有柔性。柔性化组织具备以下几个特征:

(1) 柔性化组织的开放性和合作性。柔性化更加表现出来整体的效应,强调结构对战略的主动适应性。柔性组织结构注重组织系统的开放性和合作性,能够灵敏地反应环境的变化,保持组织系统的动态与稳定。柔性组织一般由两部分来构成:一部分是为保证完成企业固有战略任务而组建的稳定结构;另一部分是企业柔性化的具体表现部分,它是为完成组织所面临的突发事件而临时形成的组织机构。柔性化的组织形式最适合用团队结构,在多变的环境中,团队结构可以快速组合、重组、解散,这比传统的职能部门结构或其他形式的稳定性群体更灵活,反映更迅速,柔性组织结构的运行规则、管理程序和岗位责任很少是成文的和严格规定的,而是由某一时期的工作需要而约定的。

(2) 柔性化组织以科学技术为支持。供应链管理强调以订单生产为主的生产方式,柔性生产一方面需要依靠各种柔性制造技术,自从20世纪90年代以来,人们在总结GT、JIT、MRPII、CIMS等生产模式经验和教训的基础上,又提出了新的制造概念和生产模式,比如:并行工程(CE)、精益生产(LP)、敏捷制造(AM)、智能制造(IM)、大规模定制生产(MCM)等。当今,供应链管理模式被越来越多的企业所采用,为了实现供应链上各企业的共同目标,就需要依靠先进的制造设备来实现多品种少批量的生产。

(3) 柔性化组织模式的动态性。要实现柔性化的生产,就需要在组织内部建立柔性化的组织结构,以保障柔性化生产制造的完成。流程化、扁平化和网络化的组织结构模式,固然能够提高企业的内部的反应灵敏度,增强对外部环境的适应能力,也就是增强了组织的柔性和活力,可也并不意味着建立起了这样的组织结构,就一劳永逸了,外部环境在发生变化,内部运行过程中,可能因为各种各样的原因使得组织的运作变的"迟钝"起来,这就需要推行柔性的管理方法,因为组织结构图和流程图等都是静态的,设计出来以后需要通过人员的行为来实现,而人员流在组织内"流动"的时候,企业的管理体制、领导方式、企业文化等各方面就不得不把人的价值放在最突出的位置上。

【延伸阅读】

英国钢铁公司:从职能组织到多分部专业化

英国钢铁公司成立于1967年,由14个国有化钢铁生产商组成。在此之前的几十年内,公司尝试过多种组织形式——按地区或者按产品构造,但为了争和其凌乱的业务,一直在加强中央的控制。到1983年,英国钢铁公司拥有了"事业部",但权力仍牢固地保留在总部,贸易、购买和工业关系职能都是集中化的。在事业部缺乏对投入或产出政策控制的情况下,英国钢铁公司实际是以职能模式组织的。1988年,公司进行了私有化,因而转向一种更注重盈利的组织形式。1990年该公司收购了英国主要的钢铁批发商WalkerGroup,随之组成了批发事业部。1992年英国钢铁公司发动了名为"组织、深度变革、风格"的重组。该计划旨在大幅度地消减总部职能和成本,并将管理责任分散到12个业务单位。其中关键的一条是业务领导不再在董事会任职,而是向相对独立得执委会成员报告。

(资料来源:http://news.c-c.com/view/ShowNewContent-15253.html)

第三节 供应链管理下的业务流程重组

一、业务流程重组概述

(一)业务流程重组的概念

1990年,美国哈佛大学教授哈默在《哈佛商业评论》上首先提出了业务流程重组(Business Process Reengineering,BPR)的概念。在这本著作中哈默博士为BPR下了定义:BPR是"针对竞争环境和顾客需求的变化,对业务流程进行根本性的重新思考和彻底性的重新设计,以求在诸如成本、服务、质量、速度等方面业绩考核的关键性指标上取得戏剧性的成就"。BPR强调以顾客的需求、满意度为目标,利用先进的信息技术、制造技术和现代化管理手段,对现有的业务流程进行BPR,最大限度地实现管理上的职能集成与技术上的功能集成,以打破传统的组织结构,建立全新的流程型组织结构。

要完整地理解哈默博士为BPR下的定义,就必须抓住它的本质内容,即流程的根本性、彻底性、显著性。

(1)根本性。根本性是指在BPR过程中,企业人员必须对企业运营的根本性问题进行仔细的思考,这样迫使企业重新重视自身的经营策略和方法。

(2)彻底性。彻底性是指要彻底改造现行的业务流程,创造新的业务流程,并不是肤浅的改变或调整性的修补完善。

(3)显著性。显著性改善表明业务流程重组追求的不是一般意义上的业绩提升或稍有改善、稍有好转等,而是要使企业业绩有显著的增长、极大的飞跃,产生显著性变化,这也是业务流程重组工作的特点和取得成功的标志。

(二)业务流程重组的特点

BPR是充分利用先进的信息技术对企业的经营过程做根本性的重新思考和彻底改造,使企业在成本、质量、服务和对市场反应等方面获得改善,以提高企业的生产效率和在市场中的竞争能力。综合业界学者对 BPR 的研究和实践经验,得出了 BPR 的以下特点:

1. 以流程为导向

企业实施 BPR 就要打破传统的思维方式,以业务流程为中心实施改造,并注意如下原则:①将分散在功能部门的活动,整合成单一流程,以提高效率;②在可能的情况下,以并行活动取代顺序活动;③促进组织扁平化,以提高企业内的沟通效率。

2. 目标远大

BPR 要求的绩效提升不只是 5% 或 10%,而是 70%~80%,甚至是 10 倍以上的效率,这是 BPR 与全面质量管理等现代管理技术的最大不同。宏伟的目标增加了 BPR 实施的难度和风险,使它成为一项复杂而长期的系统工程。

3. 打破常规

打破常规是 BPR 的一个本质特点。首先要从思想上破除劳动分工等一切传统的管理原则,建立新型的面向市场的管理体制。

4. 创造性地应用信息技术

信息技术是企业实施 BPR 的推动力。创造性地应用信息技术的目的,在于利用信息技术寻找增值的机会弥补流程缺陷。

二、供应链管理环境下业务流程的主要特征

本书从企业内部业务的变化、制造商与供应商之间的业务关系的变化以及信息处理技术平台三个方面,讨论供应链管理环境下的业务流程的特征。

(一)制造商与供应商之间业务流程的变化

在供应链管理环境下,制造商与供应商、制造商与分销商、供应商与供应商之间一般要借助于因特网或 EDI 进行业务联系,由于实施了电子化交易,因此许多过去必须通过人工处理的业务环节,在信息技术的支持下变得更加简捷了,有的环节甚至不要了,从而引起业务流程的变化。例如,供应商企业可以通过因特网了解提供给制造商配件的消耗情况,在库存量即将到达订货点时,就可以在没有接到制造商要货订单前主动做好准备工作,从而大大缩短供货周期。由于这种合作方式的出现,原来那些为处理订单而设置的部门、岗位和流程就可以考虑重新设计。

(二)企业内部业务流程的变化

供应链管理的应用,提高了企业管理信息计算机化的程度。借助于先进的信息技术和供应链管理思想,企业内部的业务流程也发生了很大的变化。举例来说,生产部门制定完生产计划后,采购供应部门就可以通过数据库读取计划内容,计算需要消耗的原材料、配套件的数量,迅速制订出采购计划。通过查询数据库的供应商档案,获得最佳的供应商信息,就可以迅

速向有关厂家发出要货单。更进一步地，可以通过因特网或 EDI 直接将采购信息发布出去，直接由供应商接受处理。

（三）支持业务流程的技术手段的变化

在供应链管理环境下，企业内部业务流程和外部业务流程的变化也不是偶然出现的。我们认为至少有两方面的原因：一是"横向一体化"管理思想改变了管理人员的思维方式，把企业的资源概念扩展了，更倾向于与企业外部的资源建立配置联系，因此加强了对企业间业务流程的紧密性；二是供应链管理促进了信息技术在企业管理中的应用，使并行工作成为可能，借助于强大的数据库和网络系统，供应链企业可以快速交换各类信息。

三、供应链管理环境下的业务流程重组

（一）业务流程重组的原则

为了有效地控制 BPR 项目的风险，在 BPR 实施过程中必须遵循如下原则。

1. 从职能管理转变为面向业务流程管理

业务流程重组强调管理要面向业务流程，对业务流程的管理以产品或服务和顾客为中心，将决策点定位于业务流程执行的地方，在业务流程中建立控制程序，从而可以大大消除原有各部门间的摩擦，降低管理费用和管理成本，减少无效劳动和提高对顾客的反应速度。

2. 强化整体流程最优的系统思想

在传统劳动分工的影响下，作业流程被分割成各种简单的任务，并根据任务组成各个管理职能部门，经理们将精力集中于本部门个别任务效率的提高上，而忽视了企业整体目标，即以最快的速度满足顾客不断变化的需求。对企业进行业务流程重组实际上是系统思想在重组企业业务流程过程中的具体实施，它强调整体最优而不是单个环节或作业任务的最优。

3. 贯彻以流程建设组织的思想

业务流程重组以适应客户、竞争和变化为原则重新设计企业业务流程，然后根据业务流程管理与协调的要求设置部门，通过在流程中建立控制程序来尽量压缩管理层次，建立扁平化管理组织，提高管理效率。

4. 充分发挥每位员工的作用

重组后的企业业务流程，要求在每个流程业务处理过程中能最大限度地发挥每个人的工作潜能与责任心，流程与流程之间则强调人与人之间的合作精神。可以说在知识经济时代，个人已转变为"社会人"，个人的成功与自我实现，取决于这个人所处的流程及整个流程能否取得成功。这样，绝对权威制度显然已无法适应这种观念的转变。因此，必然要求建立以人为主体的流程化"有机组织"，在有机组织中充分发挥每个人的主观能动性与潜能。

5. 客户与供应商是企业整体流程的一部分

在知识经济时代仅靠自己企业的资源不可能有效地参与市场竞争，还必须把经营过程中

的有关各方,如供应商、制造商、分销商、客户等纳入一个紧密的供应链中,才能有效地安排企业的供、产、销活动,满足企业利用一切市场资源快速高效地进行生产经营的需要,以期进一步提高效率,在市场上获得竞争优势。因此,重组时不仅要考虑企业内部的业务流程,还要考虑整个供应链的业务流程。

6. 信息资源的获取与共享应用

在传统的业务流程中,相同的信息往往在不同的部门都要进行存储、加工和管理,这其中存在着很多重复劳动甚至无效劳动,很多企业甚至建立专门的部门收集和处理其他部门产生的信息。随着信息技术的发展和在企业的应用,以及员工素质的提高,信息处理完全可以由处在不同业务流程中的人员完成。通过业务流程重组确定每个流程应该采集的信息,并通过信息系统的应用,实现信息在整个流程上的共享。

(二)面向供应链管理的业务流程重组

借助于业务流程重组技术,可以进一步优化供应链管理体系,追求高效益和低成本,使企业能够在激烈的市场竞争环境中,获得核心竞争力。

在供应链管理模型中主要包含活动、资源和产品三个基本要素,业务流程重组就是优化活动流程,整合供应链网络中的资源,实现高效益、低成本的产品生产。

面向供应链管理的业务流程重组项目同其他项目一样,都具有时间、成本和绩效三个目标。三个目标综合成了供应链业务流程重组的目标,同时也构成了业务流程重组的三个方向。

1. 基于时间的业务流程重组

时间是衡量企业运营效率的重要指标,也是速度经济发展过程中着重追求的一种现代观念。因此,企业在实施供应链业务流程重组过程中,首先需要审查供应链各种流程分配时间的方式,分析各个环节价值增值的时间因素,从而设定企业重组的目标,不要将宝贵的时间花费在没有价值增值能力的环节上。

基于时间的业务流程分析就是将企业增值能力低、耗时长的活动,从整个业务流程中突出出来,在增值能力和时间消耗方面寻求平衡,进一步消除或简化这些流程。基于时间的业务流程分析可以描述成活动的增值率分析,根据增值率确定各项活动时间分配的优先级,集中时间消耗在具有较高增值率的活动上。

供应链时间压缩策略的应用,能够降低长鞭效应的影响,可以获得更短的提前期、更好的订货控制、更低的库存水平,更加适应现代社会消费者对产品多样性的需求。在供应链采购提前期构成要素中,存在需求信息传播和物流配送两个具有压缩潜力的因素。

(1)信息流的时间压缩。信息流不仅包括订货数量信息,还包括反应客户需求的定性信息。在信息流中压缩时间有更大的发挥余地,当然也有更大的风险。有更大的发挥余地是因为信息流与生产工序不同,没有提前期的限制。理论上,通过信息技术,信息可以实时从供应链一端流向另一端。但是,由于非技术性的原因,可能会产生信息滞后,出现信息提前期,因此,更大的风险主要来自非技术上的信息提前期,它肯定会给企业带来巨大的损失。

在传统的供应链中,市场信息在供应链上传播的时候逐步受到延迟和扭曲,越是上游的企业,所了解到的需求信息就越不真实,而供应链管理中的真实信息是至关重要的战略资产,供应链中的每个成员都是为了满足最终客户的需求而工作的,每个成员都有权力获得快速真实的客户需求信息。

为了能在信息流中有效地压缩时间,就要将市场销售数据实时提供给供应链的成员。这样,每个成员可以根据其下游企业订货信息和最终消费者需求信息准确、快捷地进行生产决策和存货决策,有利于企业实行 JIT 生产和零库存,进而减少库存、降低成本。提高信息流运作绩效的主要技术是 EDI 系统和电子商务,通过它们可以在供应链上各成员间实现信息共享。

(2)物流的时间压缩。供应链管理中的时间压缩主要集中在企业物流、产品物流和供应链合作伙伴关系中的时间压缩。

①企业物流中的时间压缩。物流时间压缩战略的起点是产品的设计阶段,即产品在最初设计时就应该考虑多种产品在物流管理、生产、分销、实际使用中的优化问题。产品的优化设计能有效地推动供应链中的时间压缩战略。如较大比例的产品标准化设计,可以大量减少生产过程中的改动。生产循环时间的压缩也是至关重要的,可以对物流提前期进行压缩。生产循环时间压缩的基本策略和方法主要有:消除物流中没有价值增值的工序;压缩工序中冗余的时间;在连续的流程中重组工序的连接过程;并行工程方法的运用。

②产品物流中的时间压缩。供应链各成员实施 JIT 管理,是成功压缩物流时间的保证。时间工序规划图是一种重要的时间压缩工具,它可以应用图形清晰地表达产品在整个供应链中的时间分布情况,以便发现问题,提高时间压缩效率。

③供应链合作伙伴关系中的时间压缩。供应链合作伙伴关系中的时间压缩,主要反映企业间合作时的运输、库存等各种基于时间的优化问题,以及供应链契约问题。

物流时间压缩应采用物流控制的五项原则:

原则1:只生产能够快速运送给客户并快速收回货款的产品。

原则2:在本阶段只生产下阶段组装所需的组件。

原则3:最小化原料生产时间。

原则4:使用最短的计划周期。

原则5:从供货商处小批量购买流程、组装所需的组件,即外包策略。

物流和信息流的时间压缩并不是独立的,只有两者密切合作才能使整个供应链的循环时间最小。物流的时间压缩通常是伴随着开放的信息,而信息流中的时间压缩将直接影响物流的流动。

2. 基于成本的业务流程重组

降低成本也是供应链管理的重要目标,是提高供应链竞争优势的重要途径。根据乔恩·

休斯、马克·拉尔夫和比尔·米切尔斯等人的研究成果,对基于成本的供应链管理业务流程重组进行分析。

(1) 成本管理与竞争优势。有效降低成本是企业生产经营的目标,也是企业构筑供应链和优化供应链业务流程的目标。但是,在重组供应链业务流程过程中,不能一味地追求成本的降低,避免在降低成本时,损失企业的经济效益增长点和盈利基础。因此,要有计划地协调成本和核心竞争力之间的关系,平衡成本管理和市场联盟之间的关系。

(2) 策略性和战略性成本管理的内容。在成本管理中,主要包含策略性的成本管理和战略性的成本管理两种方法。策略性的成本管理通过价格浮动和降价来实现,而战略性的成本管理可以借助成本降低和成本清除达到目的。尽管在大范围内主动进行降价、成本降低、成本清除都可以达到降低成本的目的,但是重组的力度是不同的。

在价格浮动阶段,几乎没有价格控制,高层管理者还没有注重掌握供应链,与供应商依然保持着有冲突的竞争关系。

降价是真正进入成本管理阶段的标志,已经成为有效检验供应商优势和劣势的直接方法。并且,降价还需要采用一些策略性的方法,如减少供应商、谈判和成本分析,这将实现供应商价格的部分减少。

成本降低和成本清除明显不同,它们意味着企业要采用更多的战略性成本管理方法,如应用越来越复杂的利润分析方法、供应链业务流程重组和利润计划流程等方法。成本管理的目标是制定完全透明的、共同控制的供应商联合发展计划,从而降低整个供应链的成本。

(3) 策略性和战略性成本管理的作用。以价格为基础的策略性成本管理和以成本为基础的战略性成本管理的作用是不同的。战略性的成本管理依赖战略性的伙伴供应商关系和供应链管理来实现,与企业的发展战略融为一体。

战略性的成本管理能够有效降低整个供应链体系的成本,在实施过程中,主要采取目标成本管理方法。目标成本管理作为业务流程重组的过程,已经超越了企业内部流程的范围,面向最终客户的需求,有效集成供应商的业务流程,最大限度地满足变化的市场需求。

目标成本管理是由客户需求驱动的、机制传递的核心,客户可以以低于价值的价格购买商品。企业则可以成功地以很低的价格传递很多的价值给足够多的客户,创造更多的利润。目标成本需要对企业和供应链体系所有的功能进行整合,最大化企业和供应商的价值,可盈利地传递客户价值。

在成本的驱动下,企业会采取压缩资源的方式,但是资源的压缩会带来时间的延长。因此,需要在时间和成本之间进行平衡。

3. 基于绩效的业务流程重组

以绩效为目标的业务流程重组,就是依据分析、比较获得的重组前后的绩效变化来决定进一步的行为方式。在绩效分析比较过程中,重点考虑标杆的作用和影响。因此,可以从横向和纵向两个不同的角度来分析。绩效分析是建立在绩效评估基础上的,绩效评估的好坏直接影响着绩效分析的能力。

(1)绩效评估策略。绩效评估是绩效分析的基础。在绩效评估过程中,会产生估算过低或估算过高的现象,使估算绩效偏离实际绩效。如果估算过低,将会使重组成本转移的绩效评估更高的流程上,从而产生无效的计划和错误,引发更高的成本;如果估算过高,根据帕金森定律,绩效增加时,消费随之增加,会抬高业务流程重组的成本。可见,无论绩效评估的结果是过低还是过高,都会导致业务流程重组成本的增加。因此,应采取有效的策略寻找实际绩效和估算绩效的汇总点,提高绩效评估的准确性。

(2)绩效分析。在绩效评估的基础上,可以应用横向分析和纵向分析策略,综合评判业务流程重组绩效的高低,从而制定相应的重组策略。

①横向分析。在重组流程中,绩效评估和绩效分析可以建立在横向分析的基础上,分析比较本企业与竞争企业和优良企业在进货时间和配送质量两个流程上的绩效,特别突出了优良企业作为标杆的作用。

②纵向分析。在重组流程中,绩效评估和绩效分析可以建立在纵向分析的基础上,分析比较企业目前与历史记录和优良记录在采购周期和服务质量两个流程上的绩效,突出企业内部优良的历史记录作为标杆的作用。

(3)基于绩效的流程重组。以绩效为轴心的业务流程重组策略,需要对重组流程的绩效进行评估,并比较绩效评估的准确性。通过绩效分析,可以进一步判断对流程重组的结果是否满意,从而做出确定流程的决策。

以时间、成本和绩效为基础的供应链管理业务流程重组,更多地表现为三项标准的综合,从而创造供应链管理业务流程重组的综合效益。在时间约束和成本约束的条件下,将会带来社会资源的最大化应用,从而提高整个供应链体系的绩效。

【本章关键词】

组织管理 Electronic Products

组织结构 Household Appliances

业务流程重组 Business Process Reengineering

思 考 题

1. 传统企业组织结构的主要形态有哪些?
2. 简述传统企业组织结构的特点。
3. 基于供应链管理的企业组织结构的设计原则是什么?
4. 供应链管理的企业组织结构有哪些模式?
5. 简述扁平化组织结构的设计理念。
6. 简述网络型组织结构设计的步骤。
7. 什么是业务流程重组?
8. 供应链管理环境下的企业业务流程的主要特征有哪些?

9. 供应链管理环境下的企业业务流程重组存在哪些问题？

【实训项目】

1. 选择任一家企业，了解其组织结构，并找出在供应链环境下这家企业组织结构的不足之处。

2. 进行一次市场调查，调查对象为某大型生产制造可流通企业，调查内容为：企业的业务流程、存在的缺点、在供应链环境下对其进行简单的业务流程重组，写出调查报告。

【案例分析】

联合利华公司组织结构

英－荷联合利华是一家国际食品和家庭及个人卫生用品集团。该集团在1990年代经过了彻底重组。在过去，联合利华时高度分权化的，各国的子公司均享有高度的自治权。在20世纪80年代后期和90年代初，公司开始引入新的创新和战略流程，同时清理其核心业务。然而，1996年启动的杰出绩效塑造计划也造成了公司结构的实质性改变。

直到1996年，由荷兰和英国的董事长以及他们的代表组成的一个特别委员会和一个包括职能、产品和地区经理的15人董事一直独揽着公司的决策大权，整个结构是矩阵式的，其中产品协调人（经理）负有西欧和美国的利润责任，地区经理则负有其他地区的利润责任。责任经常是模糊不清的，根据一部分内部报告："我们需要明确的目标和角色：董事会使自己过多地卷入了运营，从而对战略领导造成了损害。"

杰出绩效塑造计划废除了特别委员会和地区经理这一层级，代之以一个8人（后变为7人）的董事会，由董事长加上职能和大类产品（即食品、家庭和个人卫生用品）的经理组成。向他们报告的是13位（后来是12位）负有明确盈利责任的业务集团总裁，后者在特定地区对其管理的产品类别负有完全的利润责任。全球战略领导被明确的至于执委会一级；运营绩效则是业务集团的直接责任。

在这种正式结构调整之后，国际协调是有许多正式和半正式的网络促成的。研究和发展有国际网络创新中心负责实施，其领导责任通常属于中心的专家而不是自动的属于英国或者荷兰的总部机构。产品和品牌网络——国际业务小组——在全球范围内协调品牌和营销。同时，职能网络也开展一系列计划以便就一些关键问题，如录用和组织效能，实现全球协调。所有这些网络均大大依赖于非正式的领导和社会过程，同时也依赖于电子邮件和内部网络可以方面投入的增加。是否参与这种协调在很大程度上是由业务集团而非公司总部确定并资助。

（资料来源：中国制造交易网）

案例思考题

试分析联合利华公司组织结构中存在的不足与调整之后的优点。

第十二章
Chapter 12

供应链管理的核心信息技术

【学习要点】

通过本章的学习,要求学生了解供应链中信息流的特点与类型;掌握信息流控制的特点与模式;了解常见的供应链信息管理技术;掌握信息系统在供应链管理中的应用;熟悉电子商务下供应链管理的内容与及其运作流程。

【引导案例】

沃尔玛供应链管理中的信息技术

2003年,《财富》杂志公布了全美500强企业排名。沃尔玛公司再拔头筹,连续两次夺冠。该公司营业收入较上年续增加12%,达到2 465亿美元。其成功的原因是沃尔玛始终将高质量、高效的供应链管理作为自己的核心竞争力在努力经营。实现供应链的基础是信息共享,沃尔玛在运用信息技术支撑信息共享方面一直是不遗余力,走在许多零售连锁集团的前面。如,最早使用条形码(1980年),最早采用EDI(1985年),最早使用无线扫描枪(1988年),最早与宝洁公司(Procter&Gamble)等大供应商实现VMIECR产销合作(1989年)等。

1985年,沃尔玛开始利用电子交换系统(EDI)与供应商建立了自动订货系统,通过网络系统,向供应商提供商业文件、发出采购指令,获取收据和装运清单等,同时也让供应商及时、准确地把握其产品的销售情况。

在1985至1987年之间,沃尔玛投资4亿美元由休斯公司发射了一颗商用卫星。从此公司总部与全球2 400多家分店、100个配送中心以及数千家供应商通过卫星和共同的计算机系统进行联系。它们有相同的补货系统、相同的EDI条形码系统、相同的库存管理系统、相同的会员管理系统、相同的收银系统。位于全球的门店通过全球网络可在1小时之内对每种商品的库存、上架、销售量全部盘点一遍。20世纪90年代初,沃尔玛在总部建立了庞大的数据中心,全集团的所有店铺、配送中心每天发生的一切与经营有关的购销调存等详细信息,都通过主干网和通信卫星传送到数据中心。沃尔玛每销售一件商品,都会即时通过与收款机相连的计算机记录下来,每天都能清楚地知道实际销售情况,管理人员根据数据中心的信息对日常运营与企业战略作出分析和决策。

数据中心还与全球供应商建立了联系,实现了快速响应的供应链管理库存 vMI。供应商通过这套系统可以进入沃尔玛的计算机配销系统和数据中心,直接从 POs 得到其供应的商品流通动态状况或查阅沃尔玛产销计划。这套信息系统为生产商和沃尔玛两方面都带来了巨大的利益。1995 年,沃尔玛及其供应商 Wamer Lambert,以及它的管理软件开发商一起联合成立了零售供应和需求链工作组,进行合作、计划、预测与补给,即 CPFR(Collaborative Planning Forecasting anol Replenislament)研究和应用获得很大成功。在供应链运作的整个过程中,CPFR 应用一系列技术模型,对供应链不同客户、不同节点的执行效率进行信息交互式管理和监控,对商品资源、物流资源进行集中的管理和控制。通过共同管理业务过程和共享信息来改善零售商和供应商的伙伴关系,提高采购订单的计划性,提高市场预测的准确度,提高全供应链运作的效率,控制存货周转率,并最终控制物流成本。

此外,沃尔玛还十分注重为员工提供信息,将公司的经营理念灌输给个人。20 世纪 90 年代沃尔玛建立了覆盖整个公司的内联网——Pipeline,并在分店里都设有计算机,员工可以随时上网查阅公司或个人的信息、动态。

先进的商业管理思想和信息技术的结合,使沃尔玛摆脱了传统零售业分散、弱小的形象,并创造了零售业工业化经营的新时代。

(资料来源:中华管理学习网,http://www.zh09.com/mqyj/walmart/200610/84903)

第一节 供应链信息流管理

一、供应链中信息的分类

供应链中的信息主要包括供应源的信息,如原材料和零件的供货期、价格、品类和技术特性等;制造信息,如产品的品种、数量、订货期、成本和批量以及工厂情况等;配送和零售信息,如货物流向,送货的地点、数量、方式、价格和交货期,以及渠道中的库存信息等;需求信息,如需求者、购买量、价格和需求分布等。

供应链上信息的分类标准非常复杂,主要有信息拥有者(个人信息、工作组信息、企业信息)、信息的内容(计划信息、技术信息、需求信息、供给信息、决策信息、控制信息、协调信息)、信息的共有性(共享信息、私有信息)、信息的层次(战略性信息、战术性信息、业务性信息)、信息的性质(生产信息、技术信息、经济信息、资源信息)、信息的来源(供应链系统内部信息、供应链系统外部信息)、信息功能(商流信息、人事信息、财务信息、管理信息)、载体形式(交往信息、文献信息、数据、实物)、供应链环节的角度不同(供应源信息、生产信息、配送和零售信息、需求信息)等。

二、供应链中有效信息的特征

一个成功的供应链信息系统应该使企业内形成优化的作业流程,企业间形成一种无缝链接。创造企业间流程和完全的链接,使企业间有效传递财务、分销、采购、运输等各种信息流,使企业间的客户、运输者、供应商、零售商都通过供应链连接在一起。因此,企业应转变观念,将信息技术纳入企业战略范围考虑,通过在供应链上的信息共享达到企业的市场目标。供应链的有效信息特征有以下三个:

1. 确保正确

这并非要求所有信息都百分之百都正确,而是要求所有得到的信息描述的事实至少没有方向性的错误。没有描述供应链真实状况的信息就很难做出科学的决策。

2. 及时获取

要做出科学的决策,管理者需要的是及时而且可利用的信息。准确的信息常常存在,但这些信息或者已经过时,或者虽然没有过时,但其形式却不适用。

3. 确保必需

企业通常有大量对决策无益的信息,因此,企业必须考虑哪些信息应该保留,以便使宝贵的资源不被浪费在搜集无用数据上,而重要信息却被遗漏了。决策者需要他们能够利用的信息。

三、供应链中的信息流

(一)供应链管理环境下的信息流特点

供应链管理环境下企业信息流模式和传统企业的信息流模式不同。以团队工作为特征的多代理组织模式使供应链具有网络化结构特征,因此供应链管理模式是一种网络化管理。信息的传递不是沿着企业内部的递阶结构(权力结构),而是沿着供应链不同的节点方向(网络结构)传递。为了做到供应链的同步化运作,供应链企业之间信息的交互频率也比传统企业信息传递的频率大得多,其信息流模式也是并行的。

1. 种类多、信息量大、流速快

企业内部要求实时在线采集生产过程的工艺质量数据、生产数据、设备状态数据等,数据量大,种类繁多。同时,在供应链中各个企业之间的需要共享的信息种类也很多、信息量大,在信息处理上,要求快速准确。

2. 信息的时效性

信息的事实特性要求所有合作企业及时地收集、加工和使用有关信息,否则以前的信息将不能反映当前的实际情况,这样信息也就失去了应用的价值。

3. 信息流共享性和网络化

供应链中企业之间只有通过信息流的安全传递,才能实现信息共享,使彼此之间无缝化连接,快速适应市场变化。供应链管理中要求企业都能知道最终用户和各级用户的需求信

息,而它们之间的联系由于信息技术的快速发展而采取网络化的形式,所以信息流的传递也是网络化的。

4. 信息流的安全性

在企业内部,由于信息具有等级性,对于没有授权或访问权限的个人是不允许访问有关信息的在供应链中企业之间的信息传递过程中,也需要注意安全问题,防止商业机密被不相干的第三方窃取和遭到人为的破坏。

5. 信息流传输协议的明确性和标准性

供应链中各个企业以及这些企业内部的不同部门所使用的系统软件、应用软件等往往是不同的,结构各异,这种异构性使作为共享的信息流必须事先转化为标准的格式,按照统一的传输协议来传递,以达到信息共享的目的。

6. 信息流实时性和互动性

企业生产过程与环境的交互作用、生产控制与管理决策的交互作用、人—机交互作用,使得系统底层处理的信息量大,对信息的实时性和互动性要求高。同时,供应链中企业需要不断更新其相关信息,及时实现整个供应链的协调合作。

(二)供应链管理环境下的信息流类型

供应链中的信息在结点企业之间处于传输、存储和处理状态,可以用信息流表示这种状态。供应链中的信息流按照信息的性质可以分为以下几类:

1. 决策信息流

描述供应链上各结点企业生产的产品种类决策、产品数量决策、运作成本决策、产品和服务质量决策、市场营销决策和产品开发决策等的信息交流与共享。

2. 物流信息流

物流信息的传递管理是最终实现供应链管理中物流顺畅的关键环节。从订货到发货,最终将产品送到客户手中,在这个过程中有关商品流动的信息。

3. 监控信息流

对生产过程中的产品或设施运行状态进行分析处理、数据采集、特征抽取,以此来判断各物流系统的运行情况,对出现异常原因并及时发出控制信号。

4. 资金信息流

供应链管理下生产计划的信息流是整个供应链中有关各项资金在流动数量、流动速度和方向、所处的位置和流动时间等方面的信息。其中最重要的是现金流,应重点关注现金的规模、流动速度和变化趋势。

5. 交易信息流

实现供应链过程管理的重要因素之一是交易信息流的安全传递及管理。供应链中企业与企业之间的各种交易业务活动信息,可以分为需求信息和供给信息,通过企业之间的协议标准进行交换而实现的。

四、供应链管理环境下的信息流控制

(一)信息流控制的模式

1. 集中控制

所有的信息在传递过程中必须经过中央数据库再到达目的地,这时信息的内容及流向由中央数据库集中控制,构成信息流的集中控制模式(图12.1)。在这种情况下,部门甲的信息全部送往中央数据库,这些信息中哪些能送往部门乙、哪些能送往部门丙、哪些能送往部门丁,都由中央控制部门决定。

采用这种模式时,信息的流向及内容完全由一个中心所控制,在大多数情况下,信息流是固定的,如果需要改变信息流,无论是改变信息的内容或是流向,都需经过中心的同意,缺乏信息流动的灵活性。

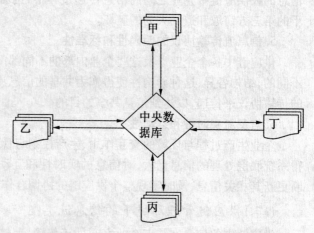

图12.1 信息流的集中控制方式

2. 分散控制

信息在部门之间传递,由部门决定信息传递的方向及内容,这种信息流的控制主要分散在各个部门,形成分散控制模式(图12.2)。

该模式的特点:各部门对信息的流向及内容有决定权,能灵活掌握信息需求及信息传播的时间、地点和方式,但是企业不能从整体上把握信息的流向和内容,缺乏宏观调控能力可能导致信息流的混乱及无序,管理效率下降,严重将使管理失控。

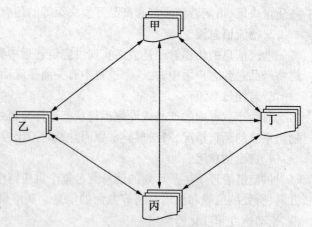

图12.2 信息流的分散控制方式

3. 综合协调控制

实际上,企业在供应链管理中所使用的方式不会单纯地为分散控制模式或是集中控制模式,往往会综合协调使用,将两种方式的优点结合起来,以达到管理的最佳效果(图 12.3)。图 12.3 中 A、B 为两个企业,其中部门甲、部门乙属于 A 企业,部门丙属于 B 企业,单箭头表示部门与中央数据库的信息交流。双箭头表示两端的部门有该信息流的控制权。

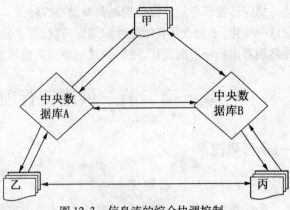

图 12.3 信息流的综合协调控制

该控制方式具有两个显著的特点:它兼具分散控制的灵活性以及集中控制的宏观协调能力,使管理效率得以极大地提高;它符合供应链管理的群体决策机制,物流、信息流能够顺畅、快捷地流动,无论是物质还是信息,都可使正确的人在正确的时间和地点以正确的方式获得。

(二)信息流的控制模式对企业决策的影响

在三种信息流控制模式中,集中控制模式把供应链作为一个整体纳入一个系统,采用集中方式决策,但轻视了代理的自主性,容易产生依赖思想,对不确定性的反应比较迟缓,难以适应市场需求的变化。比较好的控制模式是分散与集中相结合的混合模式。分散控制强调代理方的独立性,对资源的共享程度低,缺乏宏观调控,但是很难做到供应链的同步化。各个代理一方面保持各自的独立性运作,另一方面参与整个供应链的同步化运作体系,保持了独立性与协调性的统一。信息流模式中到底需要多少是集中控制、多少是分散控制,是一个有关组织结构的问题,它比技术上的实现更为重要。

(三)信息流控制的特点

1. 分布性

从整体上看,供应链管理的信息流控制具有分布式特征。供应链管理环境下的企业从地理上看是分布在全球的各个地方的,信息资源通过网络连在了一起,各个企业根据自己的具体情况对信息流进行控制。

3. 群体性

对信息流进行控制时,也必须考虑到合作企业的需求,从而形成信息流控制的群体性。由于供应链企业的决策过程是一种群体协商过程,企业在制订生产计划时不但要考虑企业本身的能力和利益,同时还要考虑合作企业的需求与利益。

2. 动态性

供应链管理中信息流的控制具有动态性特征。由于顾客需求是在不断变化着的,为了适应这一变化,使企业具有敏捷性和柔性,这就要求供应链管理的核心企业随时调整合作伙伴,并且随着市场环境的变化,随时调整信息流的内容及方向。

第二节 供应链管理中的信息技术

一、条形码技术

(一)条形码技术概述

条码作为一种可印制的计算机语言,未来学家称之为"计算机文化"。20世纪90年代的国际流通领域将条码誉为商品进入国际市场的"身份证",使全世界对它刮目相看。印刷在商品外包装上的条码,像一条条经济信息纽带将世界各地的生产制造商、出口商、批发商、零售商和顾客有机地联系在一起。这一条条纽带,一经与EDI系统相连,便形成多元的信息网,各种商品的相关信息犹如投入了一个无形的永不停息的自动导向传送机构,流向世界各地,活跃在世界商品流通领域。

条形码是由一组按特定规则排列的条、空及其对应字符组成的表示一定信息的符号。"条"指对光线反射率较低的部分,"空"指对光线反射率较高的部分,这些条和空组成的符号表达一定的信息,用特定的设备识读能转换成与计算机兼容的二进制和十进制信息。

其中,条和空主要是供条形码识别设备识读的,而条和空下对应的字符信息是供人工识读的。设备只能识别出条和空所表示的信息,而无法直接识别条和空下对应的字符信息,这些字符信息阅读设备是看不懂的,只有人通过肉眼和大脑才能识别。

通常每一种物品的编码是唯一的,普通的一维条码还要通过数据库建立条形码与商品信息的对应关系,当条码的数据传到计算机时,由计算机的应用程序对数据进行操作和处理。因此,在使用过程中,普通的一维条码通过在计算机系统的数据库中提取相应的信息作为识别信息。

(二)条形码的优越性

条码技术目前已被广泛应用于商业、仓储、工业生产过程控制、邮政、交通、图书管理等领域,在当今的自动识别技术中占有重要的地位。这是因为条码具有以下的优点:

1. 设备简单

条码符号识别设备的结构简单,操作容易,无需专门训练。

2. 易于制作

条码标签易于制作,对印刷技术设备和材料无特殊要求。条形码被称为"可以印刷的计算机语言"。

3. 可靠准确

有资料可查,键盘输入平均每 300 个字符将会出现一个错误,而条码输入平均每 15 000 个字符才会出现一个错误。如果在代码后加上校验位,条形码的出错率可以下降到千万分之一。

4. 数据输入速度快

对于键盘输入,每分钟打 90 个字的打字员,1.6 秒可输入 12 个字符或字符串;而使用条形码,做同样的工作只需 0.3 秒,速度是键盘输入的 5 倍以上。

5. 经济便宜

与其他自动化识别技术相比较,推广应用条形码技术,所需费用较低。

6. 灵活实用

条码符号作为一种识别手段可以单独使用,也可以和有关设备组成识别系统实现自动化识别,还可和其他控制设备联系起来实现整个系统的自动化管理。同时,在没有自动识别设备时,也可实现手工键盘输入。

7. 自由度大

识别设备与条码标签相对位置的自由度要比 OCR(Optical Character Recognition,光学字符识别)大得多。条码通常只在一维方向上表达信息,而同一条码上所表示的信息完全相同并且连续,这样即使是标签有部分缺欠,仍可以从正常部分输入正确的信息。

(三)条形码的分类

1. 按码制分类

条码的码制是指条码符号的类型,每种类型的条码符号都是由符合特定编码规则的条和空组合而成。每种码制都具有固定的编码容量和所规定的条码字符集。目前,世界上常用的码制有 UPC 条形码、ENA 条形码、交叉 25 码、库德巴条形码、39 条形码和 128 条形码等,EAN 条形码是最常使用的条形码。

2. 按维数分类

(1)一维条码。一维条形码是由一个接一个的"条"和"空"排列组成的,条形码信息靠条和空的不同宽度和位置来传递,这种条形码技术只能在一个方向上通过"条"与"空"的排列组合来存储信息。

一维条码的应用可以提高信息录入的速度,减少差错率,可直接显示内容为英文、数字、简单符号;但由于一维条码的信息容量小,如商品上的条码仅能容 13 位的阿拉伯数字,只能实现对商品的标记,更多地描述商品的信息只能依赖数据库的支持,且保密性能不高,损污后可读性差。

(2)二维条码。二维条码技术是在一维条码无法满足实际应用需求的前提下产生的。由于受信息容量的限制,一维条码通常是对物品的标识,而不是对物品的描述。

二维条码是用按一定规律在平面(二维方向上)分布的黑白相间的图形记录数据符号信

息的一种条码技术。简单地说,在水平和垂直方向的二维空间存储信息的条码,称为二维条码。可直接显示英文、中文、数字、符号、图形;储存数据量大,可存放 1 KB 字符,可用扫描设备直接读取内容,无需另接数据库;保密性高(可加密);安全级别最高时,损污50%仍可读取完整信息。

【知识链接】

手机上二维条码的应用

手机上二维条码的应用,分主读业务和被读业务。

主读业务,手机要带有摄像头,还要安装一个二维条码识别软件。手机二维码是二维码的一种,它不但可以印刷在报纸、杂志、广告、图书、包装以及个人名片上,用户还可以通过手机扫描二维码,或输入二维码下面的号码即可实现快速手机上网功能,并随时随地下载图文、音乐、视频、获取优惠券、参与抽奖、了解企业产品信息。同时,还可以方便地用手机识别、存储名片和自动输入短信,获取公共服务(如天气预报),实现电子地图查询定位、手机阅读等多种功能。当电影院有个你心仪的片子上演的时候用户只要拿起手机照一下广告上的 二维条码,足不出户电子电影票就到你手里了。电子电影票以短信方式把一个二维条码发送到你手机。当你进电影院时候,把这个二维条码的图片调出来在入口处的条码扫描仪上照一下,就可以入场看电影了。

据介绍,条码在手机上的应用目前在日本韩国正在成为时尚。人们通过手机二维码技术实现的移动商务、导航和位置服务、名片识别和输入、快捷付款和影视节目指南等丰富多彩的增值业务已经变成了人们生活中不可缺少的一部分。在东京、便利店、地下铁、户外广告、杂志上面,随处可见小小的方形花纹图案。行人偶尔停留,取出手机随意一拍,仅仅是这一瞬间,他们就完成了信息获取、电子交易以及二维码凭证获取。而后便可开心地奔赴影院、球场、餐厅、机场等场所,快捷地享受他们定购的服务。

(资料来源:http://hi.baidu.com/gxlwangzhan/blog/item/ea59e7efddbf81f3b3fb95c8.html)

(四)条码技术在供应链管理中的应用

标准物流条码在零售业、制造业和运输业得到广泛的应用,通过标准物流条码的利用,有助于提高供应链物流的效率。

1. 销售作业

利用销售信息系统(POS 系统),在商品上贴上条码,就能快速、准确地利用计算机进行销售和配送管理。其过程为:对销售商品进行结算时,通过光电扫描读取并将信息输入计算机,然后输进收款机,收款后开出收据,同时,通过计算机处理,掌握进、销、存的数据。

2. 订货作业

在零售商店的货架上每种商品陈列处都贴着价格卡,其用途有二:一是向顾客告知商品价格;二是可按卡上所注的订货点,指引工作人员计算商品所剩的陈列量是否低于设定的订货点,若需订货,即以手持式条形码扫描器读取价格卡上的商品条形码,就可自动输入商品货号。连锁总部定期将订货簿发给各零售分店,订货簿上有商品名称、商品货号、商品条形码、订货点、订货单位、订货量等,工作人员拿着订货簿巡视各商品以确认所剩陈列数,记入订货量。回到办公室后,用带条形码扫描器的掌上终端机扫描预订商品的条形码并输入订货量,再用调制器传出订货数据。

3. 配送中心的进货验收作业

对整箱进货的商品,其包装箱上有条形码,放在输送带上经过固定式条形码扫描器的自动识别,可接收指令传送到存放位置附近。对整个托盘进货的商品,叉车驾驶员用手持式条形码扫描器扫描外包装箱上的条形码标签,利用计算机与射频数据通信系统,可将存放指令下载到叉车的终端机上。

4. 补货作业

基于条形码进行补货,可确保补货作业的正确性。有些拣货错误源于前项的补货作业错误。商品进货验收后,移到保管区,需适时、适量地补货到拣货区。避免补货错误,可在储位卡上印上商品条形码与储位码的条形码,当商品移动到位后,以手持式条形码扫描器读取商品条形码和储位码条形码,由计算机核对是否正确,这样即可保证补货作业的正确。

5. 拣货作业

拣货有两种方式:一种是按客户进行拣取的摘取式拣货,又称为摘果式拣货;另一种是先将所有客户对各商品的订货汇总,一次拣出,再按客户分配各商品量,即整批拣取,二次分拣,称为播种式拣货。对于摘取式拣货作业,在拣取后用条形码扫描器读取刚拣取商品上的条形码,即可确认拣货的正确性。对于播种式拣货作业,可使用自动分货机,当商品在输送带上移动时,由固定式条形码扫描器判别商品货号,指示移动路线与位置。

6. 交货时的交点作业

交货时的交点作业通常分为两种形式:一种是由配送中心出货前即复点数量;另一种是交由客户当面或事后确认。对于配送中心出货前的复点作业,由于在拣货的同时已经以条形码确认过,就无须进行此复点作业了。对于客户的当面或事后确认,由于拣货时已用条形码确认过,无须交货时双方逐一核对。

7. 仓储配送作业

商品的自动辨识方法也可以采用磁卡、汇卡等其他方式来达成。但对于仓储配送作业而言,由于大多数的储存货品都备有条码,所以用条码做自动识别与资料收集是最便宜、最方便的方式。商品条形码上的资料经条码读取设备读取后,可迅速、正确、简单地将商品资料自动输入,从而达到自动化登录、控制、传递、沟通的目的。

二、射频识别技术

(一)射频识别技术的概念

射频就是射频电流,是一种高频交流变化电磁波的简称,根据其每秒变化的交流电次数的不同可以分为低频电流和高频电流两种。而射频就是一种每秒变化大于 10 000 次的高频电流。

射频识别技术(Radio Frequency Identification, RFID)是 20 世纪 90 年代开始兴起的一种自动识别技术,是自动设备识别技术中最优秀和应用领域最广泛的技术之一,射频识别技术是一项利用射频信号通过空间耦合(交变磁场或电磁场)实现无接触信息传递并通过所传递的信息达到识别目的的技术。

RFID 是一种非接触式的自动识别技术,它通过射频信号自动识别目标对象并获取相关数据,识别工作无须人工干预,可工作于各种恶劣环境。RFID 可识别高速运动物体并可同时识别多个标签,操作快捷方便。

(二)射频识别技术的特点

RFID 是一项易于操控,简单实用,且特别适合用于自动化控制的灵活性的应用技术,其所具备的独特优越性是其他识别技术无法比拟的。它主要有以下几个方面特点:

(1)读取方便快捷、工作距离远。数据的读取无需光源,甚至可以透过外包装来进行。有效识别距离更长,采用自带电池的主动标签时,有效识别距离可达到 30 米以上。

(2)识别速度快、可多目标识别。标签一进入磁场,阅读器就可以即时读取其中的信息,而且能够同时处理多个标签,实现批量识别。

(3)数据容量大。数据容量最大的二维条形码(PDF417),最多也只能存储 2 725 个数字;若包含字母,存储量则会更少;RFID 标签则可以根据用户的需要扩充到数 10 KB。

(4)使用寿命长、应用范围广。其无线电通信方式,使其可以应用于粉尘、油污等高污染环境和放射性环境,而且其封闭式包装使得其寿命大大超过印刷的条形码。

(5)标签数据可动态更改。利用编程器可以向电子标签里写入数据,从而赋予 RFID 标签交互式便携数据文件的功能,而且写入时间比打印条形码更短。

(6)更好的安全性。RFID 电子标签不仅可以嵌入或附着在不同形状、类型的产品上,而且可以为标签数据的读写设置密码保护,从而具有更高的安全性。

(7)动态实时通信。标签以每秒 50~100 次的频率与阅读器进行通信,所以只要 RFID 标签所附着的物体出现在解读器的有效识别范围内,就可以对其位置进行动态的追踪和监控。

(8)抗恶劣环境能力强。传统条形码的载体是纸张,因此容易受到污染,但 RFID 对水、油和化学药品等物质具有很强抵抗性。此外,由于条形码是附于塑料袋或外包装纸箱上,所以特别容易受到折损;RFID 卷标是将数据存在芯片中,因此可以免受污损。

(9)穿透性和无屏障阅读。在被覆盖的情况下,RFID 能够穿透纸张、木材和塑料等非金属或非透明的材质,并能够进行穿透性通信。而条形码扫描器必须在近距离而且没有物体阻挡的情况下,才可以辨读条形码。

(三)射频识别技术的应用

射频识别技术已经被广泛应用于工业自动化、交通运输控制管理、医疗卫生等众多领域,下面具体介绍几种应用实例：

1. 铁路货车车号识别、集装箱多式联运

将 RFID 技术用于货车车号或集装箱箱号信息自动抄录，将货车车号信息或集装箱箱号信息存放在电子标签里，并将电子标签安装在货车车体或集装箱的表面，当货车或集装箱通过阅读器所在位置时，阅读器通过天线接收电子标签反射回的带有货车车号或集装箱箱号信息的电子信号。接收到的电子信号经过计算机系统处理后，自动显示或打印出来，从而实现货车车号或集装箱箱号的自动识别，克服人工抄录造成的劳动强度高、出错概率大、工作效率低等缺点。

2. 公路运输收费管理

采用 RFID 技术后，安装电子标签的车辆能以 200 千米/小时以内的速度通过收费口，读出设备可快速、准确地记录通过车辆的编号和账户等信息，实现高速公路通行费的自动征收与管理。

3. 人员车辆出入管理

射频识别系统可以应用于大型停车场、军事重地、金融系统等地方的人员出入管理。将与名片大小相仿的电子标签贴附在汽车风挡玻璃或挂在人的身上，当有人员或车经过阅读器时，阅读器即可快速、准确地记录下所通过的车辆或人员信息及通过的时间。同时还可以对是否允许通过作出判断，自动控制出入口大门的开关，做到出入严格管理。

4. 防伪领域

RFID 电子标签的应用并不是为防伪单独设计的，但是电子标签中的唯一编码、电子标签仿造的难度以及电子标签的自动探测的特点，都使电子标签具备了产品防伪和防盗的作用，在产品上使用电子标签，还可以起到品牌保护的功能，防止生产和流通中被盗窃的功能。可广泛应用于药品、品牌商品防伪、门禁、门票等身份识别领域。

5. 其他

射频识别技术可广泛应用于矿山、油田、化工厂、核工厂等一些重要、危险区域或单位。射频识别还可应用于博物馆、商店、实验室以及医院病区管理，监视病人出入等。

未来，RFID 标签将大量用于供应链中的商品流通环节，特别是在超市中，RFID 标签将免除商品跟踪过程中的人工干预，能够生成 100% 准确的业务数据。

【延伸阅读】

从北京奥运会看射频识别技术

北京奥运会的观赛门票首次采用芯片嵌入技术。持票者进入比赛场馆时，只需在检票仪器上刷一下手中的门票即可。芯片嵌入技术的应用大大提高了奥运门票的防伪甄别能力与检票速度。此外，奥运门票还详细记录了门票的购买时间、地点、入场时间和座位区域等信息，便于奥运赛场的安全秩序管理。

北京奥运会期间，组织人员需要严密监控包括运送在内的食品供应的每一个环节。利用射频识别技术对生产、处理和运输进行监控,无疑是一个明智的选择。专家预测,最多再过10年,每件商品都将带上一块微型芯片——这些芯片在货场、货架、停车场等几乎所有地方,不断地向无线频率阅读器报告货物的变动情况,管理人员对此可以了如指掌。

(资料来源:http://www.gmw.cn/content/2008-10/13/content_847374.htm)

三、POS 系统

(一)POS 系统概述

1. POS 系统的概念

POS 系统即销售时点系统(Point of Sales,POS),是指通过带有自动读取设备的收银机在销售商品时,直接读取如商品名称、单价、销售时间、销售数量、购买顾客、销售店铺等商品销售信息,并通过计算机系统和通信网络传送至有关部门进行分析和加工,以提高经营效率的系统。

POS 系统最早应用于零售业,以后逐渐扩展到如金融、旅馆等其他服务性行业,利用 POS 系统的范围也从企业内部扩展到整个供应链。

现代 POS 系统不仅局限于电子收款技术,还将计算机网络技术、条形码技术、电子数据交换(EDI)技术、企业资源计划(ERP)、电子订货技术(EOS)等多种技术融为一体,形成综合性的信息资源管理系统,为企业提供制定各种销售策略、实现商品的单品管理和库存的优化管理的便捷。

2. POS 系统的特点

(1)分门别类管理。POS 系统的分门别类管理不仅针对商品,而且还可针对员工及顾客。

①员工管理。员工管理指通过 POS 终端机上的计时器的记录,依据每个员工的出勤状况、销售状况进行考核管理。

②顾客管理。顾客管理是指在顾客购买商品结账时,通过收银机自动读取零售商发行的顾客 ID 卡或顾客信用卡,来把握每个顾客的购买品种和购买额,从而对顾客进行分类管理。

【延伸阅读】

上海市 EDI 中心

上海市 EDI 中心于 1997 年 6 月,由上海市计划委员会、上海市外经贸委、上海市交通办、上海海关、上海市邮电管理局联合,通过有关实体共同投资组建了上海市 EDI 中心,该中心又称"上海电子数据交换网络服务有限公司"。中心成立后,主要承担"上海市国际经贸网络"的建设任务。

其工作主要是:连通 EDI 市级中心与各 EDI 行业分中心,实现各 EDI 行业分中心的 EDI 电子数据交换、互联和网络管理;提供各 EDI 行业分中心的国际国内出入口交换,提供跨行业、跨地域的 EDI 服务、网络的交换业务提供追踪、查询、存证、协调、管理、计费以及软件开发、系统集成、培训、技术支撑等综合服务;连接上海海关、上海外经贸委、港航:EDI 分中心,实现各行业间的 EDI 电子数据交换；提供异地企业进入上海 EDI 网络的服务；负责有关通信网络的建设和工程承包；为用户提供有关通信网络、设备及软件的维护服务。

截至1998年底，上海市 EDI 中心已开发完成了"海关 EDI 通关电子申报系统"、"电子单证存证管理系统"、"商检 EDI 报验报检系统"、"EDI 空运仓单导入、核销系统"、"邮政 EDI 电子报关系统"、"上海医药信息电子商务系统"、"上海国有资产数据库管理系统"等。此外，上海市 EDI 中心注意消化、吸收国际上先进的信息技术，将其应用于电子报关、电子商务、航运 EDI 等诸多领域，建立了连接上海航运交易所、上海港航 EDI 中心、上海海关 EDI 中心、上海外经贸 EDI 中心等专线网络的国际出口信息系统，为接入用户提供宽带安全接入通道。整个系统实现24小时全天候服务。这为上海全面推行 EDI 打下了良好的基础。据测算，采取 EDI 等多种措施后，船舶在港平均时间缩短了2个小时，提高码头利用率3.5%，相当于增加了4.5亿元的营运收入，其中 EDI 因素约占35%。

EDI 中心作为一种区域物流信息平台，推动了物流信息化工作，使各类企业物流及供应链管理的计算机应用水平迈上了新的台阶，不仅改善了供应链管理服务质量，增加了竞争能力，而且也为政府加强对港口的船、箱、货的监管和规范航运、货运、物流市场提供了强有力的手段，极大地改善了口岸对外形象，创造了口岸国际物流环境。

（资料来源：万志坚.供应链管理：运营实务与案例分析.北京：中国物资出版社，2006）

③单品管理。由于 POS 系统能够高效实时地收集、处理销售信息，如在收银时，POS 将每一种商品销售的数量、金额等有关资料，实时送入 POS 系统数据库，经瞬时处理后，可适时提供每个时点、每个时段的销售资料，所以 POS 系统能完全实现商品的单品管理，可以对各种单品的进销存情况进行及时控制，大幅度提高单品管理的准确性和高效性。

"单品"其基本意思是对商品进行分类，直到无法再分的商品品种，它正好与一个个条形码符号相对应。对一种商品而言，当其品牌、型号、配置、等级、花色、包装容量、单位、生产日期、保质期、用途、价格、产地等属性与其他商品都不相同时才可称为一个单品。因此，单品与传统意义上的"品种"的概念是不同的，用单品这一概念可以区分不同商品的不同属性。显然，"单品"划分得越细，整个商店需要把握的信息量就越大，而 POS 系统正是适应商店处理的商品信息量激增的要求而出现的，POS 系统的出现，使真正的"单品管理"成为可能。

(2) 自动读取销售时点信息。POS 系统的最大特征是销售商品的同时获得实时的销售信息。POS 系统在顾客购买商品结账时，通过条码扫描器自动读取商品条形码标签上的标识信息，通过查询商品信息数据库获得更多的销售信息。

(3) 集中管理信息。每个 POS 终端获得的销售时点信息以在线联结方式汇总到企业总部，与其他部门发送的有关信息一起，由总部的信息系统加以集中，并进行分析加工，如对商品上架陈列方式、促销方法、促销时间、竞争商品的影响进行相关分析，把握畅销商品和滞销商品以及新商品的销售倾向，对商品销售量和销售价格、销售量和销售时间之间的相关关系进行分析等。

(4) POS 系统是连接供应链的有力工具。POS 系统可以实时获得最新的、第一手的顾客购买信息,这些销售信息对于供应链上的其他企业至关重要。POS 系统可以认为是供应链信息管理的起点。在具有 POS 系统、EOS 系统并能使用 VAN 网络的现代化企业中,将商品销售的部分信息以及订货信息,通过 VAN 网络自动传递至上游供应商的管理信息系统。供应商可以利用该信息并结合其他的信息,来制订企业的采购生产计划和市场营销计划。

3. POS 系统实现后的价值

POS 系统实现后的价值具体表现在以下几个方面:

(1) 节约了原来用于手写、保管各种单据的人工成本和时间成本;

(2) 简化了操作流程,提高基层员工的工作效率和积极性;

(3) 提高了工作人员的工作准确性,省略了手工核对的工作量;

(4) 各级主管从繁重的传统式经营管理中解脱出来,并且有更多的时间从事于管理工作,工作重心逐渐转到管理上来,进一步提高了工作效率;

(5) 采购人员利用查询和报表,更直接、有效地获得商品情况,了解到商品是否畅销和滞销,以指导下一步的采购计划的制订;

(6) 销售人员根据商品的销售情况进行分析,以进行下一次的销售计划;

(7) 财务人员能更加清楚地了解库存情况、账款余额、毛利贡献等财务数据,通过更好地控制成本和费用,提高资金周转率;

(8) 管理者把握住商品的进销存动态,对企业各种资源的流转进行更好地控制和管理。

(二) POS 系统的构成

POS 系统包含前台 POS 系统和后台 MIS 系统两大基本部分。

在商场或超市完善前台 POS 系统建立的同时,也建立商场或超市管理信息系统(Management Information System, MIS, 实际是 POS 系统网络的后台管理部分)。这样,在商品销售过程中的任一时刻,商场或超市的经营决策者都可以通过 MIS 了解和掌握前台 POS 系统的经营情况,实现商场或超市库存商品的动态管理,使商品的存储量保持在一个合理的水平,减少了不必要的库存。

1. 前台 POS 系统

前台 POS 系统是指通过自动读取设备,在销售商品时直接读取如商品名称、单价、销售数量、销售时间、销售店铺、购买顾客等商品销售信息,实现前台销售业务的自动化,对商品交易进行实时服务和管理,并通过计算机系统和通信网络传送至后台,通过后台计算机系统(MIS)的计算、分析与汇总等掌握商品销售的各项信息,为企业管理者分析经营成果、制定经营方针提供依据,以提高经营效率的系统。

2. 后台 MIS 系统

后台 MIS 系统又称后台管理信息系统,既可根据商品进货信息对厂商进行管理,又可根据前台 POS 系统提供的销售数据,控制进货数量,合理周转资金,还可分析统计各种销售报表、快速、准确地计算成本与毛利,也可以对售货员、收款员业绩进行考核,是员工分配工资、奖金的客观依据。负责整个商场进、销、调、存系统的管理以及考勤管理、财务管理、库存管理等工作。

因此,商场或超市现代化 POS 系统中前台 POS 与后台 MIS 是密切相关,缺一不可的。

(三)POS 系统的运行流程

(1)商品都要贴有表示该商品标识信息的条码标签。

(2)顾客购买商品结账时,收银员使用条码扫描器自动识别商品条码标签上的信息。各个收款台将读取的商品条码信息通过通信网络传给店内的主机,主机系统瞬时将商品的名称、价格等信息传送给收款台,用于制作收款单据。

(3)各个店铺的销售时点信息,通过增值网(Value Added Network,VAN)以在线连接方式即时传送到总部或物流中心。

(4)在总部、物流中心利用销售时点信息来进行商品订货作业、库存调整、配送管理。通过加工分析销售时点信息来掌握消费者购买动向,找出畅销商品和滞销商品,在此基础上,进行商品品种配置、商品陈列、价格设置等作业。

(5)在零售商与供应链的上游企业结成协作伙伴关系的条件下,零售商利用 VAN 以在线连接的方式,将销售时点信息即时传送给上游企业,上游企业利用销售现场的最及时准确的销售信息来制订生产计划和零售商库存连续补充计划以及进行管理决策。

零售商如果有 POS 系统、EOS 系统(Electronic Order System,电子订货系统),又具备使用 VAN 网络的条件,POS 系统每天的商品销售信息通过前台的 POS 机传至后台的 MIS 进行数据处理,得到需补充库存的商品种类及数量,相关数据会自动通过 EOS 和 VAN 传递给供应链上游的供应商。

四、EDI 技术

(一)EDI 的含义

EDI 开始于 20 世纪 60 年代,EDI 的含义是指商业贸易伙伴之间,将按标准、协议规范化和格式化的经济信息通过电子数据网络,在单位的计算机系统之间进行自动交换和处理,它是电子商业贸易的一种工具,将商业文件按统一的标准编制成计算机能识别和处理的数据格式,在计算机之间进行传输。

国际标准化组织(ISO)于 1994 年确认了 EDI 的技术定义:"根据商定的交易或电文数据的结构标准实施商业或行政交易从计算机到计算机的电子传输。"

EDI 所传输的数据是指交易双方互相传递的具备法律效力的文件资料,可以是各种商业单证,如订单、回执、发货通知、运单、装箱单、收据发票、保险单、进出口申报单、报税单、缴款单等,也可以是各种凭证,如进出口许可证、信用证、配额证、检疫证、商检证等。

（二）EDI 的特点

EDI 作为一种全球性的具有巨大商业价值的电子化贸易手段及工具，具有几个显著的特点：

1. 单证格式化

EDI 传输的是企业间格式化的数据，如订购单、报价单、发票、货运单、装箱单、报关单等，这些信息都具有固定的格式与行业通用性。而信件、公函等非格式化的文件不属于 EDI 处理的范畴。

2. 报文标准化

EDI 传输的报文符合国际标准或行业标准，这是计算机能自动处理的前提条件。目前最为广泛使用的 EDI 标准是：UN/EDIFACT（联合国标准 EDI 规则适用于行政管理、商贸、交通运输）和 ANSIX.12（美国国家标准局特命标准化委员会第 12 工作组制定）。

3. 处理自动化

EDI 信息传递的路径是计算机到数据通信网络，再到商业伙伴的计算机，信息的最终用户是计算机应用系统，它自动处理传递来的信息。因此，这种数据交换是机－机，应用－应用，不需人工干预。

4. 软件结构化

EDI 功能软件由五个模块组成：用户界面模块，内部 EDP（Electronic Data Processing）接口模块，报文生成与处理模块，标准报文格式转换模块，通信模块。这五个模块功能分明、结构清晰，形成了 EDI 较为成熟的商业化软件。

5. 运作规范化

EDI 以报文的方式交换信息有其深刻的商贸背景，EDI 报文是目前商业化应用中最成熟、有效、规范的电子凭证之一，EDI 单证报文具有法律效力已被普遍接受。任何一个成熟、成功的 EDI 系统，均有相应的规范化环境作基础。如 EDI 存证系统、商贸伙伴的协议，管理法规与相应的配套措施，例如，联合国贸法会制定了《电子贸易示范法草案》，国际海事委员会制定了《电子提单规则》，上海市制定了《上海市国际经贸电子数据交换管理规定》等。

（三）物流 EDI

近年来，EDI 在物流中广泛应用，被称为物流 EDI。所谓物流 EDI 是指货主、承运业主以及其他相关的单位之间，通过 EDI 系统进行物流数据交换，并以此为基础实施物流作业活动的方法。物流 EDI 参与单位有货主（如生产厂家、贸易商、批发商、零售商等）、承运业主（如独立的物流承运企业、第三方物流企业等）、实际运送货物的交通运输企业（如铁路企业、水运企业、航空企业、公路运输企业等）、协助单位（如政府有关部门、金融企业等）和其他的物流相关单位（如仓储企业、配送中心等）。

以应用物流 EDI 系统为例，下面是一个由发送货物业主、物流运输业主和接收货物业主组成的物流 EDI 模型,如图 12.4 所示。

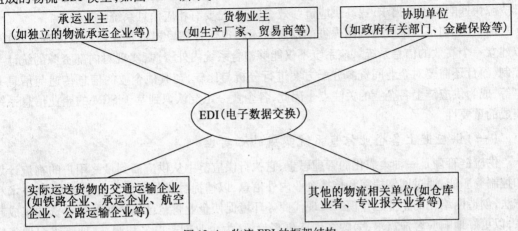

图 12.4　物流 EDI 的框架结构

①发送货物业主(如生产厂家)在接到订货后制订货物运送计划,并把运送货物的清单及运送时间安排等信息通过 EDI 发送给物流运输业主和接收货物业主(如零售商),以便物流运输业主预先制订车辆调配计划和接收货物业主制订货物接收计划。

②发送货物业主依据顾客订货的要求和货物运送计划下达发货指令、分拣配货、打印出物流条形码的货物标签(即 SCM 标签,Shipping Carton Marking)并贴在货物包装箱上,同时把运送货物品种、数量、包装等信息通过 EDI 发送给物流运输业主和接收货物业主,依据请示下达车辆调配指令。

③物流运输业主在向发货货物业主取运货物时,利用车载扫描仪读取货物标签的物流条形码,并与先前收到的货物运输数据进行核对,确认运送货物。

④物流运输业主在物流中心对货物进行整理、集装、做成送货清单并通过 EDI 向收货业主发送发货信息。在货物运送的同时进行货物跟踪管理,并在货物交纳给收货业主之后,通过 EDI 向发送货物业主发送完成运送业务信息和运费请示信息。

⑤收货业主在货物到达时,利用扫描读数仪读取货物标签的物品条形码,并与先前收到的货物运输数据进行核对确认,开出收货发票,货物入库。同时通过 EDI 向物流运输业主和发送货物业主发送收货确认信息。

第三节　信息系统在供应链管理中的应用

一、供应链管理与信息系统的关系

现代社会里,高科技迅速发展、市场竞争日益激烈以及顾客需求不断变化,供应链管理逐渐由"纵向一体化"向"横向一体化"转变，企业采用的"横向一体化"管理模式可利用企业外部资源快速响应市场需求，提高供应链绩效，其前提是要有相应信息系统的支持。

那么，如何最大限度地利用先进的信息技术和现代管理思想将企业内外资源有效集成，以建立一个高效的信息系统。该系统不仅能够整合系统内外资源，实现对内部资源的统计与控制，而且还需要对企业间资源分配方案进行分析与比较，与其他企业的信息传递与信息共享等，成为供应链上各企业的关注点。因此，各企业一定要认识到基于SCM的企业信息系统集成的重要性。

（一）供应链上各企业信息系统集成的必要性

供应链管理是一种集成化的管理思想，它执行供应链中从供应商到最终用户的物流计划和控制等职能，通过网络搜集和传播企业内外信息，以捕捉最能创造价值的经营方式、技术和方法，创造网络化的企业运作模式。现代商务环境促使企业将自己的资源同外部资源集成起来，以更好地响应客户需求，为顾客创造更多价值，为企业创造更多利润，这种跨组织地集成使得跨组织流程趋于频繁、跨组织流程间结合深度增强。供应链管理要求跨职能、跨组织的集成。原因有两个：

（1）因为产品生产复杂、顾客需求各异，导致单一企业难以独立完成，需要研发、供应商、制造商、分销商、零售商和顾客之间的紧密结合和实时互动，要求相应的跨组织流程对这些活动加以规范、组织，使得跨组织流程成为供应链上各节点企业运营的重要特征。

（2）通过分工合作，使得企业可以集中主要资源在其最擅长的核心业务运营，将非核心业务外包，与其他企业组成跨组织业务流程。而且从技术角度看，集成的系统能够使供应链上各节点企业方便地访问自己所需要的数据和信息。通过解决组织结构、可互操作性、变化管理、安全性等问题，基于SCM的企业集成信息系统将会具有很强的可重构性、可重用性和可扩充性。

大多数企业在构建自己的信息系统之时并未考虑到未来集成的需求。对于那些需要与其他企业实现信息系统集成而又没有留接口的企业，基于集成的需求所构造出的信息系统将会更大程度地满足跨企业信息系统集成需要，同时也需要企业在信息系统的更新和人员培训等各方面进行大量投资，从而为企业减轻因系统集成而带来的沉重经济负担。

由于供应链上各企业信息系统在建立之初并没有经过全面规划，且各企业是动态联盟，因此基于SCM的信息系统集成是一项系统工程，应在科学性、规范性的原则下进行。特别是面对信息系统之间的兼容性难题，需要企业在实施自己的信息系统时，尽可能充分考虑今后的扩展性，尽量选用扩展性强、平台无关、数据格式标准化的信息系统，当然这只是针对还未实施即将实施信息系统的企业而言。

近几十年来，信息系统通过信息共享将企业的各项资源整合了起来，在辅助企业的业务活动中发挥了重要作用，特别是基于MRP核心的企业资源计划（ERP）系统给企业的管理模式、企业目标、工作流程，甚至是企业文化带来了深刻的影响。相对于MRPII，ERP在功能和技术上有很大的进步。但是当我们从供应链角度来开展企业管理活动时,传统的ERP的一些弱点就突现了出来,例如,可重构能力、计划功能、整体协调与优化功能较弱等。这些都不利于企业资源的整体优化配置,进而影响企业对顾客需求的响应速度。

(二)基于供应链管理的企业信息系统集成框架

1. 供应链管理作业层

供应链管理作业层是信息系统集成框架的第一层,这一层次上,供应链管理进行实质性的操作,包括物流管理、仓储管理、运输管理、订单管理、分销管理、制造管理、财务管理、电子化采购管理、关系管理等。这些具体的操作是根据"商业应用层"中的"商业决策、管理、控制"的信息进行的。

根据企业实际运营状况、行业特点,在作业层中有不同的应用软件支持,如制造业的MRP、MRPⅡ。且常见的作业操作流程还包括了企业间的系统,它们都依赖不同的应用软件支持作业过程。

2. 电子数据处理层

这个层次是将"供应链管理操作层"中实质性操作过程的数据和信息,通过各种收集数据的子系统,如电子订货系统(EOS)、销售时点系统(POS)、电子数据交换(EDI)等,收集到数据库中来。通过数据库管理系统收集、存储和管理这些数据。一些数据通过分类、排序、综合分析的数据挖掘过程,形成特有的商业信息、商业知识、商业模型等。这些结构化的信息、知识和模型可供"商业应用层"调用,在企业的决策、管理、控制过程中发挥作用。

3. 商业应用层

商业应用层是信息系统的目的,所有数据收集、储存、提取后,如果没有商业应用都是无效的。所以"商业应用层"十分重要,它包括许多可视化的应用系统,如决策支持系统(DSS)、报表系统(Reporting)、随机查询系统(Stochastic Query System)、在线分析(OLAP)、策略信息系统(Strategic Information System, SIS)等。

二、企业内供应链信息系统的逻辑结构模型

图12.5表示供应链管理中的MIS的基本结构模型。在这个模型的数据库中,有来自AIS所提供的数据,更多的是企业内供应链流程作业的各种信息,还有来自IOIS的信息。数据库通过报表系统将产生周期性的报表和特别的报表。另外,它还产生一些数学模型,主要有记录、统计、查询、计算等。

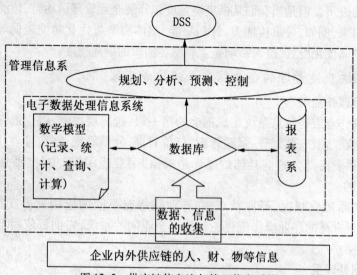

图 12.5 供应链信息流与管理信息系统

三、企业间的信息系统

（一）企业间信息系统的概念

企业间信息系统（Inter-Organizational Information System，IOIS）是两个或多个企业间形成一个整合的数据处理和数据通信系统，是跨企业的信息系统，有时也被称为跨组织系统（IOS）。

（二）企业间信息系统的类型

一般来讲，企业间有几种基本的水平不同的信息系统，它们由一些不同级别的单一公司参与其中。信息系统的水平越高，其功能越全面，集成度越高，越完善，公司的级别越高其具有的信息系统越完善，在系统中信息交换和共享的程度也越高。一般有远程企业间输入/输出节点、应用处理节点、多参与者交换节点网络控制节点、集成的网络节点、企业间供应链信息系统等六种水平的 IOIS。

第四节 电子商务与供应链

随着市场竞争的逐渐加剧，使得市场需求的不稳定性变得更加剧烈：产品的生命周期缩短，产品更新要求更快；全球经济一体化的日益加快，使得企业突破原有的国籍界限，从而导致企业供应半径的加大、仓储时间的拉长、等待加工的时间增多。这些都对供应链管理提出了更高的要求。要满足这些要求，只有依赖互联网和现代信息技术有效地整合整个供应链，快速响应市场。在此现实环境下,电子商务供应链管理应运而生了。

一、电子商务概述

(一)电子商务的概念

电子商务(Electronic Commerce,EC)的内容包含两个方面:一是电子方式,二是商贸活动。电子商务是在网络环境下特别是在 Internet 网上所进行的商务活动。从广义的角度来看,电子商务就是指人们应用电子手段从事商务活动的一种方式,其目的是通过电子数据信息完成商贸过程中的事物处理,以及将商品和服务的信息通过电子交换把企业、消费者和其他相关的社会团体联结起来。

从贸易活动的角度分析,电子商务可以在多个环节实现,由此也可以将电子商务分为两个层次:较低层次的电子商务,如电子商情、电子贸易、电子合同等;最完整的也是最高级的电子商务应该是利用 Interact 网络能够进行全部的贸易活动,即在网上将信息流、商流、资金流和部分的物流完整地实现。要实现完整的电子商务还会涉及很多方面,除了买家、卖家外,还要有银行或金融机构、政府机构、认证机构、配送中心等机构的加入才行。

(二)电子商务的特性

1. 普遍性

电子商务作为一种新型的交易方式,将生产企业、流通企业以及消费者和政府带入了一个网络经济、数字化生存的新大地。

2. 方便性

在电子商务环境中,人们不再受地域的限制,客户能以非常简捷的方式完成过去较为繁杂的商务活动,如通过网络银行能够全天候地存取账户资金、查询信息等,同时使得企业对客户的服务质量可以大大提高。

3. 整体性

电子商务能够规范事务处理的工作流程,将人工操作和电子信息处理集成为一个不可分割的整体,这样不仅能提高人力和物力的利用,还可以提高系统运行的严密性。

4. 安全性

在电子商务中,安全性是一个至关重要的核心问题,它要求网络能提供一种端到端的安全解决方案,如加密机制、签名机制、安全管理、存取控制、防火墙、防病毒保护等,这与传统的商务活动有着很大的不同。

5. 协调性

商务活动本身是一种协调过程,它需要客户与公司内部、生产商、批发商、零售商间的协调,在电子商务环境中,它更要求银行、配送中心、通信部门、技术服务等多个部门的通力协作,往往电子商务的全过程是一气呵成的。

二、电子商务下的供应链管理

(一)电子商务供应链管理的核心思想

电子商务供应链管理的核心思想主要表现为三方面,即?"CEO"。C 表示协同商务(Collaborative Commerce),E 表示电子企业(E-business),O 表示业务外包(Outsourcing)。协同商务意味着不仅要将企业内部部门之间,而且要将企业的合作伙伴、供应商、分销商和零售商甚至终端客户联系起来,统一计划和数据模式,形成动态联盟和协同。所有供应链成员在统一计划的运作下,进行产品的协同开发、物料的协同采购、生产、分销和交付。

(二)电子商务供应链管理的主要内容

电子商务的出现和广泛使用可以在很大程度上改善供应链管理中信息流和资金流管理两部分,使信息和资金都能迅速、准确地在供应链各节点之间传递。同时,电子商务只有进一步做好物流管理,大量缩减供应链中物流所需的时间,使物流管理符合信息流和资金流管理的要求,才能真正建立起一个强大的、快速反应的供应链管理体系。

供应链管理包括外部供应链管理和内部供应链管理两部分,要做好物流管理,缩短物流时间,必须从企业外部和企业内部共同努力。

(1)采用第三方物流方式改善企业外部物流情况。

(2)改革企业内部供应链管理模式,缩短企业内部物流时间。如进行业务流程重组(BPR),实施 ERP 系统;采用 JIT 生产方式;做好客户关系管理(CRM)。

(3)建立战略合作伙伴关系。

(三)电子商务供应链的主要技术手段

1. EDI 销售点和预测

EDI 是一种在合作伙伴企业之间交互信息的有效技术手段。它是在供应链中连接节点企业的商业应用系统的媒介。供应链环境中不确知的是最终消费者的需求,必须对最终消费者的需求做出好的预测,供应链中的需求大都来源于这种需求预测。虽然预测的方法有上百种,但通过预测,可以最有效地减少供应链系统的冗余性,这种冗余可能导致时间的浪费和成本的增加。通过利用预测信息,用户和供应商可以一起努力缩短订单周期(循环时间)。

2. 财务技术手段

(1)EFT(Electronic Funds Transfer)广泛应用于业务和它们的财务机构之间,用户可以通过汇款通知系统结账,而不是通过支票。汇款通知数据包括银行账号、发票号、价格折扣和付款额,用户的财务机构用 EFT、系统将汇款通知信息传递给供应商的财务机构,供应商的财务机构将付款确认信息传送给供应商,并收款结账,供应商则根据付款信息更改应收账款等数据。

(2)ECR(Evaluated Cash Receipt)是一种有效地减少发票的技术手段,用户可以在接收到产品或服务时自动地以共同商定的单位价格付款给供应商,通过 ECR 可以改善现金流管理和减少纸面工作。

3. 共享数据库技术

战略合作伙伴如果需要相互之间的某些快速更新的数据,它们将共享部分数据库。合作伙伴可以通过一定的技术手段在一定的约束条件下相互共享特定的数据库。如有邮购业务的企业将与其供应商共享运输计划数据库,JIT 装配制造商将与它们的主要供应商共享生产作业计划和库存数据库。

三、电子商务下的供应链物流系统运作

在电子商务环境下,将代表实体流动的供应链物流各环节的协同,与供应链各成员间无形合作过程相融合,共同构成供应链物流协同的内容。以企业物流为例,电子商务下一种比较有效的供应链物流协同框架构造如图 12.6 所示。

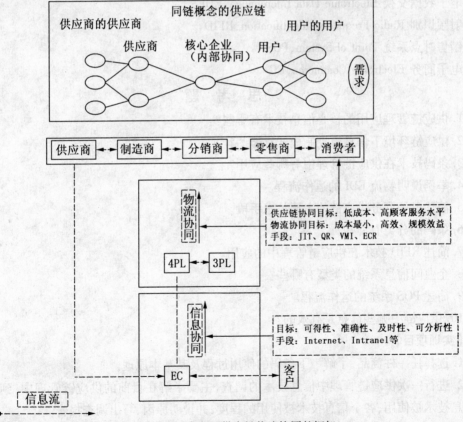

图 12.6　电子商务下供应链物流协同的框架

在这种以供应链协同为主体活动的动态联盟中,电子商务企业、3PL、4PL 及 IT 服务提供

商都以各自的核心能力参与进来,组成一个建立在共同利益基础上的虚拟企业。供应链中大部分的物流实行外包,企业外部物流协同的具体运作主要依靠4PL提供全方位的供应链及物流信息管理,并对3PL的资源进行有效地整合和管理,4PL通过对整个物流市场及供应链各个环节的信息掌握和共享,建立起强大的物流信息平台。这个平台同时能够和现有的商业服务平台无缝拼接,为整个供应链提供以信息为基础的、实时的物流服务,实现电子商务活动下的物流畅通。

当然,根据电子商务操作的不同类型和供应链运作的具体情况,我们可以构建出多个类似的框架,其基本思路都是依靠信息协同基础上的物流协同为供应链协同服务,进而实现整体利润最大化。

【本章关键词】

条码 Bar Code

电子数据交换 Electronic Data Interchange,EDI

射频识别 Radio Frequency Identification,RFID

销售时点系统 Point of System,POS

电子商务 Electronic Commerce,EC

思 考 题

1. 供应链管理应用的核心信息技术有哪些?
2. 供应链环境下信息流控制模式有哪些?
3. 条码技术在供应链管理中有哪些应用?
4. 举例说明物流 EDI 的运作流程。
5. 简述电子商务供应链的主要技术手段。
6. 条码的分类有哪些?
7. 简述 RFID 技术在供应链管理中的应用。
8. 企业间信息系统的类型有哪些?
9. 简述 POS 系统的运作流程。
10. 供应链中哪些信息是有效的?

【实训项目】

1. 选择任一件商品,了解一下条码的使用过程及其基本原理。
2. 进行一次供应链管理中信息技术的调查,主要了解在目前的供应链管理中,到底有多少信息技术被使用,各个信息技术被使用的程度,并说明原因,写出调查报告。
3. 列举一种信息技术在某个大型企业的应用实例,分组讨论说明为什么这个企业使用这种信息技术?其优越性在哪里?竞争企业采用这种信息技术了吗?为什么?

【案例分析】

蒙牛强化供应链信息化管理

日前,内蒙古蒙牛乳业集团公司重金签约双汇计算机软件公司,决定采用双汇软件的 SW.ECAP 企业协同应用平台打造其实时大集中的全程供应链管理系统,以实现蒙牛在高速扩张过程中始终能够对运营进行灵敏控制,能够对市场作出快速响应。

蒙牛乳业自 1999 年成立以来,一直保持着惊人的发展速度。继 2002 年底以 1 947.31% 的成长率被评为首届"中国成长企业 100 强"冠军之后,增长势头不减,2005 年销售收入即突破百亿大关。目前,蒙牛超高温瞬间灭菌牛奶销量已做到全球第一,液态奶、冰淇淋、酸奶销量均居全国第一,并成为中国牛奶出口量最大的企业。

这种"火箭"发展速度,对蒙牛集团的管控能力带来了极大的挑战。在竞争白热化、产品同质化现象严重的乳制品市场环境下,蒙牛集团深刻意识到打造自己强大、敏捷的产业链的重要意义。为了全面整合营销体系、物流体系、生产体系、供应体系,打造从消费者到分销渠道,再到生产基地、奶站,直至养殖场或奶农的敏捷供应链系统,蒙牛集团把信息化列为最基本、最核心的建设内容,并且明确了"选择顶尖专业厂商、建立战略合作关系"的信息化建设思路和原则。

经过全面考查和严格筛选,蒙牛最终从国内和国际最优秀的几家管理软件供应商中选择了双汇软件公司作为其 IT 战略合作伙伴。之所以选择双汇软件,蒙牛主要看重的是该公司在供应链管理方面具有深厚的技术、产品和服务经验的积累,同时具有规模化集团企业的完整供应链管理系统,而且是最先进的实时大集中式信息系统的成功案例。

据了解,蒙牛此次计划建设的系统将包括集团总部及各事业部的分销管理体系、生产管理体系、财务管理体系及人力资源管理体系,同时包括经销商协同平台、经销商自助管理系统以及供应商协同平台,这些应用体系紧密协同,形成一个集团企业级供应链管理系统,几乎涵盖蒙牛管理信息系统的全部内容。系统总用户数预计超过 10 000 个。该系统将与蒙牛其他先进的信息系统,包括立体仓库控制系统和制造执行系统(Manufacturing Execution System,MES)等实现对接,从而形成集团高度集成的一体化管理应用平台。双汇软件提供的系统采用先进的企业级 B/s 大集中计算架构,基于互联网运行,全集团只需要一个机房、一套服务器、一个数据库、一套应用软件和一个维护小组即可实现对所有应用点的实时、集中、统一管理,因此系统在硬件建设成本、运行维护成本、实施维护效率和长期可用性、可扩展性等方面将为蒙牛带来极强的竞争力,能够有力地支持蒙牛实现低成本快速复制、快速扩张。

(资料来源:http://www.china-b.com//kaoshi/wmks/20090327/1245194_1.html)

案例思考题
1. 蒙牛集团的信息化建设思路和原则是什么?
2. 蒙牛计划建设的信息系统包括哪些主要内容?

第十三章
Chapter 13

供应链管理的绩效评价与激励机制

【学习要点】

通过本章的学习,要求学生了解供应链绩效评价的特点、原则及评价过程;掌握供应链绩效评价体系的基本组成、绩效评价模型、评价指标和评价方法;理解供应链激励机制的内容和常用模式。

【引导案例】

弗莱克斯特罗尼克斯的供应链绩效评价

电子制造服务(EMS)提供商弗莱克斯特罗尼克斯国际公司两年前面临的一个既充满机遇又充满挑战的市场环境。弗莱克斯尼克斯公司面临的境遇不是罕见的。事实上,许多其他行业的公司都在它们的供应链中面临着同样的问题。很多岌岌可危的问题存在于供应链的方方面面———采购、制造、分销、物流、设计、融资等。

与其他公司一样,弗莱克斯特罗尼克斯首要的业务规则是改善交易流程和数据存储。通过安装交易性应用软件,企业同样能快速减少数据冗余和错误。比如,产品和品质数据能够通过订单获得,并且和库存状况及消费者账单信息保持一致。第二个规则是将诸如采购、车间控制、仓库管理和物流等操作流程规范化、流程化。这主要是通过供应链实施软件诸如仓库管理系统等实现的,分销中心能使用这些软件接受、选取和运送订单货物。

控制绩效的两种传统的方法是指标项目和平衡积分卡。在指标项目中,功能性组织和工作小组建立和跟踪那些被认为是与度量绩效最相关的指标。不幸的是,指标项目这种方法存在很多的局限性。为克服某些局限性,许多公司采取了平衡积分卡项目。但是在概念上具有强制性,绝大多数平衡积分卡作为静态管理"操作面板"实施,不能驱动行为或绩效的改进。弗莱克斯特罗尼克斯也被供应链绩效控制的缺陷苦苦折磨着。

弗莱克斯特罗尼克斯使用了供应链绩效管理的方法,使它能确认邮政汇票的异常情况,了解根本原因和潜在的选择,采取行动更换供应商、缩减过度成本、利用谈判的力量。绩效管理的方法包括了实施基于 Web 的软件系统加速供应链绩效管理的周期。弗莱克斯特罗尼克斯在 8 个月的"实施存活期"中节约了几百亿美元,最终在第一年产生了巨大的投资回报。

(资料来源:http://www.dlhr365.com/thread-5888-1-1.html)

第一节 供应链绩效评价概述

一、供应链绩效评价的相关概念

绩效是对个人和组织行为产生结果的一个考评指标的系统。绩是指成绩,效是指效果,绩效就是一个行为最后产生的成绩和效果的总评。

绩效评价(Performance Evaluation)是指运用一定的技术方法,采用特定的指标体系,依据统一的评价标准,按照一定的程序,通过定量、定性对比分析,对业绩和效益做出客观、标准的综合判断,真实地反映现实状况,预测未来发展前景的管理控制系统。绩效评价是基于目标对运行结果的衡量。一般而言,绩效评估体系由评估目标、评估主体、评估对象、评估指标、评估标准、评估方法、分析报告构成。绩效评价的过程主要包括绩效指标定义、分析和报告及评价和改进三个阶段,三个阶段循环往复不断提高。

从价值角度出发,供应链绩效的定义为:供应链各成员通过信息协调和共享,在供应链基础设施、人力资源和技术开发等内外资源的支持下,通过物流管理、生产操作、市场营销、顾客服务、信息开发等活动增加和创造的价值总和。为达到上述目标,供应链成员采取的各种活动的表现,即为过程绩效。本书认为供应链绩效评价是指在供应链的不同成员之间,通过综合分析和测量,来评价供应链整体及它的每个成员之间的业务流程和相互关系,从而达到供应链总体的战略目标。

二、供应链绩效评价的特点、原则与作用

1. 供应链绩效评价的特点

(1)外部性。供应链的绩效评价重视顾客价值的评价,应突出其评价的外部性,也就是能够根据供应链管理运行机制的基本特征和目的,恰当地反映供应链整体运营状况以及上下节点企业之间的运营关系,而不是孤立地评价某一供应商的运营情况。

(2)系统性。供应链由多个不同的利益主体组成,传统的企业评价指标,如财务指标只能使各个企业更加关注自身的利益,从自身利益出发对供应链进行优化选择,很可能导致供应链整体绩效的次优化。因此,供应链绩效评价系统必须能够体现出供应链整合的效率。

(3)实时性。供应链是由多个企业组成的动态联盟,组织成员的选择以及核心能力的分配能够根据供应链系统的需要而变化,因此供应链绩效评价体系应适应供应链本身的动态变化。供应链绩效评价指标的选取必须能够满足实时监控的需要,发现问题可以随时对供应链管理的内容进行调整。

(4)可组合性和可分解性。供应链的绩效是供应链成员通过各种活动增加和创造的价值总和,该价值由顾客价值和供应链价值两部分组成,且每一部分又可进一步分解成不同的价

值组合。在实际应用中，使用者可以根据评价目的和具体需要自由地选取各种组合，充分体现简洁、方便的特点。

(5) 总体效益性。通过供应链绩效评估，可达到提高效率，增强总体竞争力，创造最大效益。

2. 供应链绩效评价的原则

为了建立能有效评价供应链绩效的指标体系，应遵循如下原则：

(1) 完整性。有效的供应链绩效评价指标体系需要具备完整的架构，并且强调供应链运作跨功能、跨企业的特性，注重供应链运作的集成和协调性，以区别各个指标在绩效评价指标体系下的角色与任务，进而规划各项改善型与控制型的测度，以确定掌握策略目标、程序、活动与绩效结果之间的因果关系。

(2) 平衡性。有效的供应链绩效评价指标体系需要同时整合财务与非财务的绩效评价指标，使绩效评价指标体系同时具备衡量过程的领先型指标与衡量结果的反映型指标，如此即可做到平衡、改善成本的功能。

(3) 可测量性。可测量性包括绩效评价指标有意义性、可量化性、目标明确性与结果一致性等。可测量性直接影响绩效评价的客观性，可测量性越高其结果越可靠，也可更精确地掌握供应链整体的竞争能力。

(4) 整合性。有效的供应链绩效评价指标体系必须拥有整合垂直面（策略、战略与战术）与水平面（核心流程或价值链）的能力；其次也需要拥有将细化的指标整合为衡量供应链系统整体绩效的能力。为供应链伙伴在平衡的机制上进行实际的操作提供依据，实现各节点企业间近期利益和远期利益的统一。

(5) 动态性。动态性指绩效评价指标体系在应对外界竞争环境的快速变化时，可确实反映顾客满意度的能力。有效的绩效评价指标体系应具备随时检查外在环境的能力，并与策略目标相结合，以确保策略目标随时符合顾客的需求，进一步提升企业的经营绩效与竞争力。

(6) 针对性。在衡量供应链绩效时，要采用能反映供应商、制造商以及用户之间关系的绩效评价指标，把评价的对象扩大到供应链上的相关企业。

3. 供应链绩效评价在供应链管理中的作用

(1) 供应链绩效评价具有统一客观的参照体系，有利于消除和减少由主观因素带来的不公正、不全面、不客观现象。

(2) 通过供应链绩效评价，有利于及时发现供应链运作过程中存在的问题，为供应链管理的合理性和可行性提供依据。

(3) 通过供应链绩效评价，有利于帮助供应链节点企业树立正确的价值观和行为取向，尽可能减少供应链总成本。

(4) 通过供应链绩效评价，有利于监督和控制供应链运营的效率，充分发挥供应链管理的作用。

总之,供应链绩效评价是对供应链整体运营状况和供应链节点企业之间的运营关系进行评价。供应链绩效评价的最终目的不仅是要获得企业或供应链的运营状况,更重要的是优化供应链或企业的业务流程,为供应链管理体系的优化提供科学的依据。

【知识链接】

供应链能力的"乘数效应"

供应链绩效的好坏还直接受到链能力的影响,如果供应链各成员之间能够有效地开展沟通与合作,也就是说具有较强的链能力,则不仅能够使得节点能力得到充分的发挥,还会对整个供应链绩效产生"乘数效应",也就是说能够获得整合效应。例如,当供应商和制造商能力较强,而销售商能力较弱时,可以通过销售商与制造商和供应商之间的沟通与合作,寻找弥补的方法或提升的途径,比如制造商可以生产更加适合销售商销售的产品,从而提高供应链的整体绩效,也就是说节点企业通过参与供应链获得了更大的收益或者获得了更多的竞争优势。

(资料来源:http://www.ddove.com/artview.aspx?guid=7ff93051-d8c3-4ff6-b918-7aed9b3f84a7)

三、供应链绩效评价的过程

供应链绩效评价的效率在很大程度上依赖于是否存在一个持续的执行系统,这就需要建立一个绩效评价体系。要建立和实施一个完整的供应链绩效评价体系,应包含以下五个步骤。

1. 明确绩效评价的目标和方向

一个组织要施行评估,高层管理人员应布置评估任务,了解评估的性质及范围。一旦确定组织目标和方向,就应该确保评估制度能帮助组织完成它的发展规划。企业的绩效目标应与供应链总体绩效标准挂钩,这是使节点企业活动与供应链整体战略目标保持一致的最佳方式。

2. 评价指标的设计和选取

供应链绩效评价指标主要反映供应链整体运营状况以及上下游节点企业之间的运营关系,而不是孤立地评价某一节点企业的运营状况。一个理想的评价指标体系应能够反映客户、企业和供应链自身的需求,易于理解,应用广泛和使用成本低等,更重要的是能够为操作者和管理者提供快速的反馈,能激励绩效的改善等。

3. 选择合适的评价方法

企业绩效评估应分为实际效果和流程动因两方面。在选择合适的方法时,不仅要考虑该方法是否对企业绩效的表现做出评价,是否可靠地预测未来的绩效,还要考虑是否评估了最根本的原因,是否有助于改进供应链绩效。这是确保绩效评价体系成为企业发展和运作改进的真正的"发动机"的重要步骤之一。

4. 评价体系的应用

这个过程包括评价、反馈和纠偏行为。在绩效评价指标的基础上采用合适的评价方法对供应链整体进行评价。由于供应链绩效评价随环境的变化而变化,因而在评价的过程中要进行及时的反馈,并根据需要对绩效计划进行相应的调整。供应链的最优绩效是不断改进和发展的动态结果。

5. 评价结果的实施

供应链绩效评价的最终目的不仅要获得企业和供应链的运营状况,而且更重要的是优化企业或供应链的业务流程。绩效评价不应该止于评价结果,企业应该用它来监督有效的供应链经营活动,并推动和改进供应链流程。

四、供应链绩效评价体系的基本组成

要构造供应链绩效评价体系,必须明确供应链绩效评价体系基本组成要素。具体地说,供应链绩效评价体系要解决评价什么,如何评价,评价结果是什么等问题。大致可将供应链绩效评价体系分为以下三个主要方面:供应链绩效评价模型、供应链绩效评价指标体系和供应链绩效评价方法。

1. 供应链绩效评价模型

供应链绩效评价模型是指怎么依据供应链的绩效战略目标划分而形成能进行度量的供应链绩效指标体系。在供应链中常用的方法有平衡计分卡模型(Balanced Scorecard,BSC)、供应链运作参考模型(Supply Chain Operational Reference,SCOR)等。

2. 供应链绩效评价指标体系

供应链绩效评价指标体系是指通过哪些关键指标来反映供应链绩效,它是实施供应链绩效评价的基础。没有切合实际的指标体系,没有一系列具体指标,评价就会得出空洞无物不可捉摸的结论,效绩评价就成了空话。供应链绩效评价指标体系可以通过层次结构来描述,可分为最高层、准则层和指标层。

3. 供应链绩效评价方法

供应链效绩评价方法是供应链绩效评价的具体手段。主要是将各具体指标的评价值经过适当的计算,得出最终目标评价值,最后再与评价标准比较,得出评价结论。没有科学的评价方法对评价指标的运用,就不可能得出正确的结论。

第二节 供应链绩效评价指标体系

一、供应链指标体系构建的原则

为了科学、客观地反映供应链的运营情况,应该考虑建立与之相适应的供应链绩效评价指标体系。供应链的指标评价体系应当满足内容全面、科学实用、客观公正、可操作性强及适应性强等基本原则,从而保证为决策者提供准确的决策依据。

1. 重点性原则

衡量供应链的绩效时,应突出重点,对反映供应链整体运转状况的关键绩效指标进行重点分析。

2. 考虑通用性原则

不同类型或不同战略目标的供应链,其评价指标应该不尽相同,但有些指标对绝大多数供应链来说是通用的,这些指标应该重点考虑。

3. 成长性原则

对供应链的绩效评价不仅要分析供应链过去和当前的水平,还要研究潜在的能力和未来的发展。

4. 实用性原则

供应链评价指标应准确地反映实际情况,评价内容与评价方法相适应,从而能够获得客观、真实的评价结果。

5. 效益性原则

评价指标体系的设计应考虑到能以最少的投入创造最大的产出、经济效益在评价指标体系中应处于重要的位置,这要求指标体系的设计要尽量简化,突出重点,从而使指标体系在实践中易于操作、切实可行。

6. 可操作性原则

评价指标应具有足够的灵活性,以使企业能根据自己的特点以及实际情况,对指标灵活运用。

二、供应链指标选取的过程

供应链在不同的时期和不同的环境下有不同的战略目标,供应链绩效评价的指标必须与供应链战略目标一致或正相关,因此,指标选取的第一步要确定评价对象的战略目标,接下来将战略目标分解,根据供应链的核心竞争力确定绩效评价指标。供应链的核心竞争力即组织竞争力,也就是供应链的成功因素,将这一成功因素与供应链的战略目标相结合,从而确定评价的关键指标,确定评价指标的过程需要多方面搜集资料,结合供应链所在的行业及企业性质、发展方向,然后对确定的指标进行归类、分层,最后是建立评价指标体系。笔者将这一过程归纳如图 13.1 表示。

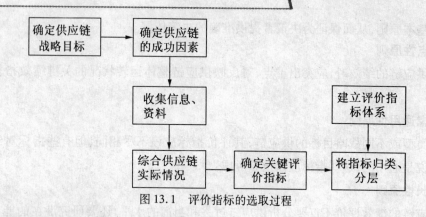

图 13.1　评价指标的选取过程

三、供应链绩效评价指标

(一)供应链业务流程的绩效评价指标

在这里,整个供应链是指从最初供应商开始直至最终用户为止的整条供应链。反映整个供应链运营的绩效评价指标,反应综合考虑指标评价的客观性和实际可操作性,反映整个供应链运营绩效的评价指标包括:

1. 产销率指标

产销率是指在一定时间内已销售出去的产品与已生产的产品数量的比值,所以产销率小于或等于1。

产销率指标又可分成以下三个具体的指标:

(1)供应链节点企业的产销率:一定时间内节点企业已销售出去的产品数量与已生产的产品数量的比值。该指标反映供应链节点企业在一定时间内的经营状况。

(2)供应链核心企业的产销率:一定时间内核心企业已销售出去的产品数量与已生产的产品数量的比值。该指标反映供应链核心企业在一定时间内的产销经营状况。

(3)供应链产销率:一定时间内供应链节点企业已销售产品数量之和与已生产产品数量之和的比值。该指标反映供应链在一定时间内的产销经营状况,其时间单位可以是年、月、日。

随着供应链管理水平的提高,时间单位可以取得越来越小,甚至可以做到以天为单位。该指标也反映供应链资源(包括人、财、物、信息等)的有效利用程度,产销率越接近1,说明资源利用程度越高。同时,该指标也反映了供应链库存水平和产品质量,其值越接近1,说明供应链成品库存量越小。

2. 平均产销绝对偏差指标

该指标是指一定时间内生产的产品数量与已销售出去产品数量的绝对偏差值,反映在一定时间内供应链总体库存水平,其值越大,说明供应链成品库存量越大,库存费用越高。反之,说明供应链成品库存量越小,库存费用越低。

3. 产需率指标

产需率是指在一定时间内,节点企业已生产的产品数量与其上层节点企业(或用户)对该产品的需求量的比值。具体分为以下两个指标:

(1)供应链节点企业产需率:一定时间内节点企业已生产的产品数量与上层节点企业对该产品的需求量的比值。该指标反映上、下层节点企业之间的供需关系。产需率越接近1,说明上、下层节点企业之间的供需关系协调,准时交货率高,反之,则说明下层节点企业准时交货率低或者企业的综合管理水平较低。

(2)供应链核心企业产需率:一定时间内核心企业生产产品数量与用户对该产品的需求量的比值。该指标反映供应链整体生产能力和快速响应市场能力。若该指标数值大于或等于1,说明供应链整体生产能力较强,能快速响应市场需求,具有较强的市场竞争能力;若该指标数值小于1,则说明供应链生产能力不足,不能快速响应市场需求。

4. 供应链产品出产(或投产)循环期或节拍指标

当供应链节点企业生产的产品为单一品种时,供应链产品出产循环期是指产品的出产节拍;当供应链节点企业生产的产品品种较多时,供应链产品出产循环期是指混流生产线上同一种产品的出产间隔。由于供应链管理是在市场需求多样化经营环境中产生的一种新的管理模式,其节点企业(包括核心企业)生产的产品品种较多,因此,供应链产品出产循环期一般是指节点企业混流生产线上同一种产品的出产间隔期。它可分为如下两个具体的指标:

(1)供应链节点企业(或供应商)零部件出产循环期。该循环期指标反映了节点企业库存水平以及对其上层节点企业需求的响应程度。该循环期越短,说明该节点企业对其上层节点企业需求的快速响应性越好。

(2)供应链核心企业产品出产循环期。该循环期指标反映了整个供应链的在制品库存水平和成品库存水平,同时也反映了整个供应链对市场或用户需求的快速响应能力。核心企业产品出产循环期决定着各节点企业产品出产循环期,即各节点企业产品出产循环期必须与核心企业产品出产循环期合拍。该循环期越短,一方面说明整个供应链的在制品库存量和成品库存量都比较少,总的库存费用都比较低;另一方面也说明供应链管理水平比较高,能快速响应市场需求,并具有较强的市场竞争能力。

5. 供应链总运营成本指标

供应链总运营成本包括供应链通信成本、供应链库存费用及各节点企业外部运输总费用。它反映供应链运营的效率。具体分析如下:

(1)供应链通信成本。供应链通信成本包括各节点企业之间通信费用,如 EDI、因特网的建设和使用费用;供应链信息系统开发和维护费等。

(2)供应链总库存费用。供应链总库存费用包括各节点企业在制品库存和成品库存费用、各节点之间在途库存费用。

(3)各节点企业外部运输总费用。各节点企业外部运输总费用等于供应链所有节点企业之间运输费用总和。

6. 供应链核心企业产品成本指标

供应链核心企业的产品成本指标是供应链管理水平的综合体现。根据核心企业产品在市场上的价格确定出该产品的目标成本,再向上游追溯到各供应商,确定出相应的原材料、配套件的目标成本。只有当目标成本小于市场价格时,各个企业才能获得利润,供应链才能得到发展。

7. 供应链产品质量指标

供应链产品质量是指供应链各节点企业(包括核心企业)生产的产品或零部件的质量,主要包括合格率、废品率、退货率、破损率、破损物价值等指标。

8. 新产品开发指标

新产品开发率:在研究新产品数、储备新产品数同已投产新产品数之和与现有产品数的比值。该指标反应供应链的产品创新能力。指标数值越大,说明供应链整体产品创新能力和快速响应市场能力越强,企业具有旺盛和持久的生命力。

9. 专利技术拥有指标

专利技术拥有比例:供应链企业群体专利技术拥有数量与全行业专利技术拥有数量的比值。该指标放映供应链的核心竞争力。指标越大,说明供应链整体技术水准高,核心竞争能力强,其产品不能轻易被竞争对手所模仿。

【延伸阅读】

施乐公司的绩效导向

20世纪70年代中期,施乐公司几乎垄断了复印机市场。施乐公司并不出售复印机,而是出租,从这些机器的每一次复印中获取利润,租赁机器并出售附带产品如纸张和色带的利润相当可观。但是,除了对付出昂贵的复印成本的别无选择外,这些昂贵机器的高故障率和功能不足更令人不满。施乐公司的管理层并没有因此去设计机器从而降低故障率,反而认为这是进一步加强财务成果的大好时机。它们改为出售机器,同时成立一个庞大的服务系统,作为独立利润中心,专门提供损坏机器的上门维修服务。由于客户对这一服务的需求,该部门很快就成了该公司利润增长的一大功臣。此外,由于在等待维修工上门期间机器不能用,所以有些公司多买一台复印机备用,这又使施乐公司的销售额和利润增长更快。因此,所有的财务指标,包括销售额和利润增长率以及投资报酬率等,都显示公司的战略十分成功。

但是,客户仍然愤愤不平,怨气很大。他们所需要的并不是供应商提供一支出色的维修队伍,而是高效率的、不出故障的机器。于是当打入这一市场的日本和美国的公司推出复印质量差不多、甚至更好,既不出故障又比较便宜的机器时,那些对施乐公司不满意和不忠诚的客户立刻转向新的供应商。施乐公司这个在1955~1975年间跻身于美国最成功公司之列的大公司几乎失败。多亏了一位对追求质量和客户服务抱有极大热情的新总裁——他把这种追求传达到公司的各个角落——该公司才在20世纪80年代中实现了引人注目的转变。

在激烈竞争环境中,财务指标不足以引导和评价企业的运行轨道。它们是滞后指标,无法捕捉最近一个会计期间经理们的行动创造和破坏了多少价值。即使对于过去的行动,财务指标也只介绍了部分而不是全部,对于今天和明天为创造未来财务价值所采取的行动,财务指标不能提供充分的指导。

（资料来源:http://www.hongdao.org/shl/shl58.htm）

（二）供应链上、下节点企业之间关系的绩效评价指标

供应链是由若干个节点企业所组成的一种网络结构,如何选择供应商、如何评价供应商的绩效以及由谁来评价等都是必须明确的问题。根据供应链层次结构模型,这里提出了相邻层供应商评价法,可以较好地解决这些问题。相邻层供应商评价法的基本原则是通过上层供应商来评价下层供应商。由于上层供应商可以看成是下层供应商的用户,因此通过上层供应商来评价和选择与其业务相关的下层供应商更直接、更客观,如此递推,即可对整个供应链的绩效进行有效的评价。为了能综合反映供应链上、下层节点企业之间的关系,应当使用满意度指标。

满意度指标是反映供应链上、下节点企业之间关系的绩效评价指标,即在一定时间内上层供应商 i 对其相邻下层供应商 j 的综合满意程度 C_{ij}。表达式如下:

$$满意度\ C_{ij} = \alpha_j \times 供应商 j 准时交货率 + \beta \times 供应商 j 成本利润率 + \lambda_j \times 供应商 j 产品质量合格率$$

式中,α_j、β_j、λ_j 是权数,且 $(\alpha_j + \beta_j + \lambda_j)/3 = 1$。

1. 准时交货率

准时交货率是指下层供应商在一定时间内准时交货的次数占其总交货次数的百分比。供应商准时交货率低,说明其协作配套的生产能力达不到要求,或者是对生产过程的组织管理跟不上供应链运行的要求;供应商准时交货率高,说明其生产能力强,生产管理水平高。

2. 成本利润率

成本利润率是指单位产品净利润占单位产品总成本的百分比。在市场经济条件下,产品价格是由市场决定的,因此,在市场供需关系基本平衡的情况下,供应商生产的产品价格可以看成是一个不变的量。按成本加成定价的基本思想,产品价格等于成本加利润,因此产品成本利润率越高,说明供应商的盈利能力越强,企业的综合管理水平越高。在这种情况下,由于供应商在市场价格水平下能获得较大利润,其合作积极性必然增强,必然对企业的有关设施和/或设备进行投资和改造,以提高生产效率。

3. 产品质量合格率

产品质量合格率是指质量合格的产品数量占产品总产量的百分比,它反映了供应商提供货物的质量水平。质量不合格的产品数量越多,产品质量合格率就越低,说明供应商提供产品的质量不稳定或质量差,供应商必须承担对不合格的产品进行返修或报废的损失,这样就

增加了供应商的总成本,降低了其成本利润率。因此,产品质量合格率指标与产品成本利润率指标密切相关。同样,产品质量合格率指标也与准时交货率密切相关,因为产品质量合格率越低,就会使得产品的返修工作量加大,必然会延长产品的交货期,使得准时交货率降低。

在满意度指标中,权数的取值可随着上层供应商的不同而不同。但是对于同一个上层供应商,在计算与其相邻的所有下层供应商的满意度指标时,其权数均取相同值,这样,通过满意度指标就能评价不同供应商的运营绩效以及这些不同的运营绩效对其上层供应商的影响。在整个供应链中,若每层供应商满意度指标的权数都取相同值,则得出的满意度指标可以反映整个上层供应商对其相邻的整个下层供应商的满意程度。同样地,对于满意度指标值低的供应商就应当进行整改或更换。

供应链最后一层为最终用户层,最终用户对供应链产品的满意度指标是供应链绩效评价的一个最终标准。可按如下公式进行计算:

满意度 = α × 零售商准时交货率 + β × 产品质量合格率 + λ × (实际的产品价格/用户期望的产品价格)

第三节 供应链绩效评价模型与方法

一、供应链绩效评价模型

(一)平衡计分卡模型

平衡计分卡(Balanced Scorecard, BSC)模型,简称 BSC 模型,最早于 1992 年由哈佛教授 Robert Kaplan 与诺顿研究所最高行政长官 David Norton 共同提出,并在随后的文献中得到进一步的丰富和发展。平衡计分卡模型使用一套财务及非财务指标来描述整个组织的绩效。这个想法的初衷是将组织的战略与策略行动具体化以创造组织竞争优势,将组织的战略和策略转换成绩效目标与绩效指标,作为战略衡量与管理体系的架构,重点考虑从不同的角度进行平衡测量与评价。BSC 模型的一个重要特征集中于组织战略业务单元,而且这些战略业务单元是以获得顾客满意度和体现股东价值为目标的。平衡计分卡在企业绩效评价中的研究与应用已经非常普遍。

1. 平衡计分卡的内容

管理一个组织的复杂性,要求管理者能同时从几个方面来评价绩效。平衡计分卡能从四个重要方面(财务方面、顾客方面、内部业务流程方面、学习与成长方面)来观察企业,它是通过把企业四个方面各层次的绩效评价指标写在卡片上的方式,记录实际指标完成的情况,用财务指标衡量企业经营活动的结果,同时用一些重要的业务指标来补充财务衡量指标,这些业务指标又是未来财务绩效的驱动力。

(1)财务方面。其目标是解决"股东如何看待我们?"这一类问题。财务指标可以体现股东的利益,在平衡计分卡里,其他三个方面的改善必须要反映到财务指标上。管理质量、客户满意、生产率的提高必须最终转化为市场份额的扩大、收入的增加、经营费用的降低等财务成果,否则做得再好也是无济于事。因此,财务方面是其他三个方面的出发点和归宿。平衡计分卡将财务方面作为所有目标评价的焦点。如果说每项评价方法是综合绩效评价制度这条纽带的一部分,那么因果链上的结果还是归于"提高财务绩效"。财务指标包括销售额、利润额、资产利用率等。

(2)顾客方面。其目标是解决"客户如何看待我们?"这一类问题。顾客方面体现了企业对外界变化的反映,只有了解顾客,不断地满足顾客的需求,产品的价值才能够得以实现,企业才能获得持续增长的经济源泉。顾客方面的指标包括送货准时率、客户满意度、产品退货率等。

(3)内部业务流程方面。其目标是解决"我们擅长什么?"这一类问题。内部业务流程是指企业从输入各种原材料和顾客需求到企业创造出对顾客有价值的产品或服务为终点的一系列活动。它是企业改善其经营绩效的重点,顾客满意度、股东价值的实现都要从内部业务流程中获得支持。指标包括生产率、生产周期、成本、合格品率、新产品开发速度等。

(4)学习与成长角度。其目标是解决"我们能否继续提高并创造价值?"这个方面的观点为其他领域的绩效评价提供手段。平衡计分卡实施的目的和特点之一就是避免短期行为,强调未来投资的重要性,同时并不局限于传统的设备改造升级,更注重员工系统和业务流程的投资。注重分析满足市场需求的能力和现有能力的差距,将注意力集中在内部技能和能力上,这些差距将通过员工培训、技术改造、产品服务加以弥补。相关指标包括新产品开发循环期、新产品销售比率、流程改进效率等。

2. 平衡计分卡的特点

(1)财务与非财务的平衡。传统的绩效评价体系主要是以财务指标(如利润、投资回报率)为主,它能够综合地反映公司的业绩,与盈利组织的主要目标直接联系,因此容易被公司和股东所接受。但财务指标也有不足之处:财务指标本身不能揭示绩效的动因或绩效改善的关键因素;另一方面,财务指标主要是偏重于公司内部评价,忽视了对外部环境(如顾客、市场等)的分析。平衡计分卡则弥补了上述的不足,它兼顾财务、顾客、内部流程、学习与成长等四个方面的内容,做到了财务指标和非财务指标的有机结合,实现了公司内部和外部之间、财务结果和这些结果的执行动因之间的平衡。

(2)结果与动因的平衡。在平衡计分卡中,既包括了结果指标,又包括了动因指标。如客户满意度指标能够促使企业扩大销售,从而提高企业的利润。在这里,利润作为一种结果指标,而客户满意度指标就是动因指标。因此,平衡计分法不仅是重要指标或重要成功要素的集合,还包括一系列相互联系的目标和联系方法。这些目标和联系方法不仅是一致的,而且是相互补充的。记分法包括各种重要变量之间的一系列复杂的因果关系,同时包括对结果的衡量和对业绩的影响因素,而且这些因果关系描述了企业战略的轨道。一项战略就是关于因果的一系列设想。所采用的衡量系统应当明确规定各个不同方面的目标和衡量方法之间的关系,以便于管理它们和证明其合理性。

(3)长期战略目标与短期目标的平衡。在平衡计分卡中,既包括短期指标,如成本、利润等指标,又包括长期指标,如客户满意度、雇员满意度、雇员培训次数等指标。平衡记分法不仅是控制行为和评估历史业绩的工具,而且可以用来阐明战略和传播企业战略,同时帮助衔接个人、组织及部门间的计划,以实现共同的目标。同时,组织的所有成员均沿着创新学习、内部经营过程、客户、财务目标这条因果关系线不断修正自己的行动,使成员的日常工作与组织的战略保持一致。因此,平衡记分法成为联系长期战略和短期行为的桥梁。

(4)外部与内部的平衡。在平衡计分卡中,股东和顾客是外部群体,而员工和内部流程是内部群体,内部方面的战略是取得外部战略的驱动因素,高层管理者平衡计分卡倾向于外部战略,着重于最重要的战略性利益相关者的目标,即股东和顾客的目标,它主要用外部指标来指导和检验目标实现情况;而基层的员工平衡计分卡则关注内部战略,主要是用来诊断企业内部问题和实现内部过程的提高,从而达到战略目标的实现及内部指标的分解。每个外部指标的背后都有若干个内部指标的支持。

(5)领先指标和滞后指标的平衡。财务指标描述的是已经完成了的事情,以财务指标为主的传统经营绩效评价体系,对于评价和指导信息时代的公司如何创造未来价值是远远不够的。通过平衡计分卡的四个角度的内容,经营管理者可以计量和控制公司及其内部各单位如何为现在和未来的顾客创造价值,如何建立和提高内部生产能力,以及如何为提高未来经营绩效而对企业进行投资。

3. 平衡记分法的不足

平衡记分法在供应链绩效评价中的应用也存在以下的不足:

(1)评价指标主要是定量指标的数据收集和计算,缺少定性指标的评价,无法对供应链进行综合评价。

(2)没有考虑与竞争供应链的比较,评价主要是基于绩效绝对数值的计算和评估,没有提供评价方法计算相对绩效与竞争者比较。

(二)供应链运作参考模型

1996年春,美国波士顿两家咨询公司为了帮助企业更好地实施有效的供应链,实现从功能管理到流程管理的转变,牵头成立了供应链委员会,并于当年底发布了供应链运作参考模型(Supply Chain Operations Reference Model, SCOR),它适合于不同工业领域。

SCOR是第一个标准的供应链流程参考模型,是供应链的诊断工具,它涵盖了所有行业。流程参考模型通常包括一整套流程定义、测量指标和比较基准,以帮助企业开发流程改进的策略。

1. SCOR 模型的组成

SCOR 模型主要有四个部分组成：

(1)供应链管理的一般定义，对复杂管理业务流程因素的描述标准；

(2)对应于这些流程的性能指标基准；

(3)供应链"最佳实施"(Best Practices)的描述；

(4)选择供应链软件产品的信息。

2. SCOR 的层次结构

按流程定义可分为三个等级：顶级、配置级、流程单元级，每一级都可用于分析供应链的运作。同时根据各企业的特有流程，第三级以下还可以由第四、第五等更详细的级来描述层次，但这些层次中的流程定义不包括在 SCOR 模型中。

SCOR 模型中三个等级的描述具体如下：

(1)顶级。列出了供应链管理的五项基本流程(图 13.2)：计划、采购、生产、分发和退货，它定义 SCOR 的范围和内容，设立了绩效竞争目标的基础。

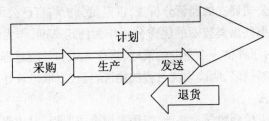

图 13.2　SCOR 模型顶级基本流程定义

(2)配置级。主要定义标准的供应链核心流程，依此对供应链的流程划分种类。企业可以从第二级定义的 30 多种流程种类中根据需要选择构造自己的供应链，据此实施运作战略。

(3)流程分解级。将配置级所定义的流程进一步分解为连续的流程单元。第三级中定义了企业在它所选择的市场中成功竞争的能力，包括：流程要素定义、流程要素信息输入与输出、标杆应用、最好实施方案和支持实施方案的系统能力。在第三级中，企业可以微调它们的运作战略。

第三层以下还可能有第四层或者更多的层次，这些层次都是实施层，它们不属于 SCOR 模型的范畴。因为当企业提出特殊供应链改进的要求时，每一个企业在第四层的具体定义都是根据企业自身情况决定的，具有特殊性，所以没有在行业标准模式中定义特殊的元素的可能和必要。在实施层中，各个企业根据自身供应链管理的实际将第三层中分解出的流程元素进行分解，从而获得竞争优势并适应商业流程的变化。

3. SCOR 的评价维度

SCOR 的一个基本原则就是要多维度地描述和测评供应链。单从一个维度(如成本或反应速度)是不科学的,也是不可行的。为了使我们更好地理解和管理供应链,SCOR 提出了衡量和测评供应链绩效的五个维度,即可靠性、响应能力、灵活性、成本以及资产。其中可靠性、响应能力和灵活性是针对企业外部的服务顾客而言的,而成本和资产是针对企业内部绩效而言的。例如,在 SCOR 的第一层中。可靠性可表现为配送绩效、供应链饱和度以及完美订货的实施;资产可表现为资金流周转时间、供货的仓储天数和资产的周转。由此,对于供应链绩效应当进行多维的、全面的描述和测评,以最大限度地满足顾客的需求为出发点,在提高供应链可靠性、响应速度和灵活性的同时,权衡成本的增长、加速资产的流动,以提高整体供应链的绩效。

二、供应链绩效评价方法

供应链绩效评价方法随着绩效评价理论的发展得到了丰富,主要有以下几种:

1. 标杆法

标杆法是美国施乐公司确立的经营分析法,以定量分析将自己公司现状与其他公司现状加以比较。标杆法是将那些出类拔萃的优秀公司作为测定基准,作为学习的对象,以迎头赶上,进而超过之。标杆对于评估一个企业的策略,运作方式和处理过程是十分有用的,它可以帮助企业检查自身的策略缺陷,明确物流过程的物流再造,以取得较好的结果

2. 模糊综合评价方法

模糊综合评价法是以模糊数学为基础,应用模糊合成原理,对边界不清,没有明显分界线的评价因素实现定量化,进行综合评价的一种方法,能够根据既定的评语等级和实测值,通过模糊变换作出评价,评价结果是被评事物对各等级模糊子集的隶属度,它构成一个模糊向量,而非其他方法的一个点值,因而其结果包含的信息更加丰富,适于处理多准则信息,通过最大隶属度原则,加权平均原则或模糊向量单值化原则来确定被评对象的优劣等级。

3. 数理统计方法

数理统计法主要是应用其中的主成分分析、因子分析,聚类分析,判别分析等方法对一些对象进行分类和评价等,该类方法的优点是不依赖于专家判断的客观方法,可以排除评价中的人为因素的干扰和影响,而且比较适宜评价指标间彼此相关程度较大的对象系统的综合评价;不足之处就是这种方法对数据的要求较高,不宜用在供应链整体绩效的综合评价上。

4. 神经网络算法

人造神经网络(ANN)是 20 世纪 80 年代后期迅速发展的一门新兴学科,ANN 可以模拟人脑的某些智能行为,如直觉、灵感和形象思维等,具有自学习、自适应和非线性动态处理等特征。将 ANN 应用于供应链控制环境下绩效评价,旨在建立更加接近于人类思维模式的定性

与定量相结合的综合评价选择方法。通过对给定样本模式的学习,获取评价专家的知识、经验、主观判断对目标重要性的倾向,当作出综合评价时,该方法可再现评价专家的经验,知识和直觉思维,从而实现定性分析与定量分析的有效结合,也可以较好地保证合作伙伴综合评价结果的客观性。

5. 灰色关联法

灰色关联法是灰色系统理论的一个分支,是一种从信息的非完备性出发,研究和处理复杂系统的理论。它通过分析参考序列与比较序列的曲线几何形状的接近程度,来判断变化趋势的接近程度。灰色关联法常常被作为多指标体系的综合评价方法(灰色关联评价法)。一般选取最优方案为参考序列,与之关联度越大的方案越优。与传统的多因素评价方法相比,灰色关联分析的目的是揭示因素间关系的强弱,操作对象为因素的时间序列。最终结果表现为依据关联度对被评对象作出的排序。

此外,还有常用的专家评价法,前面介绍过的层次分析法,以及将各种评价方法两两集成的综合评价法。

【延伸阅读】

美国施乐公司物流绩效标杆

美国施乐公司创立绩效标杆法开始于1979年,当时日本的竞争对手在复印行业中取胜,它们以高质量、低价格的产品,使施乐的市场占有率在几年时间里从49%减少到22%。为了迎接挑战,施乐高级经理们引进了若干质量和生产率计划的创意,其中绩效标杆法就是最有代表性的一项。所谓"绩效标杆法"就是对照最强的竞争对手,或著名的顶级企业的有关指标而对自己的产品、服务和实施过程进行连续不断的衡量。这也是发现和执行最佳的行业实践。施乐考虑到了顾客的满意度,绩效标杆法被执行得比原先最佳的实践还要好。达到这个目标的主要实践方法是取悦顾客,展示给顾客看与施乐公司做生意是多么容易和愉快;达到这个目标的主要途径是公司与顾客之间的接触点。例如,拿取和填写订货单、开发票的全过程都必须符合保证顾客满意的最佳实践标准。在施乐公司,绩效标杆法是一个由以下四个阶段和10个步骤组成的程序:第一阶段(三个步骤):识别什么可成为标杆;识别可作为对照或对比的企业;数据的收集。第二阶段(三个步骤):确定当今的绩效水平;制订未来绩效水平计划;确认标杆。第三阶段(两个步骤):建立改进目标;制订行动计划。第四阶段(两个步骤):执行行动计划和监督进程;修正绩效标杆。一个绩效标杆作业往往需要6~9个月的实践才能达到目标。需要这么长时间,是因为绩效标杆既需要战略,也需要战术或运作。从战略上讲,绩效标杆涉及企业的经营战略和核心竞争力问题;从战术上讲,一个企业必须对其内部运作有充分的了解和洞察,才能将之与外部诸因素相对比。

(资料来源:http://www.chinafm.org/expert/letterview.asp?letterID = 23249)

第四节 供应链激励机制

史蒂芬·P·罗宾斯认为,激励是指通过高水平的努力实现组织目标的意愿,而这种努力能够满足个体的某些需要为条件。激励是一个心理学范畴,在管理学的应用中,对激励的研究一般限于个人行为的范围。供应链激励因其对象包括团体(供应链和企业)和个人(管理人员和一般员工)两部分而将研究范围扩大为个人的心理和团体的心理。一般来讲,供应链涵盖的社会范围很大,具有社会性,供应链的团体心理即是社会心理。供应链的社会心理作为一个"整体"具有"个体"个人心理的一般特性,即基于需要产生动机进而产生某些行为以达到目标。但是整体毕竟不是个体的简单相加,供应链的社会心理同时又具有其独特的一面。

一、供应链激励机制的重要性

一个企业如同一个人一样,也有需要、行为、动机和目的,也有心理活动,也有惰性,当然也需要激励。供应链激励是供应链管理的一项重要工作。供应链包含组织层(即供应链层)、企业层和车间层等三个层面,可激励对象包括供应链自身、成员企业、企业管理人员、一般员工。其中管理人员(企业家)和一般员工的激励属于企业激励机制的范畴,因此供应链激励主要专注于供应链环境下的成员企业。

供应链企业间的关系实际上是一种委托-代理关系。实际上就是居于信息优势与处于信息劣势的市场参加者之间的相互关系。由于信息非对称现象在济活动中相当普遍,而许多经济合同又都是在信息非对称条件下执行的,就难免出现道德风险问题。产生道德风险的原因之一在于代理人拥有私有信息,这从道德风险对策环境中看得很清楚:委托人与代理人签订合同时,双方所掌握的信息是相互对称的(至少双方都认为他们自己已经掌握了对方了解的信息)。然而,建立委托-代理关系后,委托人无法观察到代理人的某些私有信息,特别是代理人的努力程度方面的信息,在这种情况下,代理人可能会利用其私有信息采取某些损害委托人利益的行动。为了克服道德风险带来的危害,委托-代理理论普遍发展为以合作和分担风险概念为中心的信息激励机制理论。

对于委托人来讲,只有使代理人行动效用最大化,才能使其自身利益最大化。然而,要使代理人采取效用最大化行动,必须对代理人的工作进行有效地激励。因此,委托人与代理人,即制造商和供应商或制造商和经销商之间的利益协调关系,就转化为信息激励机制的设计问题。所以说,如何设计出对供应链上的各个节点企业的激励机制,对保证供应链的整体利益是非常重要的。

二、供应链激励机制的内容

从一般意义上讲,激励机制的内容包括激励的主体与客体、激励的目标和激励的手段。

1. 激励主体与客体

激励主体是指激励者,激励客体是指被激励者,即激励对象。激励的主体从最初的业主转换到管理者、上级,到今天已经抽象为委托人。相应的,激励的客体从最初针对蓝领的工人阶层转换到白领的职员阶层及今天的代理人。供应链管理中的激励对象(激励的客体)主要指其成员企业,如上游的供应商企业、下游的分销商企业等,也包括每个企业内部的管理人员和员工。在这里主要讨论对以代理人为特征的供应链企业的激励,或对代理人的激励。因此,供应链管理环境下的激励主体与客体主要涉及以下内容:核心企业对成员企业的激励;制造商(下游企业)对供应商(上游企业)的激励;制造商(上游企业)对分销商(下游企业)的激励;供应链对成员企业的激励;成员企业对供应链的激励。

2. 激励目标

激励目标主要是通过某些激励,调动委托人和代理人的积极性,兼顾合作双方的共同利益,消除由于信息不对称和败德行为带来的风险,使供应链的运作更加顺畅,实现供应链企业供应的目标。

3. 激励手段

供应链管理模式下的激励手段多种多样,从激励理论的角度可以划分为正激励和负激励。正激励是指一般意义上的正向强化、正向激励,是鼓励人们采取某种行为。正激励在激励客体和激励目标之间形成一股激励力,使激励客体向激励目标进发。而负激励则是指一般意义上的负强化,是一种约束、一种惩罚,阻止人们采取某种行为。负激励是对激励客体实施诸多约束,而仅仅预留指向激励目标一个方向给激励客体发展,从而达到向激励目标进发的激励目的。通常的激励方式基本上都是正激励,负激励通常被作为约束机制。

正激励和负激励是一种广义范围内的划分。对于激励的手段,在现实管理中主要采取三种激励模式:物质激励模式、精神激励模式和感情激励模式。

三、供应链激励的模式

一般而言,供应链环境下有以下几种激励模式可供参考。

1. 价格激励

在供应链环境下,各个企业在战略上是相互合作关系,但是各个企业的利益不能被忽视。供应链的各个企业间的利益分配主要体现在价格上。价格包含供应链利润在所有企业间的分配、供应链优化而产生的额外收益或损失在所有企业间的均衡。供应链优化所产生的额外收益或损失大多数时候是由相应企业承担,但是在许多时候并不能辨别相应对象或者相应对象错位,因而必须对额外收益或损失进行均衡,这个均衡通过价格来反映。

价格对企业的激励是显然的。高的价格能增强企业的积极性,不合理的低价会挫伤企业一的积极性;供应链利润的合理分配有利于供应链企业间合作的稳定和运行的顺畅。

但是,价格激励本身也隐含着一定风险,这就是逆向选择问题。即下游企业在挑选上游企业时，由于过分强调低价格的谈判，往往选中了报价较低的企业，而将一些整体水平较好的企业排除在外。其结果影响了产品的质量、交货期等。当然，看重眼前的利益是导致这一现象的一个不可忽视的原因，但出现这种差企业排挤好企业的最为根本的原因是：在签约前对上游企业不了解，没意识到报价越低，意味着违约的风险越高。因此，使用价格激励机制时要谨慎从事，不可一味强调低价策略。

2. 合同激励

合同是用来详细说明并约束采购商的订购行为以及供应商满足其订购合同要求的法律文本。近年来，美国学者对合同设计中的柔性进行了深入研究，总结出几种具有实践指导意义的模型，如备货合同、最低购买价格/数量合同、带期权的分期承诺合同和滚动水平柔性合同等，这些合同将数量柔性作为一种商品在供应商和采购商之间进行交易，共享合作利润和共担风险，实现供应链总体利益的最大化。目前，国内也有部分企业采用回购合同和弹性数量合同激励采购商，这两种合同激励方式的目的都是针对分销商特别是零售商予以激励，以提高它们的平均订货数量，从而提高供应链的整体绩效。

3. 商誉激励

商誉是企业的无形资产，对于企业极其重要。商誉来自于供应链内其他企业的评价和在公众中的声誉，反映企业的社会地位（包括经济地位、政治地位和文化地位）。委托－代理理论认为：在激烈的竞争市场上，代理人的代理量（决定其收入）决定于其过去的代理质量与合作水平。从长期来看，代理人必须对自己的行为负完全的责任。因此，即使没有显性激励合同，代理人也要积极努力工作，因为这样做可以改进自己在代理人市场上的声誉，从而提高未来收入。

企业应该从长远发展的战略目标出发，提高企业对商业信誉重要性的认识，不断提高信守合同、依法经营的市场经济意识。整个社会也要逐渐形成一个激励企业提高信誉的环境。

4. 信息激励

在信息时代里，信息对企业意味着生存。企业获得更多的信息意味着企业拥有更多的机会、更多的资源，从而获得激励。信息对供应链的激励实质属于一种间接的激励模式，但是它的激励作用不可低估。在供应链管理中，企业群体有必要利用信息技术建立起信息共享机制，其主要目的之一就是为企业获得信息提供便利。如果能够很快捷地获得合作企业的供需信息，本企业能够主动采取措施提供优质服务，必然使合作方的满意度大为提高。这对在合作方建立起信任有着非常重要的作用。因此，企业在新的信息不断产生的条件下，始终保持着对了解信息的欲望，也更加关注合作双方的运行状况，不断探求解决新问题的方法，这样就达到了对供应链企业激励的目的。

5. 新产品、新技术的共同开发激励

新产品、新技术的共同开发和共同投资也是一种激励机制，它可以让供应商全面掌握新产品的开发信息，有利于新技术在供应链企业中的推广和开拓供应商的市场。

在传统的管理模式下，制造商独立进行产品的研究与开发，只将零部件的最后设计结果由

供应商制造。供应商没有机会参与产品的研究与开发过程,只是被动地接受来自制造商的信息。这种合作方式最理想的结果也就是供应商按期、按量、按质交货,不可能使供应商积极主动关心供应链管理。因此,供应链管理实施好的企业,力争将供应商、经销商甚至用户结合到产品的研究开发工作中来,按照团队的工作方式展开全面合作。在这种环境下,合作企业也成为整个产品开发中的一分子,其成败不仅影响制造商,而且也影响供应商及经销商。因此,每个节点企业都会关心产品的开发工作,这就形成了一种激励机制,构成对供应链上企业的激励作用。

6. 组织激励

在一个较好的供应链环境下,企业之间的合作愉快,供应链的运作也通畅,少有争执。也就是说,一个良好组织的供应链对供应链及供应链内的企业都是一种激励。

减少节点企业的数量,并与主要的供应商和经销商保持长期稳定的合作关系是制造商采取的组织激励的主要措施。但有些企业对待供应商与经销商的态度忽冷忽热,零部件供过于求时和供不应求时对经销商的态度两个样;产品供不应求时对经销商态度傲慢,供过于求时往往企图将损失转嫁给经销商,因此得不到供应商和经销商的信任与合作。产生这种现象的根本原因,还是由于企业管理者的头脑中没有建立与供应商、经销商长期的战略合作的意识,管理者追求短期业绩的心理较重。如果不能从组织上保证供应链管理系统的运行环境,供应链的绩效也会受到影响。

7. 淘汰激励

淘汰激励是负激励的一种。优胜劣汰是世间事物生存的自然法则,供应链管理也不例外。为了使供应链的整体竞争力保持在一个较高的水平,供应链必须建立对成员企业的淘汰机制,同时供应链自身也面临淘汰。淘汰弱者是市场规律之一,保持淘汰对企业或供应链都是一种激励:对于优秀企业或供应链来讲,淘汰弱者使其获得更优秀的业绩;对于业绩较差者,为避免淘汰的危险它更需要求上进。

淘汰激励是在供应链系统内形成一种危机激励机制,让所有合作企业都有一种危机感。这样一来,企业为了能在供应链管理体系获得群体优势的同时自己也获得发展,就必须承担一定的责任和义务,对自己承担的供货任务,从成本、质量、交货期等负有全方位的责任。这一点对防止短期行为和"一锤子买卖"给供应链群体带来的风险也起到一定的作用。危机感可以从另一个角度激发企业发展。

【知识链接】

供应链协议

供应链激励需要一个好的规则来评判好与坏。供应链协议(Supply Chain Protocol,SCP)充当了这一角色。供应链协议将供应链管理工作进行程序化、标准化和规范化,为供应链绩效评价和激励的实现提供了一个平台。

供应链的运作以快速、高效、敏捷等特点而显示出其竞争优势,并兼容了许多先进管理方法如 JIT、MRPII、CIMS、FMS 等的优点。但是,供应链在运作时存在着安全性、法律规则、协商时间、供应链优化、主动性限制、供应链淘汰机制等现实问题。这些问题的存在,制约了供应链功能的发挥。针对这几个根本性问题,相应的提出供应链协议,以规范对供应链运作的管理。供应链协议是根据供应链产品生产模式的特点,结合 WTO、ISO9000、EDI、TCP/IP 等多方面知识,将供应链管理工作程序化、标准化和规范化,使供应链系统能有效控制、良好运作、充分发挥功能。简单地讲,供应链协议就是在一系列标准(供应链协议标准,简称 SCP 标准)支持下的拥有许多条目的文本,并且这些文本固化于一个网络系统中。供应链协议强调供应链的实用性和供应链管理的可操作性,重视完全信息化和快速响应的实现。

供应链协议为激励目标的确立、供应链绩效测评和激励方式的确定提供基本依据。激励目标要与激励对象的需要相联系,同时也要反映激励主体的意图和符合供应链协议。激励方式视绩效评价结果和激励对象的需要具体而定。供应链协议的内容分为三个部分:供应链协议文本(SCP 文本);供应链协议标准(SCP 标准);供应链协议网(SCPNet)。

(资料来源:http://www.glzy8.com/show/34009.html)

【本章关键词】

绩效评价 Performance Evaluation

评价体系 Evaluation System

激励机制 Incentive Mechanism

平衡计分卡 Balanced Scorecards,BSC

供应链运作参考模型 Supply Chain Operations Reference Model,SCOR

思 考 题

1. 什么是供应链绩效评价?
2. 简述供应链绩效评价的特点。
3. 供应链绩效评级体系有哪些方面组成?
4. 简述平衡计分卡模型的内容及特点。
5. 供应链运作参考模型的层次机构是怎样的?
6. 简述供应链绩效评价指标体系的构建原则。
7. 供应链绩效评价的方法有哪些?
8. 供应链激励机制的主体和客体是什么?
9. 为什么要建立供应链激励机制?
10. 简述供应链激励机制的常用模式。

【实训项目】

1. 选择一家企业进行调研,针对性地设计出一套绩效评价指标,对绩效评价体系进行分析,写出分析报告。

2. 选择家电或汽车制造行业,到企业进行调研,了解核心企业供应链激励机制构建,分析其供应链激励方法和作用,完成分析报告。

【案例分析】

TCL 的供应链绩效评价

中国的彩电行业竞争异常激烈，作为其中的一员，TCL 如何能够成为行业中的领先者，一直是公司考虑的问题。在国外，供应链管理是企业的"第三利润"来源，TCL 公司借鉴外国公司的先进经验，建立了自己的供应链，并逐步地建立和完善了自身的供应链绩效评价体系。

一开始，TCL 在选择供应商时，遇到的最突出的问题就是品质问题，不稳定、不可靠、参数离散性大在当时是比较突出的矛盾。因此，最初的供应链评价工作是从供应商的产品品质方面开始入手的。另外，供应链评价的标准不全面，大多只集中在评估要素的某一方面，如产品质量、价格、交货准时性和批量等，没有形成一个全面的供应链评估指标体系，不能对供应链做出全面、具体、客观的评价。

经过较长时间的摸索后，目前，TCL 已经建立起了一整套供应链评估体系，其评估原则也已逐渐成为企业文化的一部分。供应链绩效评价工作在企业实施稳定的供应链合作关系、保证产品质量、降低生产成本、提高经济效益等方面发挥着巨大的作用。

在 TCL 的供应链绩效评价体系中，以供应商评估为例，TCL 评估的对象主要有两类。一类是现有供应商；一类是新的潜在的供应商。"对于现有合格的供应商，我们每个月都要做一次调查，着重就价格、交货期、进货合格率、质量事故等进行评估。1～2 年做一次现场评估。"该公司部品经理助理晏华斌介绍说。由于 TCL 在行业内是较为领先的企业，因而其供应商在行业内也是很优秀的。"产品合格率基本上可以做到 100%，交货期也一样。"在所有的评估要素中，毫无疑问，质量是最基本的前提。如果产品质量过不了关，其余一切都免谈，就没有再评的必要了。TCL 要求自己的产品质量满足客户的需求，所以就要保证供应商提供的元器件能满足自己的品质要求。公司高层管理人员认为，价格因素相当重要，但只有在质量得到保证的前提下，谈价格才有意义。目前，TCL 的供应商基本能做到 100% 的产品合格率，因此，价格就成了评估的主要因素。

接纳新的供应商，其评估过程要复杂一些。公司采购部经理孙敏说："通常是产品设计提出了对新材料的要求，然后我们就会要求潜在的目标供应商提供基本情况，内容包括公司概况、生产规模、生产能力、给哪些企业供货、ISO 9000 认证、安全认证、相关记录、样品分析等，然后就是报价。"

随后，公司就要对该供应商做一个初步的现场考察，看看所说的和实际情况是否一致，现场考察基本按 ISO 9000 的要求进行。最后汇总这些材料交部品管理小组讨论。在供应商资格认证后，公司相关部门，品质部、产品部、采购部门等再进行正式的考察。如果正式考察认为没有问题，就可以小批量供货了。供货期考察一般进行三个月，若没有问题，再增加数量。TCL 会要求新的供应商提供一个成本分析表，内容包括生产某一元器件由那些原材料组成，费用是如何构成的，看里面的价格空间还有多少，如果认为有不合理的因素在里面，就会要求供应商进行调整。

对于如何正确地、客观地评价供应链。TCL有一个基本思路：合格的供应链，其成员不应该总是静态的，而应该是动态的，这样才能引入竞争机制。徐洪涛说："要淘汰差的，引入好的，这是一个动态的概念。"在实施供应链合作关系的过程中，市场需求和供应都在不断变化，必须在保持供应链相对稳定的条件下，根据实际情况及时修改供应链评价标准，或重新开始增加新的供应链评估标准。

（资料来源：易迈管理网络，http://www.mba163.com/glwk/cwgl/200606/65474.html）

案例思考题
1. TCL公司的供应链绩效评价方法有什么优点与不足？
2. 供应链绩效评价方法对TCL公司产生了什么影响？

第十四章
Chapter 14

供应链风险管理

【学习要点】

通过本章学习，要求学生理解供应链风险的含义与特点，了解供应链风险管理的主体与程序，掌握供应链风险识别、评估与响应的方法，掌握供应链风险防范的对策与应急策略，理解弹性供应链含义与特点，掌握构建弹性供应链的途径。

【引导案例】

大火中毁坏的供应链

这是一条爆炸性的消息：2001年1月26日，爱立信公司宣布，它决定对其产品结构进行重大的战略调整，将手机生产外包。而西门子和诺基亚等公司在2000年手机业取得的骄人业绩表明，手机制造是一块"香饽饽"，作为手机市场"三国演义"中的重要角色——爱立信，为什么偏巧在这个时候将手机生产外包呢？一些手机生产商和业内专家认为"爱立信撤离手机领域是积弊所致"，如业务方向判断失准、产品上市缓慢、供应品种单一、成本长期居高不下等，而最主要的是飞利浦芯片厂发生的一场大火，促使爱立信下决心实施这次变革。2000年3月17日晚上8点，美国新墨西哥州，飞利浦公司第22号芯片厂的车间发生了一起火灾，火灾持续了10分钟，破坏了正在准备生产的数百万个芯片，更严重的是飞利浦公司需要几星期才能使工厂恢复生产。这家工厂是爱立信供应链中的一环，为爱立信公司提供多种重要的零件芯片。它举足轻重的地位在于20世纪90年代中期，爱立信公司为了节省成本简化了它的供应链，基本上排除了后备供应商。也就是说，有几种芯片只能由该工厂提供。当飞利浦公司将发生火灾的消息告诉爱立信公司时，那些刚刚坐上新位置的高级经理们根本就没意识到后果的严重性，仍是按部就班地安排工作。危机很快显现：在市场需求最旺盛的时候，由于飞利浦公司的供应跟不上，供应链中又没有其他的后备设备供应商，没有其他公司生产可替代的芯片，爱立信失去了市场。爱立信公司的官员透露，这场火灾可能导致公司损失了4亿美元的销售额,市场份额也由一年前的12%降至现在的9%。主管市场营销的总裁 Jan Ahrenbring 抱憾:"可惜的是,我们当时没有第二个可选择方案。"

也许爱立信并非因这场大火而决定将手机生产外包,但这场大火给爱立信带来的市场销售的损失却实实在在,它同时也给正在建设或使用供应链的厂商提了一个醒:供应链中的潜在风险应及时防范。

(资料来源:http://www.chinaie.net/thread-25834-1-1.html)

第一节　供应链风险管理概述

社会经济是一个不断发展变化的复杂的体系,具有较大的不确定性。一旦风险发生,会给供应链造成不可逆转的影响和巨大的损失,甚至会导致供应链的彻底断裂。对供应链风险进行有效管理与控制能够使供应链更富有弹性,从而对各类风险具有更强的抵抗力,使供应链能够避免或者减少由于风险带来的损失。因此,对供应链脆弱性以及相关风险管理与控制的研究具有重要的实际意义。

一、供应链的不确定性与脆弱性

1. 供应链的不确定性

所谓不确定性,指的是这样一种情况,当引入时间因素后,事物的特征和状态不可充分地、准确地加以观察、测定和预见。在极端情况下,不确定性可视为出现问题或者需要决策时信息的完全缺失(图14.1)。

在供应链企业之间的合作过程中,存在着各种产生内生不确定性和外生不确定性的因素。供应链的不确定性一般来自以下几个方面:

(1)来自供应链环节的不确定性。造成不能按时供应的原因很多,如运输问题,供应商自身的货源问题等都会造成其承诺的提前期内无法交货,而这种不确定性会出现在供应链环环相扣的每一个环节。

(2)来自生产过程的不确定性。生产过程的不确定性主要来自于设备的故障,关键人员的临时短缺以及受供应链环节影响造成的缺货停工。困难还在于供应链上的多个企业生产系统的可靠性处于不同的水平上,有时还相差很大。

第十四章 供应链风险管理

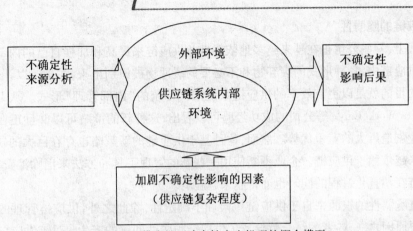

图 14.1 供应链不确定性产生机理的概念模型

(3) 来自客户需求的不确定性。充分的供给导致需求的多元化,消费群体的不稳定。客户有了很多的选择,很容易就从一个产品转向别的产品,供应链复杂的协调运作依靠完善的计划控制。而计划的编制来源于对需求的预测。需求的不确定性很容易就造成整个供应链的混乱。

表 14.1 供应链不确定性分析框架

类型	表现形式	内容	原因
需求	时间	不规则的订购时间;客户要求提前或延迟取货;预测的时间错误	供应链组织成员间信息的不对称和信息传递过程中的信息扭曲(包括非主观故意与主观故意造成)
需求	数量	不规则的订购数量;预测数量错误;客户要求增减数量	
需求	信息	消费者偏好改变;市场产品组合改变;不可预测的竞争者;产品的退化率;新产品出现	
供应	时间	承诺的供货时间与实际不符	供应商的败德或机会主义行为、自身素质(能力)及自然灾害和突发公共事件,包括恐怖袭击、游行、罢工、瘟疫等
供应	数量	与订购量不符	
供应	质量	毁损率过大;原材料的质量不符合要求	
供应	成本	原材料售价的变动	
生产	时间	生产周期不稳定	机器故障;机器损坏;备用零件不足;计算机出错;工作失误
生产	质量	质量不稳定	
生产	数量	数量不稳定	
物流	时间	车辆出行时间、到达时间不稳定	车辆故障;道路拥堵;驾驶员缺乏时间意识;路途颠簸导致货物破损;天气等原因导致货物损坏;配送路线变更导致成本增加
物流	质量	破损率不稳定	
物流	成本	运输线路、运输距离不确定	

2. 供应链的脆弱性

在实践上,一些公司正在越来越多地依靠精益供应链来提高和加强自己的内部能力。在这种精益供应链中,各种形式的废弃物和不必要的缓冲物被识别出来,并被予以评估并消除,这种做法的目的就是以更有效率的供应链系统取代传统的"内部管理"形式。从 Dell、Wal-Mart、Mothers Work、Calyx 等公司的成功经验可以看出,这种新的策略可以并且正在为使用该策略的企业创造巨大的竞争优势。然而,这种基于供应链的新策略也存在巨大的缺陷——企业变得越来越依赖于供应链。企业不断使用一些新的管理工具和方法来消除浪费,这些做法使得供应链在精益化过程的同时也变得越来越脆弱。

供应链脆弱性的根源来自于供应链风险和不确定性,除此之外,供应链管理的精益化趋势也是主要原因之一,二者的结合就导致了供应链脆弱性问题的产生。对于供应链脆弱性产生的具体原因,可以分为以下三个方面。

(1)在过去的 20 年中,JIT(准时制)、VMI(供应商管理库存)、ECR(有效客户反应)、QR(快速响应)以及 ERP(企业资源计划)等管理模式、技术和系统的广泛应用,使得业界的供应链管理变得愈加精益化,对时间和快速反应机制的要求愈加严格。

(2)供应商管理制度的演化,也使得企业的供应商数目越来越少,供应商本身受风险影响的结果同时会影响到企业自身。

(3)物流外包趋势的演进,导致供应链结构上的成员数量越来越多。

三方面趋势的结果固然可以提升企业效率、降低物流成本,然而,它们同时也会导致企业安全库存的减少和弹性的降低,使得企业抵抗风险和不确定性的能力逐步弱化,难以有效处理那些突发事件或不可抗力事件等所导致的供应链中断问题。这些意外事件往往发生的概率很小,但造成的后果却极其严重。

二、供应链风险

"风险"这一术语频繁出现于经济领域可以追溯到 19 世纪 20 年代。英国皇家学会(The Royal Society)对风险的定义是:风险是在某一特定时期或者由于一个特殊的变化而引起某一突发的不利事件发生的可能性。

国外学者对供应链风险的研究是从研究供应风险开始的,Metchell 认为,它是由各成员企业中的员工的教育层次、国别等因素的不同及供应市场的特征(如市场结构的稳定性、市场利率的变化等)影响供应上的不足而带来的风险。Zsidisin 等将供应风险定义为:"供应的不及时而导致货物和服务质量的降低。"Philip·Keeffe 按照风险的一般方法,将供应链风险分为可控制(如供应商资格、来源方的产品和服务等)和不可控制的风险(如恐怖主义行为、严重的劳工停工、自然灾害等),不可控制的风险。我国学者马士华将供应链风险分为内生风险和外生风险两大类,他认为:内生风险产生于道德风险、信息扭曲和个体理性,而外生风险主要来源于政治、经济、法律和技术等方面。

总结以上观点,对供应链风险存在以下两点共识:

(1)供应链风险的来源是各种不确定性因素的存在。

(2)由于供应链网络上的企业之间是相互依赖的,任何一个企业出现问题都有可能波及和影响整个供应链。

2. 供应链风险的特点

(1)供应链风险具有客观性和必然性,不以人的主观意志为转移。例如,自然灾害等不可抗力因素,经济周期波动造成的系统风险。

(2)供应链风险具有传递性。由于供应链从产品开发、生产到流通过程是由多个节点企业共同参与,风险因素可以通过供应链流程在各个企业间传递和累积,并显著影响整个供应链的风险水平。因此,对供应链风险的传递和控制是供应链风险管理的关键之一。

(3)供应链风险具有互动博弈与合作性。供应链内部风险主要来自组成供应链系统各环节之间的关系,它由各环节之间潜在的互动博弈与合作造成。供应链中各成员企业作为独立的市场主体有各自不同的利益取向,相互之间因为信息不完全、不对称,又缺乏有效监督机制,因此为了争夺系统资源,追求自身利益最大化而展开激烈博弈。同时,在部分信息公开、资源共享的基础上,又存在一定程度的合作。

(4)供应链风险在一定程度上具有可控性。供应链风险可以分为内部风险和合作风险两类,它可以通过合理的制度设计、有效的内控执行以及合作的加强来控制,从而降低不确定事件发生的概率,提高供应链的效率。供应链管理对企业的内部控制提出了更高的要求。

三、供应链风险管理

1. 供应链风险管理的含义

供应链风险管理是通过识别、度量供应链风险,并在此基础上有效控制供应链风险,用最经济合理的方法来综合处理供应链风险,并对供应链风险的处理建立监控与反馈机制的一整套系统而科学的管理方法,其目标包括损失前的管理目标和损失后的管理目标。损失前的管理目标是避免或减少损失的发生;损失后的管理目标则是尽快恢复到损失前的状态,两者结合在一起,就构成了供应链风险管理的完整目标。由于供应链同时连接着供应商、制造商、分销商和用户,其基本特征具有复杂性、动态性和交互性,每一个运作环节都存在着潜在风险,任何一个环节出了问题都会给整条供应链造成严重的影响。供应链风险管理就是当供应链陷入潜在风险或危机时,为摆脱风险维持供应链正常运行而采取的一系列行动与对策。供应链风险管理是保障供应链正常运行,提高供应链可靠性的重要措施之一。

2. 供应链风险管理的主体

供应链风险管理首先应该是确定风险管理主体，只有风险管理主体确定以后，其他后续工作如风险识别、风险评估及风险防范处理等才能展开。供应链的风险管理工作有别于一般企业风险管理，特别是在风险管理主体方面。单一企业其风险管理的主体就是其自身，风险管理的客体（对象）即企业内部的各种风险事件，由于是同一个经济利益体，在目标协调上具有灵活性。而供应链是由多个相互独立的经济实体组成的一个大企业群，风险管理范围广泛，内容复杂，不但要考虑整个供应链的运作，还要顾及链中的每一个节点企业的经营，其风险管理难度也相对较大。就风险影响面来说，供应链风险管理面向的对象应该是整条供应链而不是单独的某个企业，执行风险管理的组织应该具有管理供应链全局的权力和能力。一般而言，核心企业应该首先担起这个责任，不过这不是唯一的选择，另外还可专门成立供应链风险管理小组或者交由供应链外的第三方来管理。

（1）核心企业担任风险管理的主体。供应链是围绕核心企业建立而成，一般拥有人才、资金、技术、管理等诸多优势，在整个供应链中占据主导地位。因此在整个风险管理和控制中，应充分发挥其领导作用。核心企业一般是供应链的信息、物流交换中心，上、下游所有伙伴企业都围绕其运作，因此有能力也方便获取各方面的信息，并进行相关的协调。另外由于其核心地位，拥有比较优势，有一定的决策和控制权，因此有条件对供应链中一些成员企业诸如不合作的情况采取强制手段。如沃尔玛凭借其在供应链中的核心地位，不断地向供应商施加压力，迫使供应商进行流程改造，使其同沃尔玛一样致力于降低成本的运作；同时沃尔玛依靠其先进独特的营运管理技能，为供应商的人工成本、生产场所、存货控制及管理工作提供咨询，帮助他们降低成本，从中获益。这种做法在通用汽车和丰田汽车等世界著名的供应链管理体系中得到广泛应用。核心企业的影响力在降低节点企业运作低效率等所带来的风险方面有明显的作用。

（2）在链内成立专门的风险管理机构。供应链整体风险管理也可像一般企业的风险管理，在供应链内部成立一个专门的供应链风险管理机构或小组。具体的风险管理机构人员，可由对供应链的整体运作有比较重要影响的一些成员企业各自抽调一部分人员组成，这样风险管理人员来自不同的成员企业，因此对每一个企业的详细运作情况比较了解，也容易管理。

（3）链外第三方风险管理机构。除了上述两种形式外，还可以把整个供应链的风险管理交由链外的第三方机构来管理，比如一些专门的供应链管理咨询公司或风险管理组织如保险公司等。这样链中的成员企业既不参与风险管理，也避免了强权控制的出现。

以上三种模式有各自的优点和缺点。第一种核心企业来行使风险管理权，可能会造成其他成员企业的不信任，由于核心企业本身处于比较优势的地位，有可能基于自身利益而制定一些强制性的标准或措施，要求其他企业必须服从；或者在行使管理权的过程中处事不公，偏

第十四章 供应链风险管理

祖一方导致另一方的不利等。第三种由链外的第三方来管理，虽然可以让链中的各企业集中精力搞好自己的业务，但存在很大的商业信息泄露风险，因为第三方要对供应链进行风险管理必然要对链中每一个企业的运行情况掌握清楚，对供应链存在哪些风险或哪些薄弱环节都很了解，这样可能造成对供应链信息的泄露，并且各企业也不一定全愿意与第三方合作，也许会隐瞒一些真实情况。第二种在供应链内部成立专门的风险管理机构，这种方式相对第一种和第三种方式而言弥补了它们的不足，是一种比较好的风险管理方式。至于究竟采用哪一种方式，要视各个供应链的情况而定，并且要综合考虑链中各成员企业的反映，可以让各企业参与讨论共同选定一种方式来管理。

3. 供应链风险管理的程序

供应链风险管理的程序分为四个阶段：

(1) 风险识别。风险识别是对企业供应链面临的各种潜在风险进行归类分析，从而加以认识和辨别。这是供应链风险管理中最重要也最难的部分。任何对风险评估、控制和管理的正确行动都是基于正确的风险识别。

(2) 风险衡量。风险衡量是用定量分析法对特定风险发生的可能性和损失范围及程度进行估计与度量，即分析判断供应链风险发生的概率和风险发生造成损失的程度。

(3) 风险控制。风险控制是供应链风险管理的核心，根据风险管理目标，选择恰当风险管理工具，优化组合，规避、转移、降低风险。

(4) 风险管理实施与评价。风险管理实施与评价是协调配合使用各种风险管理工具，不断反馈、检查、调整、修正，使之更接近目标。

供应链管理环境下风险防范的一般过程如图 14.2 所示。

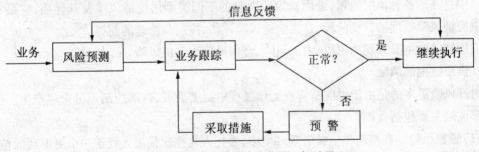

图 14.2 供应链风险防范的一般过程

【知识链接】

供应链成员对待风险的态度

1. 风险爱好（Risk-Love）型企业

对于这种供应链企业来说，它不顾可能发生的危险，仍实施某项行为和进行某项决策活动。其效用函数是凸型的,期望效用必然小于概率事件的期望效用。风险爱好企业获随机收益比获取确定收益所承担的风险要大,而机会则小。该类企业倾向于风险投资,遵循风险越大收益越大的经营信条,其有利的一面是易抓住市场机会,于风险处获取第一桶金,其弊端是遇到风险有可能颗粒无收,甚至一蹶不振。

2. **风险厌恶(Risk-Averse)型企业**

这种企业较保守,回避可能发生的风险。其效用函数是凹型的,期望效用必然大于概率事件的期望效用。风险厌恶型企业宁愿获取确定收益而不愿获取随机收益或不确定收益,即尽可能回避风险。此种类型的企业容易错过良好的潜在商机,由于担心投资决策失误而不敢贸然进入投资回报率高的行业,发展相对缓慢。

3. **风险中性(Risk-Neutral)型企业**

这种企业既不冒险也不保守,而是介于风险爱好与风险厌恶之间。我们可以看出,概率事件的结果与概率事件本身无差别。这类企业属于理智型投资偏好类型,投资选择在仔细分析市场机会的前提下,敢于抓住商机又不贸然行动,既寻求稳妥又不故步自封。

第二节 供应链风险管理的主要内容

一、供应链风险的识别与分析

供应链风险管理者通过对大量的供应链信息、资料、数据现象等进行系统了解分析,认清供应链中存在的各种风险因素,进而确定所面临的不同类型供应链风险及其性质,它是有效进行供应链风险管理的首要阶段,是供应链风险评估、控制和管理的前提。

供应链风险主要表现为三类:内部风险、合作风险和系统风险。

1. 供应链内部风险

内部风险更多的是由于供应链管理运作过程中制度缺失、内部控制不健全等产生。供应链内部风险主要包括:

(1)道德风险。在整个供应链管理环境中,委托人往往比代理人处于一个更不利的位置,代理企业往往会通过增加信息的不对称,从委托合作伙伴那里得到最大的收益。例如,供应商由于自身生产能力上的局限或是为了追求自身利益的最大化而不择手段,偷工减料、以次充好,所提供的物资达不到采购合同的要求,给采购带来风险。

(2)信息传递风险。当供应链规模日益扩大,结构日趋繁复时,供应链上发生信息错误的机会也随之增多。信息传递延迟将导致上下游企业之间沟通不充分,对产品的生产以及客户的需求在理解上出现分歧,不能真正满足市场的需要。同时会产生牛鞭效应,导致过量的库存。

（3）企业运作风险。现代企业生产组织强调集成、效率,这样可能导致生产过程刚性太强,缺乏柔性,若在生产或采购过程的某个环节上出现问题,很容易导致整个生产过程的停顿。

（4）渠道成员风险。分销商是市场的直接面对者,要充分实施有效的供应链管理,必须做好分销商的选择工作。在供应链中,如果分销商选择不当,会直接导致核心企业市场竞争的失败,也会导致供应链凝聚力的涣散,从而导致供应链的解体。

（5）物流运作风险。物流活动是供应链管理的纽带,这就需要供应链各成员之间采取联合计划,实现信息共享与存货统一管理。但在实际运行中是很难做到这一点的,导致在原料供应、原料运输、原料缓存、产品生产、产品缓存和产品销售等过程中可能出现衔接失误,这些衔接失误都可能导致供应链物流不畅通而产生风险。

供应链风险系统分析模式如图14.3所示。

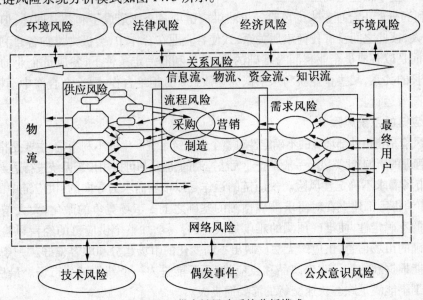

图14.3 供应链风险系统分析模式

2. 供应链的合作风险

合作风险是供应链系统中的各关联企业在运行过程中,由于相互独立决策、企业文化差异、信息不对等、利益分配等与合作有关的不确定性所产生的风险。具体来看,供应链的合作风险主要包括以下几个方面:

（1）企业文化不一致带来的风险。供应链一般由多家成员企业构成,这些不同的企业在经营理念、文化制度、员工职业素养和核心价值观等方面必然会存在一定的差异,这就导致企业的处事方法和原则有较大差异,而供应链管理使不同文化的企业处于同一流程中,有时候需要协调一致才能达到目标。此时,文化冲突对供应链管理的冲击是很大的,如果处理不好则有可能造成供应链效率低下,最终导致供应链的破裂。

(2) 彼此依赖过度带来的风险。供应链形成后企业在上游有固定的供应商,在下游有固定的分销商,这在大大降低交易成本的同时带来另一个问题,即对供应链上的企业过分依赖从而使自己处于不利地位,这样一旦某个环节出现问题,整个链条就会受到影响,甚至崩溃。

(3) 企业发展不平衡的风险。供应链上的企业在发展规模、发展潜力、管理水平等方面往往是存在很大差异的,这就导致整个链条有非常强势的部分,也有非常薄弱的环节。根据木桶效应原理,供应链整体控制风险能力取决于最薄弱环节控制风险的能力,企业发展不平衡的风险增大了供应链整体风险。

(4) 业务流程优化的风险。业务流程重组和优化的过程必然影响到既有利益相关者的利益,所以势必会遭到阻挠,一旦不能再一次成功地达到利益平衡,就会造成业务流程重组的失败,从而影响整个供应链的运行。

(5) 利润分配不合理带来的风险。虽然供应链中各企业形成了利益共同体,但各企业都是独立法人,彼此之间没有任何隶属关系,致使各企业在合作中,会极力维护各自利益。供应链整体利润是以各成员企业利润为基础的,在整体利润一定条件下,各成员企业的利润分配是此消彼长的关系,某些企业获利水平低会导致它要么拒绝合作,要么在合作中消极,不利于供应链的高效运行。

3. 供应链的系统风险

系统风险是指由外部环境的不确定性对整个供应链系统产生的不利影响,主要是指宏观环境对供应链管理的影响,此类风险一般是企业无法控制的,但是却可以用预警系统进行适当地规避。

(1) 市场需求不确定性风险。供应链的运作是以市场需求为导向的,供应链中的生产、运输、供给和销售等都建立在对需求准确预测的基础之上。市场竞争的激化,大大增强消费者需求偏好的不确定性,使准确预测的难度加大,很容易增加整个供应链的经营风险。如果不能获得正确的市场信息,供应链无法反映出不断变化的市场趋势和顾客偏好。一条供应链也会由于不能根据新的需求改变产品和供应物,而不能进入一个新的细分市场。最后,市场机会也会由于不能满足顾客快速交货的需要而丧失。

(2) 经济周期风险。市场经济的运行轨迹具有明显的周期性,繁荣和衰退交替出现,这种宏观经济的周期性变化,使供应链的经营风险加大。在经济繁荣时期,供应链在市场需求不断升温的刺激下,会增加固定资产投资,进行扩大再生产,增加存货、补充人力,相应的增加了现金流出量。而在经济衰退时期,供应链销售额下降,现金流入量减少,而未完成的固定资产投资仍需大量资金的继续投入。此时市场筹资环境不理想,筹资成本加大。这种资金流动性差的状况就增大了供应链的经营风险。

(3) 政策风险。当国家经济政策发生变化时,往往会对供应链的资金筹集、投资及其他经营管理活动产生极大影响,使供应链的经营风险增加。例如,当产业结构调整时,国家往往会出台一系列的产业结构调整政策和措施,对一些产业的鼓励,给供应链投资指明了方向;对另一些产业的限制,使供应链原有的投资面临着遭受损失的风险,供应链需要筹集大量的资金进行产业调整。

(4)法律风险。供应链面临的法律环境的变化也会诱发供应链经营风险。每个国家的法律都有一个逐渐完善的过程,法律法规的调整、修订等等不确定性,有可能对供应链运转产生负面效应。

(5)意外灾祸风险。意外灾祸风险主要表现在地震、火灾、政治的动荡、意外的战争等,都会引起非常规性的破坏,影响到供应链的某个节点企业,从而影响到整个供应链的稳定,使供应链中企业资金运动过程受阻或中断,使生产经营过程遭受损失。

二、供应链风险评估的内容

1. 供应链评价的目的及内容

在对供应链的风险进行识别后,我们必须对供应链的风险进行评估。

供应链风险评估的目的是对风险产生的原因及其影响进行周期性预计,以便能及时采取措施进行预防。它主要包括两个方面内容:一是对影响供应链运作的主要因素及其后果进行预测,如对经济波动和产业政策波动评估,供应商评估鉴定,自然灾害、战争和突发事件发生概率进行预测等;二是对供应链本身抵御风险的能力进行评估,如供应商的供应能力、物流企业的运输能力、生产和销售企业的库存能力等。

需要注意的是,风险评估是一个连续不断进行的过程,当出现薄弱环节,应该及时进行协调改进。

2. 供应链风险评估的步骤

(1)调查表格设计。首先将供应链的内外部指标确定为调查表格中的一级指标。二级指标有系统风险、管理风险、信息风险、合作风险、自然环境风险与市场环境风险等。在二级指标的基础之上又可细分出众多的易获得数据的三级指标,如管理因素可分为采购价格过高、供应商选择不当、采购品质量不合格、客户关系管理能力差、库存控制不严格等;信息风险可分为合作伙伴扭曲信息、IT系统和软件选择不当、信息共享水平低等;合作风险可为合作伙伴的自利行为、合作伙伴间不胜任、合作伙伴间利益分配不均等;自然环境风险包括发生自然灾害与疾病、公用事业提供不足、行业限制及产业政策限制等;市场环境风险可分为需求大幅度波动、客户财务状况不好等。由以上确定的指标设计调查表格,根据抽样调查原则,对各行业供应链企业进行问卷调查,对收集到的数据进行预处理,使之规范化、标准化。然后在预处理的基础上再进行数据挖掘以确定重要数据间的潜在联系,自动发现奇异值,总结出特征指标,并对其进行归纳、分析和筛选,从而确定影响企业供应链风险识别的初级指标体系。

(2)企业供应链风险识别指标体系的构建。把所确定的初级指标体系中的指标先进行简单地定性分类,使每一类指标都大概反映企业供应链风险的某个方面,再以此为基础对每一类指标进行主成分分析,以选出的主成分作为新的分析变量,以各企业在各个主成分上的得分作为新的分析数据又进行因子分析。通过因子分析,找出影响企业供应链风险的几个主要因素(因子),并以此作为构建企业供应链风险最终评价指标体系的依据。接下来,计算出各企业在每个因子上的得分,作为判断企业在供应链风险某个方面强弱的标准,再以每个因子的贡献率作为权数,得到加权因子得分和,便可作为评价整个企业供应链风险强弱的标准。供应链风险三层综合评价指标体系见表14.2。

表14.2 供应链风险三层综合评价指标体系

评价目标	一级指标(权重)	二级指标(权重)
风险影响 U	绩效影响 $U_1(W_1)$	运营能力影响 $U_{11}(W_{11})$
		客户满意度影响 $U_{12}(W_{12})$
		财务状况影响 $U_{13}(W_{13})$
	竞争力影响 $U_2(W_2)$	鲁棒性影响 $U_{21}(W_{21})$
		敏捷性影响 $U_{22}(W_{22})$
	可靠性影响 $U_3(W_3)$	交货可靠性影响 $U_{31}(W_{31})$
		质量可靠性影响 $U_{32}(W_{32})$
		利税可靠性影响 $U_{33}(W_{33})$
		品牌可靠性影响 $U_{34}(W_{34})$
		员工素质可靠性影响 $U_{35}(W_{35})$
	可持续性影响 $U_4(W_4)$	环境污染度影响 $U_{41}(W_{41})$
		能源消耗度影响 $U_{42}(W_{42})$
		资源回收度影响 $U_{43}(W_{43})$
		环境声誉度影响 $U_{44}(W_{44})$

(3)企业供应链风险评估模型的构建。首先,对统计分析中确定的不同因素研究影响供应链企业风险的方式、范围和程度,按相关程度大小对各因素进行筛选,将筛选出的最主要几个因素作为评估模型的构成要素,根据数据挖掘过程中确定的各种数据之间的潜在联系,确定评估模型的结构和各个要素在模型中的地位与相互关系。利用多元统计分析方法,根据不同行业的特点,确定该模型各个要素取值的有效范围、测试标准和适用场合。然后在各种不同类型的企业中随机抽取足够大的样本,使用这些样本企业的数据对构造的模型进行测试,根据测试的结果对模型做出必要的修正。最后,我们就可以通过模型动态地对供应链企业风险进行动态地测定,以利于企业实施有效的风险管理。

三、供应链风险响应管理

所谓风险响应是在风险分析的基础上,制订相应的响应计划的过程。响应计划包括对已经识别风险的描述、风险概率、风险影响、风险应对责任人、风险应对策略以及行动计划、应急计划等等。在制订响应计划时,应当充分考虑风险的可规避性、可转移性、可缓解性、可接受性等因素,并分析判断供应链风险的危害。供应链风险响应基本过程如图14.4所示。

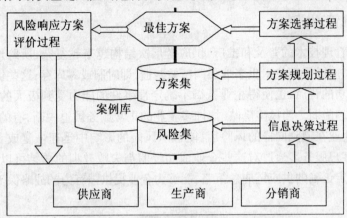

图14.4 供应链风险响应基本过程

【阅读资料】

Cisco:规避一份风险,带来十倍收获

Cisco 的硬件、软件和服务产品都是组建互联网的基石。为提高整体灵活性并预防各种可能的灾难事件发生,Cisco 创建了一个供应链风险管理体系,其中包括一个灵活的指标表和一组与事件和危机恢复有关的阈值。Cisco 供应链中的每个"节点"(供应商、制造合作伙伴和物流中心)都有责任跟踪和报告其"恢复时间",并确保在实际灾难发生前所有恢复计划和能力建设都准备到位。

Cisco 的解决方案是该行业的首个供应链解决方案,其雏形来源于一次为确定供应链最佳实践而举办、由各行各业的供应链风险管理从业者参加的论坛。最初的设想是一个由多种流程和最佳实践构成的"开源"库,而所有参与的公司都可以利用其中的内容来确定可能的风险并进而制订弹性计划,例如,备用货源、备用场所条件和风险规避方案。它起源于"业务应急计划",目的在于了解供应链中的弱点和弹性。2008 年中国发生了严重的地震,Cisco 通过其颇具前瞻性的业务应急流程确定出可能的威胁,并及时在发生会导致客户或收入损失的异常事件之前就启动了风险规避计划。Cisco 可以确定哪些节点受到影响,也可以评估事件发生前后几小时内可能会带来的影响。通过这种影响评估,Cisco 可以与其供应商和制造伙伴协作以避免任何环节出现异常情况。

(资料来源:http://articles.e-works.net.cn/scm/article85158.htm 2011.03.05)

第三节　供应链应急管理

一、供应链危机管理

随着供应链管理技术的普及和推广，供应链层次结构越来越复杂，所跨地域范围越来越广，特别是现代供应链管理技术更多地强调精益制造、即时制或零库存，这些供应链"减肥"技术在带来巨大成功的背后，也使得企业抵御不确定性事件的能力受到极大的挑战，企业的应急能力变得越来越脆弱。当风险降临时，许多企业的正常业务被迫中断，有的甚至破产倒闭。但是，也有一些企业在遭到同样的风险后，能够从风险的影响中迅速恢复或者受到较少的影响，维持较高的客户服务。通过对这些企业成功经验与失败教训的总结可以发现，重视供应链危机管理并制定正确的供应链应急策略，能够为企业提供强有力的战略保障。

【阅读资料】

认识危机管理

根据美国《危机管理》一书的作者菲克普曾对《财富》杂志排名前500强的大企业董事长和CEO所作的专项调查表明，80%的被调查者认为，现代企业面对危机，就如同人们必然面对死亡一样，已成为不可避免的事情。其中有14%的人承认，曾经受到严重危机的挑战。

普林斯顿大学的诺曼·R·奥古斯丁教授认为，每一次危机本身既包含导致失败的根源，也孕育着成功的种子。发现、培育，以便收获这个潜在的成功机会，就是危机管理的精髓。而习惯于错误地估计形势，并使事态进一步恶化，则是不良的危机管理的典型。简言之，如果处理得当，危机完全可以演变为"契机"。

著名危机管理权威罗伯特希斯用下述四个英文单词来代表危机管理的四个目的，称为4R模式：缩减（Reduction）、预备（Readiness）、反应（Response）、恢复（Recovery）。

（资料来源：百度百科）

供应链危机管理是指供应链在陷入危机时，为摆脱危机维持供应链正常运行而采取的一系列处理危机的行动与对策。

供应链应急管理主要包含两方面含义：一是要降低突发事件发生的概率，主要采取事前的应急预警措施；二是要降低损失程度，主要采取事后的应急控制措施。在应急预警和应急控制过程中，应急决策贯穿整个于过程。

供应链危机管理有如下的特点：

（1）协作性。供应链作为一种"扩展"企业，它强调每一个成员企业都要去和其他成员企业进行合作。

（2）紧迫性。供应链的很大一部分危机都是突发的，如火灾等自然灾害的发生、流动资金周转不灵、产品受到大规模的投诉等，如果不及时采取措施，可能导致供应链部分或整体停止运行、甚至解体。

(3) 普遍性。过去,供应链一直是拥有强大资金实力的少数大型企业才能采用的运作模式。进入21世纪,随着信息技术的日臻成熟,互联网规模日益扩大,众多的中小企业甚至也可利用网络参加跨国供应链,供应链愈来愈普遍。

(4) 灵活性。由于供应链是多环节、多通道的一种复杂的系统,导致各种供应链危机的原因不同,很难找到处理危机的统一方法与固定模式,只能具体情况具体分析,采取灵活多变的方法应对供应链危机。

(5) 预防性。设计供应链危机管理系统时,必须认识到供应链危机管理的关键在于危机预防.

二、供应链应急策略

供应链系统应急策略按照策略本身的性质可以分为"弹性供应链策略"和"鲁棒性供应链策略"二类。"弹性"指企业的正常运营在受到风险干扰以后,有自动恢复初始(生产、服务等)状态的能力和速度,"鲁棒性"指企业受到干扰以后,具有保持原来(生产、服务等)状态的稳定性。"弹性策略"的特点是能够对风险作出针对性的反应,而"鲁棒性策略"的特点是以不变应万变。"鲁棒性策略"主要是通过增加对资源的占用,例如增加库存、增加备用供应商的数量来实现系统对风险的反应,"弹性策略"则较少增加系统对资源的占用,而是通过采用灵活的管理方法。

弹性供应链策略包括:①延迟制造计划;②多种供应、服务模式的组合;③灵活的营销策略与销售价格;④供应链伙伴之间的信息共享与协调;⑤组织内部上、下级之间合理的决策权力分配;⑥组织内部员工之间信息的合理交流与共享等。

鲁棒性供应链策略包括:①设立或增加战略库存;②设立或增加备用供应商;③采用标准化的产品设计、工厂布局及作业流程;④以并行业务流程方案代替顺序业务流程方案等。

【知识链接】

战略应急库存与备用供应商

企业可以从整个供应链应对风险出发,在供应链的某一个或几个地点(仓库、物流中心、配送中心、维修中心),建立对某些关键的零部件或成品储备"战略应急库存","战略应急库存"与"安全库存"的作用不同,"战略应急库存"不是针对日常生产、供应、运输的不稳定性,而是针对特定类型的突发事件,"战略应急库存"不是针对某一特定的生产过程或某一特定运营地点,而是为多个供应链伙伴、或某一区域的多个运营地点所共享。

随着业务外包在全球范围的广泛采用,越来越多的OEM将其非核心竞争力业务实行外包,而集中精力从事其核心竞争力业务,由此造成企业对供应商的依赖程度越来越高,在这种情况下采用"备用供应商"对于降低风险可能造成的供应短缺所起的作用是很显然的。企业在选择物流服务提供商的时候,如果仅仅考虑降低成本,可能会选择单一的物流模式、单一的物流提供商以及单个存储地点。但是在考虑到风险可能带来的危害的情况下及物流和供应的可靠性对供应链系统的重要程度的情况下，则可能选择包括多种运输工具、多个运输服务提供商、多条运输线路、多个存储地点的"多种供应—服务模式的组合"。

"弹性供应链策略"和"鲁棒性供应链策略"各有特点，在构建供应链系统应急策略体系过程中，应该从系统的实际情况出发，在对企业的风险类型和潜在危害进行预测与评估的基础上综合运用。例如，对于以原材料供应风险为主的供应链系统，应该设立和增加战略库存、备用供应商和采用多种供应—服务模式的组合；对于以产品市场需求风险为主的供应链系统，应该采用延迟制造计划、灵活的营销策略与销售价格等；对于以产品生产过程风险为主的供应链系统，应该采用延迟制造计划、标准化的产品设计、工厂布局及作业流程、并发业务流程方案代替顺序业务流程方案等；而供应链伙伴之间的信息共享与协调、组织内部上下级之间合理的决策权力分配、组织内部员工之间信息的合理交流与共享等将全面提高整个供应链系统对风险和突发事件的应对能力。

三、供应链系统应急策略模型

供应链系统应急策略可以减轻风险对供应链系统的影响，但是采用供应链系统应急策略可能需要增加对系统资源的占用，增加系统的运营成本，在这种情况下，如何确定采用供应链应急策略后系统的效率，就需要权衡系统采用应急策略可能带来的收益与增加成本的比较，需要对在一定的风险危害强度和风险发生概率情况下，系统的期望效用值进行计算与评估。

风险对供应链系统可能造成危害的衡量指标包括：①风险造成危害的强度；②风险发生的概率。供应链系统应急策略的经济技术评价方法包括：①采用供应链系统应急策略可能带来的收益与增加成本的比较；②是否采用供应链系统应急策略的比较。

在存在风险的情况下，决策者所关心的供应链系统应急策略投资 K，由下列模型给出：

$$\pi(p,K)_{Max} = (1-p)(d(s-c)) - p \cdot L(K) - K \tag{1}$$

式中，$\pi(p,K)$ 表示供应链系统的期望利润；$K \geq 0$ 表示系统采取应急策略投资；$L(K)$ 表示风险发生情况下供应链系统的平均损失；$L(0)$ 表示系统不采取应急策略时（$K=0$）系统在风险发生情况下的平均损失；p 表示风险发生的概率（$0 \leq p \leq 1$）；s 表示无风险发生情况下系统最终产品的销售价格；c 表示无风险发生情况下系统最终产品的制造成本；D 表示无风险发生情况下，系统最终产品的平均市场需求量。

（1）在供应链系统没有采用应急策略情况下，如果风险不发生，则系统的利润为：

$$\pi(p)_{11} = D(s-c) \tag{2}$$

如果风险发生（使原来的生产供应全部中断），则系统的利润为：

$$\pi(p)_{12} = -L(0) \leq 0 \tag{3}$$

（2）在供应链系统采用应急策略情况下，如果风险不发生，则系统的利润为：

$$\pi(p)_{21} = D(s-c) - K \tag{4}$$

如果风险发生(使原来的生产供应全部中断),则系统的利润为:
$$\pi(p)_{22} = -L(K) - K \tag{5}$$
(3)如果风险没有发生,系统由于采用应急策略,而必须进行投资K,使系统利润减少:
$$\Delta\pi(pK)_1 = \pi(p,K)_{21} - \pi(p,K)_{11} = -K \tag{6}$$
如果风险发生,系统由于采用应急策略,从而使系统平均损失减少:
$$\Delta\pi(p,K)_2 = \pi(p,K)_{22} - \pi(p,K)_{12} = L(0) - L(K) - K \tag{7}$$
为了使供应链系统在采用应急策略投资的情况下,能够产生预期的期望效益,下式应该成立:
$$p \cdot \Delta\pi(p,K)_2 + (1-p) \cdot \Delta\pi(p,K)_1 \geq \alpha \tag{8}$$
其中表示供应链系统在存在风险的情况下,预期的期望效益的最小阈值,得到关于应急策略投资的约束条件:
$$K \leq p \cdot (L(0) - L(K)) - \alpha \tag{9}$$
上式也表明供应链系统采用的应急策略投资 K 具有保险费的性质。

以下以某汽车企业为例进行应急投资分析。

M 汽车装配企业每年需要采购某种关键零部件 $D = 200\,000$ 件,最终产品销售价格 $s = 10$ 万元/件,成本 $c = 9.4$ 万元/件。如果供应短缺造成总装配停产,停产的平均损失费用 50 万元。企业为了减少停产造成的损失,采用战略应急库存策略。统计发现应急库存费用每增加 0.1 万元,平均停产损失减少 3%,停产发生的概率减少 0.1%。在当前的供应状况下,平均停产概率为 5%。如果考虑预期期望效益阈值 $x = 0$,利用公式(9)计算得到应急库存投资的有效范围 $K \leq 33\,000$,利用公式(1),计算得到最优值为 $K = 33\,000$,供应链系统的期望利润为 $\pi(p,K)_{max} = 118\,797.9$ 万元。

供应链系统应对风险的实践表明,"建立供应链系统应急策略体系"在整个供应链系统应对风险过程中起到关键作用。

第四节 构建弹性供应链

一、供应链弹性概述

1. 供应链弹性的定义与特征

在今天的商业环境中,"弹性"这一术语被广泛用来描述组织对意外中断的反应并恢复其正常功能的能力。由于现代供应链是一种复杂的网络组织,可能遭遇风险的数量与种类比以往任何时候都要多,所以弹性在供应链风险管理中就显得尤其重要。

基于上述对弹性的认识,可将供应链弹性定义为:供应链网络系统在中断风险发生之后恢复到初始状态或理想状态的能力,包括回到正常绩效水平(生产、服务、供应比率等)的速度。供应链弹性系统模型如图14.5所示。

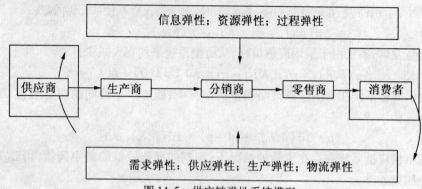

图14.5 供应链弹性系统模型

在全球化的背景下,供应链环境变得越来越复杂,某个国家的一次偶然事件可能会对某个产业带来巨大的影响,所以企业必须要关注整条供应链的弹性。弹性越是充足的供应链越能适应市场环境,从而使公司获得更多的市场机遇,竞争优势逐渐增强。

增强供应链弹性往往是通过缩短产品的供应链循环周期,同时实施以销售为基础的补给操作规程取得的。凡是致力于缩短产品循环周期的公司往往能够处于更佳位置,快速适应瞬息万变的周边市场环境。以销售为基础的补足操作规程实际上就是促使生产与需求同步运作,其中包括存货水平尽量紧贴市场需求。缩减产品循环周期和改善生产和需求两者之间的关系必须并驾齐驱,这样做反而会不断提高供应链的反应弹性。

那么,弹性供应链是不是就意味着供应链缺乏内在稳定性呢?事实绝非如此。对于绝大部分产业或者行业来讲,市场需求相对稳定,缩减产品循环周期能够促使稳定市场需求信息在供应链全过程中加速沟通。供应链中出现的所谓非稳定因素不是供应链本身的产物,而是有些公司或供应链合伙人没能够精确预测其短期需求。因此,缩减产品周期恰恰可以强化其供应链的市场预测功能。

弹性作为供应链的一项核心要素,不只意味着管理风险的能力,更意味着比竞争对手处于更好的态势,甚至从中断中获得竞争优势。那么,供应链弹性是如何创造竞争优势的呢?由于供应链中断是供应链的一项固有特性,所以,要想完全避免是不现实、不可能的。明智的做法是在增强供应链"鲁棒性"的前提下增强其弹性。在同样受到中断风险影响时,一个拥有弹性供应链的企业,除可使之维持经营活动之外,能比没有弹性的或弹性更弱的竞争对手更迅捷、更有利地作出反应,从而获得竞争优势。对手由于经受不住考验而危机四伏,或经此打击而一蹶不振的企业,最终结果是竞争优势的丧失甚至被淘汰出局。

供应链弹性的基本特征:

(1)供应链弹性是供应链属性特征的综合体现,反映了供应链应对不稳定性协调效用变化的"潜在能力"。

(2) 供应链弹性具有层次性,可以在各个层次上被概念化,例如,供应链网络、供应链成员和供应链成员部门。

(3) 供应链弹性是一个多维度的概念,它具有成本、时间和绩效三个维度,分别反映了供应链抵御风险、恢复正常运营状态转移过程中所消耗的资源。

2. 供应链弹性的度量与评估

对供应链弹性的度量可分为两方面:一是恢复到正常状态的速度,速度越快,恢复时间越短,说明供应链弹性越好;二是供应链网络在受到冲击且恢复到正常状态后与原状态的差距,代表了失效带来的损失,恢复到与原有状态越接近,代表损失越小,弹性就越好。

对供应链弹性的评估有三个方面:

(1) 核心利润源确定。可以根据约束理论来寻找供应链成员最大的不稳定性因素,围绕核心利润源和最大的不稳定性因素制定风险管理策略。因此,可以从"对利润源影响程度"和"对不稳定性控制程度"两个维度确定核心利润来源。

(2) 弹性水平确定。通常,弹性水平和投入成本相对应,随着投入成本的增加而增加。在明确了核心利润源之后,应该根据供应链成员整体运营状况,在投入成本和弹性水平之间进行平衡,并运用建模工具建立最佳的弹性水平模型,以最佳的弹性水平状态作为供应链主体弹性定型的基准。

(3) 弹性战略制定。在最佳的弹性水平状态的驱动下,供应链主体围绕着利润最大化和风险最小化制定弹性塑造目标,以期缩小与最佳水平之间的差距。成本-收益分析会使投资需求更加理性化,制定包含降低风险最佳方案的弹性战略。

二、供应链中断与恢复

Yossi Sheffi(2005)在《弹性企业》一书中用图 14.6 的曲线描述供应链中的某企业在中断后绩效恢复情况。这里的绩效可以指销售量、生产水平、利润、顾客服务、库存量、订单满足率等,是一个抽象的指标。图 14.6 所示中的八个阶段是由中断的性质和不同阶段供应链的反应决定的。

阶段一:中断准备。在某些情况下,公司可以预见并为某个中断做准备以最小化中断的损害。比如,飓风警报、海啸警报、劳资谈判、机械故障等。

阶段二:中断开始。也就是当飓风到来,事故发生,爆破发生,供应商失效,恐怖袭击开始或其他任何高风险低概率中断开始的时候。

阶段三:首次反应。当中断开始时,反应主体(一线工人)开始注意到中断带来的原始损害并作出反应。首次反应是为了避免物理损失和人身伤害。包括取消生产作业以确保在即使没有工人或者信息系统的情况下,工厂、设备和人员不会受到物理损害。

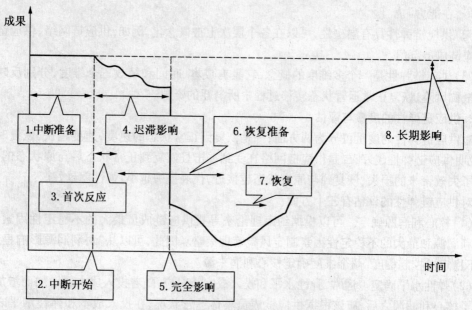

图 14.6 供应链中断后弹性恢复曲线

阶段四:迟滞影响。有些中断带来的影响立刻就能感觉到,而有些中断带来的影响需要一段时间后才显现出来。这取决于中断的放大、事前准备以及供应链本身的弹性等许多因素。实施 JIT 库存系统的企业甚至意味着几个小时内就会受到中断影响。

阶段五:完全影响。当完全影响出现时,供应链绩效往往急转直下。零售商对于恐慌性抢购往往手足无措,例如汽油短缺期之前的汽油储备潮,暴风雪到来前的食品储备潮。在有些情况下,当中断直接作用于公司设施时,完全影响是直接发生的。

阶段六:恢复准备。恢复准备往往在首次反应后就开始进行。包括开始评价其他供应商并重新分配供应商资源,例如 2000 年 Philips 大火后 Nokia 就是如此。

阶段七:恢复。重新开始生产,重新分配恢复后的供应商,修复受损的结构,重新连接受损的信息系统都需要花费很长的时间。Cantor Fitzgerald 交易所在"9·11"后损失它在世贸中心的所有员工和系统,使用了两个月的时间回到"9·11"之前的绩效。

阶段八:长期影响。即使供应链花了很长的时间从中断恢复,如果顾客关系被毁坏了,那么这种影响就是长期而难以恢复的。例如在神户地震后,原来年产 3 400 万的制鞋厂损失了 90% 的生意,因为在地震过后大部分订单转向中国工厂并且再也没有回头。再比如,飞利浦大火后爱立信退出手机制造行业。

正因为供应链的复杂性,供应链弹性曲线也会不拘于以上八个阶段而千变万化。

三. 构建弹性供应链的具体措施

企业必须在风险与成本、效率之间作出权衡，既不损害成本、效率，又不使供应链承受过大的风险。要实现"鱼与熊掌兼得"，关键是在增强供应链系统的稳固性的同时，着力打造富有弹性的供应链。如何打造弹性供应链？

（一）保持适当冗余

从理论上说，打造弹性供应链最简单的方法就是在供应链上保持超出正常需要的库存和能力的冗余（Redundancy），来临时满足对物料或最终产品的紧急需求能力。

实现冗余的主要途径包括：一是建立原材料和最终产品的安全储备。一旦中断发生，安全储备便可作为一种缓冲，使企业有时间作出恢复计划和采取行动。二是保持额外能力（或多点设厂）和作业人员。需求有高峰和低谷、市场有旺季和淡季，保持额外能力和作业人员可使激剧上升的需求得到一定程度的满足，减少缺货损失。

然而必须指出的是，虽然保持冗余有利于中断发生后企业继续运营，但一般来说，这是一种昂贵的临时性措施，特别是应对规模大而概率小的中断风险时。为了保持冗余，企业必须事先在仓库设施、机械设备、生产能力等方面进行投资，必须为多余的库存、能力、人员付出代价。从成本、效率和质量的角度看，它与"精益"理念和"六西格玛"方法是背道而驰的，可能导致经营上的松松垮垮以及成本的增加和质量的降低。因此，运用这种"以防万一"的方法提高供应链弹性时应把握一个适当的度，除非确有需要，否则不值得过度提倡。在对待库存方面，一条可供参考的建议是企业保持一个"战略性的应急储备"。然而，如何确定一个适当的战略储备水平是一件非常棘手的事。随着产品寿命周期缩短，库存成本和存货过时成本都非常高昂，所以确定一个适当的储备水平使之既能应对中断风险，又不造成过多浪费，就显得尤为重要。

（二）增强供应链柔性

供应链柔性即供应链对环境变化和不确定性事件作出反应的能力。增强供应链柔性不仅有助于企业更好地应对日常需求的波动，而且能将供应链意外中断造成的影响减到最小。增强供应链柔性的途径包括：

（1）重新设计产品和流程使之更加标准化。拥有更多通用的标准部件使企业能从多个供应源获得供应，并提高与其他地点分担库存的水平，而企业内相似甚至相同的工厂设计和流程有利于企业容易地从一个工厂转向另一工厂或从一个供应商转向另一供应商。

（2）采用并行流程。在产品开发和生产、分销等关键领域使用同时进行的而非先后进行的流程可加快供应链中断后的恢复速度，并且有利于提高对市场的反应速度。

（3）减少零部件种类。这不仅可以简化操作过程和集中采购费用，而且，如果一个供应商供应不上，还可将供应业务转向其他供应商。

(4)订立柔性合同。柔性合同在内容上提供了许多根据市场变化情况和合同进展情况而定的灵活性选择条款,合同分阶段进行,根据前一阶段的执行情况确定下一阶段执行的条款,一般不采取一次性合同。

【阅读资料】

英特尔的"完全复制"策略

在20世纪80年代中期,英特尔开始采用"完全复制"策略,用相同的机械和生产流程布局在世界上许多地方建立了众多整齐划一、均能生产晶片的工厂。由于标准化的装配设计,如有需要,英特尔就能在多个工厂间进行生产转换。2003年SARS横行之时,英特尔被迫关闭一家在印尼的工厂,但该公司有能力把生产转移到了其他公司。根据英特尔提供的数据显示,"完全复制"模式使其产值从1985年到1995年增长了300%,而工人人数锐减了30%。

(三)在设计时"预嵌"弹性

传统企业在进行供应链设计时往往考虑的是如何优化成本和客户服务,正确的做法应该是,在供应链设计时就充分考虑未来可能面临的风险而将弹性作为一项设计性能预先嵌入其中。

在"瓶颈点"和"关键路线"上"预嵌"弹性是供应链设计的一个重要原则。"瓶颈点"通常是指能力受限或没有可选后备方案的点。如大型集装箱港口或集中配置的制造和配送设施一旦不能工作,就会给系统的其余部分带来无法忍受的压力,所以,它们就很可能是"瓶颈点"。具有以下一个或多个特征的路线则可能就是"关键路线":提前期长,单一供应源,节点间的可视性差,可以确认的风险水平高。

供应链设计的另一关键原则是要在成本、效率与风险之间取得平衡。一个成本最低的方案可能恰恰是风险最大的方案。有的方案由于"预嵌"了弹性以至于提高了短期成本,但从长期看,则可以实现低成本目标。如能力和库存的富余曾一度只被认为是一种浪费,然而在潜在的"瓶颈点"上从战略高度部署额外的能力和库存,对于抵御供应链风险是非常有好处的。

(四)提高供应链敏捷性

供应链敏捷性是指供应链对需求或供应不可预知的变化作出迅速反应的能力及在反应过程中迅速变换行动方向或调整行动策略的能力。许多供应链之所以处于风险之中,是因为它们对需求变化或供应中断作出反应的时间太长。因此,压缩反应时间在提高供应链敏捷性策略中始终处于中心地位。

在其他条件一定的情况下,时间的压缩意味着速度与加速度的提高,而缩短产品和物料从供应链的一端移动到另一端的总时间是核心所在。为了压缩总时间,公司必须致力于缩短物料或产品在内部流程和供应链某些阶段停留的时间。具体来说,一是优化流程。即减少所涉及的活动或阶段的数量,平行执行活动而非顺序执行,基于电子方式而非纸张方式。

二是减少非价值增值时间。从客户角度看，花在供应链中的大多数时间都不会增加价值。三是对重要物料或产品采用快速的直达运送方式。

提高供应链的可视性也是提高敏捷性的关键要素。可视性是指从供应链的一端看到另一端的能力，即能够看到上、下游库存、供需和实物运动状态以及生产、采购计划等。企业只有增强可视性，才能及时、充分地掌握供应链上的相关信息，为敏捷反应提供依据和方向。然而，可视性可能会因为核心企业上、下游彼此独立的中间库存的存在而变得模糊，也可能因为沿供应链向上逐渐放大的"牛鞭效应"的存在而被严重扭曲。因此，要消除供应链"盲区"，一是要与客户和供应商进行密切合作，拥有供应链其他部分的信息，及时把握供需变化和不确定性。二是要进行内部整合。影响可视性的一个重要障碍通常是在核心企业的内部结构之中。"职能烟囱"的存在抑制了信息的自由流动，导致彼此不信任和缺乏沟通。挑战是拆除这些烟囱，建立多学科、跨职能流程的团队。三是要建立综合跟踪和监控系统。这有助于快速查明供应链中断的位置和性质，区分优先顺序，然后确定最先采取的行动

（五）建立全纵深、多层次的弹性防御体系

传统供应链以企业保持安全库存和备用能力作为缓冲来应对供应与需求的波动。但是如果输入发生意外频率大大增加，那么这些一线防御能力就会被很快消耗掉，所以还应沿供应链建立更多道的防御线，形成一个多层次的系统，即使某一个层次被突破它仍然是安全的。这要求供应链上的参与者采取包括低、中、高层次的行动措施。其中高层次措施包括：建立应急行动中心和制订应急计划、与客户和供应商合作等。如在某些环节或流程中，可以通过订立柔性合同从外界获得平时不常用的人力资源、仓库设施、大型机械设备等备用能力。在紧急时期，依据合同的规定，以有偿的形式动员使用这些能力。此外，企业还可以与供应商和客户一道制订联合永续经营计划，使企业与其合作伙伴成为一个彼此相互依存的共生体。

【本章关键词】

供应链风险 Supply Chain Risk

风险识别 Risk Identification

风险响应 Risk Response

危机管理 Crisis Management

弹性供应链 Flexible Supply Chain

思 考 题

1. 什么是供应链风险？它有哪些特点？
2. 供应链风险有哪些类型？
3. 什么是供应链的脆弱性？其产生原因是什么？
4. 如何进行供应链风险评估？
5. 简述供应链风险的应急策略。

6. 如何理解供应链弹性的含义？它有哪些基本特征？
7. 简述构建弹性供应链的具体措施。

【实训项目】

选择一个熟悉的行业供应链，调查其运行现状，分析存在的风险，为其设计供应链风险应急预案。

【案例分析】

戴尔：在危境中供应链的最佳运作

1. 在9·11事件中，戴尔成功"化危为机"

在IT业普遍低迷和9·11危机冲击下，戴尔能够一枝独秀，持续增长。那么，在各种危机下，戴尔为什么能够"化危为机"，又是如何"化危为机"的呢？

"9·11"事件后，美国立即封锁各机场，并暂停接纳所有飞入美国的飞机。这对立足于全球采购的戴尔来说，无疑是最大的危机。但戴尔的危机处理小组及全球供应链监督小组立即发挥作用，它们对此作了最糟糕的预测，并拟定了相关的计划，不但与加工厂商密切合作，找出绕道飞行的货运飞机，将笔记本电脑等以空运为主的产品，先运至美洲其他国家，再以货运方式拉进美国。因此"9·11"事件并没有给戴尔带来重大损失，反而孕育了无限的商机。

在"9·11"事件中，恐怖分子破坏的是美国的金融中心，不少遭到波及的金融业者紧急向PC制造商下订单。交货速度最快的戴尔电脑，便成了其中最大的赢家。在纽约世贸中心倒塌的6个小时后，一家受害的证券商立刻向戴尔电脑下了200台的PC机订单，随后订单如潮水般涌入，迫使戴尔电脑位于德州奥斯汀的生产线必须日夜加班赶工，以满足在世贸中心倒塌中受害企业的大量订单需求。在恐怖攻击行动后不到一周的时间里，戴尔公司已卖出超过24 000部服务器和个人计算机，以替换遭到损伤的计算机。为了适应大量的订单需求，戴尔派了数百名技术人员赴曼哈顿区与华盛顿区支援，还把一辆16轮的大卡车改装成流动技术支持与安装中心，甚至包了一架飞机，专门从台湾运送大批计算机零件直飞该公司位于德州奥斯汀的总部。

因此，"9·11"事件，对于像戴尔这样反应迅速、供应链运作完善的公司来说，无疑是一种机遇。

2. 戴尔化解危机的法宝

戴尔在重重危机中一路走来，获得这种佳绩，最大的原因在于供应链的快速反应。

戴尔供应链的快速反应，一方面表现在危机到来或即将到来时快速的应对，化解危机；另一方面表现在抓住危机中的商机，用最快的速度把客户最急需的商品送到客户手中，帮助客户减少危机损失。这要求供应链各个环节的衔接速度以及遇到突发事件重新组织资源的速度，都要达到快速反应。

戴尔供应链的反应速度及抗危机能力并不是一日铸成的，它需要供应链上企业方方面面的建设。在危机中，戴尔供应链能做到快速反应，沉着应对，主要体现在以下两方面：

(1) 危机意识。危机意识不是泛指能够防范和应对企业危机的所有管理意识,而是特指防范与应对企业危机内涵层的思维意识。危机意识让戴尔临危不乱,快速反应,主动应对,化解危机。对于戴尔这样一个全球采购的企业来说,已经身经百战,早有了很强的危机意识,当危机到来或即将来临时,戴尔已经做好了应对的准备,如全球供应链监督小组刻关注全球各种动向,一旦意外发生,立即组织危机处理小组,减小或转移危机。临危不乱,迅速反应,让戴尔抓住各种商机。

(2) 与全球供应商的战略合作。在供应链中,战略伙伴关系就意味着,厂商与供应商不仅仅是买家和卖家的关系,更重要的是一种伙伴甚至是朋友关系,双方在买卖之外还应有更多其他方面的往来。戴尔供应链高度集成,上游和下游联系紧密,围绕客户与供应商建立了自己完整的商业运作模式,以至于在危难时能很快地做出反应。如在"9.11"事件之后,当边界关闭和航空运输停顿的情况下,戴尔立即与加工厂商密切合作,找出绕道飞行的货运飞机,将笔记本电脑等以空运为主的产品,先运至美洲其他国家,再以货运方式拉进美国,保持戴尔的有效运作,帮助公司没有障碍地安全渡过灾难。当袭击再次发生的时候,戴尔立即就能调整公司的运营,找出哪里供应商可能会出现中断,并迅速调动和加大在欧洲和亚洲工厂的生产能力,满足订单的需求。拥有这种最有效率的供应链系统,就可以保证戴尔能经受住各种突然事件的打击。

(资料来源:中国物流与采购网,http://www.chinawuliu.com.cn)

案例思考题

1. 在各种危机下,戴尔为什么能够"化危为机",又是如何"化危为机"的?
2. 如何做到像戴尔一样,建立高效的供应链反应速度和抗危机能力?

参考文献

[1] 谢家平. 供应链管理[M]. 上海:上海财经大学出版社,2008.
[2] 马士华,林勇. 供应链管理[M]. 北京:机械工业出版社,2010.
[3] 霍佳震. 物流与供应链管理[M]. 北京:高等教育出版社,2011.
[4] 夏春玉. 物流与供应链管理[M]. 3版. 大连:东北财经大学出版社,2010.
[5] 贾平. 供应链管理[M]. 北京:清华大学出版社,2011.
[6] 阎子刚. 供应链管理[M]. 北京:机械工业出版社,2010.
[7] 倪卫红. 物流及供应链管理[M]. 北京:化学工业出版社,2011.
[8] 姜方姚,张敏. 供应链管理[M]. 北京:科学出版社,2009.
[9] LONG D. 国际物流:全球供应链管理[M]. 北京:电子工业出版社,2006.
[10] 沃特斯. 供应链管理概论[M]. 高咏玲,译. 北京:电子工业出版社,2010.
[11] 张光明. 供应链管理[M] 武汉:武汉大学出版社,2011.
[12] 刘宝红. 采购与供应链管理:一个实践者的角度[M]. 北京:机械工业出版社,2012.
[13] 辛奇·利维. 供应链设计与管理——概念、战略与案例研究[M]. 季建华,译. 北京:中国人民大学出版社,2009.
[14] 鲍尔索克斯. 供应链物流管理[M]. 3版. 马士华,黄爽,赵婷婷,译. 北京:机械工业出版社,2010.
[15] 周艳军. 供应链管理[M]. 上海:上海交通大学出版社,2008.
[16] 齐二石,刘亮. 物流与供应链管理[M]. 北京:电子工业出版社,2007.
[17] 宋华. 物流成本与供应链绩效管理[M]. 北京:人民邮电出版社,2007.
[18] 徐琪. 供应链管理:理论与实验[M]. 上海:上海人民出版社,2008.
[19] 徐剑,周晓晔,李贵华. 物流与供应链管理[M]. 北京:国防工业出版社,2006.
[20] 胡继灵. 供应链的合作与冲突管理[M]. 上海:上海财经大学出版社,2007.
[21] 蒋长兵,吴承健. 现代物流理论与供应链管理实践[M]. 杭州:浙江大学出版社,2006.
[22] 魏修建,姚峰. 现代物流与供应链管理[M]. 西安:西安交通大学出版社,2008.
[23] 王晶. 供应链信息管理[M]. 北京:科学出版社,2010.
[24] 宋玉卿,沈小静. 采购管理[M]. 北京:中国物资出版社,2009.
[25] 徐杰,鞠颂东. 采购管理[M]. 北京:机械工业出版社,2008.
[26] 霍红,华蕊. 采购与供应链管理[M]. 北京:中国物资出版社,2011.
[27] 王槐林. 采购管理与库存控制[M]. 2版. 北京:中国物资出版社,2006.
[28] 王道平,侯美玲. 供应链库存管理与控制[M]. 北京:北京大学出版社,2011.
[29] 林勇. 供应链库存管理[M]. 北京:人民交通出版社,2011.
[30] 马刚. 客户关系管理[M]. 大连:东北财经大学出版社,2008.

[31] 邵兵家. 客户关系管理[M]. 北京:清华大学出版社,2010.
[32] 王永贵. 客户关系管理[M]. 北京:北京交通大学出版社,2007.
[33] 赵林度. 供应链风险管理[M]. 北京:中国物资出版社,2008.
[34] 唐纳德·沃特斯. 供应链风险管理[M]. 北京:中国物资出版社,2010.
[35] 张存禄,黄培清. 供应链风险管理[M]. 北京:清华大学出版社,2007.
[36] 布林德利. 供应链风险[M]. 刘秉镰,译. 天津:南开大学出版社,2009.
[37] 刘北林. 供应链与第三方物流策划[M]. 北京:中国物资出版社,2006.
[38] 陈雅萍,朱国俊,刘娜. 第三方物流[M]. 北京:清华大学出版社,2008.
[39] 张旭辉. 第三方物流[M]. 北京:北京大学出版社,2010.
[40] 乔普拉,迈因德尔. 供应链管理:战略、规划与运作[M]. 3版. 北京:清华大学出版社,2008.
[41] 维尔. 采购与供应链管理:分析、战略、计划和执行[M]. 5版. 北京:清华大学出版社,2010.
[42] 汤世强,周敏. 供应链战略合作伙伴关系治理的研究[M]. 北京:中国物资出版社,2010.
[43] 张天平. 供应链协同战略管理[M]. 北京:中国经济出版社,2010.
[44] 王焰. 一体化的供应链战略设计与管理[M]. 北京:中国物资出版社,2010.
[45] 计国君. 供应链管理:方向与策略[M]. 北京:电子工业出版社,2008.
[46] 徐杰. 供应链管理[M]. 上海:上海交通大学出版社,2011.
[47] 哈里森. 物流管理与战略——通过供应链竞争[M]. 任建标,杜娟,译. 北京:中国人民大学出版社,2010.
[48] 方志坚. 供应链管理[M]. 北京:高等教育出版社,2007.
[49] 苏尼尔·乔普拉. 供应链管理[M]. 3版. 北京:中国人民大学出版社,2008.
[50] 闫秀霞,殷秀清. 供应链管理[M]. 北京:经济科学出版社,2008.
[51] 何开伦. 供应链管理[M]. 武汉:华中科技大学出版社,2010.
[52] 威斯纳. 供应链管理原理:均衡方法[M]. 2版. 北京:清华大学出版社,2010.
[53] 兰利. 供应链管理:物流视角[M]. 8版. 宋华,译. 北京:电子工业出版社,2010.

读者反馈表

尊敬的读者：

您好！感谢您多年来对哈尔滨工业大学出版社的支持与厚爱！为了更好地满足您的需要，提供更好的服务，希望您对本书提出宝贵意见，将下表填好后，寄回我社或登录我社网站（http://hitpress.hit.edu.cn）进行填写。谢谢！您可享有的权益：

☆ 免费获得我社的最新图书书目　　☆ 可参加不定期的促销活动
☆ 解答阅读中遇到的问题　　　　　☆ 购买此系列图书可优惠

读者信息

姓名_____　□先生　□女士　年龄_____　学历_____
工作单位_____　职务_____
E-mail_____　邮编_____
通讯地址_____
购书名称_____购书地点_____

---

1. 您对本书的评价

内容质量　□很好　□较好　□一般　□较差
封面设计　□很好　□一般　□较差
编　　排　□利于阅读　□一般　□较差
本书定价　□偏高　□合适　□偏低

2. 在您获取专业知识和专业信息的主要渠道中，排在前三位的是：
①_____　②_____　③_____
A.网络 B.期刊 C.图书 D.报纸 E.电视 F.会议 G.内部交流 H.其他：_____

3. 您认为编写最好的专业图书（国内外）

书名	著作者	出版社	出版日期	定价

4. 您是否愿意与我们合作，参与编写、编译、翻译图书？
_____

5. 您还需要阅读哪些图书？
_____

网址：http://hitpress.hit.edu.cn
技术支持与课件下载：网站课件下载区
服务邮箱 wenbinzh@hit.edu.cn　duyanwell@163.com
邮购电话 0451－86281013　0451－86418760
组稿编辑及联系方式　赵文斌（0451－86281226）　杜燕（0451－86281408）
回寄地址：黑龙江省哈尔滨市南岗区复华四道街10号　哈尔滨工业大学出版社
邮编：150006　传真 0451－86414049